W0236359

Artemis & Winkler

Joachim Wollasch

Cluny – «Licht der Welt»

Aufstieg und Niedergang

der klösterlichen Gemeinschaft

Artemis & Winkler

Die Deutsche Bibliothek – CIP Einheitsaufnahme

Wollasch, Joachim:
Cluny – «Licht der Welt» : Aufstieg und Niedergang der
klösterlichen Gemeinschaft / Joachim Wollasch. - Zürich ;
Düsseldorf : Artemis und Winkler, 1996
ISBN 3-7608-1129-9

Alle Rechte, einschließlich derjenigen des auszugsweisen Abdrucks,
der photomechanischen und elektronischen Wiedergabe, vorbehalten.

Artemis & Winkler Verlag Zürich / Düsseldorf
© 1996 Artemis Verlags AG Zürich
Satz: Macintosh Quadra 700, Quark XPress
Druck und Bindung: Franz Spiegel Buch GmbH, Ulm
Printed in Germany
ISBN 3-7608-1129-9

Karl Schmid zum Gedenken

Inhalt

Dieses Buch ersetzt nicht eine vollständige Geschichte der Abtei Cluny und der Cluniacenser. Eine solche zu schreiben wäre verfrüht. Denn noch ist das Urkundenmaterial aus der Abtei Cluny – die Urkunden der zu Cluny gehörenden Klöster noch gar nicht berücksichtigt – nicht auf modernem Editionsstand ausgewertet. Die alte Edition von Bernard und Bruel erhält in Zusammenarbeit von Forschern aus Dijon und Münster gerade erst den Registerband. Andere Forschungen in Münster und in Paris sind noch unveröffentlicht. H. Atsma und J. Vezin arbeiten an einer Facsimileausgabe der aus Cluny erhaltenen Originalurkunden in ihren Monumenta Paleographica Medii Aevi. Auch die hagiographische Literatur aus Cluny harrt moderner editorischer Bearbeitung. Die breite Überlieferung von Totenbüchern aus cluniacensischen Klöstern hält noch immer die Einträge von ca. 48 000 verstorbenen Cluniacensern zur vergleichenden Untersuchung mit anderen Zeugnissen bereit. Auch die archäologischen und kunstwissenschaftlichen Bemühungen um Cluny haben neuen Auftrieb erhalten. Erwähnt sei das in Arbeit befindliche Corpus aller in Cluny ausgegrabenen Skulpturen und Skulpturfragmente von N. Stratford. Da Cluny eine europäische Größe war, bedarf es eines Überblicks über die Forschungen aus allen europäischen Ländern und aus den USA über die Cluniacenser. Darum bemühten sich D. Iogna-Prat und Ch. Sapin mit «Les études clunisiennes dans tous leurs états», gedruckt in der Revue Mabillon, Nouv. sér. 5, 1994, S. 233–265.

Dieses Buch wurde nach eigenen Forschungen, vor allem auf dem Feld der cluniacensischen Totenbücher, nicht nur für die Fachleute geschrieben: nicht als Geschichte eines Klosters und eines daraus hervorgegangenen Klösterverbandes, auch nicht als Darstellung der Reihe der großen Äbte Clunys in ihrer Zeit; vielmehr als Weg der Gemeinschaft, die Äbte und Mönche miteinander gefunden, ausgebildet und dann wieder verloren haben. Die klösterliche Gemeinschaft von Äbten und Mönchen brachte die Überlieferung hervor, durch die hindurch wir heute auf Cluny schauen. Diese Gemeinschaft war es, die in ihrem

Leben als vorbildlich angesehen wurde und lange weit über ihre nähere Umgebung hinaus ausstrahlte. Den Weg dieser Gemeinschaft in ihrer Eigenart von der Gründung am Anfang des saeculum obscurum bis in die Mitte des 12. Jahrhunderts, als sie ihren inneren Zusammenhalt nicht mehr bewahren konnte, nachzuzeichnen wird hier versucht.

Weil das 12. Jahrhundert in der bisherigen Literatur über Cluny nicht mehr so wie Clunys Geschichte bis zum Tod des großen Abtes Hugo (1109) interessiert hat, wird dem Schisma des Abtes Pontius von Cluny († 1126) und der Gemeinschaft von Cluny unter Abt Petrus Venerabilis († 1156) mehr Raum gegeben. Zugunsten der Lesbarkeit ist der Anmerkungsapparat knapp gehalten, wo Fakten und Zusammenhänge seit langem bekannt sind, wird summarisch auf Literatur verwiesen, die im Literaturverzeichnis mit den erforderlichen bibliographischen Angaben versehen ist. Wo eigene Aussagen Belege herausfordern, werden die Zeugnisse selbst zitiert. Ausführliche Quellenzitate im Text können die Sparsamkeit im Anmerkungsapparat ein wenig ausgleichen.

Dank schulde ich meinen Mitarbeiterinnen und Mitarbeitern, die mit mir an der Synopse der cluniacensischen Necrologien gearbeitet haben, und Frau Brigitte Dülberg, die das Manuskript aus schwieriger Vorlage geschrieben hat. Für redaktionelle Hilfe danke ich Frau Jutta Berger, den Herren Dr. Johannes Nospickel und Burkhardt Tutsch.

Münster, 30. Oktober 1995   Joachim Wollasch

Einleitung

Was war das, Cluny?

Heutige Burgundfahrer, vielleicht begeistert von der Brüdergemein-schaft von Taizé im stillgebliebenen, grünen Tal der Grosne, werden, wenn sie etwa 10 km weiter südlich in Richtung Mâcon–Lyon in Cluny ankommen, enttäuscht sein. Nur noch eine Ruine steht inmitten des von der Mediaeval Academy of America im Zeitalter der beiden Welt-kriege durchfurchten Grabungsgeländes. Von der vieltürmigen, einst größten Kirche des Abendlandes ragt noch ein Glockenturm empor.

Blick in das nördliche Quer-schiff der Kirche «Cluny III» – den letzten noch stehenden Überrest der einst größten Kirche des Abendlandes.

Peterlingen (Payerne), ein Priorat Clunys. Innenansicht der ehemaligen Klosterkirche.

Erst allmählich wird der Besucher im Musée de Cluny vor den dort aufgestellten Holzmodellen der berühmtesten Kirche des mittelalterlichen Frankreich einen Eindruck von der Größe Clunys empfangen. Ein wenig rascher mag es denen gelingen, die vor dem Besuch in Cluny die cluniacensischen Klosterkirchen von Peterlingen (Payerne) in der Westschweiz, S. Etienne de Nevers im westlichen Burgund, von La Charité-sur-Loire und von Paray-le-Monial, zwischen Charollais und Brionnais an der Bourbince stehend, schon gesehen haben.

Aber was meint der Buchtitel, *Cluny – «Licht der Welt»*? Der Cluny so nannte, war Papst Urban II. (1088–1099). Nun ist jedoch Urban II. vor seiner Wahl zum Papst Mönch und Prior von Cluny gewesen. So wäre die Bezeichnung Clunys als Licht der Welt nur ein Selbstlob? Ein solcher Verdacht liefe ins Leere. Denn in seiner Urkunde des Jahres

Paray-le-Monial, ein Priorat Clunys. Innenansicht der ehemaligen Klosterkirche.

1097 für Cluny ließ der Papst niederschreiben, die Gemeinschaft von Cluny erstrahle wie eine zweite Sonne auf Erden, so sehr, daß zu jenen Zeiten nur ihr das Herrenwort aus dem Matthäusevangelium besonders zukäme: «Ihr seid das Licht der Welt.»[1] Waren mit dem Wort Jesu ursprünglich seine Apostel gemeint, denen der Auftrag galt, die Frohbotschaft allen Menschen in der Welt zu verkünden, so betrachtete der Papst mit seinem Bibelzitat die Mönche von Cluny als die zeitgenössischen Nachfolger der Apostel. Das war weitaus mehr, als man in den ältesten christlichen Mönchsregeln, jene Benedikts von Nursia eingeschlossen, lesen kann. Nicht Weltflucht der Menschen, denen christliches Gemeindeleben zu lau erschien, sondern Aussendung einer klösterlichen Gemeinschaft in die Welt, um diese hell und neu zu machen, lautete hier das Wort des Mönchspapstes für sein ehemaliges Kloster.

13

Daß er hiermit eine der Lebenswurzeln Clunys nannte, aus denen sich die Gemeinschaft schon bald nach ihrer Gründung im Jahr 910 speiste und zu einzigartiger Ausstrahlung kam, wird sich im Rückblick auf die Gründungs- und Frühgeschichte der Abtei klar zu erkennen geben. Der Papst erinnerte also die Empfänger der Urkunde an ihren ursprünglichen Anspruch, christliches Leben insgesamt zu erneuern. Einen höheren Maßstab konnte er Cluny nicht vorstellen.

Tatsächlich war es im Mittelalter, als in Taizé an der Grosne noch keine Brüdergemeinschaft lebte, diejenige in Cluny, die zweihundert Jahre hindurch Tausende von Menschen in ganz Europa in ihren Bann geschlagen hat. Welche Kraft sie in sich geborgen und dann freigesetzt haben muß, wenn sie über zwei Jahrhunderte hin ihre Sogwirkung nicht verloren hat, kann man nur ahnen.

Wesentlich fällt dabei ins Gewicht, daß Cluny beizeiten zum Hauptkloster (*capitale monasterium*) eines immer mehr anwachsenden Verbandes von Klöstern geworden ist, die ihm rechtlich übertragen waren, während nicht wenige Klöster, von Cluny rechtlich unabhängig, dennoch den Gewohnheiten klösterlichen Lebens in der burgundischen Abtei folgen wollten. Von diesem erstaunlichen Vorgang wird noch die Rede sein müssen.

Indes erschöpfte sich Clunys Anziehungskraft nicht in seinem Einfluß als Haupt eines Klösterverbandes und Maßstab für die Erinnerung mönchischen Lebens in Klöstern, die ihm rechtlich nicht zugehörten. Wir werden darauf zu achten haben, daß der burgundischen Abtei Klöster nicht ohne Zustimmung der jeweiligen Klosterherren zum rechtlichen Eigentum oder zur Reform klösterlichen Lebens übertragen worden sind. Es wird sich zeigen, daß die Cluniacenser in ihrer Nachbarschaft und weit darüber hinaus Adelige und deren Familien angesprochen und für sich gewonnen haben, ja, daß von Cluny aus das Bild eines heiligen Laien verbreitet wurde, das neben die Bilder heiliger Könige und Königinnen, Bischöfe, Äbte und Äbtissinnen, Mönche, Einsiedler, Nonnen und Reclusen trat und offensichtlich Gefallen fand.

Daher verwundert es nicht, wenn, noch bevor Papst Urban II. das Zitat aus dem Matthäusevangelium vom Licht der Welt der Gemeinschaft von Cluny zusprach, geradezu überschwängliche Worte des Lobes für Cluny in der zeitgenössischen Überlieferung begegnen und sogar in satirischer Brechung aus der Feder eines bischöflichen Gegners Clunys dessen tiefe Wirkung auf die damalige Gesellschaftsordnung insgesamt bloßgelegt wird.

Lebten also die Mönche in Cluny anders, als anderswo Mönche in Klöstern lebten? Blieben sie ihren Gelübden, die sie beim Eintritt ins Kloster dem Abt in die Hand geschworen hatten, treuer als andere? Befolgten sie als Gemeinschaft die Benediktsregel strenger als nichtcluniacensische Konvente? Nichts in den mittelalterlichen Zeugnissen spricht für eine bejahende Antwort auf diese Fragen. Eher dürfte sich der Eindruck bestätigen, daß auch außerhalb Clunys und der rechtlich zu ihm gehörenden Klöster die Mönche geschwiegen, gebetet, Psalmen gesungen, gefastet, gearbeitet, Gäste empfangen und Arme, Kranke und Sterbende versorgt, ihr Leben als stellvertretendes Opfer für andere, besonders für ihre verstorbenen Mitbrüder verstanden haben, daß sie überall mit Schwierigkeiten im Alltag, untereinander, mit Nachbarn und Mächtigen zu kämpfen hatten. Was Cluny von anderen Klöstern unterschied, war nicht eine andere mönchische und klösterliche Daseinsweise als sonst in Europa, sondern die Dichte und das Ausmaß des Lebens ihrer klösterlichen Gemeinschaft. Das hatte seine Entstehungsbedingungen in der Geschichte der Gemeinschaft Clunys. Sie gilt es aufzuspüren. Dann gelänge es auch eher, die Leistung, die mittelalterliches Mönchtum, bevor das Europa der Klöster vom Europa der Städte abgelöst wurde, für die abendländische Geschichte – d. h. zuerst für die damaligen Menschen und ihre Gesellschaft – erbracht hat, wirklichkeitsnah einzuschätzen, und dies an einem Ort, an dem sich diese Leistung gebündelt und gesteigert hat.

Cluny I

Die Anfänge

Die Klostergründung des Herzogs Wilhelm von Aquitanien:
Freiheit ohne Schutz

Es war keine gute Zeit für Klöster, als die Abtei Cluny am 11. September des Jahres 909 oder, wahrscheinlicher, des Jahres 910 in Bourges gegründet wurde. (Das Gründungsdatum läßt sich nicht genauer bestimmen, weil die einzelnen Bestandteile der Datierungszeile in der Gründungsurkunde einander widersprechen.) An einem einzigen Beispiel mag veranschaulicht werden, was zahlreiche Klostergemeinschaften durchzustehen hatten, als während des 9. Jahrhunderts immer wieder in die Flußmündungen des Westfrankenreiches die Normannen einfuhren und, was an den Ufern an Klöstern und Bischofssitzen stand, plünderten und brandschatzten.

Die Mönche des unweit von Cluny südöstlich an der Saône stehenden Philibertklosters Tournus hatten eine nahezu vierzigjährige Flucht von Noirmoutier auf einer Insel im Unterlauf der Loire auf sich zu nehmen.[2] Von einem zeitgenössischen Zeugen, dem Mönch Ermentarius, der Leben und Wundertaten des hl. Philibert, des Klosterpatrons, beschrieb, ebenso wie aus einer Kette von Kaiser- und Königsurkunden für die Mönche von S. Philibert erfahren wir, wie der Konvent sogar seine Aufenthaltsstätte Deas-sur-Boulogne (Deux Sèvres), von wo aus er winters immer in die befestigte Abtei Noirmoutier zurückkehrte, zum Daueraufenthaltsort ausbauen mußte; daß aber elf Jahre später auch diesen die Normannen verbrannten. Mit den Reliquien ihres Patrons brachen die Mönche von neuem auf und erhielten im Kloster Cunauld (Maine-et-Loire) nahe Saumur eine vorübergehende Bleibe. Von dort führte der Fluchtweg von der Loire weg ins Poitou. Messay (Vienne) war der nächste Halt. Aber durch erneute normannische Vorstöße wurden die Mönche auch hier vertrieben und gingen bis auf ihre Fernbesitzungen in der Auvergne zurück. Mit Hilfe des Kaisers durften sie das Kloster S. Pourçain-sur-Sioule im Berry beziehen. Aber erst das Valerianskloster Tournus, das von da an S. Philibert de Tournus hieß, nahm die Flüchtlinge endgültig auf.

Daß die Normannengefahr auch zu Beginn des 10. Jahrhunderts noch nicht gebannt war, zeigt nichts deutlicher als die Tatsache, daß

Erzbischof Madelbert von Bourges, der die Gründungsurkunde für Cluny am 1. September unterzeichnete, noch vor dem Ende des Jahres 910 von den Normannen getötet wurde.

Im Niedergang der Karolingerherrschaft über das Reich während des ausgehenden 9. Jahrhunderts fiel die Macht des Königs in ganzen Landschaften aus. Anstelle königlicher Friedenswahrung gegenüber den Normannen bewirkten es mächtige weltliche Große und Bischöfe, die je in ihrem Sprengel den Widerstand gegen die Normannen aufbauten, daß den Normannen immer wieder Einhalt geboten werden konnte. Die Robertiner, Vorfahren der Capetinger, an welche die Karolinger 987 endgültig ihre Königsherrschaft verloren, standen an vorderster Front gegen die Normannen.

Die Bedrohung durch diese und die Rechtsunsicherheit, die der Streit zwischen Karolingern und Robertinern/Capetingern hervorrief, die Fehden zwischen rivalisierenden Adelsgeschlechtern, die mit der Verlagerung zentraler Königsgewalt zu örtlichen Gewalten einhergingen, ließen die Herrschaft mächtiger Großer über Klöster, die von diesen nicht selten befestigt wurden, als hilfreich erscheinen. Zugleich bedeuteten Äbte, die selbst nicht Mönche waren, für ihre Klöster immer wieder eine extreme Belastung klösterlichen Gemeinschaftslebens.

Das Martinskloster zu Tours, das sich die ganze zweite Hälfte des 9. Jahrhunderts bis ins 10. Jahrhundert hinein der Normannen zu erwehren hatte, wurde vom Welfen *Hugo abbas* befestigt, der, selbst nie Mönch, in seinem Beinamen *abbas* zeigte, worauf seine Macht wesentlich beruhte: auf der Herrschaft über Abteien. Diese wurden von solchen Äbten oft nicht nur wirtschaftlich überanstrengt. Auch das klösterliche Leben der Mönche geriet in Unordnung. In S. Martin de Tours, das auch im 10. Jahrhundert unter robertinischen Äbten stand, schwankten die Insassen zwischen mönchischer Lebensweise und jener von Kanonikern, die Besitz haben durften und nicht zur *vita communis*, dem alltäglichen Leben in Gemeinschaft, verpflichtet waren. Am lebhaftesten klagte darüber Odo, der spätere zweite Abt von Cluny, der S. Martin zugunsten mönchischen Lebens im Kloster verlassen hat. Nahm gar wie im alten S. Benoît de Fleury-sur-Loire ein Adeliger die Abtschaft wahr, der mit Frau und Kindern und Jagdgesellschaft im Kloster wohnte, so mußte mönchische, an den Mönchsgelübden des

Gehorsams, der Armut und der Keuschheit ausgerichtete Lebensart schwer leiden.

Unter diesen Umständen tauschten die einen ihr Mönchsgewand mit dem eines Kanonikers. Andere verließen ihr Profeßkloster und suchten eines, in dem der Abt die Grundlagen für ein Leben gemäß den Gelübden gewährleistete. Wieder andere kehrten einfach zu ihren Verwandten auf das Land zurück. Nicht selten wählten gerade im 10. Jahrhundert Männer, auch Kleriker und Priester, und Frauen das Leben als Einsiedler und Klausnerin. Es gab genug Gründe, um nach einer Reform des Christenlebens, besonders aber des mönchischen Lebens in den Klöstern zu rufen. Was darüber auf der Synode von Trosly im Jahr 909 gesagt wurde, mag in allem frommen Eifer nicht ohne Übertreibungen gewesen sein. Doch auch wenn man dies in Rechnung stellt, bleiben viele Mißverständnisse zu beklagen, die auch aus anderen Quellen als den Synodalakten bekannt sind. Daß immer wieder Mönche außerhalb der Klöster anzutreffen waren, oft in bunten weltlichen Kleidern, und daß in manchen Klöstern Äbte den Mönchen nicht die Benediktsregel nahezubringen vermochten, wie es seit der Karolingerzeit in der königlichen Gesetzgebung der Capitularien ebenso wie in den *capitula* bischöflicher Synoden eingeschärft worden ist, weil sie nicht lesen konnten, zeigt an, daß klösterliches Leben weithin verwahrlost war.

Nur diese Reformbedürftigkeit des Mönchtums, von der nicht wenige weltliche und geistliche Zeitgenossen überzeugt waren, erklärt auch die auf Anhieb widersprüchlich anmutende Feststellung, daß trotz der vielfachen Gefährdung des Mönchtums in jener besonders unsicheren Zeit vor und nach 900 zahlreiche Klöster gegründet oder, wenn verfallen, wiedergegründet worden sind, darunter außer Cluny mehrere, die sich den Ruf erwarben, Reformmittelpunkte zu sein, so Brogne nahe Namur, Gorze bei Metz oder die noch heute bekannte Schweizer Abtei Einsiedeln. Diese Gründungen wären nicht erfolgt, hätte nicht unversehrtes mönchisches Leben im Kloster im Bewußtsein der damaligen Menschen, gerade auch mächtiger Adeliger, als hoher, wenn nicht gar unentbehrlicher Wert gegolten.

In einer neueren Gesamtdarstellung der Geschichte Clunys lesen wir: «Seine Schöpfung [die Schöpfung Clunys durch Herzog Wilhelm den Frommen von Aquitanien] stellte tatsächlich, im Zusammenhang des beginnenden 10. Jahrhunderts für sich genommen, weder ein größeres Ereignis noch eine originelle Tat dar. Die Abtei ist eines dieser neuen Klöster, die damals erscheinen und sich als Auftrag die Erneuerung des Mönchtums geben.»³ Der französische Verfasser befürchtet, man könnte in Kenntnis der geschichtlichen Entwicklung Clunys dessen Größe nachträglich auf die Gründung zurückbeziehen. Gab es nichts, was an der Gründung Clunys neu gewesen wäre?

Nicht neu, aber damals noch sehr selten war es, daß der Gründer sein Kloster in den Schutz der Apostelfürsten und des Papstes stellte. Vor Herzog Wilhelm III., dem Frommen, von Aquitanien – dies war das Land zwischen Loire, Rhône, Pyrenäen und Atlantik – hatte zum Beispiel Graf Girard von Roussillon seine Gründung Vézelay dem Päpstlichen Stuhl unterstellt. Aber behielten sich Girard und seine Frau Berta die Nutzung der Güter, die sie als Grundausstattung an Vézelay schenkten, zu ihren Lebzeiten vor, so verzichtete Herzog Wilhelm ausdrücklich für sich und für seine Erben auf jeglichen Anspruch an dem Wirtschaftsbetrieb mit Herrenhof und der der Gottesmutter und dem hl. Petrus geweihten Kapelle und allem Zubehör an weiteren Kapellen, Gesinde, Weinbergen, Feldern, Wiesen, Wäldern, Wasserläufen, Mühlen, Abgaben, bebautem und Ödland. Damit bekundete er etwas, was wir aus keiner Quelle bis dahin hören.

Weil dies so ist und weil der herzogliche Gründer Cluny aus jeglicher irdischer Beherrschung, käme sie von ihm, seinen Verwandten, vom König, von Graf, Bischof oder Papst, freigesprochen hat, sah man schon hinter dieser Gründungsurkunde ein ganzes Freiheitsprogramm⁴, das den Feudalismus ins Herz getroffen und den «Sonderweg» Clunys vorgezeichnet hätte.⁵ Abgesehen davon, daß die Cluniacenser ihr Leben und Wirken nicht ohne stärkste Zustimmung adeliger Herren, um die man werben mußte, hätten führen und durchsetzen können – dafür werden Beispiele zu nennen sein –, hat nicht einfach diese urkundlich festgehaltene Freiheit der neuen Abtei deren Weg durch die Geschichte begründet oder gar gewährleistet.

Was geschah denn, wenn ein benachbarter adeliger Herr oder der Bischof von Mâcon, in dessen Diözese Cluny gegründet wurde, oder wer immer den Inhalt der Urkunde verletzte, das neue Kloster bedrängte?

Worauf gründete sich das Vertrauen des Gründers, die Apostelfürsten Petrus und Paulus als die Patrone des neuen Klosters würden dessen Freiheit, zu der auch nach dem Tod des ersten Abtes Berno die freie Abtswahl gehören sollte, schützen?

Im Urkundentext[6], ungewöhnlich genug, steht in Form eines Gebetes: «ich beschwöre Euch, o heilige Apostel und glorreiche Fürsten der Erde, Petrus und Paulus und Dich, Bischof der Bischöfe des Apostolischen Stuhles, Ihr möget durch die kanonische und apostolische Autorität, die Ihr von Gott empfangen habt, von der Gemeinschaft der heiligen Kirche Gottes und vom Anteil am ewigen Leben entfernen diejenigen, die diese Güter, die ich Euch mit Freude und freiwillig schenke, rauben, in sie eindringen und sie wegnehmen. Möget Ihr die Schutzvögte des oben genannten Ortes Cluny und der dort wohnenden Diener Gottes und all dieser Vermögenswerte um der Milde und Barmherzigkeit des uns gütigst zugewandten Erlösers sein.» Dem beschwörenden Gebetstext folgt eine Verfluchungsformel gegen die Verwandten oder Fremden, die es wagen sollten, dieses Testament des Herzogs zu verletzen. «Gott nehme sie hinweg von der Erde der Lebendigen und tilge ihren Namen aus dem Buch des Lebens. Ihr Anteil sei mit … Dathan und Abiron, die die Erde mit offenem Schlund verschlungen und die Unterwelt der Hölle hinweggenommen hat. In ewige Verdammnis sollen sie hineinlaufen; Genossen des Judas, der den Herrn verraten hat, seien sie und mit ewigen Qualen fortgestoßen.» Als weiteres drohendes Beispiel wird das Beispiel Heliodors und des Antiochus in Erinnerung gebracht, von denen der eine halbtot geprügelt, der andere mit faulenden Gliedern und darin wimmelnden Würmern aufs elendeste zugrunde gegangen sei.

Den drastischen Worten entsprach eine andere drastische Wirklichkeit. Der angesprochene Papst war Sergius III. (904–911), einer der unwürdigen Amtsträger aus stadtrömischem Adel auf dem Stuhl Petri, derentwegen das 10. Jahrhundert nicht erst in der modernen Geschichtswissenschaft das finstere, bleierne Jahrhundert genannt worden ist. Der Papst als Geschöpf der miteinander um die Herrschaft in der Stadt Rom rivalisierenden Geschlechter sollte Schutzherr Clunys auf Erden sein, den Schutz der Apostelfürsten geben. Höchstwahrscheinlich wußte der Gründer Clunys nicht einmal, wer der von ihm in der

Gründungsurkunde angeflehte Papst war. Mit anderen Worten: Das neue Kloster Cluny stand ohne Schutzherrn da. Auch das war etwas für die damaligen Klöster vollkommen Neues. War zu sagen, daß schon vor Herzog Wilhelm Graf Girard von Roussillon seine Gründung Vézelay dem Päpstlichen Stuhl unterstellt hatte, so war für Vézelay die Frage nach dem Schutzherrn, der die Rechte aus der Gründungsurkunde verwirklichen konnte, anders geregelt: Schutz und Verteidigung Vézelays ebenso wie des von ihm gegründeten und dem Päpstlichen Stuhl unterstellten Frauenklosters Pothières wollte Girard unter seiner eigenen Obhut haben.

Cluny empfing also seine Freiheit als ein tatsächlich ungeschütztes Gut. Bedenkt man, daß Cluny in einem der königsfernen Räume gegründet worden ist, die weder von den Karolingern noch von den Robertinern/Capetingern betreten wurden – bezeichnend, daß die Urkunde von 893, mit der Ava, die Schwester des Gründers von Cluny, diesem den Hof Cluny mit allem Zubehör, wie er 909 oder 910 dem neuen Kloster geschenkt wurde, überlassen hat, als Datierung aufweist: «im ersten Jahr, als die beiden Könige um das Reich stritten, nämlich Odo und Karl»[7]; und kennzeichnend, daß die Gründungsurkunde Clunys nach der Wiedereinsetzung Karls des Einfältigen in seine Herrschaft (also nach dem Tod des Königs Odo) datiert wurde, während im Urkundentext Herzog Wilhelm als ersten, für dessen Seelenheil die Klostergründung erfolgen sollte, «die Seele meines Herrn, des Königs Odo» erwähnt, d. h. den mit den Karolingern rivalisierenden König –, dann ist Cluny in einem Herrschaftsvakuum gegründet worden. Denn Graf in der Grafschaft Mâcon, in deren Sprengel Cluny errichtet wurde, war Herzog Wilhelm der Fromme von Aquitanien. Dieser aber hatte ja für sich und alle Erben auf jeglichen Anspruch an Cluny verzichtet. Mit der Freiheit des neuen Klosters in dessen Gründungsurkunde wurde deshalb gleichzeitig die Frage danach aufgeworfen, wie das Herrschaftsvakuum gefüllt, wie der Schutz der Freiheit Clunys, im Himmel und in der Erniedrigung des Papstes in Rom angesiedelt, verwirklicht werden könnte. Bevor die Geschichte des neuen Klosters im Blick auf diese am Anfang stehende Spannung zu beobachten ist, soll die bereits gestellte Frage, was an der Gründung Clunys neu gewesen sei, weiter beantwortet werden. Denn der Verzicht des Gründers auf alle Rechte an der Gründung und deren Schutzlosigkeit bilden nicht das einzige Novum.

Herkömmlich, wenn auch gewandter formuliert ist es, wenn Wilhelm in der Gründungsurkunde niederschreiben ließ, daß er sein Seelenheil kaum angemessener erlangen könne, als wenn er sich gemäß Christi Gebot dessen Arme zu Freunden mache. Hier sind die Mönche, da sie um Christi willen freiwillig arm geworden sind, gemeint. Diese wollte er nicht nur zeitweilig, sondern dauerhaft als Gemeinschaft von seinen Mitteln am Leben erhalten. Er werde den Lohn der Gerechten empfangen, wenn er, während er selbst die Welt nicht verachten könne, doch die Weltverächter, von deren Rechtschaffenheit er überzeugt sei, aufnehme.

Erst recht herkömmlich erscheint die Aufzählung derer in der Urkunde, zu deren Seelenheil und leiblicher Gesundheit Wilhelm Cluny gründete: sein Herr, König Odo («von Paris»), Vater und Mutter, Ehefrau, seine Schwester Ava(na), die ihm testamentarisch die Grundausstattung für das Kloster Cluny übereignet hatte, Brüder und Schwestern, Neffen und alle Verwandten beiderlei Geschlechts. Auffällig, daß dann «unsere Getreuen, die uns im Dienst für uns anhänglich sind», erwähnt werden. In den Urkunden der deutschen Könige und Kaiser des Mittelalters begegnet der Einschluß der getreuen Gefolgsleute ins Gebetsgedenken erst unter Kaiser Heinrich IV. (1056–1106), also zwei Jahrhunderte später. Aber mehr noch: Die Aufzählung gipfelt in der Aussage, die Schenkung erfolge für den Bestand und die Unversehrtheit der katholischen Religion und, wie «wir Christen alle durch die Klammer einer Liebe und eines Glaubens zusammengehalten werden», für alle Christgläubigen in Vergangenheit, Gegenwart und Zukunft. Eine derart umfassende, religiöse Begründung für eine Klosterstiftung kennen wir aus keiner früheren Urkunde.

Außergewöhnlich für den Beginn des 10. Jahrhunderts erscheint auch die urkundliche Bestimmung, es sollten, wenn es die Möglichkeiten am Ort erlaubten, «täglich die Werke der Barmherzigkeit den Armen, Bedürftigen, Fremden, die des Weges daher kämen, und Pilgern mit höchster Anspannung erwiesen werden». Darin liegt das Außergewöhnliche, daß der Herzog sich nicht mit der Verfügung zufrieden gab, die Mönche in Cluny sollten nach der Regel Benedikts leben, sondern daß er mit seiner Urkunde an das 53. Kapitel der Benediktsregel erinnerte, die vorschreibt: «Der Aufnahme der Armen und Pilger soll am meisten aufmerksam Sorge erwiesen werden, weil in ihnen [viel]mehr Christus [selbst] aufgenommen wird. Denn das furchterregende Auftreten der Reichen erweist sich selbst die Ehre.» Der herzogliche Klostergründer dürfte schwerlich ohne fachkundigen, mönchischen Rat einen derart gezielten Wortlaut in seine Urkunde aufgenommen haben.

Noch eine Einzelheit der Gründungsurkunde gilt es festzuhalten. 893, als Ava ihrem herzoglichen Bruder Cluny testamentarisch vermachte, verfügte dieses, wie der Urkunde zu entnehmen, über Kapellen. 910 vermerkt die Gründungsurkunde für Cluny dort eine der Muttergottes und dem hl. Petrus geweihte Kapelle, dazu weitere Kapellen. Das neu zu gründende Kloster hingegen stellte die Gründungsurkunde ausdrücklich und wiederholt und in feierlichster Form unter das Patrozinium beider Apostelfürsten, Petrus und Paulus, die nicht nur als Apostelfürsten, sondern auch als Fürsten der Erde persönlich angesprochen werden, wie dies damals in der Liturgie geschah. Im ganzen aber gehörte das beginnende 10. Jahrhundert noch zur Zeit der frühmittelalterlichen Petrusverehrung. Im 11. Jahrhundert, besonders im sogenannten Investiturstreit, galt die Wahl des Doppelpatroziniums Petrus und Paulus für ein Kloster geradezu als Signal für eine dem Papst anhängende und auf Reform zielende Gemeinschaft. Was bedeutete 910 in Cluny das Patrozinium der Apostelfürsten?

Alles zusammen genommen, was bisher über die Gründungsurkunde Clunys ausgemacht werden konnte, kommt man zum Ergebnis, daß die Urkunde insgesamt aufgrund ihrer Sprache und ihres Gedankenganges, der durch alle formularhaften Bestandteile hindurch, die einer mittelalterlichen Urkunde eignen, in sich geschlossen zu Ende geführt wird, ein neues Bild eines christlichen Adeligen und einer der Regel Benedikts verpflichteten Klostergründung und einer der gesamten Christenheit verantwortlichen und auf Rom ausgerichteten klösterlichen Existenz ankündigt. Das in sich schlüssige Gedankengebäude der Urkunde macht geradezu neugierig, wer der *Oddo laevita*, der Kleriker Odo, war, der in Stellvertretung des herzoglichen Kanzlers die Gründungsurkunde für Cluny geschrieben hat.

Die betroffenen Zeitgenossen müssen sich der Besonderheit der Urkunde bewußt gewesen sein. Denn als am 10. September 917 in Bourges ein Gefolgsmann des Herzogs Wilhelm des Frommen, Ebbo, mit seiner Frau Hildegard in Déols (Châteauroux/Indre) südlich Tours und östlich Poitiers das Kloster Bourg-Dieu gründete und es dem Abt Berno gab, dem der Herzog am 11. September 910 in Bourges Cluny übertragen hatte, da folgte seine Gründungsurkunde bis zur Aufzählung der Grundausstattungsgüter für Déols dem Wortlaut der Gründungsurkunde für Cluny.[8] Bei der Nennung derer, zu deren Seelenheil die Gründung Déols vorgenommen wurde, steht an der Stelle, an der in Clunys Urkunde König Odo als Herr des Herzogs Wilhelm genannt wurde, ebendieser Wilhelm als Herr Ebbos. Hatten die Mönche von Cluny ihrer Gründungsurkunde entsprechend alle fünf Jahre in Rom die zeichenhafte Anerkennung des apostolischen Schutzes in Höhe von 10 Schillingen abzuliefern, so waren es für die Mönche von Déols 5 Schillinge. Die Strafsumme, die dem angedroht wurde, der Clunys Gründungsurkunde verletzte, betrug 100 Pfund Gold, in der Gründungsurkunde von Déols 1000 Pfund Gold. Die Zeugenreihen beider Urkunden und seine Schreiber unterscheiden sich voneinander. Die Urkunde für Déols schrieb in Vertretung des Kanzlers ein Diakon Gerlamnus «auf Befehl des Princeps Wilhelm». Von diesen zu erwartenden Eigenheiten abgesehen, gleichen einander die Gründungsurkunden von Cluny und Déols wortwörtlich.

Und nochmals, am 14. Juni 929, kehrte der Wortlaut der Gründungsurkunde für Cluny in einer Urkunde wieder, die für Cluny Schlüsselbedeutung besaß. Ausstellerin dieser Urkunde ist Adelheid gewesen, Schwester des Königs Rudolf I. von Hochburgund, mit dem die Welfen zum Königtum aufgestiegen waren, Frau des Herzogs Richard Iustitiarius von Burgund, deren Sohn König Rudolf von Frankreich (923–936) war, Nachfolger eines Robertiners und Vorgänger eines Karolingers. Sie übertrug dem zweiten Abt von Cluny, Odo, und seiner Gemeinschaft ihr Kloster Romainmôtier, das von da an mit Cluny eine und dieselbe Gemeinschaft unter dem Abt von Cluny bilden sollte. Wieder erfolgte diese Vereinigung eines Klosters mit Cluny für die ganze Christenheit. Wieder wurden, wortwörtlich wie in Clunys Gründungsurkunde, die Apostelfürsten im Gebet zugunsten der Freiheit der mönchischen Gemeinschaft beschworen, auch die feierliche Verfluchungsformel für Verletzer des Urkundeninhalts wiederholt. Das neue Bild, das die Gründungsurkunde Clunys ankündigte, wurde bewußt wiederverwendet, als zum ersten Mal in der Geschichte Clunys diesem mit Romainmôtier ein Kloster rechtlich übereignet wurde. Geschrieben hat die Urkunde ein Priestermönch von Cluny.[9]

Was die Archäologen der Mediaeval Academy of America von den Bauten ausgegraben haben, die den Herrenhof Cluny und seine Marien- und Petruskapelle dargestellt haben – seitdem spricht man von «Cluny A» –, ist enttäuschend wenig und beläßt das, was über die Bauten aus dem Kindheitsalter Clunys ausgesagt werden kann, weitgehend im Bereich der Vermutungen.[10] Die Fundamentbruchstücke aus dieser Zeit, die Kenneth John Conant, der Leiter der Ausgrabungen, hat finden können, ließen ihn eine dreigeteilte Kapelle – er zitierte als Beispiele die erhaltenen Kirchen von S. Benedikt in Mals und von Müstair – rekonstruieren, deren Schiff etwa 9,24 m, die Fassadenmauer mitgerechnet 9,67 m lang und 2,21 m breit gewesen sei. Im Norden wäre es von einem 2,02 m breiten, im Süden von einem 1,63 m breiten Gang flankiert gewesen. Der nördliche Gang hätte sich nach Osten hin ungleichmäßig zu einem Begräbnisort verbreitert. Südlich der Kirche, auf dem Areal des heutigen Kreuzganges, nahm er, ohne Beweise zu haben, die Lage des Hofes Cluny an.

Von den bei der Klostergründung vorgefundenen Bauten des Hofes und der Marien- und Petruskapelle («Cluny A») unterschied Conant «Cluny I». Damit sind Kloster und Klosterkirche gemeint, die noch unter dem ersten Abt Berno zu bauen begonnen wurden. Diese Erkenntnis ließ sich nicht mit archäologischen Methoden gewinnen. Vielmehr diente dazu der Text einer auf 926 datierten Urkunde, in der die Rede von «Kloster Cluny» ist, «das zu Ehren eben dieser Apostel» (Petrus und Paulus) «gebaut wird» und von einem «Altar der heiligen Petrus und Paulus»[11]. Vielleicht 927 geweiht, wurde «Cluny I» von «Cluny II» unter den Äbten Maiolus und Odilo von Cluny nach der Mitte des 11. Jahrhunderts abgelöst. Wollte man mit «Cluny A» das Kindesalter in der Geschichte Clunys bezeichnen, so gäbe «Cluny I» das Jugendalter Clunys wieder.

Nahezu nichts erbrachten die Grabungen der Amerikaner, um die

28

Frage zu beantworten, wie «Cluny I» ausgesehen habe. Eine hypothetische Rekonstruktion hielt Conant dennoch für denkbar. Er verwies auf S. Martin d'Autun, weil Abt Berno diese Kirche gekannt habe. Gerade dies wird jedoch erst in späterer Überlieferung gesagt, deren Interesse darin lag, die Herkunft des mönchischen Lebens Clunys über S. Martin d'Autun, S. Savin-sur-Gartempe auf Abt Benedikt von Aniane zurückzuführen, der zur Zeit Karls d. Großen (800–814) und Ludwigs d. Frommen (814–840) die Klöster im Reich reformiert hatte. Conant wies weiter auf S. Benoît de Fleury-sur-Loire hin, weil Abt Odo von Cluny dort als Abt reformierend gewirkt hat. Aber daß er deshalb dort auch eine Kirche nach dem unbekannten Modell von «Cluny I» gebaut hätte, bleibt reine Vermutung. Vor allem berief sich Conant auf Peterlingen I, weil dieses heute in der französischen Westschweiz gelegene Payerne in der zweiten Hälfte des 10. Jahrhunderts von Kaiserin Adelheid, deren Eltern König Rudolf II. von Hochburgund und Königin Bertha waren, an Cluny gegeben worden ist. Da hätte es nahegelegen, die Klosterkirche nach dem Vorbild von «Cluny I» zu errichten. Heute nimmt die archäologische Forschung[12] an, die erste Klosterkirche zu Peterlingen, wahrscheinlich zwischen 960 und 970 entstanden, hätte sich an «Cluny II» ausgerichtet, dabei aber vielleicht Veränderungen, wie sie am wenig späteren Bau von Romainmôtier zu sehen sind, eingeführt. «Cluny II» bot den Archäologen ein dankbareres Ziel. Indes sind diese Fragen nicht die einzigen, die unserer Neugier Grenzen setzen. Um die viel wichtigere Frage zu beantworten, wer die Menschen waren, für die Cluny gegründet worden ist, stehen den Historikern nur äußerst dürftige Zeugnisse zur Verfügung. Wie wenig mit Sicherheit dazu gesagt werden kann, mag die Feststellung veranschaulichen, daß im neuesten wissenschaftlichen Lexikon für alle am Mittelalter beteiligten Fächer, in dem zu Recht gelobten «Lexikon des Mittelalters», gleichwohl ein Artikel über den ersten Abt von Cluny, Berno, fehlt. Dabei sahen die Cluniacenser selbst im Hochmittelalter den Abbatiat Bernos als «goldenes Zeitalter», sein Wirken als «leuchtende Taten des Herrn Berno» an. Tatsächlich erscheint das wenige, was über Berno mit Sicherheit gesagt werden kann, als bemerkenswert genug. Es zu übersehen hieße, auf die Kenntnis wesentlicher Voraussetzungen der Geschichte Clunys zu verzichten.

Es sind zwar erst hundert Jahre spätere Quellen, die von Bernos hochadeliger burgundischer Herkunft und von seinem reichen Besitz sprechen – und noch später entstanden die Zeugnisse, die in Berno einen Grafen sahen, der dann Abt wurde. Trotzdem und obwohl die Nachrichten über Verwandte Bernos nicht ausreichen, um seinen Stammbaum zu rekonstruieren, steht jedenfalls fest, daß er aus Familienbesitz ein Kloster im burgundischen Jura, in Gigny am Suran, südlich Lons-le-Saunier (Jura) begründen konnte. Er hat das Peterskloster unter den Schutz des Papstes gestellt und 894 auf einer Romreise selbst eine Papsturkunde erwirkt, in welcher der Rechtsstand des neuen Klosters bestätigt wurde.

Berno kannte persönlich das welfische Königshaus in Hochburgund und die Königsfamilie der Bosoniden von der Provence so gut, daß er für sein Kloster Gigny mehrfach Güter und Mönchszellen, so das Kloster Baume-les-Messieurs, an der Seille, einem linken Seitenfluß der Saône, gelegen, und die *cella* S. Lauteni, d. i. S.-Lothain nordöstlich Lons-le-Saunier (Jura), und Mouthier-en-Bresse (Saône-et-Loire), als Geschenke erhielt. Berno war ein Vertrauter des Herzogs Wilhelm d. Fr. von Aquitanien. Andernfalls wäre es undenkbar, daß dieser ihm das eben gegründete Kloster Cluny anvertraut hätte. Hinzu kam ja sieben Jahre nach der Gründung Clunys, daß der mächtige Gefolgsmann des aquitanischen Herzogs, Ebbo, ihm in Bourges die Leitung des Klosters Déols (Bourg-Dieu) mit den Worten der Gründungsurkunde für Cluny übertrug. Zugleich mit Bourg-Dieu kam die Abtei Massay (Cher) im Berry, unweit Vierzon, an Cluny, ein Kloster, in dem der berühmte Benedikt von Aniane ein Jahrhundert zuvor schon gewirkt hatte. In den siebzehn Jahren, die Berno in Cluny Abt gewesen ist, empfing Cluny an die 170 Urkunden, eine Zahl, die kein anderes Kloster in jener quellenarmen Zeit überliefert hat. Zu den 170 Rechtsakten zählte auch die bedeutende Schenkung aus der Gründerfamilie Clunys, mit der Sauxillanges bei Issoire (Puy-de-Dôme) in der Auvergne an die Cluniacenser überging, die in der Folgezeit dort ein Kloster einrichteten. Dazu gehörte vor allem die Schenkung eines weiteren Gefolgsmannes des Herzogs, des sehr berühmten Herrn Aymard von Bourbon, der der Gemeinschaft von Cluny Souvigny (Allier) bei Moulins überließ, das diese noch im 10. Jahrhundert zu einem der berühmtesten Cluniacenserklöster ausbauten.

Die Nähe des adeligen Abtes Berno von Cluny zu den Mächtigen seiner Zeit ist nur das eine, was diese gut bezeugten Tatsachen erweisen. Eine andere wichtige Einsicht gewähren dieselben Tatsachen: Bernos äbtliche Herrschaft über eine Gruppe von Klöstern entsprach nicht der Vorstellung, die Benedikt von Nursia in seiner Regel, vor allem im zweiten und 64. Kapitel, entfaltet hat. Für Benedikt schuf der Abt, den die Brüder gewählt hatten, mit diesen, denen gegenüber er Christi Stelle selbst einnehmen sollte, eine Gemeinschaft, welche die Kirche Christi abbildete. Die Möglichkeit, daß ein nicht von den Brüdern gewählter Abt eine ganze Gruppe von Klöstern leitete, begegnet in der Benediktsregel an keiner Stelle. Berno regierte, als Cluny gegründet wurde, bereits mehrere Klöster, und seit der Gründung Clunys wuchs die Klöstergruppe noch an.

Wissen zu wollen, ob Abt Berno die Eigenschaften besaß, die sich Benedikt von Nursia in der Regel vom Abt erwünschte, käme selbst dann einer Fehlerwartung gleich, wenn es von Berno wie von seinen Nachfolgern Odo, Maiolus, Odilo und Hugo eine Lebensbeschreibung gäbe. Denn im «porträtlosen Jahrtausend» (Harald Keller), in dem Berno lebte, kam es einem Maler, einem Bildhauer oder einem Schriftsteller nicht darauf an, das Ureigenste einer Persönlichkeit herauszumeißeln, vielmehr sollte nur bewiesen werden, daß die dargestellte Person ihrem Urbild, etwa des heiligen, mildtätigen Königs oder des heiligen, väterlichen Abtes oder der heiligen, selbstlos jungfräulich lebenden Einsiedlerin, entsprach. Trotzdem läßt sich mit Gewißheit sagen, daß Berno nicht einfach wie andere Zeitgenossen, die eigene Klöster gegründet haben, den Titel eines Abtes übernahm, um dann über sein Kloster zu herrschen und andere hinzuzuerlangen.

Berno ist selbst Mönch geworden, auch wenn offenbleiben muß, in welchem Kloster er die Gelübde abgelegt hat.[13] Nach einem späteren Zeugnis könnte es S. Savin-sur-Gartempe im Poitou oder S. Martin d'Autun gewesen sein. Noch in der ersten Hälfte des 11. Jahrhunderts wurde unter cluniacensischen Mönchen erzählt, daß das Leben in Baume-les-Messiers unter Bernos Abtsstab so streng gewesen sei, daß der Teufel einige Brüder zum Widerstand aufstachelte, so streng, daß sich davon der Einsiedler Adhegrinus und Odo, der spätere Abt von Cluny, angezogen fühlten, nachdem sie S. Martin de Tours verlassen und kein Kloster gefunden hatten, in dem sie als Mönche hätten leben können. In Baume-les-Messiers seien die Gewohnheiten mönchischen Lebens im Kloster befolgt worden, die man aus karolingischer Zeit von Benedikt von Aniane kannte. Adhegrinus band also sein Einsiedlerdasein in der Nähe des Klosters an das Leben der Gemeinschaft Abt Bernos, Odo, seiner Ausbildung und Tätigkeit in S. Martin de Tours entsprechend, brachte hundert Bücher nach Baume und wurde dort als Lehrer für die Mönche eingesetzt.[14] Berno muß sich für eine Erneuerung mönchischen Lebens im Kloster eingesetzt haben. Als Herzog Wilhelm d. Fr. in Cluny die Abtei gründen wollte und noch zögerte, weil dort die Hunde der Jagdgesellschaft die Stille mönchischen Lebens stören würden, soll ihm Berno geraten haben, die Hunde durch Mönche zu ersetzen. Und wenn wir namentlich kaum einen der Mönche Bernos kennen – neben Adhegrinus und Odo wären Wido und Dato zu nennen –, so lag ihr Leben dem Abt Berno so am Herzen, daß er ihnen ein Testament hinterließ.[15]

Gegenseitige Hilfe zieht sich wie ein roter Faden durch den Text. Aus diesem Grund hätten sich auch nach Ausweis vieler Zeugnisse der hl. Benedikt und sehr viele Lehrer mönchischer Lebensweise ihre Nachfolger zu ihren Lebzeiten selbstgewählt. Berno, «von allen Äbten der letzte», bat deshalb König, Papst, Fürsten und alle deren Getreue um Nachsicht, daß er in Erwartung seines näherkommenden Todes mit Zustimmung der Brüder zwei von ihnen, seinen Verwandten Wido und den ihm gleicherweise am Herzen liegenden Odo, bestimmt habe, an seiner Stelle das Amt zu führen. Wido sollte Abt in Gigny, Baume-les-Messiers und Mouthier-en-Bresse mit der Zelle S. Lothain sein, Odo Abt in Cluny, Massay und Déols. Berno sah offenbar selbst, daß die freie Abtswahl, die für den Zeitpunkt nach seinem Tod in den Gründungsurkunden für Cluny und Déols festgeschrieben war, hier eine Deutung erfuhr, die nicht jeden überzeugen mußte und nicht dem Wortlaut der Benediktsregel entsprach. Deshalb berief er sich auf das

Leben Benedikts von Nursia und alle die äbtlichen Autoritäten, die, wie in der Magisterregel, zu Lebzeiten einen Coadjutor und Nachfolger bestimmt hatten. Deshalb bat er um Nachsicht. Deshalb betonte er die Zustimmung der Brüder zu seiner Wahl. Machte erst die Zustimmung der Mönche zu der von Berno getroffenen Auswahl die Abtswahl gültig, so könnte man sagen, in Cluny seien die Abtswahlbestimmungen der Benedikts- und Magisterregel miteinander verschmolzen worden. Man könnte auch daran erinnern, daß im 10. Jahrhundert und lange darüber hinaus die deutsche Königswahl eine solche Konsenswahl darstellte. Dem vom regierenden König, vom königlichen Vater zur Thronfolge designierten Sohn mußten die Königswähler zustimmen. Designation des Thronfolgers durch den regierenden König und Konsens der zur Königswahl berechtigten Großen bildeten die beiden zur Königswahl gehörenden Elemente. So wurde in Cluny seit 926 für lange Zeit die Abtswahl geregelt.

Nun bestimmte Berno aber zwei Nachfolger und teilte die von ihm geleitete Klöstergruppe in zwei Dreiergruppen: Obwohl er seine erste Klostergründung Gigny in den Schutz des Hl. Stuhles gegeben hatte, mußte er offensichtlich noch auf seine Verwandtschaft und deren Ansprüche auf Teilhabe am gemeinsamen Erbe Rücksicht nehmen. So ist zu verstehen, daß er Gigny mit den an dieses übertragenen Klöstern Baume, Mouthier-en-Bresse und der Zelle S. Lothain, also die im Juraraum Hochburgunds gelegenen Klöster mit ihren Gütern, seinem Blutsverwandten Wido anvertraute. Das mit Freiheit begabte Cluny dagegen, das nach Clunys Gründung von Ebbo von Déols an Berno übertragene Bourg-Dieu mit der Abtei Massay, also die Klöster im Mâconnais und im Berry mit ihren Besitzungen, übernahm der Mönch Odo.

Berno beschwor in seinem Testament nicht nur Fürsten und Lehensherren, die beiden neuen Äbte, ihre Mönche und alles Zubehör zu den genannten Klöstern durch entsprechende Unterstützung in dem Stand zu halten, der durch Königs- und Papsturkunden feierlich bestätigt war. Er hielt den Großen nicht nur vor Augen, daß sie, wenn sie alles Gute in diesen Klöstern unterstützten, auch Anteil an allen guten Taten, die dort vollbracht würden, erhielten. Berno verlegte darüber hinaus den bisherigen Schwerpunkt von Gigny nach Cluny. Er bevorzugte dieses dadurch, daß er Besitz aus der Klöstergruppe im Juragebiet, nämlich den Hof La Frette bei Louhans (Saône-et-Loire) und was dort einem Herrn Samson gehörte, sowie ein Viertel der Kessel, in denen das Steinsalz bei Lons-Le Saunier gereinigt wurde, schließlich die Hälfte der Wiese eines Herrn Saymon herausnahm und Cluny gegen einen symbolischen Zins von zwölf Denaren im Jahr an Gigny übertrug. Dies sei nicht ungerecht, ließ er eigens in seinem Testament festhalten, denn in Cluny habe er sich sein Grab bereitet, und dieser Ort bliebe nach dem Tod des Herzogs Wilhelm und seinem eigenen Tod unvollendet und gewiß an Besitz und Zahl der Mönche ärmer. Auch die später mit Gottes Hilfe hinzukommenden geistlichen Söhne dürften nicht enterbt werden. Ein Teil seines, Bernos, Erbes sollte ihnen zu Nutzen sein. Wenn dies auch an einem andern Ort als Gigny geschähe, so doch für denselben Herrn, den hl. Petrus, in dessen Namen er Gigny und Cluny gebaut habe.

Von den beiden Äbten Wido und Odo und von allen Mönchen der zweimal drei Klöster in Gegenwart und Zukunft verlangte er einmütig den bisher befolgten Lebenswandel, wenn schon nicht besser, so doch wie bisher zu bewahren, den Psalmengesang, das Schweigen, die Art der Ernährung und Bekleidung und vor allem die Verachtung persönlichen Eigentums. Sollte von diesem Weg hartnäckig abgeirrt werden, dann sollten die Äbte von Gigny und Cluny einander gegenseitig helfen, das Abirren wieder zurechtzurücken.

«Unsere Anordnung», so der abschließende Wunsch des Urhebers dieses Testaments, «die, wie ich glaube, durch die Liebe zu beiden Orten (Gigny und Cluny) eine Vorsorge zu sein wünscht, soll mit Gottes Verfügung und unter dem Schutz des hl. Petrus unverrückbar Dauer bewahren.» Das Testament wurde von drei Äbten unterzeichnet, von Berno, der das Testament Urkunde nannte, von Wido, «dem neuen Abt», dessen Einwilligung zu Bernos letzter Verfügung ausdrücklich erwähnt wurde, schließlich von Abt Odo, dazu von einem Geoffredus und einem Vvandanbertus, im vierten Jahr der Herrschaft König Rudolfs von Frankreich, im Jahr 926.

Auf dem Hintergrund der Gründungsurkunde Clunys beansprucht das Testament des Abtes Berno lebhaftestes Interesse. Es deutet an, daß Gigny und Cluny 16 Jahre nach der Gründung Clunys mit den dazugehörenden Klöstern und Besitzungen von außen gefährdet waren, aber auch von innen insofern gefährdet, als sich in jedem einzelnen der genannten Klöster eine eigene, von der bis dahin befolgten Lebensweise abweichende Lebensführung entwickeln könnte. Nach außen mußte Gigny, auf Familienbesitz der Vorfahren Bernos gegründet, von dessen Verwandtschaft selbst beschützt werden. Daher wurde Wido aus dieser Familie Abt von Gigny und dessen hochburgundischen Stützpunkten im Juraraum. Da Cluny und nach ihm Déols keinen Schutzherrn für die ihnen zuerkannte Freiheit hatten, wendete sich Berno in seinem Testament um Schutz an alle Großen. Der inneren Gefährdung der sechs Klöster konnte nur gegenseitige Hilfe und einmütiges Zusammenrücken zu einer Gemeinschaft, die ihr bisheriges klösterliches Leben bewahrte, am besten dadurch, daß sie es steigerte, gegensteuern.

Was mit Clunys Gründungsurkunde wie ein Paukenschlag klang, nahm sich 16 Jahre danach doch noch sehr klein und schutzbedürftig aus. Trotzdem zeichneten sich in Bernos Testament die Konturen ab, die eine Vollendung des unvollendet gebliebenen Cluny würde annehmen können. Andere Klöster hatten Schutzherren, deren Schutz sich allzu rasch zur Herrschaft über das zu schützende Kloster verformen mochte. Diese Gefahr würde neutralisiert, wenn sich alle Großen für die urkundlich gewährleistete freie Existenz Clunys und seiner dazugehörenden Klöster interessieren ließen. Und: Das Herrschaftsvakuum, in dem Clunys Gründung vor sich gegangen war, könnte von Cluny selbst ausgefüllt werden, wenn es sich mit den anderen fünf Klöstern zusammenschlösse. Dann wäre die Gefährdung des einzelnen Klosters im Zusammenschluß der ganzen Gruppe aufzufangen.

Nur: 926 ist diese Klöstergruppe noch zu schwach gewesen, geschwächt besonders durch die beiden ungleichen Hälften, die hochburgundische, an Bernos Verwandtschaft gebundene, und die freie im Mâconnais und Berry. Die Tatsache, daß sich Berno zwei Nachfolger erwählt hatte, daß Gigny und Cluny, schon wegen der von Berno gewollten Bevorzugung Clunys gegenüber Gigny, zwei miteinander rivalisierende Mittelpunkte der Klöstergruppe werden konnten, bedrohte die Klöstergruppe mit dem Auseinanderleben.

Tatsächlich muß es zu Auseinandersetzungen gekommen sein. Sonst wäre es etwa zehn Jahre später nicht nötig gewesen, daß Abt Wido von Gigny mit den Mönchen von Gigny erst dann an Cluny übertrug, was diesem Berno schon testamentarisch vermacht hatte.[16] Nach dem Tod Bernos war Cluny noch keine Größe, die den Leerraum an Herrschaft, in den es gestellt war, hätte ausfüllen können. Und wie sollte es gelingen, die Mächtigen jener Zeit und die weniger mächtigen, aber immer noch genügend bedrohlichen adeligen Nachbarn Clunys dazu zu bewegen, im Namen der Apostelfürsten das Kloster mit den Mönchen und den zu Cluny gehörenden Klöstern und Besitzungen zu schützen?

Die Idee des Abtes Odo von der Erneuerung der Christenheit durch das Mönchtum

Nachdem 927 Odo Abt in Cluny geworden war, erlebte dieses einen gewaltigen Wachstumsschub. Man hat das in jüngster Zeit in Frage gestellt. Der Zweifel wurde damit begründet, daß Odo bis ins 11. Jahrhundert kein besonderes Gedenken, geschweige denn das eines heiligen Abtes oder wahren Gründers der Größe Clunys im Konvent erhalten hätte. Erst seit dem 11. Jahrhundert wäre Odo bei den Cluniacensern zum ersten großen Reformabt stilisiert worden.[17] Nun ist es eine Sache, welches Gedenken die Gemeinschaft von Cluny ihrem Abt nach dessen Tod zuwandte oder nicht widmete. Offensichtlich sind die Mönche von Cluny damals noch nicht so selbstbewußt gewesen, daß sie beanspruchten, einen heiligen Abt zu besitzen. Überdies fehlte für den Ursprung einer solch gesteigerten Verehrung das Wichtigste: das Grab des Abtes Odo in der Klosterkirche zu Cluny. Denn am Ende seines Lebens ist Odo dorthin zurückgekehrt, von wo er nach Baume-les-Messieurs und Cluny gekommen war: nach der Stadt des hl. Martin, seines Lieblingsheiligen von Anfang an, nach Tours. Nachdem er dort gestorben war, wurde er in S. Julien de Tours in der Krypta bestattet, in dem Kloster also, das Erzbischof Theotolo von Tours, ein Freund Odos von Cluny, seit langen Jahren, nach der Zerstörung der Normanneneinfälle, wieder aufgebaut und mit seiner Schwester, Gräfin Gersendis, ausgestattet und wohin er Abt Odo von Cluny als Abt für den neuen Konvent gerufen hatte. Dort, in einem Kloster, das rechtlich nicht zu Cluny gehörte, erhielt sich bis ins späte Mittelalter mindestens ein Gedenken an Odo, das ihn geradezu als Gründer Clunys ansah.[18]

Eine andere Frage ist, was sich denn mit dem Amtsantritt des Abtes Odo in Cluny nachprüfbar geändert habe. Odo trat mit einem Anspruch an, der zuvor allein in der Gründungsurkunde für Cluny ausgesprochen worden war: die Gründung einer mönchisch im Kloster lebenden Gemeinschaft als etwas aufzufassen, das dem Heil aller lebenden und verstorbenen Christen dienen sollte. Genau besehen war dies kein geringerer Anspruch als jener der Gesamtkirche, nur, daß er hier im Unterschied zur Gesamtkirche auf dem Boden der Erneuerung mönchischen Lebens im Kloster erhoben wurde.

Weil Odo davon überzeugt war, «in der Zeit des gegenwärtigen Lebens ist alles derart in Unordnung, daß Du nirgends auch nur eine Spur der Wahrheit sehen kannst, wohl aber erkennen kannst, daß alles voller Bosheit und Luxus ist», daß der Welt ihr Ende droht, «die Zeit schon gekommen ist»[19], «die Zeit des Antichrist jetzt schon unmittelbar bevorsteht»[20], «jegliche Ordnung der Religion und der Christenheit sich ins Schlechte verwandelt hat»[21], «machte er sich keine Gedanken um das morgen»[22], wollte er Seelen retten.[23] Bei sich selbst hatte er damit angefangen, insofern er wie ein Mönch gelebt hatte, noch bevor er Mönch geworden war.[24] Seine eigenen Eltern gewann er für das mönchische Leben im Kloster.[25]

Der Mönch Johannes von Salerno, der für seine Mitbrüder das Leben Odos von Cluny beschrieb, mit dem er selbst in Italien gereist war, überliefert auch die Geschichte, eine junge Frau, Tochter eines Hochadeligen, sei von Odos Leben so überzeugt gewesen, daß sie ihn gebeten habe, sie der bevorstehenden Verheiratung zu entreißen und ihr bei Nacht zur Flucht zu verhelfen. Odo habe es getan und sie einem Frauenkloster zugeführt. Am liebsten hätte er alle Frauen in der Gegend für diesen Weg gewonnen.[26] Heute würde dies gewiß in einem Boulevardblatt als Skandalgeschichte veröffentlicht und mit pikanten Details gespickt. Der Mönch Johannes, der es im 10. Jahrhundert erzählte, ließ offen genug durchblicken, wie schwer es dem Mönch Odo gefallen sei, daß allein die Aussicht, die Seele der jungen Frau könnte verlorengehen, den Ausschlag gegeben habe, der Frau ihren Wunsch zu erfüllen.

Odo als Mönch und Abt hätte mit seiner Sorge um das Seelenheil nicht nur der Mönche, sondern auch aller Laien kaum ein Echo gefunden, hätte er seinen Zeitgenossen nicht unermüdlich das Bild christlichen Lebens vorgehalten, in dem er den Maßstab aller Erneuerung suchte: das Bild, das die Apostelgeschichte vom Leben der Urkirche in Jerusalem verkündet. «Dieses Leben», schrieb er, «ist die Art und Weise, wie Mönche zu leben haben, die das Gemeinschaftsleben bindet.»[27]

Wie die Apostelgeschichte beschreibt, allen sei alles in der Urkirche gemeinsam gewesen, wer Besitz gehabt hätte, hätte ihn den Aposteln zu Füßen gelegt, damit auch den Armen ihr Teil in der Gemeinde zugekommen wäre, so sah Odo darin das Vorbild für die Mönche, die auf persönlichen Besitz verzichteten und in ihrer freiwilligen Armut vom gemeinsamen Klosterbesitz zu leben bereit waren.[28] Dieser könnte außer den Mönchen als den freiwillig Armen auch den Armen, die es unfreiwillig waren, dienen. Es mochte den höchsten Anspruch, den Odo erhob, wenn er mönchisches Leben im Kloster als Verwirklichung des apostolischen Vorbildes der Urkirche in Jerusalem verstand, in den Augen der Zeitgenossen glaubwürdig gemacht haben, wenn diese der Armut der Mönche in Cluny glauben konnten.

Odo selbst wurde von seinem italischen Augen- und Ohrenzeugen Johannes als «Liebhaber der Armut»[29] gelobt. Er liebte aber auch die Armen. Denn derselbe Zeuge sagte über ihn: «Nirgends ist vom Schoß seiner Barmherzigkeit ein Armer leer ausgegangen, denn sooft ich mit ihm aufgebrochen bin, forschte er sorgfältig nach, ob wir hätten, wovon die Armen stets ausgehalten werden könnten.» Darüber kam Odo mit seinem Prior in Konflikt, den die Armut Clunys erbarmte und der deshalb die Wohltätigkeit des Abtes begrenzt sehen wollte.[30]

Odo machte demnach in der Gemeinschaft der Cluniacenser Ernst mit der Aufgabe, die ihnen, der Benediktsregel gemäß, in der Gründungsurkunde anvertraut war: täglich die Werke der Barmherzigkeit für die Armen und Pilger zu tun. Odo verlangte dieses jedoch von jedem Christen, besonders von solchen, die reich waren. Daß auch ein Reicher und Mächtiger heilig werden könnte, das erklärte er seiner adeligen Umgebung. Um das zu sehen, braucht man nur die erste Lebensbeschreibung eines heiligen Laien, die aus dem Mittelalter bekannt ist, die Lebensbeschreibung des Grafen Gerald von Aurillac aus der Feder Odos von Cluny, aufzuschlagen.

Gerald, erfahren wir, «hat sich nicht, wie bei den meisten üblich, von Rachelust erregen, oder von Liebe zu populärem Lob» verlocken lassen, sondern aus Liebe zu den Armen erhitzte er sich, die sich selbst nicht schützen konnten.[31] «Niemals hat er sein Schwert mit menschlichem Blut rotgefärbt.»[32] Die Lust zu Ausschweifungen habe er «ausgekocht»[33], sich mit besonders ehrbaren Männern und Klerikern besseren Rufes umgeben, und zu einer Gerichtssitzung sei der Graf nur gegangen, wenn er vorher gefastet habe, um beim Urteilsspruch nüchtern zu sein. Habe er deswegen die Meßfeier am Sonntag versäumt, so wäre er traurig gewesen und hätte Psalmen gebetet. Den Psalter, also 150 Psalmen, fast täglich zu beten, sei seine Gewohnheit geworden. Keinen Tag fehlten beim Mahl die Armen, deren Zahl er nicht von vorneherein beschränkte. Keiner wurde je ohne Gabe von der Tür gewiesen. Er selbst gab ihnen zu essen und zu trinken. In ihnen empfing und ehrte er, schrieb Odo mit den Worten der Benediktsregel, Christus selbst. Odo tadelte die, die, anders als Graf Gerald, zwar Gaben für die Armen schickten, diese aber nicht selbst zu sich holten. So würden sie Christus, der sagt, ich war fremd, und Ihr habt mich aufgenommen, von ihren Häusern ausschließen. Um die Pharisäer zu übertreffen, habe Gerald nicht den Zehnten seiner agrarischen Einkünfte gegeben, sondern den neunten Teil. Davon wären in seinen Häusern Arme, auch mit Kleidung und Schuhwerk, versorgt worden. Arme, denen er unterwegs begegnete, stattete er mit Geld aus.

Danach verwundert es nicht, wenn von Odo zu hören ist, der Graf habe beim Essen Tischlesung halten lassen und adelige Schüler nicht mit pomphaften Ausführungen, sondern mit der Einfachheit des Gelehrten erzogen, diejenigen aber, die bei Tisch Witze machten, «nicht mit bissigem Unwillen, sondern sozusagen selbst scherzend zur Ruhe gebracht»[34]. Nicht nur Armen, auch denen, die Unrecht leiden mußten, gab er stets freien Zutritt. Als man ihm zwei Gefesselte brachte, die sich ihm gegenüber gewaltig schuldig gemacht hatten, drängten die Ankläger, er solle sie hängen lassen. Gerald, der sie nicht offen freilassen konnte, habe den Anklägern erwidert, die Angeklagten sollten wie üblich vor der Verurteilung nochmals eine Mahlzeit erhalten. Dazu ließ er ihnen die Fesseln lösen, gab ihnen sein Messer und ließ sie selbst das Holz holen, an dem sie hängen sollten. Im nahestehenden, dichten Wald verschwanden sie. Die Anwesenden verstanden und wagten nicht, Gerald auszufragen.

Was hier zur Kennzeichnung des Grafen Gerald anschaulich gemacht wird, mag zu dem Ausruf verführen: Ein seltsamer Graf, der sich derart von seinen Standesgenossen unterschied, keine Fehde führte, nicht strenger Gerichtsherr oder gar Ausbeuter von Bauern war, vielmehr ein Adeliger, der wie ein Mönch lebte, sogar für die Ehelosigkeit um Christi willen die Heirat mit der Schwester des Herzogs Wilhelm von Aquitanien ausschlug![35]

Tatsächlich, berichtet Odo, wollte Gerald nach Rom reisen, seinen Besitz dem Apostelfürsten Petrus testamentarisch überschreiben und das Mönchsgewand nehmen. Doch habe ein Bischof dem Grafen klargemacht, er solle zum Allgemeinwohl der in seinem Sprengel wohnenden Leute in der Welt bleiben. Odo erwartete also, als er die Lebensbeschreibung Geralds verfaßte, bei allem mönchischem Eifer, Seelen für die Erneuerung des christlichen Lebens zu gewinnen, nicht, daß alle Adeligen ins Kloster einträten. Er stellte Gerald als einen Grafen dar, der, heimlich Mönch, doch seine weltlichen Aufgaben erfüllte. Der Bischof, der den Grafen beraten habe, habe ihm empfohlen, seine Güter dem hl. Petrus zu schenken. Gerald hat das dem hl. Petrus geweihte Kloster Aurillac (Cantal) gegründet und dem Hl. Stuhl testamentarisch vermacht. Seinen persönlichen Wunsch, Mönch zu werden, sollte er sich, so der bischöfliche Berater, vor den Menschen verborgen erfüllen.

So habe sich Gerald den Bart beschnitten, als ob er ihm lästig wäre. Und während er das Haupthaar am Hinterkopf unter seiner haubenähnlichen Mütze herabfließen ließ, verbarg er auf dem Kopf die rundgeschnittene Tonsur des Mönchs, die *corona*, die an die Dornenkrone erinnerte und daran, daß der Mönch dem leidenden Christus nachfolgte. Stets habe er nur einen Pelz getragen und darunter Leinen und Wolle, die er statt Seide und kostbaren Stoffen anlegte, verborgen. Längst hätte er aus dem Schwertgehänge, das er nach zwanzigjähriger Abnutzung nicht erneuern ließ, ein goldenes Kruzifix anzufertigen befohlen.[36]

So sah das Wunschbild, das Odo von einem mächtigen Grafen entwarf, aus. Und aufs erstaunlichste wertete der begeisterte Mönch und Reformer die Laien auf, wenn er ihnen im selben Zusammenhang vor Augen stellte, die Mönche seien engelgleich, wenn sie vollkommen lebten, gefallenen Engeln aber gleich, wenn sie zu weltlichen Wünschen zurückkehrten. «Unvergleichlich besser jedoch ist der gute Laie gegenüber dem Mönch, der sein Gelübde bricht.» Neu dürfte es in den Ohren der Adeligen geklungen haben, wenn ihnen Odo in einer Predigt, angelehnt an die alten Worte aus einer Predigt Papst Leos d. Gr., zurief, sie sollten erkennen, daß sie vom königlichen Geschlecht und Teilhaber am priesterlichen Amt seien[37]. Auch wenn sie die theologische Begründung dafür aus der Taufe nicht verstanden hätten, wäre ihnen nicht entgangen, wie ernst sie genommen und wie hoch sie gestellt wurden, während sie im königsfernen Raum darauf aus waren, ihre Herrschaft auf- und auszubauen, diese am Ende möglichst königlicher Herrschaft anzunähern und sich dabei ihrer Macht über Kirchen und Klöster zu bedienen.

Manche Adelige hat Odo mit seiner Begeisterung angesteckt, sein Leben am Maßstab der Urkirche mönchisch zu erneuern. Es war keine Übertreibung, wenn Johannes von Salerno in seiner Lebensbeschreibung Odos von diesem festhielt: «Den Königen ist er bekannt geworden, überaus vertraut den Bischöfen, den weltlichen Großen wurde er lieb. Welche Klöster auch immer in ihrem Einflußbereich erbaut wurden, übertrugen sie in den rechtlichen Besitz unseres Vaters, damit er sie in unserer Art mönchischen Lebens auf den rechten Weg führe, bessere und ordne.»[38]

Denn es steht ja fest, daß Herzog Wilhelm d. Fr. von Aquitanien, der mehrere Klöster besaß und in S. Julien de Brioude (Hte.-Loire) in der Auvergne die Stellung des Abtes beanspruchte, Cluny gegenüber auf alle Rechte verzichtete und sich auf den Entwurf klösterlichen Lebens eingelassen hat, der in der Gründungsurkunde formuliert war. Es steht auch fest, daß sein Gefolgsmann Ebbo von Déols seinem Beispiel folgte. Ein Verwandter des Herzogs, Graf Bernhard im Périgord, übertrug sein Kloster S. Sauveur de Sarlat (Dordogne) in die Gewalt des Abtes Odo von Cluny. 929 hat, wie schon gesagt, die Gräfin Adelheid von Burgund, aus königlichem Haus, ihr Kloster Romainmôtier mit dem Kloster Cluny in Personalunion unter Abt Odo verbunden. Graf Bernhard im Périgord hat in der Übertragungsurkunde von seinem Kloster Sarlat niederschreiben lassen: «ich habe mich gefürchtet, das Kloster unter meinem Recht zu behalten, und es für angemessen erachtet, es in der Ordnung mönchischen Lebens neu errichten zu lassen.»[39]

Diese adeligen Eigenklosterherren hat Odo offensichtlich davon überzeugen können, daß ihre Gründungen durch die Erben des Gründers gefährdet wären, daß es den Rang eines adeligen Klostergründers erhöhe, wenn in seinem Kloster gute, freie Mönche lebten; ja, daß in solchen vorbildlichen Gemeinschaften dem Klostergründer ein unverlierbarer Standort, Anteil an allen guten Werken der Gemeinschaft und ein Gedenken über den Tod hinaus zukäme.

Cluny als Mittelpunkt seiner Klöstergemeinschaft

Odo von Cluny wäre nicht der von seiner Idee begeisterte, die ganze Christenheit nach dem Bild der Urkirche mönchisch zu erneuern, gewesen, hätte er nicht auch in solchen Klöstern dem Ruf von Klosterherren Folge geleistet, die ihn um Reformarbeit baten, ohne ihre Klöster rechtlich den Cluniacensern in Besitz zu geben. König Rudolf von Frankreich, unzufrieden mit seiner eigenen Entscheidung, das Kloster S. Martin de Tulle an der Corrèze im Limousin dem Abt Aimo zur Reform anzuvertrauen und um der Reform willen der Abtei S. Savin-sur-Gartempe zu unterstellen, löste diese Unterstellung wieder und ließ auf Aimo Odo von Cluny folgen. Der beließ es rechtlich bei einer Personalunion von Tulle und Cluny unter seiner Person und schickte seinen Mönch Adacius als bevollmächtigten Vertreter ins Martinuskloster an der Corrèze.[40]

Als drei Jahre später die Amtsträger des Chorherrenstifts S. Julien de Brioude in einem Ort, der dem Stift gehörte, eine Mönchsgemeinschaft ins Leben rufen wollten, baten sie Odo von Cluny, dies in S. Marcellin de Chanteuges (Hte.-Loire) zu tun. Und weil er selbst schon anderweitig so überlastet war, gaben sie sich mit seinem Schüler Arnulf, der Abt in Aurillac war, zufrieden.[41] Ähnlich ging die Klostergründung, die Graf Raimund Pontius von Toulouse in S. Pons de Tomières (Hérault) im Gau Narbonne wünschte, vor sich. Der Abt von Cluny übernahm es in Personalunion. Die Gründungsmannschaft wurde dann unter Führung des Abtes Arnulf aus Aurillac gerufen. Diese wählten als ersten Abt in Tomières aus ihren Reihen Otgarius. Odo von Cluny und Arnulf von Aurillac unterzeichneten nacheinander die Gründungsurkunde.[42] Ohne schon an dieser Stelle auf die Reform einzugehen, die Odo sogar in den Klöstern in und um Rom in Angriff nahm, sei nur der Auftrag erwähnt, den Odo vor seinem Tod von seinem Freund und ehemaligen Mitkanoniker von S. Martin de Tours, dem Erzbischof Theotolo von Tours, erhielt. Dieser gründete, vor allem mit Hilfe seiner Schwester, der Gräfin Gersendis, das von den Normannen zerstörte und vereinsamte Kloster S. Julien de Tours ein zweites Mal. Um S. Julien als Abtei zu vollenden, berief er Odo, der damals wieder nicht in Cluny, sondern abermals auswärts zur Klosterreform weilte, diesmal in der berühmten Abtei S. Benoît-de-Fleury-sur-Loire (Loire). Odo entzog sich nicht und wurde, als er in Tours starb, in der Krypta von S. Julien beigesetzt, wo sich später Theotolo neben ihm bestatten ließ, so wie auch Theotolos Schwester als Wohltäterin ihr Grab dort fand.[43]

Doch auf Odos Reform im Benediktskloster an der Loire lohnt es sich, genauer zu schauen. Sie löste dort große Aufregung aus. Als der Mönch von Fleury und Geschichtsschreiber Aimoin wenige Jahre nach der Jahrtausendwende das Ereignis erwähnte, war von der Aufregung nichts mehr übriggeblieben. Auch Odos Reform sprach Aimoin nicht an. Er hielt nur fest, daß nach dem Tod des Abtes Lambert von Fleury, also ca. 930, Odo dem Kloster als Abt vorgesetzt wurde. Dieser blieb in Fleury in dankbarer Erinnerung. Aimoin nannte ihn einen Mann «von herausragender Heiligkeit»[44] und wußte zu berichten, daß Odo von Aurillac dorthin gekommen sei. Da sich Aimoins Aussagen in seiner Redaktion des zweiten Buches der Miracula sancti Benedicti finden, ahnt man, was der Verfasser an Odo so anziehend fand: dessen Predigt über den hl. Benedikt. Diese wurde zu Beginn des 11. Jahrhunderts mit der Benediktspredigt Aimoins selbst, mit dem zweiten Buch der Dialoge Gregors d. Gr., dem frühesten Zeugnis über Benedikt also, mit der Geschichte von der Überführung der Benediktsreliquien von Monte Cassino nach Fleury und mit Teilen der Miracula sancti Benedicti in einer Prachthandschrift aufgezeichnet, die in den Reliquienschrein Benedikts in der Krypta des Klosters gelegt wurde.[45] Noch Aimoins Fortsetzer der Miracula sancti Benedicti, Andreas von Fleury, hob einen Umbau der Krypta von S. Benoît-sur-Loire hervor, den Odo habe vornehmen lassen, um die Benediktsverehrung zu erleichtern.[46] Und in Cluny selbst wurde aus Odos Benediktspredigt am achten Tag nach dem Fest Translatio sancti Benedicti in acht Lesungen des mönchischen Tagzeitengebetes vorgelesen.[47]

Über Odos erste Begegnung mit den Mönchen von Fleury und über deren Aufregung schrieb wenige Zeit nach dem Ereignis selbst Johannes von Salerno in der Lebensbeschreibung Odos, was er von diesem gehört hatte. Graf Elisiardus, der später Mönch wurde, wollte den nach den Zeiten der Normanneneinfälle erneuerungsbedürftigen Konvent reformieren. Er bat sich von König Rudolf von Frankreich das Königskloster Fleury aus und empfing es, um es an Odo zu übertragen. Mit diesem brachen Elisiardus, zwei Grafen und zwei Bischöfe nach S. Benoît auf. Als die Mönche deren Ankunft erfuhren, nahmen sie ihre Schwerter (!), andere stiegen auf die Dächer der Klostergebäude, so, als wollten sie ihre Feinde mit Steinen und Wurfgeschossen bewerfen, andere bewachten, bewehrt mit Schilden und mit Schwertern umgürtet, den Klosterzugang. Lieber wollten sie sterben, sagten sie, als jene einzulassen oder einen Abt einer anderen Art klösterlichen Lebens aufzunehmen. Bei sich sprachen sie über eine Vorhersage des hl. Benedikt, von der ihnen ein Mitbruder erzählt hatte. «Ist es nicht jener Aquitanier Odo, von dem wir häufig vermuteten, daß von ihm der hl. Benedikt gesprochen habe? Warum schickten wir nicht früher zu ihm und luden ihn freiwillig ein?»[48] Gleichzeitig suchten sie nach einem Grund, die Ankömmlinge wegjagen zu können. Ein junger Mönch Wulfad, später Bischof von Chartres, war Wortführer der Mönche, die ihm Königsurkunden zureichten, in denen stand, nie dürfe einer aus einer anderen Mönchsgemeinschaft die Leitung der Benediktsabtei übernehmen. Odo sagte ihm: «Friedlich bin ich gekommen, so, daß ich niemanden verletzen, niemandem schaden will, sondern nur, um die, die unkorrekt leben, nach der Regel zu korrigieren».[49] Geduldig redete Odo auf die Mönche besänftigend ein. Als sie seinen Reformeifer offensichtlich nicht überwanden, nahmen sie zu anderen Argumenten Zuflucht, nannten ihn das eine Mal König, das andere Mal drohten sie, ihn zu töten. Das ging so drei Tage dahin. Zuletzt bestieg Odo, ohne jemanden zu benachrichtigen, einen Esel und ritt zum Kloster hin. Bischöfe, Grafen und ihr Gefolge rannten hinter ihm her und riefen: «Wohin gehst Du, Vater? Suchst Du etwa den Tod? Willst Du denen mit Deinem Untergang eine Freude und uns tödliche Trauer schaffen?».[50] Unterdessen hätten, so Johannes, der Berichterstatter, die Mönche, mit denen Odo zuvor verhandelt hatte, ihre Meinung geändert und ihn eingelassen.

Es gibt kein Zeugnis, mit dessen Hilfe sich bestätigen ließe, daß Odos Reform in S. Benoît-de-Fleury-sur-Loire so begonnen habe. Sollte es nicht so gewesen sein, so hätte es Johannes von Salerno gut erfunden.

Da Odo nach dem Maßstab der Benediktsregel das Mönchtum erneuern wollte, ergibt die Voraussage des hl. Benedikt, des Patrons in Fleury, er werde erst dann in sein Kloster zurückkehren, wenn er aus Aquitanien den Mann seines Herzens dorthin geführt habe, einen Sinn. Odos Verehrung des hl. Benedikt war in den Augen seiner Zeitgenossen über allen Zweifel erhaben. Und alle Zeugnisse, die wir zu Odos Leben besitzen, heben seinen Eifer für die Erneuerung des klösterlichen Lebens hervor. Odos Einritt in S. Benoît-de-Fleury-sur-Loire auf dem Esel könnte zwar nach dem Vorbild des Einzugs Jesu in Jerusalem gestellt worden sein. Doch entsprach Odos Entscheidung gegen das Pferd für den Esel seiner Bereitschaft, den rechtlichen Stand des Benediktsklosters als Königskloster unangetastet zu lassen und dennoch die Mühsal einer regelgemäßen Reform des Klosters auf sich zu nehmen, obwohl davon kein materieller oder rechtlicher Vorteil für Cluny zu erwarten war.

Aus der Vita Odos von Johannes erfahren wir auch, was Odo von den Mönchen Fleurys um deren Erneuerung willen verlangte: Abschied vom Fleischessen, sparsamen Lebensstil ohne Privateigentum, die Preisgabe möglichen verborgenen Eigentums wie in der Urkirche der Apostel. Wie sehr ihm diese Grundsätze mönchischen Lebens am Herzen lagen, sehen wir auch daran, daß Johannes in seiner Lebensbeschreibung Odos gleich zwei Geschichten fleischessender Mönche seinen Mitbrüdern in Salerno warnend vortrug. «Der eine, der ins Haus seiner Schwester kam, verlangte, weil er mächtig Hunger hätte, eine Mahlzeit. Sie bot ihm Fische an, welche und wann er sie essen wolle. Aber er, unwirsch, antwortete, die Fische seien ihm über, weil er sie unablässig so viele Jahre verzehrt hätte, könnte er sie schon nicht mehr sehen. Die Schwester hatte auch Fleisch für ihn da. Er ließ sich den Vorderbug eines Tieres braten. Nicht einmal die Garzeit ertragend warf er ein Stück in die Kohlenglut, ließ sich Wein bringen und nahm gierig den Fleischhappen. Aber er brachte ihn nicht den Schlund hinunter. Herausbringen konnte er ihn auch nicht mehr. So verlor er mit dem Essen das Leben.» «Der andere Mönch kam im Morgengrauen ins Elternhaus und verlangte gleich zu essen. Als ihm die Eltern bedeuteten, es sei doch noch keine Essenszeit, meinte er ungnädig: Die ganze Nacht bin ich geritten und habe mich um den Auftrag, den ich erhielt, gehorsam bemüht, und jetzt wollt Ihr mich zum Fasten zwingen? Bringt mir also, wenn Ihr etwas habt. Als sie ihm antworteten, Fische hätten sie, wurde er noch ungnädiger, und herrisch ließ er seine Blicke umhergehen. Eine Hühnerschar strich um seine Füße. Da riß er, geradezu wild, ein Stöckchen ab, schlug das nächstbeste Huhn und sagte grimmig: Das wird mir heute der Fisch sein. Die Umstehenden fragten ihn verlegen: Darfst Du Fleisch essen, Pater? Der meinte: Geflügel ist kein Fleisch. Vögel und Fische haben nämlich einen und denselben Ursprung und die gleiche Lebensbedingung. Da wurden alle still. Unterdessen setzte man ihm das bereits gebratene Huhn vor. Er nahm davon einen Happen und biß hinein. Den Happen konnte er nicht erbrechen und nicht hinunterschlingen. Er starb.»

So ernst Odo in seiner Reform der Klöster mit der Erneuerung der alltäglichen Lebensgewohnheiten der Mönche ansetzte, so wenig verlor er dabei sein Ziel einer christlichen Lebensgemeinschaft der Mönche aus dem Blick. Nach der Benediktsregel sollte der Abt als Stellvertreter Christi im Kloster durch sein Zusammenleben mit den Mönchen, die ihn gewählt hatten, Kirche selbst abbilden. Die Gemeinschaft, die Odo suchte, war in bestimmter Hinsicht größer als diejenige der Benediktsregel. Seine Gemeinschaft überstieg nämlich die Mauern des einzelnen Klosters und richtete sich am Zusammenleben der Apostel mit den Christen der Urkirche in Jerusalem aus, wie es in der Apostelgeschichte vorgestellt wird.

Davon zeugt ein Verbrüderungsvertrag vom Februar 942. Damals reformierte Abt Odo die Benediktsabtei Fleury-sur-Loire. In seinem Auftrag gingen vier namentlich bekannte Mönche von S. Benoît nach S. Martial de Limoges und von dort nach S. Pierre de Solignac. «Und sie erreichten von Abt Aimo von S. Martial, daß sie anstelle ihres Abtes Odo gemeinsamen Anteil ihrer Gemeinschaft so erlangten, daß von da an bis in Ewigkeit keine Unterscheidung mehr zwischen den Mönchen dieses Ortes Limoges und denen von S. Benoît sein sollte, sondern während die einen und die anderen zueinanderkämen, in allem der gemeinsame mönchische Lebenswandel anerkannt würde und sie wie eine Gemeinschaft aufgefaßt würden.» Denselben Vertrag schlossen die Mönche Odos aus S. Benoît mit dem Abt Gerald und seinen Mönchen von Solignac. Vom Vertrag selbst lesen wir: «Es ist also diese Aufzeichnung gegenseitiger Anerkennung und Gemeinschaft vorgenommen und in den Konventen» der Vertragspartner «vorgelesen und zum Gedenken für die in Zukunft kommenden Mönche im Kapeloffiziumsbuch[51] zusammenzuschreiben befohlen worden, die der rechtskräftig zu halten geruhe, der bestimmt hat, daß sie sei, damit der Menge der Gläubigen ein Herz und eine Seele in ihm [Christus] sei.» Der Vertrag, notiert von dem schon erwähnten Mönch Wulfad aus Fleury, dem späteren Bischof von Chartres, schloß also mit einem wörtlichen Zitat der Apostelgeschichte, das die Einheit aller Gläubigen beschwört.

Zu einer solchen Gemeinschaft sollten nach Odos Vorstellung die Konvente der von ihm reformierten Klöster zusammenwachsen. In der Erneuerung, von innen heraus, sollte die Gemeinschaft entstehen. Damit griff sie nicht nur über die von der Benediktsregel erwartete Gemeinschaft in der einzelnen Abtei, sondern auch über die Gruppe der Klöster hinaus, die Cluny rechtlich übertragen und mit ihm in Personalunion verbunden worden waren. Weil aber der Anspruch, das mönchische Leben in den Klöstern zu erneuern, von Odo von Cluny ausging, wuchs Cluny zum Mittelpunkt einer Klöstergemeinschaft heran. Zu deren Kern zählten die Cluny rechtlich zugehörenden Klöster, in denen ohnehin die cluniacensische Art und Weise, mönchisch im Kloster zu leben, galt. Doch die rechtliche ebenso wie die geistig-geistliche Verklammerung aller dieser Klöster mit Cluny zu einer Gemeinschaft, sollte sie dauerhaft werden, bedurfte des Schutzes in fester Verankerung. Es besteht kein Zweifel daran, daß Odo diese Verankerung geleistet hat. Schwer zu messen, aber sicher nicht zu unterschätzen ist die Ausstrahlungskraft seiner Persönlichkeit, die Glaubwürdigkeit seines Wirkens. Darin erschöpfte sich die von ihm gewollte Verankerung der cluniacensischen Klöstergemeinschaft aber nicht. Eine einfache Feststellung mag dieses belegen.

Was nach der Gründung Clunys nicht zu erwarten war, trat nach Ausweis der Überlieferung dennoch ein: Die Abtei blieb 17 Jahre ohne Papst- und Königsurkunden. Anders gesagt: Erst mit dem Amtsantritt des Abtes Odo begann eine dichte Urkundentätigkeit in der päpstlichen und in königlichen Kanzleien zugunsten Clunys und der an Cluny übertragenen und von Cluny aus erneuerten Klöster. Es handelt sich um mehr als zehn Papsturkunden und um mehr als fünf Königsurkunden.

Vielleicht schon einen Monat nach dem Tod des Abtes Berno von Cluny (13. Januar 927) wandte sich Papst Johannes X. (914–928) in einer Urkunde an König Rudolf von Frankreich, Erzbischof Wido von Lyon, an die Bischöfe von Chalon-sur-Saône und Mâcon, an Herzog Hugo den Schwarzen von Burgund und Graf Giselbert von Autun, sie sollten den Mönchen von Cluny zu ihren Rechten verhelfen, die Berno ihnen bezüglich Gigny zugesprochen, Abt Wido von Gigny jedoch als illegal angesehen hatte. Und schon am 9. September desselben Jahres beurkundete König Rudolf von Frankreich eine umfangreiche Bestätigung der Besitzungen und Rechte Clunys einschließlich der freien Abtswahl nach Odo, den Berno den Mönchen gegeben hatte. Insbesondere bestätigte er Clunys Rechte an dem mit Gigny umstrittenen Hof La Frette. Er scheint also sehr rasch der Aufforderung des Papstes, sich Cluny angelegen sein zu lassen, Folge geleistet zu haben. Bei aller Zufälligkeit, die der urkundlichen Überlieferung des Mittelalters anhaftet, wäre dieser zeitliche und sachlich zielgerichtete Einsatz päpstlicher und (!) königlicher Urkunden für Cluny undenkbar, ohne daß sich Odo, gleich nachdem er Abt geworden war, persönlich zu Papst und König begeben und sie um diese Urkunden gebeten hätte. Auch die 917 bei ihrer Gründung an Abt Berno von Cluny gegebene Abtei Bourg-Dieu erhielt im Jahr 927 eine Urkunde Rudolfs von Frankreich, mit der ihr Immunität und Besitz vom König bestätigt wurden.

Im März des ersten Jahres des Pontifikats Johannes XI. erbat Odo vom Papst eine Urkunde, in der Cluny in dem Stand, in dem es nach dem «Testament» Herzog Wilhelms d. Fr. von Aquitanien verbleiben solle, bestätigt wurde. Clunys Freiheit und freie Abtswahl wurden bestätigt, bestimmte Schenkungen an Cluny, insbesondere die Übereignung des Klosters Romainmôtier an Cluny durch die Gräfin Adelheid. Darüber hinaus gewann diese Papsturkunde dadurch überragende Bedeutung, daß sie als päpstliche Erlaubnis formulierte, was Odo bis dahin tatsächlich als Reformanspruch Clunys verwirklicht hatte: Cluny durfte, weil nach den Worten der Papsturkunde «fast alle Klöster schon von ihrem Lebensvorsatz abirrten, fremde Mönche aufnehmen, wenn diesen ihr Abt den in der Regel vorgesehenen Unterhalt verweigerte und ihnen damit verwehrte, ihr Armutsgelübde zu erfüllen»; wenn diese fremden Mönche also nur deshalb ihr Kloster verließen und nach

Cluny kamen, weil sie ihren mönchischen Lebenswandel bessern wollten.

Zu diesem päpstlichen Privileg für Cluny, das nicht einzigartig war, trat aber noch ein weiteres, und dieses blieb einzigartig: «Wenn Ihr», spricht der Papst in der Urkunde die Cluniacenser an, «einwilligt, ein Kloster zur Besserung anzunehmen, das aus dem Willen derer, zu deren Verfügungsgewalt es gehört, an Cluny übergeben wird», also aus dem Willen der Eigenklosterherren, «dann sollt Ihr unsere Erlaubnis dazu erhalten». Was mit diesem fundamentalen Satz gemeint ist, bleibt um so weniger im Unklaren, als er in der Urkunde unmittelbar auf die Bestätigung der Übertragung Romainmôtiers durch dessen Eigenklosterherrin an Cluny folgt. Damit war Cluny mit den Klöstern, die ihm bis 931 schon rechtlich übertragen worden waren, rechtlich und verfassungsrechtlich als Haupt in einer Gruppe von Klöstern und Mitte einer Klöstergemeinschaft vom Papst anerkannt. Rechtlich und geistig-geistlich, was die Reform als Ziel cluniacensischen Wirkens anging, wurde Clunys Gemeinschaft mit den rechtlich zu ihm gehörenden und mit den von ihm reformierten Klöstern verankert. Erst wenn man diese Urkunde Papst Johannes' XI. (931–935) vom März 931 mit der Gründungsurkunde Clunys zusammensieht, kommt die ursprüngliche Antriebskraft in den Blick, die Clunys geschichtliche Eigenart wachsen ließ.

Odos persönliche Initiative ist nicht zu übersehen: Im selben Monat erbat er eine Urkunde desselben Papstes für die 917 gegründete und ihm unterstellte Abtei Déols, das Formular der Urkunde folgt aufs engste dem Formular der Urkunde Papst Johannes' XI. für Cluny. Déols sollte in dem Stand, in dem es nach dem Testament Ebbos, des Klostergründers, zu verharren hätte, vom Papst bestätigt werden. Daß hier Ebbos Gründungsurkunde für Déols wie zuvor die Gründungsurkunde Clunys von Herzog Wilhelm d. Fr. als Testament charakterisiert wird, macht den Papst, in dessen Schutz Cluny wie Déols gestellt worden waren, zum Testamentsvollstrecker des Herzogs und dessen Gefolgsmannes. Der Papst bestätigte auch den Mönchen von Déols ihren Besitz bis in bestimmte Positionen hinein, die Freiheit des Klosters und dessen Recht zur freien Abtswahl. Und wie Cluny erhielt nun Déols die Lizenz des Papstes, fremde Mönche unter den schon für Cluny ge-

nannten Bedingungen zur Reform des mönchischen Lebens aufzunehmen. Nur die Erlaubnis, ein ganzes Kloster zur Reform anzunehmen,
wenn der Eigenklosterherr zustimmte, blieb Cluny allein vorbehalten.

Am 21. Juni und am 1. Juli 932 empfing Cluny auch drei Urkunden
des Königs Rudolf. Er beschenkte Cluny und bestätigte diesem besonders wichtige Schenkungen von anderer Seite sowie das wichtige Zehnt-
privileg des Bischofs Berno von Mâcon für die Mönche. Zwei der drei
Urkunden sind vom Empfänger in Cluny diktiert und geschrieben worden. Die dritte, als Original der Königskanzlei erhalten, wurde offensichtlich in Cluny redigiert und dann der Kanzlei zur endgültigen Aus-
fertigung vorgelegt. So erweisen auch diese Königsurkunden, daß Abt
Odo die Privilegien für sein Kloster erwirkt hat.

König Hugo von Italien setzte sich 932 für Cluny ein, als Papst Johannes XI. am 25. Juni auf Bitten des Abtes Odo den Cluniacensern
sogar eine dem Papst unterstellte Abtei, nämlich Charlieu im Mâconnais, als Besitz bestätigte. Derselbe König nahm zusammen mit König
Lothar mit einer Urkunde vom 8. März 933 eine Schenkung an Cluny
vor, die Odo für so wichtig hielt, daß er sie sich Ende 936 von Papst
Leo VII. (936–939) und 939 von König Ludwig IV. Übermeer (936–954)
bestätigen ließ. Als sich Odo Ende 936 in Rom von Papst Leo VII. die
Bestätigungsurkunde für die Schenkung der Könige von Italien erbat,
konnte er vom Papst zwei weitere Bestätigungsurkunden erlangen, in
denen die Schenkung des Grafen Gauzfred von Nevers an Cluny und
die bereits erwähnte Schenkung des Königs Rudolf an das Kloster diesem nochmals verbrieft wurden.

Odos Handschrift beim päpstlichen und königlichen Privilegien-
werk für Cluny wird vollends sichtbar, wenn man auf die drei Urkunden des Papstes Leo VII. achtet, die dieser im Januar 938 für Odo als
Abt von Cluny, Abt von Déols und Abt in S. Benoît-sur-Loire ausgestellt hat. Auch wenn die Papsturkunde für Fleury nicht mehr in ihrer
ursprünglichen Form vorliegen dürfte, bleibt festzuhalten, daß Odo zu
einem und demselben Zeitpunkt Wert darauf legte, für Cluny, Déols
und Fleury die päpstliche Bestätigung für die Rechte und Besitzungen
der drei Klöster, die er leitete, zu erlangen. Alle drei Urkunden hoben
die Abtswahl nach der Benediktsregel als Recht der genannten Klöster
hervor, alle drei auch die Gunst des Himmels und des Papstes für dieje-

nigen, die sich als Helfer der drei Gemeinschaften erwiesen. Fleury erhielt nun auch die Erlaubnis, die Cluny und Déols bereits besaßen: nämlich Mönche fremder Klöster zur Besserung des Mönchslebens aufzunehmen, wenn diesen Mönchen ihre Äbte ein Leben gemäß den Gelübden verweigerten. Odo wollte also auch, solange er in Fleury tätig war, von hier aus reformieren und dies sozusagen im Auftrag des Papstes tun.

An einer Einzelheit der Urkunde Leos VII. für Déols läßt sich ablesen, daß Abt Odo die Fäden zusammenhielt, die er von Päpsten und Königen zu Cluny und dessen Klöstergruppe geknüpft hatte. Um Vouillon (Indre), einen Besitz des Klosters Déols, war Streit entstanden. Dessen Schlichtung zugunsten Déols wird in der Urkunde Leos VII. ebenso wie schon in einer Urkunde des Königs Ludwig IV. Übermeer für Déols mit dem römischen Recht begründet. Diese für die damalige Zeit alles andere als selbstverständliche Begründung, weder aus dem Formular der königlichen noch dem der päpstlichen Kanzlei stammend, konnte demnach nur von dem kommen, der beide Urkunden für Déols erbeten hatte, von Odo. Auf diesen bezog sich zwischen 940 und 942 nochmals Papst Stephan VIII. (939–942), als er den Erzbischof von Bourges aufforderte, den unter Leo VII. entschiedenen, danach neu ausgebrochenen Streit um Vouillon zugunsten von Déols beizulegen, und dabei zusätzlich auf die Autorität des römischen Rechts verwies.

Insgesamt fällt beim Überblick über die von Abt Odo für Cluny und dessen Klöster erwirkten Papst- und Königsurkunden auf, daß diese – keineswegs alltäglich – miteinander verschränkt wurden, indem in Papsturkunden solche von Königen und in Königsurkunden päpstliche erwähnt und bestätigt wurden. Als am 20. Juni 939 König Ludwig IV. Übermeer der Abtei Cluny ihre Freiheit von jeglicher Herrschaft bestätigte – auch dem Apostolischen Stuhl sei Cluny testamentarisch von Herzog Wilhelm d. Fr. «zum Schutz, nicht zur Beherrschung» unterstellt worden –, als der König den Mönchen von Cluny für die Zeit nach Odo die freie Abtswahl gemäß der Benediktsregel gewährleistete, als er Clunys Besitzungen bestätigte, besonders diejenigen aus königlichen Schenkungen, da berief er sich nicht nur auf Wilhelms Testament, die Gründungsurkunde, sondern zweimal auch auf «apostolische Privilegien» und auf ein *privilegium romanum*, also auf Papsturkunden.

Die einzigartige Möglichkeit, die in der Gründungsurkunde für Cluny lag, nämlich ein freies, selbstbestimmtes Kloster zu werden, wenn es gelänge, das Herrschaftsvakuum, in dem Cluny ohne gegenwärtigen Schutzherrn existierte, selbst auszufüllen, ist mit den von Odo für Cluny und dessen Klöster erbetenen Papst- und Königsurkunden meisterhaft ausgeschöpft worden. Von den Päpsten wurden nach dem Amtsantritt des Abtes Odo die Freiheit Clunys, die von außen ungestörte Abtswahl im Kloster und die Unversehrtheit der Besitzungen Clunys verbrieft. Die einzigartige geschichtliche Erfahrung Clunys, Klöster rechtlich übertragen zu bekommen, ließ sich Odo in eine ausdrückliche päpstliche Lizenz umgießen, so daß Cluny vom Papst als Haupt einer Klöstergemeinschaft anerkannt wurde, in die sogar dem Papst unterstellte Abteien wie Déols oder Charlieu eingingen.

Die von Odo in Bewegung gebrachte Reform mönchischen Lebens ließ sich der Abt in die Papsturkunden für Cluny, Déols und Fleury als päpstlichen Auftrag hineinschreiben. Odo bat nicht nur die französischen und italienischen Könige um königliche Bestätigung der Rechte und Besitzungen Clunys und der Klöster Clunys. Vielmehr gelang es ihm, mit Hilfe der päpstlichen Amtsautorität Könige, Erzbischöfe und Herzöge für die Cluniacenser einzusetzen. Vom Papst gingen Schreiben an kirchliche und weltliche Große mit der Aufforderung, Cluny und dessen Klöster in Schutz zu nehmen. So wurde der Mangel geheilt, der darin bestand, daß der Papst, in der Stadt Rom rivalisierenden Adelsgeschlechtern ausgesetzt, gar nicht in der Lage war, schutzherrliche Befugnisse für Cluny wahrzunehmen. Gleichzeitig wurde so die Gefahr umgangen, daß ein einziger Schutzherr für Cluny Schutz zu Herrschaft werden ließe. Statt dessen entstand ein Netz aus Förderern Clunys, an dem sich gerade auch die Großen beteiligten, die Klöster an Cluny übertragen und Cluny so zur Mitte einer Klöstergemeinschaft gemacht hatten. Nicht zuletzt dadurch, daß Königs- in Papst- und Papsturkunden in Königsurkunden für Cluny und cluniacensische Klöster gegenseitig zitiert wurden, Papst- und Königsurkunden für die Cluniacenser einander ergänzten, erreichte Abt Odo die rechtliche Verankerung seiner Klöstergemeinschaft und der von ihm ausgehenden Reform in doppelter Absicherung durch Päpste und Könige und die von diesen angesprochenen kirchlichen und weltlichen Großen. Die außerordentliche, gebetsmäßig gegebene Anrufung der Apostelfürsten Petrus und Paulus in Clunys Gründungsurkunde wurde noch in König Ludwigs IV. Urkunde vom 20. Juni 939 «als furchteinflößende und große Beschwörung» in Erinnerung gerufen.

Konnte Abt Odo als geistiger Urheber der Ausstattung Clunys mit diesen Papst- und Königsurkunden erkannt werden, damit als derjenige, der die Chancen der Gründungsurkunde für Cluny wahrnahm, dann ist eine offengebliebene Frage nochmals zu stellen: Wer ist der Urheber der Gründungsurkunde Clunys gewesen? Hätten wir diesen in Abt Berno zu sehen, so wäre schwer verständlich, warum erst nach dessen Tod die Papst- und Königsurkunden für Cluny einsetzten, die, auf der Gründungsurkunde Clunys aufbauend, Clunys Eigenart, Reformherd und Mitte einer ganzen Klöstergemeinschaft zu sein, rechtlich verankerten. Als Cluny gegründet wurde, ist der spätere Abt Odo Mönch unter Berno in Baume gewesen; Mönch, der über eine in Paris empfangene theologische und philosophische Ausbildung verfügte, auf einer Kanonikerpfründe in S. Martin in Tours die Moralia Gregors d. Gr. als einbändige Fassung geschrieben hat, 100 Bücher zu seinem Klostereintritt nach Baume mitgebracht hat – also für die damalige Zeit eine ansehnliche Bibliothek –, der daher sowohl in Tours wie in Baume als Lehrer eingesetzt wurde. Zu dieser Zeit war er schon 30 Jahre alt. Verbarg er sich hinter dem *Oddo laevita*, dem Kleriker Odo, der als Diakon oder Subdiakon die Gründungsurkunde Clunys geschrieben hat?

Da ihn Abt Berno gegen seinen, Odos Willen, wie Johannes von Salerno bezeugt, zum Priester hat weihen lassen und kurz darauf gestorben ist, hätte Abt Odo also etwa 926 die Priesterweihe empfangen und wäre 910 zu Recht *clericus* oder *levita* zu nennen gewesen. Es war schon von dem beschwörenden Gebetstext in Clunys Gründungsurkunde die Rede, der an Petrus und Paulus gerichtet war, die als «glorreiche Fürsten der Erde» angesprochen wurden.[52] Zu der in dieser liturgischen Sprache vorgenommenen, für das 10. Jahrhundert noch nicht alltäglichen Heraushebung beider Apostelfürsten ist jetzt hinzuzufügen: In den urkundlichen und erzählenden Quellen Clunys, das ja von Anfang an eine Petruskapelle besaß, überwiegen während des Abbatiats Bernos gegenüber den Petrus- und Paulus-Nennungen diejenigen des hl. Petrus allein. Doch, so wie mit dem Amtsantritt Odos als Abt schlagartig

Papst- und Königsurkunden für Cluny einsetzten, so überwiegen seit dem Übergang von Berno zu Odo die Petrus- und Paulus-Nennungen gegenüber denjenigen des hl. Petrus allein. Daß die Gründung Clunys umfassend religiös zugunsten der Gemeinschaft aller Christen in Vergangenheit, Gegenwart und Zukunft vorgenommen wurde, entspricht dem umfassenden Anspruch, den Odo mit seinem Ziel, die ganze Christenheit mönchisch zu erneuern, erhob. Seinem an den Apostelfürsten und an der Urkirche der Apostelgeschichte ausgerichteten Kirchendenken entsprach seine außergewöhnliche Romverbundenheit. Für das ganze 10. Jahrhundert kennt man kein anderes Beispiel einer derart mit Rom verbundenen Persönlichkeit außerhalb Italiens, mit der einzigen Ausnahme des Grafen und Klostergründers Gerald von Aurillac. Doch dieses Beispiel hat Odo von Cluny in seiner Lebensbeschreibung Geralds überliefert.

Odo von Cluny in Rom

Welchen Wert Odo Rom zumaß, beschrieb er selbst im Blick auf den Grafen Gerald von Aurillac.[53] Von diesem hören wir: «Er hatte sich zur Gewohnheit gemacht, öfters nach Rom zu gehen … Unsere Gewährsleute sind sicher, daß es siebenmal waren. Denn da es die Kraft der menschlichen Natur verlangt, stets das Licht zu sehen, wollte jener Mann, weil er geistbegabt war, jene zwei Lichter der Welt, nämlich Petrus und Paulus, im Geist anschauen. Und weil er diese selbst noch nicht [im Himmel] anschauen wollte, besuchte er häufiger ihre Gräber und Kirchen und vermachte sein Eigentum dem hl. Petrus. Als Verpflichtung hatte er sich vorgenommen, daß er jedes zweite Jahr zu den Apostelgräbern zurückkehrt.» Damit hätte der Graf sogar die regelmäßig «ad limina apostolorum» reisenden und dem Papst Rechenschaft ablegenden Bischöfe übertroffen. Was Odo im einzelnen über Geralds Romreisen mitteilte, etwa auch, wie die Armen in der Stadt Rom immer schon fragten, wann Graf Gerald käme – hatte sich doch seine fast keinen Bettler übergehende Armensorge herumgesprochen –, konnte so nur von einem geschrieben werden, der Rom und den Weg dorthin selbst genau kannte.

Odo kannte Rom und den Weg dorthin genau. Dabei hätte er, wäre es nach ihm gegangen, die Nachbarschaft des hl. Martin in Tours der Stadt Rom vorgezogen. Sein Heiliger war Martin von Tours. Der Lebenswandel der im Martinsheiligtum lebenden geistlichen Gemeinschaft, so sagte er in seiner Predigt über den Brand der Kirche S. Martin de Tours, wäre einmal so gewesen, daß er, Odo, ihn sogar in Rom habe loben hören.[54] Ja, für diejenigen, die die Auszeichnung hatten, bei der Martinskirche zu wohnen, so hätten einige Römer gesagt, sei es nicht notwendig, nach Rom zu reisen. Da Odo in derselben Predigt davon sprach, wie die Gemeinschaft von S. Martin ihre Lebensart entehrte, galt das alte Lob aus Rom nicht mehr. Er reiste schon als Kanoniker von S. Martin de Tours nach Rom. Sonst hätte er sich nicht auf römische Gewährsleute bezogen. Wie sehr der hl. Martin sein Heiliger war, bezeugt der Bericht des Johannes von Salerno, wonach Odo von seinem letzten Romaufenthalt, als er sich todkrank fühlte, nach Tours aufbrach, um beim hl. Martin zu sterben und begraben zu werden. Zwar wurde er nicht in S. Martin, aber doch nicht weit davon entfernt, in S. Julien de Tours, begraben, nachdem er am 18. November 942, also an der Oktav, dem achten Tag nach dem Martinsfest, in Tours gestorben war. Er hatte in Cluny die Feier des Martinstages als Hochfest mit Oktav eingeführt. Der Cluniacensermönch Bernard, der das zur Zeit des Abtes Hugo notierte, nannte ihn den ersten Abt unseres Ortes.[55] Wie Odo von Tours nach Rom gekommen war, so kehrte er, der Abt von Cluny, von Rom nicht nach Cluny, sondern nach Tours zurück. Deutlicher konnte er seine Verehrung für den hl. Martin nicht bekunden. Was bewegte ihn dazu, als Abt von Cluny immer wieder nach Rom zu reisen, die Verehrung der Apostelfürsten zu beschwören und in einer Predigt am Fest Petri Stuhlfeier die Einheit der frommen Zuwendung aller Christen zu Gott? Was bewog ihn, die Romverbundenheit des Grafen Gerald von Aurillac den Adeligen seiner Zeit zum Maßstab zu machen?

Es ist noch nicht endgültig geklärt, wie viele Romreisen Odo während seiner Abtszeit unternommen hat. Wenn aber Papst Johannes X. (914–928) 927 in seinem Schreiben an König Rudolf von Frankreich (923–936), an den Erzbischof von Lyon, an Bischöfe und weltliche Große schrieb, es sei ihm zu Ohren gekommen, daß Wido von Gigny den Cluniacensern verweigere, was ihnen Berno zugewiesen hatte, ist schwerlich etwas anderes denkbar, als daß der Abt des geschädigten Klosters, Odo von Cluny, den Papst gebeten hat, den König und die genannten Großen zur Hilfe für Cluny aufzurufen. Und wer anders als Odo sollte 931, als Johannes XI. seinen Pontifikat antrat, von diesem die für die ganze Geschichte Clunys zusammen mit der Gründungsurkunde grundlegende Papsturkunde mit der Bestätigung der Übergabe des Klosters Romainmôtier an Cluny und mit der rechtlichen Verankerung der cluniacensischen Reform und Klöstergemeinschaft erwirkt haben? Die Urkunde spricht ausdrücklich aus, daß Odo sie erbeten hat. Dasselbe gilt für die zum selben Datum, März 931, ausgestellte Urkunde des Papstes für Déols. Man nimmt daher heute an, daß Odo beide Urkunden persönlich in Rom erwirkt hat. Diese Romreise in einer Zeit, in der in den Alpen noch winterliche Bedingungen herrschten, muß für Odo anstrengend gewesen sein, um so mehr, als er noch im April 931 schon wieder in Cluny zurück war.[56] Daß Odo, der noch als Sechzigjähriger so ging, daß seine jungen Begleiter ihm nur mit Mühe folgen konnten, auch in den Monaten Januar und Februar die Alpenüberquerung auf einer Romreise auf sich genommen hat, ist ausdrücklich bezeugt.

Offenkundig nahm der Abt den Schutz Clunys durch die Apostelfürsten, wie in der Gründungsurkunde festgelegt, wörtlich. Wenn er trotz der tatsächlichen Machtlosigkeit des Papstes gegenüber den stadtrömischen Adelsgeschlechtern den Empfang der Papsturkunden für sein Kloster als unabdingbar ansah, wenn er dabei auch über manchen Schmutz des «finsteren» Jahrhunderts, etwa über die Herkunft des Papstes Johannes XI. von Marozia und Papst Sergius' III. (904–911), hinwegsah, so mußte ihm die Autorität des päpstlichen Amtes über alles erhaben sein. Rom als Sitz der Apostelfürsten mußte in seinen Augen normgebend sein. Dort wären alle Maßstäbe zu suchen. Deshalb hat er sich schon als Kanoniker in Tours auf Rom und die Römer berufen. Deshalb hob er für die Urkunden zugunsten der Abtei Déols die *lex Romanorum* hervor. Daher werden in der ersten Urkunde des Papstes zugunsten der Cluniacenser, deren Text nicht einfach dem Formular der päpstlichen Kanzlei und des päpstlichen Formelbuches folgte, die Apostelfürsten «Richter der Welt» genannt, damit «den Fürsten der Erde» aus der Gründungsurkunde Clunys benachbart. Daher übernahm Odo in seiner Predigt am Fest Petri Stuhlfeier im Wortlaut Texte aus den Predigten des Papstes Leo d. Gr. (440–469), welche die Gegenwart des hl. Petrus im jeweils lebenden Papst beschworen. Und von den Lebensbeschreibungen des aufs höchste im Mittelalter verehrten Mönchspapstes, Gregors d. Gr. (590–604), war ihm jene, die Johannes diaconus im 9. Jahrhundert am päpstlichen Hof und unter Benutzung des päpstlichen Archivs verfaßt hatte, einfach die *romana vita* Gregors d. Gr.

Das heißt aber gleichzeitig: Odo von Cluny hat sich während der tiefsten Erniedrigung des Papsttums für dessen Amtsautorität unübersehbar eingesetzt. Er hat seine eigene Autorität, die ihm damals zukam, für das Papsttum und für die Stadt Rom eingesetzt. Als am 25. Juni 932 mit ihm Hugo von der Provence, der König von Italien, die nächste Urkunde von Papst Johannes XI. erbat, da geschah dies in einer Zeit, als sich König Hugo von Italien mit dem Stadtherrn von Rom, dem Bruder des Papstes, Alberich, überwarf und Rom zu belagern begann. In dieser Lage «begann Odo in und außerhalb der Romulusstadt herumzueilen und Ermahnungen zu Frieden und Eintracht zwischen beiden Herrschern zu säen, um die Wildheit des genannten Königs zu besänftigen und die Stadt vor zu großer Belagerung zu schützen»[57]. Vier Jahre später, als sich Odo von Papst Leo VII. für Cluny die Schenkung der Könige Hugo von Italien und dessen Sohnes Lothar für Cluny bestätigen ließ, wurde er zusammen mit Johannes von Salerno und den ihn begleitenden Mönchen vom Papst mit einer Friedensgesandtschaft zu Hugo von Italien und Alberich, der sich «Fürst und Senator aller Römer» nannte, betraut. Wie er sein reformerisches Wirken in den Klöstern hernach vom Papst als Privileg und Aufgabe Clunys beurkunden ließ, so folgte seiner spontanen Friedensvermittlung der päpstliche Auftrag zu einer amtlichen Friedensdelegation.

Um 936 dürften auch Odos Bemühungen begonnen haben, die Klöster in Rom und in der römischen Nachbarschaft zu erneuern. Nach einem späteren Zeugnis aus dem Reichskloster Farfa in der Sabina, etwa 20 km nördlich Roms, hatte Alberich den Abt aus Cluny kommen lassen «und ihn zum Oberabt über alle zu Rom gehörenden Klöster bestellt»[58]. Dagegen legte Johannes von Salerno in seiner Lebensbeschreibung Odos auf die Aussage Wert, daß Odo den Wiederaufbau des Klosters S. Paolo fuori le mura «auf Druck des Herrn Papstes und aller

Weihegrade des Hl. Stuhles»[59], der geistlichen Umgebung des Papstes also, eingeleitet habe. Tatsächlich dürfte es den Interessen des Papstes und denjenigen Alberichs von Rom entgegengekommen sein, wenn Odo mit seinen Helfern das mönchische Leben in den Klöstern der Stadt und der Umgebung Roms zu erneuern versuchte. Alberichs Interesse an der Reform der römischen Klöster sprach sich deutlich genug darin aus, daß er «sein eigenes Haus, in dem er geboren worden war und das auf dem Aventin stand», Odo «zum Bau eines Klosters gab»[60], das spätere Sta. Maria auf dem Aventin, das den Äbten von Cluny das Mittelalter hindurch als Absteige in der Stadt Rom diente. Mit einem Zusammenwirken Odos mit Alberich in dem von Papst Gregor d. Gr. gegründeten Andreaskloster auf dem Monte Celio, dem heutigen S. Gregorio Magno, wird man zu rechnen haben. Die dichtesten und dauerhaftesten Reformbemühungen Odos galten sicher der Abtei S. Paolo fuori le mura. Aber auch in S. Lorenzo fuori le mura und in S. Agnese fuori le mura hat der Abt von Cluny gewirkt. Diesen alten Abteien ist auch gemeinsam, daß sie an großen Ausfallstraßen aus der Stadt lagen und daher strategische Bedeutung für den römischen Stadtherrn besaßen. Wie nahe damals eine solche Überlegung lag, zeigt allein schon die Tatsache, daß Alberichs Widersacher, die Könige Hugo und Lothar von Italien, 941 ihr Lager in S. Agnese fuori le mura aufgeschlagen haben.

Außerhalb Roms, sicher wieder nicht ohne Alberichs Hilfe, betätigte sich Odo in der Reichsabtei Farfa als Erneuerer. In S. Elia di Nepi versuchte er, die Lebensgewohnheiten der Mönche zu reformieren. Und wenn er sogar im bedeutendsten Kloster Unteritaliens, in der Abtei auf dem Monte Cassino, eingriff und dort als Abt einen bewährten Helfer einsetzte, Balduin, der schon in S. Paolo fuori le mura und Sta. Maria auf dem Aventin als Abt gearbeitet hatte, so könnten ihm die Könige Hugo und Lothar von Italien den Weg dorthin geebnet haben. Denn 943, ein halbes Jahr nach Odos von Cluny Tod, hat Abt Balduin die beiden Könige um Bestätigungsurkunden für Monte Cassino gebeten und diese erhalten. Aus den drei am 15. Mai 943 in Pavia ausgestellten Urkunden Hugos und Lothars geht eindeutig hervor, daß die beiden Könige als Schutzherren für die Abtei Monte Cassino aufgetreten sind.[61] Von König Hugo wurde Odo auch beansprucht, als er in S. Pietro in Ciel d'Oro zu Pavia offenbar äbtliche Befugnisse wahrnahm. Dort war der Prior Hildebrand von Cluny anwesend. Und Odos Begleiter Johannes erinnerte sich an einen Aufenthalt in diesem Kloster.[62] Wieviel oder wie wenig Odo mit seinen Friedensvermittlungen zwischen Hugo von Italien und Alberich auch erreicht haben mochte, so positiv konnte er seine Beziehungen zu beiden Seiten gestalten, daß es ihm gelang, über politische Parteiungen hinweg seinen Reformwillen in wichtigste stadtrömische und italische Klöster zu tragen.

Durch das Wirken Odos von Cluny in Italien, besonders in Rom und in Roms Umgebung, wurde nicht nur das mönchische Leben in stadtrömischen und anderen Klöstern neu belebt. Dem Papsttum auf seinem Tiefstand unter den miteinander rivalisierenden Adelsgeschlechtern der Stadt ist wohl, bevor es mit den nach Rom ziehenden Ottonenkaisern wieder einen Partner universalen Anspruchs bekam, während des 10. Jahrhunderts keine größere Hilfe und Erhöhung seiner Amtsautorität geleistet worden als eben durch den reformierenden, Frieden schaffenden und den Rang der Apostelfürsten und des Petrusnachfolgers verkündenden Einsatz Odos von Cluny.

Dem entspricht es, daß die Lebensbeschreibung Odos nicht von seinem Nachfolger als Abt von Cluny oder von einem Mönch in Cluny für die Mitbrüder in Cluny geschrieben worden ist, sondern daß es Johannes von Salerno war, der durch Odo vom Kanoniker zum cluniacensischen Mönch in Pavia geworden ist und der seinem Konvent in Salerno vom Abt von Cluny, dessen Begleiter er immer wieder sein wollte, berichtet hat.

Hatte Odo von Cluny in der zielgerichteten und sorgsamen Privilegierung Clunys, die er mit Papst- und Königsurkunden erreichte, die aus der Gründungsurkunde Clunys genommenen Chancen zum rechtlichen Fundament Clunys als Reformherd und Mittelpunkt einer Klöstergemeinschaft ausgestaltet, so ist ihm in seiner ungewöhnlich engen und inhaltlich gefüllten Anhänglichkeit an die Stadt der Apostelfürsten zuzutrauen, daß er der geistige Urheber der Gründungsurkunde Clunys gewesen ist; daß er, im Konvent Bernos zu Baume mit der Lehre der Mitbrüder betraut und danach als Nachfolger des Abtes in Cluny ausersehen, mit dem *Oddo laevita*, dem Schreiber der Gründungsurkunde, eine und dieselbe Person war.

Die Verwurzelung Clunys in seiner Umgebung
unter Odos Nachfolger Aymard

Bisher lassen sich keine Anhaltspunkte dafür finden, daß die Zeitgenossen Odos, insbesondere seine eigenen Mönche, sich seiner grundlegenden Leistung für Cluny und seiner geschichtlichen Bedeutung bewußt gewesen wären. Gleichzeitig aber gibt es Anzeichen einer starken Ausstrahlung seiner Persönlichkeit auf seine Mönche und nicht nur auf diese. Johannes von Salerno, der nicht einfach das Leben Odos von Cluny zum Erweis von dessen Heiligkeit als Lebensbeschreibung eines heiligmäßigen Abtes stilisieren wollte, sondern das ihm persönlich liebe Gedenken an seinen Abt seinen Brüdern in Salerno weitergeben wollte, lobte vor allen guten Eigenschaften und Leistungen Odos als dessen «erste gute Kraft die Geduld»[63]. Überaus genügsam, streng gegen sich selbst und in Sorge, die Christen könnten sich vor dem bevorstehenden jüngsten Gericht nicht mehr rechtzeitig wandeln, machte er wohl eher einen ernsten und angestrengten Eindruck auf seine Mönche. Aber er soll nach dem Zeugnis des Johannes den Text der Benediktsregel so verinnerlicht haben, daß er immer nach unten auf die Erde schaute. Dabei gab er sich keineswegs als abweisend und von sich selbst überzeugt. Denn Johannes erwähnt ausdrücklich, daß er sich «wegen seiner Gewohnheit von Zeitgenossen als ‹Totengräber› bespötteln» ließ.[64]

Eine andere Beobachtung indessen spricht deutlich für seine persönliche Ausstrahlung auf seine Umgebung. Als sein Nachfolger wurde vom Konvent der Mann gewählt, der schon in Odos letzten Jahren urkundlich als Abt von Cluny bezeugt ist. Das heißt wohl, daß dieser Aymard von Odo zum Helfer und Stellvertreter ausersehen und zu seinem Nachfolger designiert worden ist, wie man das von den nächsten Abtswahlen in Cluny kennt. Ein Zeugnis aus dem hohen Mittelalter, das danach nochmals ausgeschrieben wurde, teilte mit, Odo habe vor seinem Tod alle Dinge geordnet, für alle Klöster seine Anordnungen getroffen, nur über die Ordnung für Cluny unterdessen mit dem Hinweis geschwiegen, diesen Ort hätte Gott seiner eigenen Verfügungsgewalt vorbehalten. In dieser Sache, der Wahl, sei Cluny nicht seiner, Odos, Anordnung unterworfen. Er, Odo, wünsche sich nur die von ihm zur Meßfeier benutzte Kapelle für das Gedenken zu seinem Seelenheil.

Träfen diese vor der Versammlung aller Mönche gemachten Aussagen, wie sie hier überliefert sind, zu, so ließen sie sich sehr wohl als Wink Odos auf die freie Wahlentscheidung der Brüder, dies jedoch angesichts des tatsächlich schon als Abt urkundenden Aymard auch als Hinweis darauf, ob nicht Aymard der von Gott den Mönchen zugedachte Abt sein könnte, verstehen. Auch die in Abt Odilos Lebensbeschreibung des Abtes Maiolus später getroffene Feststellung, Hildebrand, der Prior des Abtes Odo, sei zweimal eingeladen worden, das Amt des Abtes zu übernehmen, hätte jedoch abgelehnt, dürfte auf Wahlverhandlungen im Konvent hindeuten. Odo konnte, wenn er Aymard als seinen Coadjutor-Abt genommen hatte, den Mönchen jetzt nur klarmachen, daß in diesem Augenblick ihre Wahlfreiheit erfragt sei. Erforschten dabei die wählenden Mönche den Willen Gottes auch im Hinblick auf Aymard, so konnten sie Odos voraufgegangene Entscheidung verwerfen oder billigen.[65] Gaben aber die Mönche ihre Zustimmung der «Designation» Aymards durch Odo und machten sie die freie Abtswahl, die ihnen in ihren wichtigsten Urkunden aus der Zeit Odos selbst für den Zeitpunkt nach dessen Tod zugesichert worden war, zu einer sogenannten Konsenswahl, so lag darin höchste Anerkennung der Autorität des Abtes Odo.

Nach dessen Tod im Jahr 942 mußte sich spätestens zeigen, ob die Geschichte Clunys mehr werden könnte als die Geschichte der Äbte des Klosters; ob Abt und Konvent eine solche Gemeinschaft miteinander fänden, daß sie in glaubwürdiger mönchischer Lebensweise den Reformwillen aus der Odo-Zeit überzeugend und dauerhaft weiter am Leben erhielten. Ob Clunys klösterliche Gemeinschaft also Anziehungskraft für ihre Umgebung bewahren – und das hieß: steigern – könnte, das hatte sich im Abbatiat Aymards zu erweisen.

Die späten Nachrichten, Aymard sei bescheidener Herkunft gewesen oder er stamme aus der gräflichen Familie Angoulême, lassen sich heute nicht mehr überprüfen. Die Autoren, die meinten, Aymard käme in der Literatur stets zu schlecht weg, weil er gegenüber dem Reformgeist Odo mehr einen praktischen Sinn gezeigt und als guter Interessenwalter Clunys mit klugen Erwerbungen dessen materielle Lage gestärkt hätte, faßten die Geschichte Clunys wohl zu sehr als Geschichte der Äbte Clunys auf und standen dabei vor der Schwierigkeit, daß nach Berno von Aymard als einzigem Abt Clunys aus dem 10. Jahrhundert keine Lebensbeschreibung auf uns gekommen ist. Hätte Aymard, «die kluge und einfache Taube», wie er auf seinem Grabstein gerühmt wird, die Erwerbungen für Cluny gemacht, die ihm zugeschrieben wurden, so müßten die aus seiner Abtszeit erhaltenen Urkunden lauter Kauf- und Tauschurkunden sein, die ihn als handelnden Aussteller gehabt hätten. Die bei weitem überwiegende Zahl der Urkunden aus dem Abbatiat Aymards betrifft jedoch Schenkungsurkunden. Und da ist nun tatsächlich festzuhalten, daß gegenüber den 188 Stücken in der Urkundensammlung (Cartular) Odos 278 Urkunden im Cartular Aymards stehen. Bedenkt man, daß Aymard wegen seiner zur Erblindung führenden Augenkrankheit sein Amt schon nach zwölf Jahren niederzulegen für notwendig hielt, daß er also drei Jahre weniger als sein Vorgänger im Amt bleiben konnte, dann steht unabweisbar die Frage vor uns: Warum nahm nach Odos Tod die Schenkfreudigkeit der Laien im Blick auf Cluny noch zu? Warum gaben diese ihre Schenkungen unter allen Klöstern gerade an Cluny?

Unter allen Schenkungen an das Kloster gibt es solche, die in besonderer Weise die enge Bindung der Schenker an das beschenkte Kloster widerspiegeln: die Schenkungen *ad sepulturam*, also diejenigen, die gegeben wurden, damit die beschenkten Mönche dem Schenker oder der Schenkerin das Begräbnis auf dem Klosterfriedhof gewährten und damit ein Totengedenken über den Tod hinaus in der Mönchsgemeinschaft sicherten.[66] Darin sahen nicht wenige aus unterschiedlichsten sozialen Schichten ein Unterpfand für ihr Seelenheil.

Welche Triebkräfte hinter solchen Schenkungen fürs Begräbnis standen, sieht man in jenen Urkunden, in denen sich die Aussteller den Eintritt als Mönch ins Kloster Cluny vorbehielten und für den Fall, daß sie nicht rechtzeitig dazu kämen, das Begräbnis bei den Mönchen erwarteten. Es begegnet auch die Bitte, die Mönche möchten den Verstorbenen von seinem Sterbeort zu ihrer Abtei abholen. Ein Ehepaar hat sich das Begräbnis in Cluny und die Aufnahme in die Verbrüderung der Mönchsgemeinschaft ausbedungen, d. h. einen Anteil an allen guten Werken des Konvents. Eine wie eine Nonne lebende Frau aus einer Grafenfamilie erwartete als Gegengabe für ihre Schenkung zu ihren Lebzeiten die tägliche Ration an Essen und Getränk, die jeder Mönch empfing, und das Begräbnis bei ihnen, wenn sie in der näheren Umgebung vom Tod ereilt würde. Ein Schenker bat genauer darum, die Mönche von Cluny möchten ihm den Begräbnisort in Cluny unter den anderen Freunden und Wohltätern Clunys zuteilen und für sein Seelenheil beten. Daraus läßt sich schließen, daß schon damals in Cluny neben dem Mönchsfriedhof ein solcher für Freunde und Wohltäter bestand.

Dieses Angebot der Mönchsgemeinschaft übte offensichtlich einen starken Sog auf die Umgebung Clunys aus. Die Kurve der Schenkungen *ad sepulturam* von Berno über Odo zu Aymard weist beständig nach oben. Und überträgt man diese Schenkungen auf die Karte, so weitete sich unter Aymard im Vergleich zur Abtzeit Odos der Raum um Cluny, innerhalb dessen die Begräbniswünsche an die Abtei herangetragen wurden, erheblich. Und gleichzeitig kommen Orte in den Blick, an denen gleich mehrere Schenkungen *ad sepulturam* an Cluny gegeben wurden. Der Kreis der Männer und Frauen, die auf diese Weise die engste Nähe zu Cluny suchten, vergrößerte sich zusehends und beständig. Dabei schälten sich bestimmte Kerne heraus, wo bestimmte Familien der Abtei mehrmals Schenkungen *ad sepulturam* zukommen ließen. Neben Laien stellten auch Priester und Kleriker solche Schenkungsurkunden aus.

Aufgrund der Erfahrung, daß hinter manchen Schenkungen *ad sepulturam* der Wunsch stand, ins Kloster einzutreten, und sei dies gerade noch vor dem Tod, und wegen des Erfahrungswertes, daß sich ein Kloster aus dem Kreis der es beschenkenden Familien auch rekrutiert, wird man also schließen dürfen, daß die Gemeinschaft von Cluny ihre Anziehungskraft auf ihre Umwelt über den Tod des Abtes Odo hinaus noch hat steigern können. War unter Abt Odo sogar der Erzbischof Sobbo von Vienne am Ende seines Lebens Mönch in Cluny geworden – auch dem Erzbischof Theotolo von Tours wurde nachgesagt, er hätte als Mönch in Cluny gelebt –, so trat auch unter Aymard ein Erzbischof, Gerald (von Aix? von Narbonne?), als Cluniacenser ins Kloster ein und außerdem der Archidiakon der Bischofskirche Mâcon, Maiolus, der zum Nachfolger Aymards geworden ist. Bei der Wahl des Maiolus zum Abt hatte Cluny, das unter Odo nur einen ganz kleinen Konvent gehabt hatte, eine Konventsstärke von über 130 Mönchen erreicht, seit der Zeit Odos also um etwa das Zehnfache zugenommen.[67] Dabei sind noch nicht die cluniacensischen Mönche aus den Klöstern mitgerechnet, die rechtlich Cluny zugehörten.

949, auf einem Hoftag, den König Ludwig IV. Übermeer mit den Großen Burgunds in Autun hielt, war es schon möglich, daß neben dem Bischof von Chalon-sur-Saône und der Königin Gerberga «die Mönche des Klosters Cluny», nicht einfach der Abt von Cluny, dafür eintraten, das Kloster S. Martin d'Autun solle durch den eben gewählten Abt Humbert reformiert werden.[68] Als Papst Agapit II. (946–955) nach 951 eine Urkunde ausstellte, in der er für die Rechte des von Herzog Acfred von Aquitanien an Cluny gegebenen Klosters Sauxillanges eintrat, wandte er sich an die Getreuen der Kirche von Clermont-Ferrand in der Auvergne und an den zuständigen Diözesanbischof Stephan II. von Clermont, der alle zu bannen hätte, die weiterhin wissentlich das Kloster belästigten. Für die Interessen der Cluniacenser in Sauxillanges sollten also diejenigen einstehen, die an Ort und Stelle waren. Von der Urkunde, die Papst Agapit II. im März 954, in dem Jahr für Aymard von Cluny ausstellte, in dem dieser vielleicht schon wegen seiner Augenkrankheit sein Amt zurückgab,[69] nimmt man an, Aymards Nachfolger Maiolus hätte sie im Auftrag Aymards erbeten.

Bei den Königsurkunden, die Cluny unter Abt Aymard empfing, fällt auf, daß in ihnen nicht der Abt als Bittsteller genannt wird. Vielmehr waren es Herzog Hugo d. Gr., Herzog Hugo der Schwarze von Burgund und Graf Leotald von Mâcon, die bei Ludwig IV. die Schenkung der Kirche S. Jean in der Vorstadt von Mâcon an Cluny erwirkten.[70] Dieselben Großen erbaten im selben Jahr 946 ein weiteres Diplom des Königs über eine Schenkung für Cluny im Lyonnais.[71] Auch die dritte Urkunde Ludwigs IV. für Cluny, mit der endgültigen Zuschreibung des Klosters S. Etienne de Charlieu an die Abtei, wurde von den genannten Mächtigen erbeten.[72] Die Bestätigung des endgültigen Besitzes der Abtei Sauxillanges, die Cluny von Herzog Acfred von Aquitanien erhalten hatte, durch Ludwig IV. erwirkte 951 Bischof Stephan II. von Clermont.[73]

Selbst in der Annahme, Abt Aymard, der die Erblindung auf sich zukommen sah, habe nicht Odos robuste Natur gehabt und sich daher nicht wie dieser die Romreisen und die Reisen zum jeweiligen Aufenthaltsort des Königs zumuten können, bliebe eine bestimmte Beobachtung stehen: Die Gemeinschaft, die in den von den Archäologen «Cluny I» genannten Gebäuden lebte, war mittlerweile eine Größe geworden, für die bei König und Papst einzutreten Große in der Welt und in der Kirche als ihre Aufgabe ansahen.

Gleiches gilt mit einer Ausnahme für die Urkunden, die Cluny vom König Konrad von Burgund (942–993), seinem großen Wohltäter aus dem Haus der welfischen Rudolfinger, empfangen hat. Zwei königliche Schenkungen für Cluny im Lyonnais gingen auf Fürsprache Hugos des Schwarzen zurück.[74] Graf Boso II. von Arles vermittelte den Cluniacensern bei König Konrad die Übertragung eines Amandusklosters in Bistum und Grafschaft Saint-Paul-Trois-Châteaux.[75] Bei der erwähnten einzigen Ausnahme bestätigte König Konrad 943 der Abtei Cluny im Königsgericht Schenkungen Ingelberts, eines Bruders jenes Erzbischofs Sobbo von Vienne, der als Mönch in Cluny eintrat.[76] Diese Schenkungen hatte der mit dem König verwandte Graf Karl-Konstantin von Vienne den Cluniacensern streitig gemacht. Es waren nun «die Diener Gottes, die Mönche aus dem Kloster Cluny»[77], die zum Königsgericht in den Gau von Vienne reisten, darüber Klage führten und die ihnen Recht sprechende Königsurkunde erwirkten.

In «Cluny I» ist also noch vor der Hälfte des 10. Jahrhunderts eine Mönchsgemeinschaft gewachsen, die sich selbst bestimmend handelte, als Mitte einer Klöstergruppe den Leerraum an Herrschaft ausfüllte, in dem sie gegründet worden war, und dabei offensichtlich in ihrem Erneuerungsanspruch überall mächtige Fürsprecher gewann. Der hinter der Gründungsurkunde für Cluny und hinter den durch Odo von Cluny vermittelten Papst- und Königsurkunden für die Abtei erkennbare Entwurf einer unter dem Schutz der Apostelfürsten stehenden, freien klösterlichen Gemeinschaft, die die Mauern ihres Klosters überwand und größere Gemeinschaft schuf, nahm nach Odos Tod in der Abtszeit Aymards Gestalt an.

Cluny II

Der europäische Reformmittelpunkt

Abt Maiolus und die Gemeinschaft von Cluny: Selbstbestimmung, Anziehungskraft und Ausstrahlung

Die Aussicht, dem in «Cluny I» Begonnenen Beständigkeit und Dauer zu schaffen, öffnete sich mit der Wahl des Maiolus zum Abt von Cluny. Was im Blick auf den Übergang von Abt Berno zu Abt Odo zu Abt Aymard nur ein Rückschluß aus den überlieferten Urkunden bleiben mußte, nämlich die Designation des nachfolgenden Abtes durch seinen amtierenden Vorgänger und die der Designation zustimmende Wahl des Konvents, ist für die Ablösung des erblindenden Abtes Aymard durch Maiolus höchst eindrucksvoll bezeugt. Der Text der Wahlurkunde für Maiolus wurde vier Jahrzehnte später wörtlich für die Urkunde zur Wahl Odilos übernommen; und als Syrus, der cluniacensische Mönch, eine Lebensbeschreibung des Abtes Maiolus verfaßte, als Odilo schon Abt von Cluny war, da legte er Wert darauf, seinen Bericht über die Wahl des Maiolus zum Abt mit den Worten der beiden Wahlurkunden wiederzugeben. Er war sich demnach der grundlegenden Bedeutung der Abtswahl für Cluny bewußt. Sonst hätte es nicht der Vorsicht bedurft, den ganzen Vorgang mit den Worten seiner rechtlichen Dokumentation wiederzugeben.

Tatsächlich ist der erblindende Abt Aymard überaus behutsam zu Werke gegangen, als er dem Konvent von Cluny – und nicht nur diesem – Maiolus als den besten Nachfolger ans Herz legte.[78] Nachdem Maiolus als Mönch in Cluny eingetreten war – zuvor hatte er das Angebot, Erzbischof von Besançon zu werden, abgelehnt –, war Aymard auf die besondere Eignung des Maiolus für das Leben im Kloster aufmerksam geworden und hatte ihn deshalb mit dem Amt des Bibliothekars und des Apokrisiars, der auch den Schatz des Klosters (mit den Reliquien!) zu bewahren hatte, betraut, ihn schließlich, zusammen mit einem weiteren Mönch, auf die Reise nach Rom zugunsten Clunys gesandt. Aymard machte Maiolus, vielfach bewährt, zu seinem Coadjutor. Zuerst mußte er die Mönche von der Notwendigkeit seines Rücktritts wegen seiner Erblindung überzeugen. Denn ein solcher war in der Benediktsregel nicht angesprochen. Als er die Brüder zusammenrief und ihnen anheimstellte, daß er, erblindet, ihnen keinesfalls zu ihrem Nutzen Abt sein könne, und als er sie folgerichtig aufforderte: «Wählt Euch also aus Eurer Mitte einen zum Abt, der Euch Schützer und Wächter im Dienst für Gott sei»[79], da zögerten sie und antworteten nicht, wie Syrus berichtet. Daraufhin habe Aymard sie aufgefordert, Maiolus zu wählen. Er allein sei für dieses Amt geeignet. Einmütige Zustimmung, keiner, der sich da ausschloß, sei die Reaktion des Konvents gewesen.

Erst als sich Aymard des Willens seines Konvents sicher sein konnte, und erst, nachdem sich Maiolus zur Annahme der Nachfolge durchgerungen hatte – wir wissen nicht, wie lange Zeit darüber verging –, rief er die zahlreichen Adeligen zusammen und holte sich den Rat von Bischöfen und Äbten. Vor ihnen berief er sich auf die Benediktsregel, und zwar auf Kapitel 36,10, wonach es den Abt angeht, was von mönchischen Schülern gefehlt wird. Schon im 2. Kapitel wird der Abt daran erinnert, daß im jüngsten Gericht seiner Schuld zufiele, was der göttliche Hausvater an den Schafen an Unnützem fände. Der Abt solle stets die Rechenschaft fürchten, die den Hirten für die ihm anvertrauten Schafe erwarte. Aymard sprach das unauslöschliche Feuer der Hölle an, das Nachlässigkeit des Abtes gegenüber den ihm Anvertrauten strafte. Darauf erklärte er allen Anwesenden, daß er, aufgrund seiner körperlichen Schwäche und seines Alters nicht mehr für die Hirtensorge geeignet, der Bestimmungen Benedikts über die Abtswahl eingedenk zusammen mit allen seinen «Brüdern, Söhnen und Mitdienenden» unlängst den Kleriker Maiolus zum Abt gewählt habe.

Anstelle dieser Worte der Urkunde steht in der Lebensbeschreibung des Maiolus von Syrus eine überaus wichtige Variante. Nicht «wir haben unlängst den Kleriker Maiolus zum Abt gewählt», sondern «wir haben den unlängst gewählten Maiolus zum Abt wiedergewählt», steht da.[80] Man wird also mit einem zeitlich gestreckten Verlauf der Wahlhandlung von einer internen Willensbildung des Konvents zur offiziellöffentlichen Wahl zu rechnen haben. Aymard übergab dem gewählten Nachfolger Cluny mit seinem von Gründer, Papst und Königen verbrieften Rechtsstand und mit allen Abteien, Zellen und Ortschaften, die es erworben hatte, zur Bewahrung mönchischer Lebensart gemäß der Benediktsregel und den Einrichtungen der Vorgänger. Und zusammen mit all seinen Mönchen rief er Maiolus zum Abt aus. Die Reihenfolge der Wahl- und Einsetzungshandlungen sei durch den Rat der Großen,

besonders des Grafen Leotald (von Mâcon), der hier «unser Schutz-
vogt» genannt wird und damit mangels eines tatsächlichen Schutzvog-
tes in die Pflicht genommen werden soll, bestärkt. Tatsächlich gehörte
dieser Graf von Mâcon zu den besonderen Förderern Clunys und hatte
sich sogar ausbedungen, daß, an welchem Ort auch immer er stürbe, die
Mönche seinen Leichnam aufsuchten, um ihn bei ihnen in Cluny zu begraben.[81] Mit Aymard und seinen 132 Mönchen unterschrieben die
Wahlurkunde auch der Bischof Maymbodus von Mâcon, Hildebald von
Chalon-sur-Saône, ein Mönchsbischof Eilbardus, dessen Bischofssitz
man nicht kennt, Abt Rudolf von S. Pierre de Chalon-sur-Saône und ein
Abt Richard.[82]

Das Einvernehmen des Abtes mit seinem Konvent, die daraus entstandene Zustimmungswahl zur Designation, die Aymard für Maiolus
vorgenommen hatte, wurde also urkundlich als Ausübung der freien,
Benedikts Regel gemäßen und von außen unbeeinflußten Abtswahl
festgestellt und die Cluny am nächsten stehenden weltlichen und geistlichen Großen, nachdem sie von Aymard in vertrauensvolle Beratung
einbezogen worden waren, zu Zeugen und Garanten der freien Abtswahl in Cluny rechtlich aufgerufen, so jedoch, daß sie nicht auf ein
Recht zur Teilhabe an der Abtswahl in Cluny pochen und nicht zu
Störenfrieden für die Cluniacenser werden konnten.

Aber so wesentlich die Urkunde noch in der Zeit des Abtes Odilo erschien, nämlich als Nachweis der in Cluny geübten freien Abtswahl,
eines besitzt die Urkunde nicht: ein Datum. So erklärt sich, daß es zwischen dem Rücktritt Aymards und dem Amtsbeginn des Maiolus für
uns eine Grauzone gibt, in der in den Urkunden Clunys das eine Mal
Aymard als Abt begegnet, das andere Mal Maiolus, bis 958 häufiger
Aymard, danach dieser nur noch sporadisch, aber 960 und 965 noch
beide Äbte zusammen ihren Titel tragend, Maiolus freilich vor Aymard.
Setzten schon die Designation des Nachfolgers durch den amtierenden
Abt und die Zustimmung des Konvents zu dieser Designation in freier
Wahl, wie in der Wahlurkunde festgestellt und in der Lebensbeschreibung des Abtes Maiolus durch Syrus geschildert, ein Vertrauensver-
hältnis nicht nur zwischen Vorgänger und Nachfolger, sondern vor
allem zwischen Abt und Konvent voraus, so dürfte, nach den urkundlichen Zeugnissen zu schließen, der Abtswechsel in Cluny im 10. Jahr-

hundert Ergebnis einer erstaunlich gefestigten klösterlichen Gemeinschaft gewesen sein.

An dieser Stelle gilt es, eine Geschichte wiederzugeben, die rund 100 Jahre danach der Einsiedlerprior und Kardinalbischof von Ostia, Petrus Damiani, in einem Brief an Abt Desiderius von Monte Cassino erzählt hat, um ihm ein Beispiel heiligmäßiger Bescheidenheit mitzuteilen.[83] Der berühmte Briefschreiber kannte die Geschichte vom Hörensagen, von den Mönchen von Cluny, die er ein Jahr vor Abfassung des Briefes besucht hatte. Wie weit das Erzählte zurücklag, ergibt sich auch daraus, daß Aymard in diesem Brief Marcuard genannt wird.

«Dieser hat an seiner Stelle Maiolus im Amt des Abtes eingesetzt und ist selbst wegen seines Alters in den Ruhestand getreten. Während er für sich in der Krankenabteilung des Klosters wohnte, bat er eines Abends um den Käse, den ihm der Kellermeister, wie üblich für viele in Anspannung, nicht nur nicht gegeben, sondern darüber hinaus mit seinen harten Antworten den Aymard bedienenden Mönch verletzt hatte. Dieser beklagte sich über die Zahl der Äbte, er könnte nicht die Beschwerde so vieler Herren ertragen. Als der alte Mann das gehört hatte, erduldete er einen nicht alltäglichen Skandal. Weil er gerade das Augenlicht verloren hatte, blieb um so hartnäckiger der Schmerz in seinem Herzen haften. Denn je mehr der Blinde vom Sichtbaren entfernt ist, desto feinfühliger bewegt er alles, was er hört, im Herzen, und weil er durch äußere Einflüsse nicht abgelenkt wird, entzündet er sich um so leidenschaftlicher mit dem Antrieb inneren Eifers. Am nächsten Morgen hieß er den ihn bedienenden Mönch, ihn an der Hand ins Kapitel zu führen. Dort ging er den Abt mit solchen Worten an: ‹Bruder Maiolus›, sagte er, ‹ich habe Dich nicht über mich gestellt, daß Du mich verfolgst, und nicht, daß Du wie ein Käufer über den Sklaven herrschst, sondern ich habe Dich in Wahrheit gewählt, daß Du als Sohn mit dem Vater Mitleid hast.› Und nach vielen Worten dieser Art besonders aufgewühlt fügte er hinzu: ‹Bist Du, frage ich Dich, mein Mönch?› Als der antwortete, ‹ich bin es, und bekenne, daß ich der Deine nicht mehr gewesen bin, als ich es jetzt bin›, sagte Aymard: ‹Wenn Du mein Mönch bist, mach sofort den Abtsstuhl frei und geh an den Platz, den Du davor innehattest, zurück.› Als Maiolus das gehört hatte, stand er auf der Stelle auf und strebte, wie ihm geheißen, an seinen bescheidenen Platz. Marcuard nahm, sozusagen nachträglich zurückgekehrt, den Abtsstuhl ein, klagte den Kellermeister, dem er gram war, an, rügte ihn, der sich alsbald auf die Erde niedergeworfen hatte, besonders hart und erlegte ihm schließlich ein Bußmaß auf, das ihm angemessen erschien. Nachdem er die Aufgabe einer so langen Gerichtssitzung wahrgenommen hatte, stellte er sich, vom Abtsthron herabgestiegen, nebenan und befahl Maiolus, zu seinem Abtsstuhl zurückzukehren. Der gehorchte ihm ohne Zögern sogleich.»

Was Petrus Damiani mit dieser Geschichte Desiderius von Monte Cassino nur vorstellen wollte, war «die Tugend wahren Gehorsams und die Selbstverleugnung mönchischer Selbstbeherrschung», die Maiolus bewiesen hätte. Offensichtlich herrschte in diesem «die Würde kaiserlicher Geduld» und «die Majestät päpstlicher Demut». Wenn die Geschichte ihren echten Kern hat, machte sie zugleich unverblümt etwas vom Ärger klösterlichen Alltages anschaulich. Was sich da aus dem verweigerten Käse-Abendessen entwickelte, mochte sich eher zugetragen haben, als Maiolus nicht mehr Coadjutor, sondern schon Nachfolger Aymards war. Denn Aymard wurden ja die Worte zu Maiolus in den Mund gelegt: «ich habe Dich nicht über mich gestellt …» Mit diesen Worten hätte er «den Abt» angegangen. Im Sinn des Petrus Damiani jedenfalls, der doch in Maiolus den Gipfel der Demut darstellen wollte, ergab die Geschichte mehr Sinn, wenn sie nach der Abtswahl stattgefunden hätte. Daher auch die Formulierung, Aymard «habe, sozusagen nachträglich zurückgekehrt, den freigemachten Abtsstuhl eingenommen». Ganz nebenbei erfährt man aus der Beschwerde des angeklagten Kellermeisters, daß in der Krankenabteilung des Klosters offenbar mehrere resignierte Äbte wohnten. Aus der späteren Geschichte Clunys sind solche Fälle durchaus bekannt. Um so erstaunlicher, wie auch diese Geschichte darauf hinweist, welche eng geschlossene Kette die in Cluny einander folgenden Äbte des 10. Jahrhunderts gebildet und damit ein wesentliches Element der Beständigkeit in ihrer klösterlichen Gemeinschaft grundgelegt haben.

In den immer reicher strömenden Quellen zur Geschichte Clunys in der Zeit des Maiolus mehren sich die Anzeichen für eine gewachsene Stärke und Bedeutung des Konvents der Abtei. Zwar müssen alle Totenbücher aus Cluny als verloren gelten. Damit fehlen besonders wertvolle Zeugnisse, die über die Mönche namentlich Auskunft geben könnten. Freilich blieben aus einer ganzen Reihe cluniacensischer Klöster die Necrologien erhalten, und man kann sie auf ihre Gemeinsamkeiten hin untersuchen. Denn diese müßten auf einen gemeinsamen Ursprung zurückzuführen sein. Aber diese Necrologüberlieferung wurde erst während des 11. Jahrhunderts geschaffen. Um zu finden, ob sie auch die Namen der Mönche Clunys enthält, die vor der Jahrtausendwende verstorben sind, ist man auf Zeugnisse des 10. Jahrhunderts angewiesen, mit denen man die späteren Totenbücher vergleichen kann.

In der Lebensbeschreibung des Abtes Maiolus von Syrus stehen die stolzen Aussagen: «Auf seine [nämlich Maiolus'] Ermahnungen hin ließen viele zurück, was ihnen gehört hatte, unterwarfen sich der Disziplin der Regel, folgten den Spuren des hl. Benedikt, verleugneten sich selbst und dienten dem wahren König (Christus) mit allen Kräften. Und so strömte aus den unterschiedlichen Gegenden zu seinem Kloster eine ungezählte Menge zusammen.»[84] Den Verdacht, «eine ungezählte Menge» stellte eine gewaltige Übertreibung dar, sollte man nicht vorschnell äußern. Denn dem Abt von Cluny legten ja nicht nur alle ihre Gelübde in die Hand, die in der Abtei Cluny um Aufnahme als Mönche baten, sondern auch alle jene, die in den Klöstern als Mönche eintreten wollten, die rechtlich zu Cluny gehörten, beschworen dem Abt von Cluny ihre Gelübde. Aus Cluny selbst liegen über die Jahre der Amtszeit des Maiolus hin eine beachtliche Reihe von Urkunden vor, meist solche, die Tauschhandlungen, Landleihen zum Nießbrauch und gegen Zins sowie Verzichterklärungen betreffen und in denen ganze Reihen von Cluniacensermönchen als Zeugen des jeweiligen Rechtsgeschäftes genannt sind. Nicht wenige dieser Mönche kennt man als Urkundenschreiber von Cluny, von diesen einige, die zugleich auch die Schönschrift der Bücherschreiber beherrschten.

Neueste Untersuchungen, in denen die urkundlichen mit den necrologischen Zeugnissen verglichen wurden, dabei ausgehend von den Namen, die jeweils nur ein einziges Mal begegnen, und unter Berücksichtigung der Fragen, in welchem Totenbuch, in welcher Zeitschicht und in welchem jeweils eigenen Redaktionszusammenhang ein Name steht, konnten – weit entfernt von der Möglichkeit vollständiger Erfassung des ganzen Konvents der Maioluszeit – für diese 150 Mönche der

Abtei Cluny namentlich festmachen.[85] Unter Abt Maiolus soll der Bau der zweiten Klosterkirche und des zweiten Klosters in Cluny begonnen worden sein.

Die Selbständigkeit des Konvents und die zwischen ihm und dem Abt gefundene Vertrauensbindung hatte sich besonders dann zu bewähren, wenn der Abt nicht gegenwärtig war. Dies geschah, da Maiolus wie sein Vorgänger Odo häufiger weite Reisen unternahm, nicht selten. Wie der König und Kaiser damals über das Reich herrschte, indem er sich auf dem Umritt der Bevölkerung zeigte und mit seinem Hof von Pfalz zu Pfalz, Bischofsstadt zu Bischofsstadt, Kloster zu Kloster reiste, so hielt der Abt von Cluny die Konvente der Klöster, die zu Cluny gehörten, mit Cluny zusammen, indem er zu diesen Klöstern reiste. Hinzu kamen die Reisen zu den Klöstern, die er oder die von ihm als Äbte gesandten Mönche nach der Art, in Cluny zu leben, reformierten. Einen Schwerpunkt seiner Reisetätigkeit stellten seine Italienreisen dar. Auch darin knüpfte er an seinen Vorvorgänger Odo an.

Einmal mußte der Konvent von Cluny in großer Not und Aufregung ohne den Abt handeln. 972 brachte eine Schar Sarazenen bei Orsières an der Drance auf dem Weg nach Martigny Maiolus und eine Gruppe von Reisebegleitern, die sich ihm und seinem Begleitermönch angeschlossen hatten – Maiolus und diese Reisegruppe hatten auf dem Rückweg von einer seiner Italienreisen bereits den Großen St. Bernhard überschritten – in ihre Gewalt. Gewalttätig ging sie auch mit den Reisenden um. Auch der Abt wurde in Fußeisen geschlossen. Die Lebensbeschreibung durch Syrus und der burgundische Mönch und Geschichtsschreiber Rodulf Glaber berichten von einer Handverletzung des Abtes, die ein sarazenisches Wurfgeschoß verursachte, das er, bevor es einen seiner Begleiter traf, abfing. Den Sarazenen, die damals vom Rhônedelta aus die benachbarten Gegenden unsicher machten, vor allem die Provence, ging es um Lösegeld. Wie ernst Maiolus, gerade auch im Blick auf seine Mitgefangenen, diese Forderung nahm, zeigt sich darin, daß er sich nicht darauf beschränkte, den Sarazenen seine persönliche Besitzlosigkeit vor Augen zu halten, sondern daß er auf Befragen einräumte, Einfluß auf wohlhabende Herren zu besitzen. Die Sarazenen waren nicht in der Lage, einen Erpresserbrief nach Cluny zu schicken. Sie nötigten Maiolus zu einer Botschaft nach Cluny. Ihr Wortlaut ist, nahezu gleichlautend, in den beiden erwähnten Zeugnissen überliefert: «Den Herren und Brüdern von Cluny Maiolus, elend, gefangen und angekettet...», nach dem alttestamentlichen Zitat der Bäche Belials und der Stricke des Todes[86] schrieb er: «Schickt, bitte, das Lösegeld für mich und diejenigen, die mit mir gefangen gehalten werden.»[87] 1000 Pfund Silber verlangten die Sarazenen. Die entsetzten Mönche brachten die Summe aus ihrem alltäglichen Bedarf, aus kostbaren Stücken des Kirchenschmucks und aus Geschenken, die sie von Förderern des Klosters erhielten, zusammen und schickten eine Abordnung mit den Sachwerten zum vereinbarten Übergabezeitpunkt. In Cluny zurück, wurde Maiolus von der Prozession seiner Mönche, mit Kerzen und Weihrauch, mit Hymnen und Lobgesängen empfangen.

Die Nachricht von Gefangenschaft und Befreiung des Abtes von Cluny machte weit und breit die Runde. Graf Wilhelm II. von der Provence führte die Befreiung der Provence von den Sarazenen an. Er erhielt daher den Beinamen «der Befreier» und von den Cluniacensern die Ehrenbezeichnung «Vater des Vaterlandes»[88]. Der Graf selbst, der den Krieg gegen die Sarazenen als «Krieg im Namen des heiligen Maiolus» benannt haben soll – so das Urkundenbuch von Lérins[89] –, gab den Cluniacensern am Geburtsort des Abtes Maiolus, in Valensole (Basses Alpes) wichtigen Besitz und trat später als Mönch in Cluny ein.[90]

Schon bevor die Mönchsgemeinschaft von Cluny ihren Abt von den Sarazenen freigekauft hatte, und nochmals nach diesem Ereignis hat Maiolus vor der europäischen Öffentlichkeit, nämlich am Kaiserhof der Ottonen, auf ungewöhnliche Weise die Treue zu seiner Mönchsgemeinschaft bekundet. Um sich davon ein Bild zu machen, bedarf es der Erinnerung daran, wie Abt Maiolus und seine Mönche am ottonischen Hof und im Deutschen Reich zu einer überaus angesehenen Größe geworden sind. Denn für ein außerhalb des Reiches gelegenes Kloster war dies nicht selbstverständlich. Die unter Maiolus geknüpfte Verbindung Clunys zum Kaiserhof sollte sich im 11. Jahrhundert erheblich verdichten, überdauerte den Investiturstreit und hatte Bestand bis in die Stauferzeit hinein.

Als denjenigen, der Maiolus überhaupt mit Kaiser Otto I. (962–973) bekanntgemacht habe, benannte Syrus den mächtigen Heldricus, der Graf war und in Italien zu den bedeutendsten Vertrauten des Kaisers am

Hof zählte, dann aber auf Frau und Reichtum verzichtete, sein Wehrgehänge ablegte und in Cluny Mönch wurde, ein Mönch, der von Abt
Aymard zusammen mit Maiolus nach Rom geschickt wurde.[91] Als er in
Ivrea ernsthaft erkrankte, habe er durch die Gebete des Maiolus seine
volle Gesundheit wieder erlangt. Manches spricht dafür, in ihm den
gleichnamigen Mönch zu sehen, der urkundlich in der engsten Umgebung des Abtes Maiolus bezeugt ist und Abt in S. Germain d'Auxerre,
in Flavigny und S. Jean de Réôme geworden und nach Ausweis der
Totenbücher aus cluniacensischen Klöstern am 14. Januar 1010 gestorben ist.

Es war jedoch eine Frau, die die Brücke von Cluny zum Kaiserhof
gebaut hat: Kaiserin Adelheid.[92] In König Konrad von Burgund hatte
sie einen besonderen Wohltäter Clunys zum Bruder. Ihr erster Mann,
König Lothar von Italien, gehörte zu den Förderern Clunys in der Zeit,
als Abt Odo zwischen Hugo von Italien und Alberich von Rom mehrfach Frieden vermittelte. 950 wurde Adelheid Witwe, geriet in Gefangenschaft des Königs Berengar von Italien und wurde 951 nach ihrer
Befreiung durch Otto d. Gr. dessen zweite Frau.

Noch bevor sie zusammen mit Otto I. 962 in Rom die Kaiserkrone
empfing, beschenkte sie in ihrer burgundischen Heimat die Abtei
Cluny. Sie übertrug das Kloster Peterlingen (Payerne), in dem ihre Mutter Bertha ihr Grab gefunden hatte, an Abt Maiolus und ins Eigentum
Clunys. Als sie mit Otto I. in Italien herrschte, erbat sie die erste uns erhaltene Urkunde Ottos d. Gr. für Cluny. Sie galt dem Kloster S. Salvatore zu Pavia. Die alte Langobardengründung war so heruntergekom-
men, daß die Kaiserin sie von Grund auf wiederaufbauen mußte. Auf
ihre Bitte «begann» auch Maiolus «beim Bau zu schwitzen»[93]. Er sorgte
für regelgemäß lebende Mönche, da ihm Adelheid das Kloster zur Leitung anvertraute. Mit der Kaiserin, die nach dem Zeugnis der kürzeren
Lebensbeschreibung des Maiolus den Wiederaufbau und die großzü-
gige Ausstattung von S. Salvatore di Pavia zu ihrem Gedenken unternahm,[94] erreichte der Abt vom Papst 972 die Herausnahme der Abtei
aus der Gerichtsbarkeit des Bischofs von Pavia und ihre Unterstellung
unter den Schutz der Römischen Kirche. Als der Nachfolger des Maiolus, Abt Odilo von Cluny, etwa um 1000 die Lebensbeschreibung der
Kaiserin Adelheid niederschrieb, widmete er sie dem Abt Andreas von

S. Salvatore di Pavia, damit dort beständig das Gedenken an die kaiserliche Wohltäterin gepflegt werde.

Bedenkt man, daß Maiolus, noch unter Abt Aymard, für Cluny in S. Pietro in Ciel d'Oro zu Pavia tätig war, wo sich schon Abt Odo von Cluny aufgehalten hatte, erinnert man sich daran, daß seit 967 die Marienkirche in Pavia mit den zusätzlichen Patronen Michael und Petrus aus den Händen eines Richters Gaidulf und seiner Frau Ima über den Priester Adelgis an Cluny kam und zu einem Kloster ausgebaut wurde, dessen erster Abt der Abt Maiolus von Cluny wurde, achtet man schließlich darauf, daß das neue Kloster, als es Kaiser Otto III. 999 an Cluny übertrug, bereits den Namen seines neuen Patrons Maiolus trug, dann verdankte Cluny der Kaiserin Adelheid und den Ottonen in Pavia, in der lombardischen Hauptstadt, seinen wichtigsten Stützpunkt auf dem Weg nach Rom.

Als sich Otto II. mit seiner Mutter Adelheid 980 überworfen hatte, bat er – das wissen wir aus der Lebensbeschreibung des Maiolus von Odilo – durch eine Gesandtschaft König Konrad von Burgund, den Bruder seiner Mutter, und den Abt Maiolus um Vermittlung und darum, auf schnellstem Weg nach Pavia zu kommen. Dort sei der Friede wiederhergestellt worden. Dem entspricht es, wenn Syrus berichtete, Kaiser Otto I. hätte Maiolus als geheimnishütenden Ratgeber gehabt, und wenn jemand beim Kaiser etwas hätte erreichen wollen, dann hätte er Maiolus um Vermittlung gebeten. Unter diesen Umständen verwundert es nicht, von Odilo zu hören, Kaiserin Adelheid habe Maiolus in aufrichtigster Liebe und liebevollster Ergebenheit geschätzt. In der Lebensbeschreibung der Kaiserin Adelheid schrieb Odilo sogar, Adelheid hätte Maiolus vor allen anderen Mönchen geschätzt, und Cluny nannte er in diesem Zusammenhang «das ihr so sehr vertraute Kloster»[95].

Tatsächlich behielt Adelheid nach dem Tod des Maiolus ihre Verehrung für Cluny bei. Auf ihren Rat richtete Bischof Hugo II. von Genf im dortigen St. Viktor eine Mönchsgemeinschaft ein, bevor er das Kloster der Leitung Odilos und dessen Nachfolgeräbten unterwarf. Inzwischen hatte die Kaiserin ihr Grabkloster zu Selz im Unterelsaß gegründet, das 995 von Papst Johannes XV. (985–996) bestätigt wurde.[96] Die Freiheit der neuen Abtei wurde doppelt gesichert durch die Unterstellung unter den Hl. Stuhl und durch seinen reichsunmittelbaren Rechtsstand. Die Weihe der Klosterkirche fand an dem Tag statt, an dem in Rom die Kirchweihe der Peterskirche und der Klosterkirche von S. Paolo fuori le mura begangen wurde. Dafür, daß Adelheids Grabkloster geistlich an Cluny ausgerichtet wurde, spricht es, daß der erste Abt, den die Kaiserin nach Selz berief, offensichtlich der Mönch Ecemann von Cluny war, vor allem jedoch die Tatsache, daß es Abt Odilo von Cluny war, der die Lebensbeschreibung der Kaiserin und darin über die Gründung von Selz geschrieben hat.

Es erscheint daher folgerichtig, wenn die Cluniacenser das Gedenken an die am 16. Dezember 999 in Selz verstorbene Kaiserin dankbar bewahrt haben. Als ein Cluniacenser Papst wurde – der Prior Odo als Urban II. (1088–1099) –, sprach er Adelheid etwa 1097 auf der Lateransynode heilig und verfügte zwei Gedenktage für Adelheid: ihren Todestag und den Tag der Heiligsprechung. Ob es deshalb geschehen konnte, daß der Mönch, der im späten 12. Jahrhundert aus einer Vorlage aus Cluny im cluniacensischen Priorat S. Martin-des-Champs zu Paris das Totenbuch anlegte, angesichts der Namensnennung *Adaeleidis Augusta* zum 17. Dezember nicht an Adelheid die Kaiserin, in der Nacht vom 16. zum 17. Dezember 999 gestorben, gedacht hat, sondern *Adaeleidis* und *Augusta* als zwei Namen ansah und sie an den Stellen eintrug, an denen er gewohnt war, die Namen der Nonnen des ersten cluniacensischen Frauenklosters Marcigny-sur-Loire einzutragen? Das Totenbuch von Marcigny, 1092/93 aus einer Vorlage aus Cluny angelegt, gibt als einen Kern eines verlorenen Necrologs aus Cluny den Toteneintrag Adelheids zu ihrem Todestag wieder, dazu die Einträge für ihren Sohn, Kaiser Otto II., für ihre Mutter, Königin Bertha von Burgund, für den Adelheid vertrauten Bischof Dudo-Liudolf von Augsburg und für den von ihr nach Selz berufenen Abt Ecemann. Auch in den Aufzeichnungen über die klösterlichen Lebensgewohnheiten in Cluny durch den Mönch Bernhard im späten 11. Jahrhundert wurde das besonders herausragende Jahrgedächtnis für Kaiserin Adelheid eigens aufgeführt.

Spiegelt sich so in Totenbüchern cluniacensischer Klöster und in der Überlieferung Clunys selbst die Brücke, die Adelheid von Cluny zum Kaiserhof der Ottonen gebaut hat, so entspricht dem eine Spiegelung in den Martyrologien und Necrologien bedeutender Kirchen und Klöster des Reiches der Ottonen und Salier. Ein Toteneintrag für Maiolus ging noch im 10. Jahrhundert in das Totenbuch von Einsiedeln ein. Im Kalendarnecrolog von St. Maximin zu Trier erhielt Maiolus sogar einen Heiligenfesteintrag. Als Abt von Cluny und Bekenner blieb Maiolus auch im Martyrolog von Weltenburg. Toteneinträge für Maiolus nahmen die Totenbücher von Lüttich und Echternach auf, und in den Jahrbüchern des Klosters Niederaltaich an der Donau wurde ein Toteneintrag für Maiolus eingeschrieben. Das berühmte Merseburger Necrolog verzeichnete den Toteneintrag des Abtes Maiolus. Die Aufzählung ist gewiß nicht vollständig.

Vor diesem Hintergrund verwundert es nicht, von Syrus zu hören, Otto d. Gr. hätte die Reichsklöster in Italien und Deutschland der Leitung des Maiolus unterstellen wollen. Tatsächlich hatte schon Kaiser Ludwig der Fromme (814–840) den Reformabt Benedikt von Aniane, der ihm von seinem Vater Karl d. Gr. in jungen Jahren als Berater zur Seite gestellt worden war, über alle Klöster des Reiches gesetzt, damit er diesen dieselbe Regel, die Benediktsregel, und dieselbe klösterliche Lebensweise, wie in kaiserlicher Gesetzgebung verfügt, auferlegen sollte. Benedikt hatte sein Kloster Aniane verlassen und war dem Ruf des Kaisers gefolgt. Und auch nach der Zeit der Ottonen suchte sich Kaiser Heinrich II. einen Reformabt für die Klöster des Reiches, bis er in Abt Poppo von Stablo einen bereitwilligen Helfer fand, der dann unter Heinrichs II. Nachfolger Konrad II. den Höhepunkt seiner Wirksamkeit in den Reichsklöstern erreichte. Daß Maiolus das Angebot Ottos d. Gr. nicht angenommen hat, darf als ungewöhnlich gelten.

So wenig das kaiserliche Angebot an Maiolus verwundert, so wenig auch die andere Nachricht des Syrus, Kaiserin Adelheid und Otto II. (967–983) hätten, als der Stuhl Petri zu besetzen war, den Abt von Cluny eindringlich gebeten, das päpstliche Amt auf sich zu nehmen. Wenn damals, als das Papsttum im Spannungsfeld der miteinander rivalisierenden Adelsgeschlechter der Stadt Rom seine tiefste Erniedrigung erlebte, vom Kaiserhof aus versucht wurde, den dem Kaiser zustehenden ersten Vorschlag bei der Papstwahl auf einem dem Herrscher vertrauten, überall höchst angesehenen und auch in der Stadt Rom bekannten Reformabt zu lenken, so entsprach dies gewiß dem Versuch der Ottonenkaiser, das Papsttum aus den Niederungen stadtrömischer

Machtkämpfe zu befreien und ihm als Partner mit universalem Herrschaftsanspruch zur eigenen Universalität zurück zu verhelfen. Maiolus ging trotz aller Bemühungen der kaiserlichen Familie und ihrer Ratgeber am Hof auch auf dieses Angebot nicht ein. Hätte er unter Otto d. Gr. die Leitung der Reichsklöster angenommen, hätte er womöglich im Dienst des Kaisers etwas von der Freiheit abgeben müssen, die Cluny bei seiner Gründung empfangen und danach in der Überwindung seiner Schutzlosigkeit Schritt für Schritt errungen hatte. Wäre der Abt von Cluny den Vorstellungen Adelheids und Ottos II. gefolgt und hätte sich zum Papst wählen lassen, so mochte ihm in Kenntnis der Verhältnisse in Rom die Gefahr vor Augen gestanden haben, als Papst aus dem Willen des Kaiserhofes und ohne römische Hausmacht nichts bewirken zu können.

Begründet hat Maiolus freilich seine ungewöhnliche Ablehnung des kaiserlichen Angebots anders. «Er wollte nicht die bescheidene Herde im Stich lassen, die Christus ihm anzuvertrauen gefallen hatte.»[97] Diese Begründung seiner Ablehnung war noch ungewöhnlicher als die Ablehnung selbst, die er, wie schon bei seiner Weigerung, Erzbischof von Lyon zu werden, mit der vom Mönch erwarteten Demut und Armut verständlich machen konnte. Als Bischöfe und weltliche Große am Hof weiter in ihn drangen und er ihnen seine fehlende Eignung für das höchste Amt entgegenhielt, erläuterte er dies damit, daß niemand die Last auf sich nehmen dürfte, deren Sturz ins Verderben er nicht verhindern könnte; und damit, daß die Lebensgewohnheiten der Römer mit den seinen nicht vereinbar wären, er dann vielmehr seines Mönchsgelübdes beraubt würde.

Doch kaum hatte er seine fehlende Eignung so erläutert, soll er ausgerufen haben: «Sucht Euch daher einen anderen, weil Ihr ohne Zweifel wissen könnt, daß ich mich in diesem Leben der Höhe des päpstlichen Amtes nicht nähern werde und daß ich die mir anvertraute Herde niemals im Stich lassen werde.»[98] Seine Aufgabe, im Sinn der Benediktsregel Stellvertreter Christi für seine Mönchsgemeinschaft zu bleiben, hat er so eindeutig über das höchste kirchliche Amt auf Erden gestellt. Vor aller Augen bekannte er sich zur engstmöglichen Einheit von Abt und Konvent in Cluny. Dies war neu in der Geschichte des Abendlandes. Ohne das Gelingen einer solchen Einheit von Abt und Konvent, für eine gewisse Zeit mindestens, wären die Dichte und die Reichweite der cluniacensischen Klösterreformen unter Abt Maiolus geradezu unerklärlich.

Es war schon die etwa 958 erfolgte Schenkung des Klosters S. Amand (Saint-Paul-Trois-Châteaux) an Cluny durch König Konrad von Burgund zu streifen, die Graf Boso II. von Arles erbeten hatte. Bereits in den Anfängen Clunys erhielt dieses wichtige Fernbesitzungen in der Provence, in der Erzbischof Sobbo von Vienne und die Vicegrafenfamilie von Vienne die stärkste Stütze der Cluniacenser darstellten. Jetzt, unter Abt Maiolus, lagen provenzalische Schenkungen an Cluny noch näher. Sein Vater, Fulcherius, gehörte einer mächtigen, zwischen Apt und Fréjus hauptsächlich begüterten Familie an. Die Familie seiner Mutter Raymundis war von der Narbonnaise ins Mâconnais gekommen.

Erst nach der Vertreibung der Sarazenen aus der Provence durch Graf Wilhelm «*liberator*» bildete sich in der Provence ein Kern an Kirchen und Klöstern, die Maiolus übergeben oder von ihm und seinen Mönchen reformiert worden sind. Das noch vor das Mittelalter zurückreichende berühmte Kloster Lérins auf der Insel vor der Filmstadt Cannes und dessen Ausweichkloster Arluc in der Zeit der Sarazeneneinfälle wurden von den Cluniacensern unter Maiolus erneuert. Daran zweifelt niemand, auch wenn die Übertragung beider Abteien durch Papst Benedikt VII. (974–983) an Cluny in einer späteren Fälschung aus Lérins überliefert ist. Das bereits unter Abt Aymard an Cluny gelangte S. Saturnin wurde unter Maiolus zu einem Priorat Clunys, in dem einer der bekanntesten Mönche des Maiolus seine cluniacensische Laufbahn begann. Von ihm, Wilhelm von Volpiano, wird noch die Rede sein. Auch bei der Kirche am Geburtsort des Maiolus, Valensole, entstand eine klösterliche Niederlassung der Cluniacenser. Erwähnt seien nur noch Tulette, Piolenc, Saint-Pantaléon, Saint-André de Rosans, Thèze und Ganagobie.[99]

Die Lebensbeschreibungen, die für Maiolus entstanden, hoben demgegenüber am nachdrücklichsten die Erneuerungsversuche hervor, die Maiolus in Italien unternahm. Noch vor seiner Tätigkeit in Pavia hielt Syrus für mitteilenswert, daß Maiolus die Mönche von Sant'Apollinare in Classe bei Ravenna auf den Weg des hl. Benedikt zurückführte und ihnen einen Abt gab. Hatte es zuvor den Mönchen dort am Notwendigsten zum Leben gefehlt, so sorgte Otto d. Gr. selbst dafür, daß der Konvent großzügig ausgestattet wurde. Viel spricht dafür, daß Maiolus auf Bitten des Kaisers, der auch die Abtseinsetzung in Sant'Apollinare für sich beanspruchte, eine Erneuerung dieser Abtei versucht hat.[100] Um so mehr fällt dann auf, daß er nicht selbst als Abt dort auftrat, sondern den Mönchen einen anderen Abt bestellte.

Der Einsiedler Romuald, der uns aus den Quellen als ein strenger und eigensinniger Büßer entgegentritt und den jugendlichen Kaiser Otto III. zutiefst beeindruckt hat, begann sein Mönchsleben in dem von Maiolus erneuerten Sant'Apollinare. Bald nach dem Tod des Maiolus drängte Otto III. den Eremiten, die Abtei in Ravenna zu übernehmen. Doch wenig später, so schrieb ein halbes Jahrhundert danach der Eremitenprior Petrus Damiani in seiner Lebensbeschreibung Romualds nieder, habe dieser dem eigenen Konvent, mit dessen Lebensweise unzufrieden, Feuer auf das Dach gewünscht und dem Kaiser sowie dem Erzbischof von Ravenna den Abtsstab vor die Füße geworfen und sei in die Gegend von Montecassino weggegangen. Dort lebte schon eine Einsiedlergruppe.

In der Maiolusvita des Syrus wurde indes noch vor der Reformtätigkeit des Abtes von Cluny in Ravenna und Pavia vermerkt, daß er zum persönlichen Gebet in Rom die Basilika S. Paolo fuori le mura aufsuchte. Zu den Mönchen dort sprach er mit brüderlicher Liebe, belehrte sie über ihre Lebensart und half ihnen mit Geld für das Notwendige. Dabei mußte er sogar den begleitenden Mönch zur Rede stellen, der das Geld verwaltete und anstatt des Pfundes Silber, das Maiolus dem Konvent von S. Paolo versprochen hatte, nur ein halbes Pfund geben wollte. Überdies gab Maiolus dem Kloster S. Paolo auf Bitten der Mönche einen neuen Leiter,[101] den Abt Ingenald aus dem durch Odo von Cluny erneuerten Kloster S. Julien de Tours.[102] Nur für kurze Zeit war die von Odo von Cluny in S. Paolo fuori le mura begonnene Reformtätigkeit der Cluniacenser unterbrochen worden, als Papst Agapitus II. den Abt Einold von Gorze bei Metz um Mönche für das Paulskloster gebeten und einen alten, weisen Mönch Andreas mit einem Begleiter erhalten hatte.[103] Nach dem Tod des Andreas führte demnach Maiolus bewußt in Nachfolge seines Vorgängers Odo die cluniacensische Reform in

S. Paolo fort. Als vor 981 die Wirren in Rom dazu führten, daß die Mönche von S. Paolo bedrängt wurden und flohen, da nahmen sie, was sie für ihren wertvollsten Besitz hielten, ein Gefäß nämlich mit Asche der Apostelfürsten, mit und brachten es nach Cluny. Und als Erzbischof Hugo von Bourges am 14. Februar 981 die zweite Klosterkirche in Cluny weihte, so erfahren wir noch aus einem Brief des beginnenden 12. Jahrhunderts, barg er die Petrus- und Paulusreliquien aus Rom in einer Säule unter dem Hochaltar.

Erstmals für die Amtszeit des Abtes Maiolus ist auch das Bild des hl. Petrus bezeugt, das in sich Reliquien barg. Die Mönche von Cluny führten es nicht nur an Hochfesten in der Prozession mit. Als ihnen der Bischof von Riez ungerechtfertigte Ansprüche an der Kirche in Valensole zurückgab, da geschah es vor dem Petrusreliquiar auf dem Altar, das die Mönche eigens von Cluny dorthin getragen hatten. Wurde das Reliquiar zum Kloster Cluny hinaus und in die benachbarte Burg Lourdon gebracht, um das in Gold gearbeitete Kleinod vor räuberischer Begehrlichkeit zu schützen, da begleitete es der Konvent bis zur Pforte der Abtei. Immer wenn das Reliquiar empfangen wurde, stimmte der Vorsänger die Antiphon «Du bist der Hirt der Schafe» an. Dabei verneigte sich der Konvent so tief, «daß die Hände bis zur Erde reichten»[104]. War jemand nicht in der Lage, dem hl. Petrus seine Verehrung in Rom zu erweisen, so konnte er es nun auch in Cluny tun. Die von Abt Odo zwischen Cluny und Rom gehegte Verbindung bestand unter Abt Maiolus, wiederum bewußt gepflegt, weiter. Sie trug sicher zur Bildung des Gemeinschaftsbewußtseins in Cluny wesentlich bei.

Nachdem Odo von Cluny zum ersten Mal einen Appell des Papstes an die Großen in Welt und Kirche erwirkt hatte, Cluny zu schützen, trug Anfang 968 Papst Johannes XIII. (965–972) dem Erzbischof von Arles, jenem von Lyon, dem von Vienne, den Bischöfen von Clermont und Valence, dem Erzbischof von Besançon, den Bischöfen von Mâcon, Chalon-sur-Saône, Le Puy-en-Velay, Avignon, Genf, Lausanne und weiteren auf, Schützer Clunys unter Abt Maiolus und Schützer aller Maiolus anvertrauten Klöster zu sein. Bischof Stephan II. von Clermont wurde eigens angesprochen, dem Cluniacenserkloster Sauxillanges in seinem Bistum zu dessen Recht zu verhelfen. Und Bischof Ado von Mâcon bekam zu hören, je näher er an Cluny sei, desto schneller solle diesem sein Schutz gewährt werden. «Deshalb sei stets ein Protektor des Klosters Cluny, so wie Du ein getreuer Verehrer des hl. Petrus bist.»[105] Es entsprach auch dem Bemühen Odos um Cluny am Königshof, wenn Maiolus schon gut zwei Monate nach dem Tod Ottos d. Gr. in Aachen erschien und von Otto II. eine Bestätigungsurkunde für Clunys neues Eigentum, das Kloster Peterlingen (Payerne), empfing.[106]

Neben den provenzalischen und italischen Klosterreformen der Cluniacenser unter Abt Maiolus hat dieser mit seinen Mönchen in Burgund selbst cluniacensisches Mönchtum immer dichter vergegenwärtigt. Eines der bedeutendsten Priorate Clunys, Paray-le-Monial, dessen Kirche sich im ruhigen Wasser der Bourbince spiegelt, begann, sieht man alle Quellen zusammen, damals, 973, zu entstehen.[107] Als erster Abt von Cluny, dessen man in Paray im Bruchstück der Urkundensammlung gedachte, erscheint der hl. Maiolus. Als erster Prior wird in derselben Quelle Andraldus genannt. Ein Mönch dieses Namens lebte in den letzten Jahren des Maiolus im Konvent von Cluny. Die Grafen von Chalon-sur-Saône, als erster Lambert, der festlegte, daß er nach seinem Tod zum Begräbnis nach Paray gebracht würde, erwiesen sich bei dieser Klostergründung als Helfer des Abtes von Cluny.

Lamberts Sohn Hugo, Graf von Chalon und Bischof von Auxerre in einer Person, bekräftigte Cluny den Besitz des Priorates Paray-le-Monial. Er gab den Cluniacensern überdies das Priorat S. Marcel-lès-Chalon. Dort wurden die Reliquien des hl. Marcellus von Chalon verwahrt, von denen Teile danach im Petrusreliquiar Clunys geborgen wurden. Noch in der Lebensbeschreibung des wohl berühmtesten Abtes von Cluny, Hugos I. von Semur, die Gilo verfaßt hat, wurde dieser Hugo von Chalon und Auxerre als Großonkel des gleichnamigen Abtes von Cluny erwähnt, und daß er unter Hugos von Cluny Vorgänger, also unter dem Nachfolger des Maiolus, sein Leben mit dem Gewand gewechselt habe. Hugo wurde nämlich in Cluny Mönch und später von Odilo zum Prior von Cluny erhoben. Vor seinem Klostereintritt übte er Macht im Clunisois aus und bildete als Gegner des Grafen Otto-Wilhelm von Mâcon einen Anker des Königs Roberts d. Frommen in der Landschaft, in der die Cluniacenser lebten. Er berief, wiederum für die Cluniacenser von erheblicher Bedeutung, selbst Synoden zur Aufrichtung des Gottesfriedens ein. Am 5. November 1039 starb er im Germanuskloster seiner ehemaligen Bischofsstadt Auxerre.

Auch S. Germain d'Auxerre wurde dem Abt Maiolus zur Reform geöffnet. Der Anstoß ging von Herzog Heinrich von Burgund aus, der dem capetingischen Geschlecht Königs Robert d. Fr. angehörte und bis dahin selbst als Laie die Abtsgewalt in S. Germain ausgeübt hatte. Maiolus freilich erfüllte dem königsverwandten Herzog die Bitte um Erneuerung des Germanusklosters nicht in eigener Person, sondern schickte seinen lang schon vertrauten Mönch Eldricus, den ehemaligen Grafen und Mächtigen am Kaiserhof der Ottonen, mit einer Mönchsabordnung als Abt nach Auxerre. Demselben Abt vertraute Bischof Walter von Autun die schon in karolingischer Zeit bekannte Abtei Flavigny-sur-Ozerain (Côte-d'Or) zur Reform an. Bis dahin hatte ein Graf äbtliche Befugnisse in Flavigny beansprucht. Der Bischof von Autun hat sich mit Abt Maiolus und dessen Konvent verbrüdert. Die Kirche von Autun sei der Gemeinschaft von Cluny «vor allen anderen in besonderer Liebe verbunden».[108] Und Eldricus übernahm unter Abt Odilo von Cluny auch noch Moutiers-S. Jean/Réôme (Côte-d'Or) zur Reform.

Bevor von dem bedeutendsten der Schüler des Maiolus, die als Äbte cluniacensische Lebensweise in andere Klöster brachten und diese zu erneuern versuchten, zu reden ist, sei schon an dieser Stelle daran erinnert, daß die cluniacensischen Klosterreformen in Burgund, die unter Maiolus von Cluny hervorgingen, über Burgund in andere Landschaften ausgegriffen haben, besonders auch in das Herzogtum Francia, grob gesagt, in das Gebiet zwischen Seine und Loire.

In dem dem hl. Martin verbundenen Kloster Marmoutier zu Tours setzte er auf Bitten des Grafen Odo I. von Blois und Chartres und dessen Bruders, des Erzbischofs von Bourges, der uns schon bei der Kirchweihe von «Cluny II» begegnete, Gilbert, einen seiner Mönche als Abt ein, um das abgestorbene Mönchsleben in Marmoutier neu zu beleben. Und unweit Paris sollte Maiolus, obwohl schon ein Achtzigjähriger, in S. Maur-des-Fossés die Reform der Mönchsgemeinschaft durchführen. So wünschte es Burchard von Vendôme, Graf von Melun, Corbeil und Paris. Wie sein Schwiegervater, jener Graf Elisiardus, der Odo von Cluny ins königliche Benediktskloster Fleury gebeten hatte, ließ sich jetzt Burchard von König Hugo Capet die Abtei S. Maur-des-Fossés übertragen, damit er mit Hilfe des Abtes von Cluny für die Reform des Klosters sorgte.

Vergeblich versuchte der alte Abt Graf und König auf eine andere Abtei als Cluny zu lenken, von der Abt und Mönche nach S. Maur geschickt würden. Maiolus verwies dabei nicht auf sein Alter, sondern darauf, ihm und seinen Mönchen sei es überaus mühsam, in eine fremde Gegend zu gehen. Offenbar erkannte er, welche Gefährdung die Reform eines fremden Klosters für Mönche seines eigenen auch bedeuten konnte. Als er schließlich nachgab, habe er, so hebt die Lebensbeschreibung des Grafen Burchard ausdrücklich hervor, einige der vollkommeneren Brüder von Cluny zur Marne mitgenommen. Vor seiner Rückkehr von S. Maur nach Cluny vertraute er Teuto aus seinem mönchischen Gefolge das Mauruskloster an. Diesem Teuto gab der Sohn Hugos Capet, König Robert II., der Fromme, als in Cluny Odilo auf Maiolus gefolgt war, S. Maur, das Teuto als Abt leiten sollte. Da seien die Cluniacenser sehr traurig gewesen, vermerkte 50 Jahre nach dem Tod des Grafen Burchard dessen Lebensbeschreibung, denn sie hätten S. Maur am liebsten zu einer Zelle, einem von Cluny abhängigen Priorat verkleinert. Für die Zeit des Abtes Maiolus hat man diesen Vorwurf an die Cluniacenser zu Unrecht in Anspruch genommen. Nach einer Reise Teutos nach Paris lehnten sich die Mönche von S. Maur gegen ihn auf, er sei der Seelsorge nicht nachgekommen, sie hätten inzwischen einen anderen Abt. Teuto kehrte nach Cluny zurück und überlebte dort seine beiden Nachfolger von S. Maur.

Doch kommen wir zu Wilhelm von Volpiano, jenem Mönch des Maiolus, der in dessen Auftrag als Abt 40 Klöster erneuert hat, in denen mehr als 1200 Mönche lebten.[109] Von Rudolf dem Glatzkopf, dem burgundischen Geschichtsschreiber, der das Leben seines Abtes Wilhelm dargestellt hat, weiß man, daß dieser in der Burg S. Giulio im Ortasee 962 geboren wurde, als sein Vater sie im Auftrag des Königs Berengar von Italien und dessen Frau gegen Otto d. Gr. verteidigte und schließlich herausgab. Wilhelms Vater Robert, seinerseits Sohn eines nach Italien geflohenen alemannischen Adeligen, und Wilhelms Mutter, die Langobardin Perinza, erreichten, daß Otto d. Gr. und Kaiserin Adelheid Wilhelm als Patenkind annahmen. Wilhelm war über seine Mutter mit Graf Otto-Wilhelm von Mâcon und mit Bischof Brun von Langres verwandt – eine Tatsache, die seinen späteren Lebensweg wesentlich bestimmte. Als jüngsten von vier Söhnen gaben ihn seine Eltern, wie er sieben Jahre alt wurde, zum Mönchsleben in die Versorgung des Klosters Lucedio, dessen Herr der Bischof von Vercelli gewesen ist. In Vercelli und Pavia ausgebildet, erhielt Wilhelm im Kloster mit etwa 20 Jahren schon das Amt des Klosterlehrers und das Amt des Sakristans, der auch über den Kirchen- und Reliquienschatz wachte.

Der junge Wilhelm muß, obwohl als Kind ins Kloster gegeben, ein überzeugter Mönch gewesen sein. Nach dem Tod seiner Mutter bewog er seinen Vater zum Eintritt in Lucedio. Den vor der Weihe zum Diakon erwarteten Gehorsamseid auf den Bischof von Vercelli verweigerte er und legte Mitbrüdern die Verweigerung nahe, weil er fand, der Eid widerspräche einem Gott allein und ohne Erwartung einer Gegengabe gewidmeten Mönchsleben. Möglicherweise lehnte er auch den Einfluß des bischöflichen Klosterherrn auf das Leben der Mönchsgemeinschaft ab. Jedenfalls berichtete der Geschichtsschreiber Abt Hugo von Flavigny in seiner Chronik, Wilhelm sei aufgrund der Strenge, mit der er seinen Lebensvorsatz, als Mönch zu leben, durchführte, *supra regula* genannt worden, als ein Mönch, der noch über die Erfordernisse der Benediktsregel hinaus Mönch sein wollte.[110] In Ludecio hatte er seit der Eidverweigerung gegenüber dem Eigenklosterherrn seinen Platz und Rang aufs Spiel gesetzt. Es zog ihn nach einem strengeren Kloster, nach Cluny. Über dieses konnte er ebenso wie über Abt Maiolus in Pavia am ehesten unterrichtet worden sein. 987, auf einer Romreise, kehrte Maiolus sogar in Lucedio selbst ein. Es kam zu einem Gespräch zwischen ihm und Wilhelm. Danach versprach der Abt dem Mönch, ihn auf dem Rückweg von Rom nach Cluny mitzunehmen. Wilhelm kam mit Maiolus nach Cluny.

Die in Lucedio nicht empfangene Diakonsweihe muß er gleich in Cluny erhalten haben. Denn Maiolus bot ihm bald an, die Priesterweihe zu empfangen. Wilhelm, der sich ihrer noch nicht für würdig genug fand, lehnte ab. Schon ein gutes Jahr seit seinem Eintritt in Cluny wurde Wilhelm von Maiolus mit der Reform des Cluniacenserpriorates S. Saturnin (heute Pont-S. Esprit an der Rhône) beauftragt, ohne freilich zum Prior eingesetzt zu werden. Vielmehr hatte er den Prior von S. Saturnin, der um einen Mönch aus Cluny gebeten hatte, und den Konvent von S. Saturnin als einfacher Mönch von der Richtigkeit des cluniacensischen Weges zum Heil zu überzeugen. Wilhelm selbst sagte später seinen Schülern, nirgends hätte er einen Ort gefunden, der so sehr dem Wunsch entsprochen hätte, armes, heiligmäßiges Mönchsleben zum Äußersten zu verwirklichen, wie eben S. Saturnin.

Wäre Abt Maiolus nicht davon überzeugt gewesen, daß sich Wilhelm im Priorat an der Rhône bewährt hätte, wäre wohl auch Wilhelms Verwandtschaft mit Bischof Brun von Langres nicht ausreichend gewesen, Wilhelm mit einer Anzahl von Mitbrüdern schon 989 von S. Saturnin nach Dijon auszusenden, um dort das Eigenkloster des Bischofs von Langres, das alte Benignuskloster, zu reformieren, was der Bischof von Maiolus selbst erwartet hatte. Maiolus verband mit seinem Auftrag an Wilhelm zur Reform von S. Bénigne de Dijon die Zusicherung, stets beim Wachstum dieser geistigen und geistlichen Aufgabe zu jeglicher Hilfe bereit zu sein.[111] Die Mönche, die der Abt von Cluny Wilhelm von Dijon mitgab, waren sorgfältig ausgewählt und zählten zu den in ihrem Lebenswandel besonders angesehenen. Nach Ausweis der Chronik von S. Bénigne handelte es sich um zwölf Mönche, die auch adeliger Herkunft waren.

Aus der Reform der bis dahin im Benignuskloster lebenden Mönche, wie sie Bischof Brun von Langres wünschte, wurde nichts. Denn diese Mönche beteten ihr nächtliches Chorgebet vor dem Tag, an dem die Überführung der Reliquien ihres Klosterpatrons gefeiert wurde, in der Krypta vor dem Benignusgrab. Als aber im Morgengrauen dieses 24. November 989, mit dem Anspruch, «das Licht mönchischen Lebens» zu bringen, die Mönche Wilhelms aus Cluny ankamen und über der Krypta, vor dem neben dem hl. Benignus dem hl. Mauritius geweihten Hochaltar, mit der Matutin, dem Morgenlob der mönchischen Tagzeiten begannen, da verließen bis auf den noch jugendlichen Mönch Hunald die alten Mönche ihr Kloster und zerstreuten sich.

Als Brun von Langres den Abt Maiolus erneut drängte, S. Bénigne einen Abt zu geben, bestimmte Maiolus den ihm vertrauten und aufs glühendste die cluniacensische Lebensweise durchführenden Wilhelm zum Abt über die nun in S. Bénigne lebenden Cluniacensermönche. 990 empfing Wilhelm von Bischof Brun die Priester- und Abtsweihe. Der

neue Abt aus Cluny erwies sich rasch als erfolgreich. Die Konventsstärke – vor der Ankunft Wilhelms ca. elf Mönche, nach der Zerstreu-
ung der alten Mönche nach dem Einzug der Cluniacenser die zwölf Begleiter Wilhelms – stieg unter seiner Führung auf 80 Mönche, die gut in
Urkunden und Totenbüchern bezeugt sind. Durch den Einsturz eines
Teils der Kirche zum Neubau der Klosterkirche gezwungen, nahm er
die Gelegenheit wahr, den Begräbnisort der Benignusreliquien zu sichern und eine neue Klosterkirche zu bauen, die nach Meinung Rodulf
Glabers ihresgleichen suchte. Kein Wunder also, daß Wilhelm von Volpiano als Abt von S. Bénigne de Dijon einen Reformauftrag nach dem
anderen erhielt.

In Klöster der näheren Umgebung, Eigenklöster des Bischofs von
Langres, S. Pierre de Bèze, Réome, S. Michel de Tonnerre und S. Pierre
de Molosme, berief dieser den Abt von S. Bénigne zur Reform. In das
südlich Dijon gelegene, zum Bistum Autun gehörende S. Vivant de
Vergy wurde Wilhelm von Herzog Heinrich von Burgund zur Erneuerung des klösterlichen Lebens gebeten. Die Reformaufträge für Wilhelm führten diesen aber weit über die burgundische Nachbarschaft
hinaus. S. Faron in Meaux auf Veranlassung des Grafen Odo II. von
Blois und in Paris selbst S. Germain-des-Prés auf Wunsch des Königs
Robert II. wurden Wilhelm zur Reform anvertraut. Dieser letzte Auftrag verdient hervorgehoben zu werden, da sich Wilhelm davor durch
seine Bindung an Bischof Brun von Langres und dessen mächtige Stellung in den burgundischen Grafschaften gegenüber den capetingischen
Bestrebungen um königliche Herrschaftsausdehnung nach Burgund bei
Robert II. unbeliebt gemacht und der Gefahr ausgesetzt hatte, königliche Unterstützung zu verlieren.

Nach Lothringen kam Wilhelm mit seinen Schülern zur Reform der
Abteien S. Arnulf von Metz und Gorze, weil Bischof Adalbero II. von
Metz darum gebeten hatte. In S. Evre und S. Mansui de Toul und in
Moyenmoutier wurden Wilhelm und die von ihm als Äbte entsandten
Mönche tätig, nachdem Bischof Berthold von Toul und danach Bischof
Brun, der spätere Papst Leo IX. (1049–1054), darum gebeten hatten.

Wäre es nach dem Willen Herzog Richards I. von der Normandie gegangen, dann hätte Maiolus von Cluny persönlich in Fécamp reformiert, wo Richard die Kanoniker durch eine Mönchsgemeinschaft er-

setzt wissen wollte. Die Bedingung des Abtes von Cluny, Fécamp eine Abgabe zu überlassen, die von den Normannenherzögen für Weiderechte im Herzogtum eingenommen wurde, weist vielleicht darauf hin, daß Maiolus etwas für die Unabhängigkeit der neuen Mönchsgemeinschaft wünschte. Der Wunsch wurde nicht erfüllt. Maiolus, der offenbar so, wie dem Kaiser gegenüber oder dem französischen König gegenüber, als er in S. Germain d'Auxerre die Reform durch seinen Schüler Eldricus durchführen ließ, sich hütete, etwas von der Freiheit Clunys im Dienst für einen Herrscher aufs Spiel zu setzen, kehrte nach Cluny zurück. Der Herzog starb. Seinem gleichnamigen Sohn, dem die Aufgabe zufiel, einen Reformabt für Fécamp zu finden, gelang es, den Maiolusschüler Wilhelm von Volpiano zu gewinnen.

Welche Wirklichkeit das blutleere Wort Reform auch einschließen konnte, läßt uns Rodulf Glaber wissen, der in seiner Lebensbeschreibung Wilhelms bei der Erörterung der Reform in Fécamp schrieb: «Als unterdessen der überaus wachsame Vater [Wilhelm] sah, daß nicht allein an diesem Ort, sondern auch über das ganze Gebiet des Herzogtums und auch durch ganz Frankreich hin, die Kenntnis des Lesens und Psalmensingens ganz und gar fehlte und zunichte gemacht worden war, richtete er für Kleriker Schulen des heiligen Dienstes ein ... Dort sollte allen, die zu den ihm anvertrauten Klöstern strömten, die Wohltat der Lehre unentgeltlich geschenkt werden. Und keiner, der dazu kommen wolle, dürfte gehindert werden. Vielmehr sollte Unfreien wie Freien, Reichen zusammen mit den Armen das einförmige Zeugnis der Liebe erwiesen werden. Nicht wenige, die unbemittelt waren, erhielten auch ihren Lebensunterhalt von eben diesen Klöstern. Von ihnen kamen auch einige zum Habit des heiligen Mönchslebens. Schließlich brachte die Mühe aus dieser Einrichtung den unterschiedlichsten Kirchen überaus willkommene Frucht.»[112]

Außer Fécamp, dem Grabkloster der beiden gleichnamigen Normannenherzöge Richard, hat Wilhelm vielleicht auch S. Ouen in Rouen, gewiß die alte Abtei Jumièges übernommen, im berühmten Mont-S.-Michel einen Schüler als Abt reformieren lassen, selbst das Gemeinschaftsleben im neuen Kloster Bernay im Bistum Lisieux geleitet. Mit all diesem reformerischen Wirken war Wilhelm *supra regula* nicht zufrieden.

Vor seiner Arbeit in den Klöstern der Normandie gründete er mit Hilfe seiner leiblichen Brüder Gottfried, Nithard und Robert von Volpiano – die beiden ersten wollten Mönche werden –, und des Grafen Otto-Wilhelm von Burgund, der in der Poebene Erbbesitz hatte, sowie mit Hilfe des Königs Arduin von Ivrea und dessen Frau Berta unweit Turin die Abtei Fruttuaria. Noch bevor Wilhelm starb, lebten dort und in den 30 Zellen, die das Kloster erhielt, 100 Mönche. Die Abtei, in der zweiten Hälfte des 11. Jahrhunderts selbst zu einem bedeutenden Reformmittelpunkt geworden, wohin Kaiserin Agnes und Erzbischof Anno II. von Köln reisten, sollte bei ihrer Gründung, wie von einem Mönch des Maiolus von Cluny nicht anders zu erwarten, ganz und gar frei und losgelöst von jeglicher Gewalt sein. Für die Gründer verzichtete Wilhelm auf sämtliche Ansprüche. Auch aus seiner Eigenschaft als Abt von S. Bénigne de Dijon sollte Fruttuaria nicht die Gefahr einer Abhängigkeit vom burgundischen Kloster entstehen. Vom Papst ließ Wilhelm die Exemtion Fruttuarias vom Bischof von Ivrea bestätigen, zu dessen Sprengel Fruttuaria gehörte. Und sobald wie möglich gab Wilhelm seine praktische Verwaltung in Fruttuaria, das alle Unterstützung aus Dijon empfing, auf und wählte zusammen mit dem Konvent in freier Abtswahl – zentrales Privileg für Fruttuaria – seinen Schüler Johannes zum ersten Abt von Fruttuaria.

Da dessen Förderer Arduin von Ivrea in seiner Auseinandersetzung mit Heinrich II. unterlag und im Jahr der Kaiserkrönung Heinrichs II. (1002–1024) als Mönch in Fruttuaria eintrat, mochte Wilhelm der Gefahr zuvorkommen, der Kaiser könnte ehemalige Besitztitel Arduins an sich ziehen und bischöfliche Ansprüche auf das neue Kloster nach sich ziehen. Deshalb übertrug er Fruttuaria als königliches Eigenkloster in den Schutz Heinrichs II. und erbat überdies päpstlichen Schutz für Fruttuaria. Der Bischof von Langres bestätigte Wilhelm auf dessen Bitten auch die Freiheit vom Bischof von Langres. Unter Heinrich IV. (1056–1105), der den Königsschutz für Fruttuaria nicht mehr urkundlich bestätigte, gelangte das Kloster wieder zu seiner ursprünglichen Freiheit zurück. Schließlich ließ Wilhelm über den gesamten Gründungsvorgang eine Urkunde ausfertigen, die er nach und nach von den Mönchen der Klöster S. Bénigne de Dijon, Vergy, Bèze, S. Evre de Toul, S. Arnulf von Metz, Fécamp und Jumièges zu unterzeichnen anordnete.

Dazu finden sich die Unterschriften der Erzbischöfe von Sens und Bourges, der Bischöfe von Beauvais, Senlis, Amiens und Chartres, der Äbte von S. Mesmin de Micy, S. Laumer de Blois, S. Julien de Tours, Marmoutier, Cluny, König Roberts II. von Frankreich und seines Sohnes Hugo, der Erzbischöfe von Tours und Rouen, der Bischöfe von Bayeux, Coutances, Evreux, Avranches, Lisieux, Séez und weitere Unterschriften. Allein schon diese Liste wirft ein Schlaglicht auf die Bedeutung, die Wilhelm der Gründung Fruttuarias beimaß. In Fruttuaria wollte er sogar begraben werden – ein Wunsch, der sich ihm nicht erfüllte, weil Wilhelm am 1. Januar 1031 in Fécamp starb und dort in der Klosterkirche sein Grab fand.

In seiner eigenen Gründung Fruttuaria hat Wilhelm von Volpiano verwirklichen wollen, was ihm bei seiner Reform fremder Klöster nicht gelingen konnte: das, was ihn an Cluny einst angezogen und was er von Abt Maiolus von Cluny gelernt hatte: die cluniacensische Art, mönchisch im Kloster zu leben, die Regel Benedikts nach Art der Cluniacenser in einem ganz und gar freien Kloster zu befolgen. Dabei zeigte freilich das Beispiel Fruttuarias, daß man zwar eine mönchische Lebensweise, in diesem Fall jene Clunys, von dort in ein anderes Kloster bringen konnte, daß es jedoch nicht möglich war, die Freiheit Clunys auf ein Kloster im Reich zu übertragen.

Abt Maiolus hatte Wilhelm als erfahrenen Mönch aus Cluny zur Reform von S. Bénigne nach Dijon gesandt, gleichzeitig sicher als einen Reformfachmann, der aufgrund seiner Verwandtschaft mit dem Grafen Otto-Wilhelm von Burgund und mit Bischof Brun von Langres in der politischen Umgebung des Benignusklosters am ehesten etwas würde bewirken können. Die Geschichte von S. Bénigne und die stattliche Anzahl der von Wilhelm reformierten Klöster zeigt, daß er etwas bewirkt hat. Aber während er cluniacensisches Mönchsleben weitergab, verselbständigte sich sein Reformwerk. Denn als Abt von S. Bénigne, das Eigenkloster des Bischofs von Langres war und rechtlich nicht zu Cluny gehörte, stand er bei aller geistigen und geistlichen Ausrichtung an Cluny rechtlich außerhalb der cluniacensischen Mönchsgemeinschaft und mußte die Interessen des bischöflichen Benignusklosters wahrnehmen und vertreten.

Einen Spiegel geben die Totenbücher von S. Bénigne, in denen auf der linken (Verso-)Seite jeweils die Mitglieder der eigenen Gemeinschaft sowie die großen Wohltäter, die ihnen im Gedenken gleichgestellt wurden, mit ihren Namen erscheinen, während die rechte (Recto-)Seite den Namen der mit S. Bénigne verbrüderten Mönche und Laien vorbehalten wurde. Wurden in den frühesterhaltenen Totenbüchern die Mönche von Cluny zusammen mit denjenigen von S. Bénigne links eingetragen, so begegnen im Totenbuch des 12. Jahrhunderts die Cluniacenser auf den rechten Seiten unter den Verbrüderten.[113] Die mit Wilhelm aus Cluny gekommenen Mönche verstanden sich in Dijon als Cluniacenser. Aber je mehr in S. Bénigne der Konvent wuchs, desto stärker sah er sich als Mönchsgemeinschaft in der Tradition des Benignusklosters, nicht etwa als Ableger Clunys. Dazu fügt sich, daß in der Liste der mit S. Bénigne verbrüderten 47 geistlichen Gemeinschaften, die ins Totenbuch des 12. Jahrhunderts aufgenommen wurde, auch Cluny steht. Hätte sich damals der Konvent von S. Bénigne als Teil des Konvents von Cluny aufgefaßt, dann wäre es eine Verbrüderung mit sich selbst, also etwas Sinnloses gewesen. So wurde bei der Erneuerung der alten Verbrüderung zwischen S. Bénigne und Cluny festgelegt, daß die Mönche von S. Bénigne, die mit Erlaubnis ihres Abtes nach Cluny kämen, dort in Kirche, Kreuzgang, Kapitelssaal, Refektorium und anderswo im Kloster genau so behandelt würden wie die Mönche in Cluny. Das heißt, die Gastmönche aus Dijon reihten sich in Cluny gemäß ihrem Profeßalter unter die Mönche von Cluny und bildeten nicht etwa eine eigene nachgeordnete Gruppe im Chor, in der Prozession oder am Tisch.

Auch die Mönche der Klöster, zu deren Reform Abt Wilhelm nach Francien, Lothringen oder nach der Normandie gerufen worden war, finden sich mit ihren Namen im Totenbuch des 12. Jahrhunderts im Benignuskloster unter den Verbrüderten auf den rechten Seiten. Und die im selben Totenbuch enthaltene erste Verbrüderung geistlicher Gemeinschaften führte Fécamp, S. Arnulf von Metz, Bèze, Gorze, Mont-S.-Michel, S. Germain-des-Prés auf, während Fruttuaria die vierte der 47 Stellen auf der Liste einnahm.

Die Bischöfe und weltlichen Großen, die zur Erneuerung ihrer Klöster Wilhelm beriefen, wußten, daß er die cluniacensische Lebensweise der Mönche ins Kloster brachte, wie sie unter Abt Maiolus in Cluny galt, daß er aber als Abt von S. Bénigne den Rechtsstand des von ihm zu erneuernden Klosters nicht anrührte. Die Befürchtung, ein solch reformiertes Kloster könnte zu einem von Cluny abhängigen Kloster umgestaltet werden, bestand nicht. Und S. Bénigne de Dijon erhielt eben anders als Cluny nicht Klöster in sein rechtliches Eigentum übertragen. S. Bénigne wurde nicht zum Haupt eines Klösterverbandes. Wilhelm erhielt, wenn er cluniacensisches Mönchsleben in andere Klöster einpflanzte, nur soviel Freiheit, als ihm vom jeweiligen bischöflichen oder weltlichen Klosterherrn zugestanden wurde. Das von ihm geleistete Reformwerk hatte wohl seinen ursprünglichen Impuls aus Cluny empfangen. Aber danach wurde es durch die Persönlichkeit Wilhelms entscheidend geprägt und übertraf, was Zahl der Mönche und Klöster und deren räumliche Reichweite anlangte, das Reformwerk, das der Abt von Cluny selbst durchführte. Im nachhinein läßt sich Wilhelm von Volpiano, Abt von S. Bénigne de Dijon und Gründer von Fruttuaria, als der berühmteste aller Mönche und Schüler des Maiolus von Cluny bezeichnen. Und sicher hat seine Tätigkeit das Ansehen Clunys verbreitet und gesteigert. Dafür, daß er es verstand, die cluniacensische Weise des Mönchslebens glaubwürdig zu verkünden, spricht die Überlieferung, er sei es gewesen, der den späteren Abt Odilo von Cluny, den Nachfolger des Maiolus, dazu begeistert habe, sich als Chorherr von Brioude zum Mönchsleben in Cluny zu bekehren.[114]

Aus der damaligen Sicht Clunys jedoch war Wilhelm einer aus einer nicht geringen Anzahl höchst befähigter Mönche, die Maiolus von Cluny als Äbte zur Reform in Klöster außerhalb der cluniacensischen Klöstergemeinschaft gesandt hat. Rechnet man jene Mönche hinzu, die diese Äbte begleiteten, so hat der Abt von Cluny auf den Dienst so vieler hervorragender Mitglieder des Konvents in der eigenen Gemeinschaft verzichtet, daß diese Gemeinschaft eine außergewöhnliche Lebenskraft gehabt haben muß, wenn sie angesichts solchen Verzichts nicht Verluste erlitt. Denn so beachtlich das rasche Anwachsen der Konventsstärke in S. Bénigne de Dijon oder Fruttuaria und anderswo erscheint, das Wilhelm *supra regula* bewirkt hat – wie lebte gleichzeitig die Gemeinschaft der Mönche Clunys und der rechtlich zu Cluny gehörenden Klöster?

Hier mag es aussagekräftig sein, daß unterhalb der Ebene, auf der geistliche und weltliche Klosterherren mit Hilfe cluniacensischer

Mönche Klösterreformen einleiteten, in der unmittelbaren Umgebung der Abtei Cluny in der Bevölkerung das Echo auf das Leben der klösterlichen Gemeinschaft keineswegs verstummte. Die Schenkungen für das Begräbnis in Cluny, die in der Abtszeit des Maiolus vorgenommen wurden, nahmen im Vergleich zu denjenigen, die unter Aymard, dem Vorgänger des Maiolus, ans Kloster gingen, nochmals zu. Diese Beobachtung gilt auch, wenn man berücksichtigt, daß die Gesamtzahl der Urkunden für Cluny von Aymard zu Maiolus stark wuchs und die Abtszeit des Maiolus wesentlich länger als jene Aymards dauerte.

Das Gemeinschaftsleben, das in der Nachbarschaft ein solch starkes Echo erhielt, wurde in Cluny so ernst genommen, daß auch aus dem Cluny unter dem Abtsstab des Maiolus ein Text einer Zeugnisgruppe erhalten ist, die noch im 10. Jahrhundert eine ganz neue Überlieferung kennzeichnete und vom damaligen europäischen Reformmönchtum hervorgebracht wurde. Damals verbreitete sich die Gewohnheit, die im eigenen Kloster geltende Lebensweise in einem eigenen Buch aufzuschreiben. Dies geschah auch in Cluny unter Maiolus. Wurde in manchen dieser Bücher, je länger, desto mehr, der Lobpreis der eigenen Lebensweise und deren Vollkommenheit in Worte gefaßt, besonders dann, wenn mit dem Buch die eigenen Gewohnheiten in andere Klöster übertragen werden sollten, so lautete in Cluny die Überschrift des ältesterhaltenen dieser Bücher in aller Einfachheit: «Es beginnen die Gewohnheiten im Kloster.»[115]

In diesem Text wird den Gang des Kirchenjahres hindurch der Ablauf des Tages für den Mönch in Cluny völlig auf die Liturgie hingeordnet, auf die mönchischen Tagzeiten, zu denen das Chorgebet stattfand, und auf die Meßfeier. So sehr wurde die Gemeinschaft in ihren gemeinsamen Gottesdienst gestellt, daß dem Text der ältesten aus Cluny erhaltenen Gewohnheiten klösterlichen Lebens nahezu nur Aussagen zur Liturgie zu entnehmen sind. Für das Klosterleben wesentliche Vorgänge wie Aufnahme von Novizen, Wahl des Abtes, Umgang mit den Kranken und Sterbenden, von denen die späteren Gewohnheitstexte aus Cluny ausführlich handelten, sind im Text der Maioluszeit zugunsten der Ordnung der gemeinsamen Feier des Gottesdienstes noch nicht angesprochen. Trotzdem begegnet im Zusammenhang mit der Liturgie im selben Text mehrmals das Amt des Eleemosinars, das außerhalb Clunys erst geraume Zeit später bezeugt ist.[116]

Der Eleemosinar, der den Titel seines Amtes von seiner Aufgabe erhielt, von der *eleemosyna*, dem aus dem Griechischen entlehnten Wort, das in den mittelalterlichen Jahrhunderten anders als das Wort Almosen in heutiger Zeit die umfassend barmherzige Sorge um die Armen meinte, hatte nach dem Zeugnis der ältesten Gewohnheiten Brot und Wein für die Armen bereitzuhalten. Das heißt, die den Cluniacensern in der Gründungsurkunde ausdrücklich auferlegte Sorge für die Armen wurde in den Gewohnheiten der Maioluszeit im Gottesdienst verankert, auf den hin sich die Gemeinschaft insgesamt zu sammeln hatte. Die strenge Sammlung des Maioluskonvents auf seine mönchischen Aufgaben gibt sich im ältesterhaltenen cluniacensischen Buch der klösterlichen Lebensgewohnheiten als die Mitte zu erkennen, von der her alle Bemühungen um Erneuerung des Mönchtums in anderen Klöstern ausgingen. Sie war es offensichtlich, die in der näheren und weiteren Umgebung aufs stärkste beeindruckt hat.

Um Cluny vor der Jahrtausendwende zu kennzeichnen, genügte es trotzdem nicht, auf die vorbildliche Erfüllung der mönchischen Pflichten durch den Konvent hinzuweisen; auch nicht auf die Reformarbeit, die von den zu Äbten gewordenen Maiolusschülern in anderen Klöstern geleistet wurde. Nicht einmal darin, daß seit Maiolus Cluny sogar am Kaiserhof der Ottonen zu einer anerkannten Größe geworden war, ließe sich der alleinige Grund für das gewaltig und weithin gesteigerte und damit auf Dauer verfestigte Ansehen Clunys erkennen. Entscheidend war die Gemeinschaft, die der Abt Maiolus und sein Konvent gefunden haben und miteinander eingegangen sind. Hatte sich dies schon in der Weigerung des Abtes angedeutet, die Gemeinschaft seiner Mönche um eines kaiserlichen Auftrages willen zu verlassen, auch nicht, um das Amt des Papstes zu übernehmen, so zeigte es sich vor allem unmittelbar nach seinem Tod.

Maiolus hatte sich sehnlichst gewünscht, in Rom, den Apostelgräbern nahe, zu sterben.[117] Bruchlos hatte er die Rombindung Clunys, die sein Vorvorgänger Odo begründet hatte, übernommen, ebenso dessen bewußte Ausrichtung des cluniacensischen Gemeinschaftslebens an jenem, das die Apostelgeschichte von der Urkirche in Jerusalem überliefert. In seiner Lebensbeschreibung durch Syrus wurde auch ihm bestätigt, daß angesichts des Zulaufes so vieler aus unterschiedlichen Völkern zum Mönchsleben in Cluny doch allen daran gelegen war, wörtlich zu erfüllen, was in der Apostelgeschichte von der Urkirche verkündet wurde: Sie waren ein Herz und eine Seele.

Zwei Jahre vor seinem Tod ließen bei dem hoch in den Achtzigern stehenden Maiolus die körperlichen Kräfte so nach, daß er sich Odilo zum Coadjutor nahm und sich nicht mehr öffentlich zeigen wollte.[118] Und doch erreichte ihn 994 nochmals die ungestüm drängende Forderung des Königs Hugo Capet, mit dessen Herrschaftsbeginn 987 die Capetingerdynastie die Karolinger abgelöst und die Geschichte des hochmittelalterlichen Königreiches Frankreich begonnen hatte, zu Gesprächen über die Reform des Königsklosters S. Denis zu Paris. Folgt man der Lebensbeschreibung des Maiolus durch seinen Nachfolger Odilo, so hätte er sich freudig auf die Reise begeben.[119] Zurückhaltender berichtet Syrus: Maiolus hätte wohl gewußt, daß das Ende bevorstehe. Dennoch hätte er sich nicht verweigert. Er hätte gedacht, das wäre eine gute Vollendung seiner Kräfte, wenn er sich von Mönchen begleiten ließe, die der Gerechtigkeit und Heiligkeit verpflichtet wären und die er dann, durch das Band der Nächstenliebe geeint, im Abschied entließe.[120] Der Tod brach die Reise in Souvigny am äußersten nördlichen Saum der Auvergne, wo diese mit dem Berry an das westliche Burgund mit Autun anstößt, am Freitag morgen nach dem Fest Christi Himmelfahrt, am 11. Mai 994, ab.

Die cluniacensische Mönchsgemeinschaft hat den verstorbenen Abt spontan und mit einer nach außen drängenden Begeisterung als Heiligen verehrt. Schon wenige Jahre danach entstanden mehrere Fassungen mehrerer Lebensbeschreibungen des Maiolus, die auch Wunder mitteilten, die Maiolus zu Lebzeiten gewirkt haben soll, und die sich vor allem bei seinem Grab in Souvigny ereignet hätten, dort, wo Maiolus selbst auf der großzügigen Schenkung der Herren von Bourbon das cluniacensische Priorat eingerichtet haben dürfte.

Noch bevor der Nachfolger des Maiolus, Odilo, seine Vita des hl. Maiolus und vier Hymnen zu dessen Festtag verfaßte, entstand auch eine Predigt auf den heiligen Abt, ein Maiolus ehrender Text «Die Wahl des Herrn Odilo» und ein Totenbrief zum Tod des Maiolus aus Metz.[121]

Vielleicht schon zum Sommeranfang des Jahres 995, bevor Abt Odilo von Cluny dem französischen König zur gewünschten Neuordnung in der Abtei S. Denis verhalf, besuchte nun der König, zusammen mit Graf Burchard von Vendôme und Bischof Rainald von Paris, dem Sohn des Grafen, das Grab des hl. Maiolus in Souvigny und brachte dem Priorat viele Geschenke mit. Mit dem Grab des Maiolus wurde Souvigny, obwohl nur Priorat, zu einem der wichtigsten Cluniacenserklöster.

Als 997 das sogenannte Antoniusfeuer als Epidemie die Menschen in Burgund dahinraffte, seien, schrieb Rodulf Glaber, «aus dem ganzen römischen Erdkreis» ganz viele Männer und Frauen, Laien und Geistliche, um Gesundheit zu erlangen, «zum Ruf der Heiligkeit des Maiolus» nach Souvigny zusammengeströmt.[122] Den stärksten Zulauf von sehr vielen Heiligengräbern hätten diejenigen der drei Bekenner Martin von Tours, Ulrich von Augsburg und Maiolus von Cluny erfahren. Am 31. Januar 993 war der 973 gestorbene Bischof von Augsburg heiliggesprochen worden. Dies war die erste in die Überlieferung eingegangene Heiligsprechung. Am 3. Februar 993 ordnete der Papst in einem Schreiben an alle Erzbischöfe, Bischöfe und Äbte in «Gallien und Germanien»[123] die Verehrung des hl. Ulrich an. Wurde also neben dem beliebtesten Heiligen des Frankenreiches, dem hl. Martin von Tours, und dem eben vom Papst heiliggesprochenen Augsburger Bischof Abt Maiolus, obwohl erst vor drei Jahren gestorben, in der Epidemie des Jahres 997 zum Hauptziel der Pilgerverehrung, so wirft das ein Schlaglicht auf die Verehrung des hl. Abtes, wie sie die cluniacensische Gemeinschaft pflegte. Und obwohl kein Zeugnis über eine Heiligsprechung des Maiolus überliefert ist, war schon in einer für Cluny besonders bedeutenden Papsturkunde vom 22. April 998 in der Anrede an Abt Odilo die Rede «von Deinem Vorgänger, dem hl. Maiolus seligen Angedenkens»[124]. Daß Maiolus in einer Kaiserurkunde Ottos III. von 999 bereits als Patron des Marienklosters zu Pavia erwähnt wurde, war schon zu sagen.

Die Zeugnisse für die mit dem Tod des Maiolus einsetzende Welle der Verehrung für den heiligen Abt sind überwältigend. Anfang des 11. Jahrhunderts sah Aldebald von S. Germain d'Auxerre in einer Predigt den Abt Maiolus und seine Mönche als die 144 000 Erwählten, die jungfräulich dem Lamm der Geheimen Offenbarung folgen (Offb 14,4). Nun hatte die Klostergemeinschaft von Cluny einen heiligen Abt.

Dies konnte die Zusammengehörigkeit im Bewußtsein aller Mönche von Cluny, ob sie dort oder in einem rechtlich zu Cluny gehörenden Kloster lebten, stärken. Die Gemeinschaft, die sie mit dem jetzt als heilig verehrten Maiolus gefunden und gelebt hatten, stand überdies in der Tradition, in der seit Odo von Cluny die Bindung an Rom und die Ausrichtung an der Urkirche in Jerusalem nach dem Zeugnis der Apostelgeschichte verwurzelt waren. Dies sollte sich erneut unter dem Nachfolger des Maiolus erweisen. Ohnehin wurde nun jeder Abt von Cluny an seinem heiligen Vorgänger Maiolus gemessen. Die Gemeinschaft von Cluny erhielt seit den letzten Jahren vor der Jahrtausendwende Anteil an der Heiligkeit ihres Abtes. Sie hatte damit eine neue Qualität erreicht.

Die Gemeinschaft der Mönche unter Abt Odilo und die Gesellschaft

Nöte an der Jahrtausendwende

Erneut gelang es 993/94 in Cluny, ohne äußere Beeinflussung den Abt frei vom Konvent wählen zu lassen. Im damaligen Europa war das die große Ausnahme. In der freien Abtswahl in Cluny bekundete sich ein Bewußtsein des eigenen Herkommens, wie es dichter kaum sein konnte. Wieder fand die Abtswahl nämlich so statt, daß der vom Vorgänger designierte Nachfolger in der Konsenswahl des Konvents bestätigt wurde. Wie Maiolus dem Aymard, so stand Odilo dem greisen Maiolus bei und übernahm in den beiden letzten Jahren des Maiolus schon äbtliche Befugnisse.[125] Und mit dem gleichen Wortlaut wie bei der Wahl des Maiolus wurde nun Odilos Wahl in einem Text festgehalten. Weil man sich der grundlegenden Bedeutung der freien Abtswahl in Cluny bewußt war, legte man nicht nur Wert auf die Unterzeichnung des Textes durch Maiolus und die Mönche, sondern auch darauf, niederzuschreiben, daß die Mönche ihren Grafen und Vogt,[126] also den Grafen von Mâcon, Herzog Heinrich von Burgund und dessen Stiefsohn Otto Wilhelm, in ihre Beratung einbezogen hätten. In die gleiche Richtung, die freie Abtswahl in Cluny durch allerhöchste Bestätigung zu stärken, zielte es, wenn nach Maiolus der König von Burgund, Rudolf III., die Wahlurkunde unterzeichnete. Daß er dies in einem Kloster tat, das nicht in seine Zuständigkeit fiel, spricht für das Gewicht, das auch er der freien Abtswahl in Cluny zumaß.

Unter den Erzbischöfen und Bischöfen, die ihre Unterschriften gaben, war auch Erzbischof Leotald von Besançon gegenwärtig, der Odilo am 20. Mai, dem Pfingsttag 994, also neun Tage nach dem Tod des Maiolus, zum Abt geweiht hat.[127] Da Cluny nicht in seiner, sondern der Kirchenprovinz Lyon stand, wurde die Freiheit des frei gewählten Abtes von Cluny, den Bischof zu wählen, von dem er geweiht werden wollte, betont. Aus der Liste der Mönchsunterschriften Vermutungen über die Konventsstärke Clunys zu diesem Zeitpunkt aufzubauen, mußte aus mehreren Gründen scheitern. Die Unterschriftenliste ist –

Wandmalerei in der Kirche von Berzé-la-Ville, einer Dekanie Clunys: Abtbildnis.

verglichen mit anderen – unvollständig und in gestörter Reihenfolge überliefert. Und niemand kann sagen, wie viele Mönche Clunys, in cluniacensische Klöster geschickt, zur Zeit der Abtswahl dort unabkömmlich waren und daher in Cluny fehlten.

Wie Maiolus stammte Odilo aus adeligem Geschlecht, dem auvergnatischen Haus der Herren von Mercoeur, die in besonderer Nähe zum Chorherrenstift S. Julien de Brioude standen. Wie Maiolus war Odilo schon vor dem Eintritt ins Kloster Kleriker, und zwar als Chorherr in Brioude. Mit Sicherheit verstand sich der neue Abt als Träger der Tradition Clunys, die er unter Maiolus kennengelernt hatte. Setzte er sich doch persönlich für die Verehrung seines Vorgängers als eines Heiligen ein, nicht allein mit seiner Vita Maioli, sondern auch mit den Hymnen zum Maiolustag und seiner Förderung des Priorates Souvigny, des Grabklosters des Maiolus! Das spiegelte sich sogar noch in der Lebensbeschreibung des Abtes Odilo vom Mönch Jotsald, der sich Odilos Vita Maioli zum Vorbild genommen hat.

Beide Viten boten zu ihrer Zeit eine neue Auffassung vom Heiligenleben. Diese suchte weniger nach Wundertaten des Heiligen, sondern stellte dessen heiligmäßige Lebensweise in den Mittelpunkt. Die Lebensbeschreibung Odilos wurde nicht durch die Zeitfolge der Ereignisse gegliedert. Vielmehr wurden diese danach geordnet, welcher der vier Kardinaltugenden – Klugheit, Maßhalten, Starkmut, Gerechtigkeit –, die Odilo verkörpert hätte, sie zugerechnet werden konnten. Auch die später vom Eremitenprior und Kardinalbischof von Ostia, Petrus Damiani, auf Bitten aus Cluny verfaßte Vita Odilonis richtete sich nach der Gliederung in Jotsalds Odilovita.

Schon aus diesen wenigen Andeutungen geht hervor, daß die Abtswahl Odilos zu einem Antrieb werden konnte, die Eigenheit des Lebens der Gemeinschaft von Cluny dauerhaft zu bewahren. Hinzu kam, daß nach den Jahrzehnten, die Maiolus die Mönche Clunys geführt hatte, Odilo länger als ein halbes Jahrhundert Abt von Cluny blieb! Bevor darauf zu achten ist, wie sich unter Odilo die Gemeinschaft von Cluny in der damaligen Gesellschaft entwickelt hat, darf nicht vergessen werden, in welch schwerer Zeit die Cluniacenser Odilo zu ihrem Abt gewählt haben.

Hätte es Rodulf der Glatzkopf nicht im 2. Buch seiner fünf Bücher Geschichten für erwähnenswert gehalten, so wüßten wir nicht, daß gerade um die Zeit der Wahl Odilos und gerade in Burgund viele Menschen von um sich greifender Krankheit befallen wurden, vom Mutterkornbrand, auch Heiliges Feuer oder Antoniusfeuer genannt. Schlimmste Auswirkungen des Mutterkorns, dieses giftigen Schmarotzerpilzes auf der Roggenähre, das Absterben nicht mehr durchbluteter Gliedmaßen nämlich, nannte Rodulf Glaber doch nicht, um jemanden zu ängstigen. Denn er fügte im nächsten Satz hinzu, viele Heilungen seien bei Heiligengräbern erfolgt, und den meisten Zulauf hätten, wie erwähnt, S. Martin in Tours, St. Ulrich in Augsburg und der hl. Maiolus in Souvigny gesehen.

Zu den Jahren 1005/1006 vermerkte er furchtbare Hungersnot, die auch zu Kannibalismus, sogar in der eigenen Familie, geführt hätte. Voneinander unabhängig entstandene Zeugnisse aus unterschiedlichen europäischen Landschaften bestätigen Rodulf und erweisen, daß die Jahre 1005/1006 für ganz Europa eine der schlimmsten Hungersnöte brachten und sehr viele vor Hunger starben. Die Beschreibung der nächsten furchtbaren Hungersnot von 1032/33 ordnete Rodulf in eine Bewegung ein, die bereits während des ganzen letzten Jahrzehnts des 10. Jahrhunderts im Gang war, in die Gottesfriedensbewegung.[128]

Die wollte antworten auf die Friedlosigkeit und Gewalt, die in den Gegenden überhand genommen hatten, in denen seit dem Zusammenbruch der karolingischen Königs- und Kaiserherrschaft im Reich und seit dem Ringen zwischen den letzten Karolingern mit den Vorfahren der Capetinger die Königsmacht nicht mehr gegenwärtig war. In diesen königsfernen Räumen, in denen auch Cluny und die Mehrzahl seiner Klöster standen, hatten in den Zeiten der Normannen- und Sarazeneneinfälle ins Westfrankenreich mehr und mehr weltliche Große und bischöfliche Stadtherren zur Selbsthilfe gegriffen. Eigenständige Adelsherrschaft hatte begonnen, sich aufzubauen. Die Burgen der Adelsgeschlechter wurden entgegen bisherigem Erbteilungsrecht nicht mehr geteilt. Sie wurden namengebend für Adelsgeschlechter, die ihren Streubesitz zunehmend um ihre Burgen konzentrierten. Wo die königliche Zentralgewalt fehlte, formte sich die Herrschaft in solche lokaler und regionaler Gewalten um. Aus der mittleren Schicht im Adel stiegen die Burgherrenfamilien zu einer eigenen Herrschaftsschicht auf. Leidtragende der einander im Kampf um die Macht befehdenden Adelsgeschlechter wurden in erster Linie immer wieder Unbewaffnete – seien es Bauern, die, auf adeliger Grundherrschaft arbeitend, die Verwüstung ihrer Äcker erleben mußten, Kaufleute, die ihrer Ware beraubt wurden, Mönche und Nonnen in Klöstern, die, in die Streitigkeiten unter Adeligen hineingerissen, gebrandschatzt wurden, oder Frauen und Kinder, die umkamen oder vertrieben wurden.

Zur Wiederherstellung des Friedens riefen, zuerst in Süd- und Südostfrankreich, seit 989 in Charroux, Narbonne und Limoges, Bischöfe und Äbte zu Synoden auf, in denen die Menschen mit Gott wieder das Bündnis des Friedens eingehen sollten, das von allen Anwesenden in einer Verschwörung (*coniuratio*) beschworen wurde. Wir hören von begeistertem Zulauf aus allen sozialen Schichten. Wer danach den beschworenen Frieden brach, der sollte nicht nur dem Bann verfallen, sondern ging sogar des kirchlichen Asylrechts verlustig. Mit dem Gottesfrieden (*pax Dei*) wurden die Unbewaffneten und ihr Gut, das sie zum Leben brauchten, befriedet, mit der Waffenruhe Gottes (*treuga Dei*) bestimmte Zeiten, zu denen jegliche Gewalt unter die Strafe der Exkommunikation gestellt wurde: zuerst an den Hochfesten des Jahres, dann an allen Sonntagen und schließlich jede Woche wiederkehrend an den Tagen, die an Christi Leiden, Sterben, Grabesruhe und Auferstehung erinnerten. Die Fehdetätigkeit wurde somit von Mittwoch abend bis Montag morgen – eingeschlossen den (Grün)Donnerstag, den (Kar)Freitag, (Kar)Samstag und (Oster)Sonntag – verboten und auf die verbliebenen Wochentage begrenzt. Gegen Friedensbrecher wurden sogar Friedensmilizen aufgeboten. Den Androhungen geistlicher Strafe folgte bald die weltliche Gerichtsbarkeit mit ihrer Strafandrohung. Adelige erhielten nun im Kampf gegen Friedensbrecher, also für Witwen, Waisen und andere Ungeschützte, eine neue, christlich verstandene Aufgabe. Der Kampf gegen Friedensbrecher galt als heiliger Krieg. Bis zu den Kreuzzügen entstand das Bild einer neuen Ritterschaft, des heiligen Kriegers.

Die Plagen der Mißernte und Hungersnot, epidemischer Krankheit, kriegerischer Wirren und vielfachen Sterbens wurden von den Zeitgenossen, die davon berichteten, vorab von Rodulf Glaber, als Zeichen verstanden. Sie seien durch Sünde und Schuld der Menschen herausgefordert worden. Gleichzeitig wurden sie zeichenhaft mit der Endzeit vor der Wiederkehr Christi zum jüngsten Gericht verstanden, die zum Jahr 1000 neu von manchen, besonders mönchischen Autoren ins Bewußtsein gehoben wurde. Schon Odo von Cluny hatte ja seine Zeit als die des Antichrist gesehen, gegen den zur Wiederkehr Christi «jetzt» büßende Umkehr und Erneuerung des christlichen Lebens notwendig wären.[129]

Wo Rodulf Glaber am ausführlichsten auf die Gottesfriedenssynoden einging, sprach er ausdrücklich «von der Erneuerung des Friedens und der Einrichtung des heiligen Glaubens» (*de reformanda pace et sacre fidei institutione*)[130]. Der Versuch, in der Gottesfriedensbewegung die Gesellschaft zu befrieden, war eingebettet in den größeren Versuch einer Erneuerung des gesamten christlichen Lebens. So erwarteten die auf den Gottesfriedenssynoden zusammengekommenen Leute von den Priestern selbst priesterliches Leben, das den Zölibat ernst nahm und von Simonie rein blieb. Priester dürften also nicht dem schlechten Beispiel Simons des Magiers in der Apostelgeschichte folgen, der vom Apostel Petrus die Gabe des Geistes (Charisma) hatte erwerben wollen, und das priesterliche Amt zu kaufen trachtete. Die Versammelten fanden auch gut und beschlossen, freitags keinen Wein zu trinken, samstags kein Fleisch zu essen, es sei denn, schwere Krankheit zwänge dazu oder ein Hochfest käme dazwischen. Sollte irgendein Hinderungsgrund diesen Verzicht lockern, dann wären drei Arme mit Lebensmitteln zu unterhalten. In solchem Reformaufbruch hofften auch immer wieder Menschen, bei der Berührung der Reliquienschreine, die zu den Gottesfriedenssynoden zusammengetragen worden sind, Erleichterung von Krankheit zu erfahren. Viele Heilungen, schrieb Rodulf Glaber, hätten auf den Gottesfriedenssynoden stattgefunden. Darüber hinaus seien von überall her Männer und Frauen, Niedriggestellte, solche aus mittleren Schichten, die Großen, Arme und Adelige zusammengeströmt, um die Wallfahrt zum Hl. Grab in Jerusalem auf sich zu nehmen und in den Spuren Christi auf Tod und Auferstehung zu warten.

Vor diesem bewegten Hintergrund also hat die Gemeinschaft von Cluny Odilo zum Nachfolger des hl. Maiolus gewählt. In den hochgehenden Wellen des gesellschaftlichen Lebens zur Jahrtausendwende würde Schaden von Cluny nur abzuwenden sein, Cluny für Fremde nur dann zum Rettungsanker werden können, wenn in einmütiger Wahl der wählende Konvent mit dem gewählten Abt eine Gemeinschaft fände, die sich ihrer Tradition und Bestimmung sicher wäre. Tatsächlich bildete Cluny damals keineswegs eine ruhige Insel in aller Unruhe.

Einem in der Urkundensammlung C in Cluny enthaltenen Text läßt sich entnehmen, daß wohl im Jahr 994, als in der Romanuskirche von Anse im Lyonnais eine Synode nach Art der Gottesfriedenssynoden tagte, vor die versammelten Erzbischöfe und Bischöfe «der geliebte und uns von Gott gegebene ehrwürdige Abt Odilo»[131] trat, der Prior Vivian und der «nicht kleine» Konvent der Brüder. Sie beklagten sich, wie es offensichtlich auf einer ersten Synode zu Anse in der ersten Jahreshälfte schon Abt Maiolus getan hatte, darüber, von wie vielen Übeln Cluny bedrückt würde, und erbaten urkundlich Bestätigung ihrer Rechte unter Androhung des Bannes gegen diejenigen, die gegen den Inhalt der Urkunde verstießen. Wovon sich die Cluniacenser bedrängt fühlten, sagen die Verbote des bischöflichen Dekrets aus, die über den üblichen Inhalt einer Besitzbestätigung und Rechte sichernden Urkunde hinausgehen.[132] Vor allem wurde unter Bannandrohung untersagt, daß sich weltliche Amtsträger am oder beim Ort Cluny herausnähmen, Befestigungen zu errichten.

Offenbar wurde dies immer wieder versucht. Denn noch nach der Jahrtausendwende mußte sich Odilo vom französischen König beurkunden lassen, daß solche Versuche zu unterbleiben hätten.[133] Eigens nach Rom gereist, um beim Papst wegen der Übergriffe auf Clunys Grund und Boden zu klagen, wurde ihm urkundlich von Benedikt VIII. bestätigt, die Cluniacenser würden so bedrängt, daß sie die gewohnte Sorge um die des Weges daherkommenden Gäste und Armen nicht mehr ausüben könnten. Es gereiche allen zum Schaden, wenn die für den Bestand der Kirche und aller lebenden und verstorbenen Christgläubigen geleisteten Gebete, Meßfeiern und Werke der Barmherzigkeit ausblieben.

Auch Rinder, Kühe, Schweine und Pferde in Cluny und im neben dem Kloster entstandenen Dorf Cluny wurden offensichtlich von Adeligen als Beute betrachtet, ebenso bei der cluniacensischen Abtei Charlieu. Deshalb wurde ein entsprechendes Verbot eigens in das Dekret der Bischöfe auf der Synode von Anse aufgenommen.

Am verblüffendsten jedoch an dem Dokument, das die Synodalen für Cluny ausstellten, erscheint die Aufnahme von Verboten und Geboten, die allgemein die Reformbestrebungen der Gottesfriedenssynoden betrafen: so dürften nur Priester den Kranken das Allerheiligste bringen. In der Kirche dürften die geweihten Hostien nie länger als acht Tage aufbewahrt werden und wären stets am Sonntag zu erneuern. Geschwätz und Possen müßten aus der Liturgie verbannt werden. Zu verdammen sei es, wenn ein Kleriker auf Jagd ginge. Die Priester hätten den Zölibat einzuhalten, andernfalls dürften sie die hl. Messe nicht mehr feiern und verlören die Kirchen, die sie hätten. Vor Aberglauben und Zauberei solle man sich hüten. Am Samstag nach der neunten Stunde der mönchischen Tagzeiten (nach 15 Uhr) wäre keine Handarbeit mehr erlaubt. Am Sonntag dürfe nur gekauft und verkauft werden, was zum Essen an diesem Tag benötigt wurde. Sonntägliche Gerichtsverhandlungen wären zu unterlassen. Und – ganz ähnlich, wie es Rodulf Glaber von den Gottesfriedenssynoden schrieb – sollten alle Laien am Mittwoch auf Fleisch verzichten, am Freitag fasten, andernfalls Arme versorgen. Montags, mittwochs und freitags sollten sie, wenn irgend möglich, die Meßfeier besuchen. Am Ende des Textes wurde allen, die dessen Inhalt beherzigten, Friede von Gott in Aussicht gestellt. Die das Dekret verletzten, verfielen Bann und Verdammnis, wenn sie nicht bereuten und Buße leisteten oder «von den Äbten des heiligsten Ortes Cluny und den Brüdern dieses Ortes Lossprechung erhalten hätten».[134] Hier wurde die mönchische Gemeinschaft von Cluny für zuständig für das Seelenheil all der Menschen erklärt, um die es in der mit dem Gottesfrieden verbundenen Reform christlichen Lebens ging.

Von der Gewalt, gegen die sich die Gottesfriedensbewegung richtete, sahen sich die Mönche von Cluny, zusammen mit den Menschen ihrer Umgebung – angefangen mit denen, die auf der Grundherrschaft Clunys lebten und arbeiteten –, so gefährdet, daß sie unter Abt Odilo eine eigene Liturgie und ein Gebet in Form eines Klagerufs (*clamor*) gegen die Gefahr einführten,[135] das noch im Hochmittelalter abgeschrieben wurde.[136] Zur täglichen Hauptmesse, nach dem Paternoster, bedeckten die Ministranten den Boden vor dem Altar mit einem groben Teppich, stellten darauf Kruzifix, Evangelienbuch und Reliquien. Alle Kleriker und Mönche warfen sich zu Boden und beteten still den Psalm 73. Zwei Glocken wurden geläutet. Und der die Messe feiernde Priester stand vor den geweihten Hostien und dem geweihten Wein und vor den Reliquien und begann mit erhobener Stimme den Gebetsruf:

«Im Geist der Demut und mit zerknirschtem Sinn treten wir vor Deinen heiligen Altar und Deinen heiligen Leib und Dein heiligstes Blut, Herr Jesus, Erlöser der Welt, und wir bekennen uns Dir gegenüber schuldig wegen unserer Sünden, für die wir zu Recht geschlagen werden. Zu Dir, Herr Jesus, kommen wir, auf dem Boden ausgestreckt rufen wir zu Dir, weil ungerechte und hochmütige Menschen, die auf ihre eigene Macht bauen, von allen Seiten über uns hereinbrechen, in die Ländereien dieses Deines Heiligtumes und der übrigen diesem unterstehenden Kirchen einfallen, sie plündern und verwüsten. Deine Armen, die diese Ländereien bestellen, lassen sie in Schmerz, Hunger und Blöße leben, sie töten sie sogar mit Foltern und Schwertern. Unsern Besitz aber, von dem wir leben müssen in Deinem heiligen Dienst, und den gute Seelen diesem Ort für ihr Heil überlassen haben, zerstreuen sie und nehmen ihn uns sogar mit Gewalt ab. Diese Deine Kirche, Herr, die Du in alten Zeiten gegründet und … erhöht hast, sitzt da in Traurigkeit. Keiner ist da, der sie trösten und befreien könnte, wenn nicht Du, unser Gott. Brich also auf, Herr Jesus, zu unserer Hilfe, stärke und hilf uns, überwältige die, die uns überwältigen wollten, brich auch den Hochmut derer, die Deinen Ort und uns schlagen. Du, Herr, weißt, wer sie sind und wie sie heißen, Dir allein sind ihre Leiber und Herzen bekannt, noch bevor sie geboren wurden. Daher, Herr, bring' sie zum Recht, wie Du es in Deiner Kraft weißt. Laß sie gemäß Deinem Gefallen ihre Untaten erkennen und befreie uns in Deiner Barmherzigkeit. Verachte uns nicht, Herr, die wir in Niedergeschlagenheit zu Dir rufen, sondern um des Ruhmes Deines Namens willen und um der Barmherzigkeit willen, mit der Du diesen Ort gegründet hast … komm' zu uns in Frieden und entreiße uns aus der gegenwärtigen Not. Amen.» Danach wurden die Reliquien an ihre Plätze zurückgetragen, und der Priester setzte die Meßfeier fort.

So alltäglich war die Unsicherheit, daß Bischof Fulbert von Chartres in einem Brief an Odilo ein vereinbartes Treffen mit der Begründung absagen mußte: «Ich wollte Euch entgegenkommen, Vater, wie ich es durch meinen Diakon R. habe ausrichten lassen. Doch mein Personal, durch neues Rumoren durcheinandergebracht, ließ es nicht zu, daß ich die Reise gegenwärtig auf mich nähme, und sie sind auch nicht bereit, mich auf die Reise zu begleiten solange, bis sie einzuschätzen vermögen, daß dies mit mehr Sicherheit geschehen könnte.»[137] Es verdient hervorgehoben zu werden, daß sich Odilo von Cluny persönlich und mutig auch dort für den Frieden einsetzte, wo es nicht um Gewalt gegen

Cluny, sondern gegen ein Kloster ging, das rechtlich nicht Cluny gehörte, ihm nur zur Reform anvertraut worden war. Als 1003 die Bischofsstadt Auxerre in der Auseinandersetzung zwischen dem Herzog von Burgund – Heinrich d. Gr. war gerade gestorben, hatte aber zuvor seinen Stiefsohn Otto-Wilhelm in sein Erbe eingewiesen – und dem König Robert II., dem Neffen des Herzogs, um die Macht im Herzogtum gegen den König stand, belagerte dieser sie mit Hilfe des Normannenherzogs. Auch das dortige Germanuskloster wurde von den Truppen eingeschlossen. Der Konvent mit seinem Abt, dem Maiolusschüler Eldricus, hatte S. Germain d'Auxerre verlassen müssen. Acht Mönche nur waren nach dem Bericht des Zeitgenossen Rodulf Glaber zurückgeblieben. Odilo von Cluny kam und ermutigte sie zum Gebet am Grab des hl. Germanus. Er ging zum König, um zwischen den streitenden Parteien zu vermitteln. «Dem König sollte Ehre erwiesen, die Eintracht der Fürsten festgegründet, der Friede für die Heimat gefestigt werden.»[138] Dies gelang keineswegs im ersten Anlauf. Odilo mußte im Belagerungsring den König hart ansprechen und dessen Führer tadelnd fragen, warum sie feindlich gegen den hl. Germanus vorgingen. Freilich habe nicht der Abt von Cluny, sondern, so Rodulf Glaber, ein vom Himmel rechtzeitig ausgebreiteter Nebel das Kloster gerettet, den Abzug der Kämpfer verursacht.

Es nimmt danach nicht wunder, Odilos Namen unter dem Aufruf zu finden, den 1041 Erzbischof Raimbald von Arles im Namen französischer Bischöfe und Äbte an den Klerus in Italien mit der Aufforderung richtete, auch dort den Gottesfrieden aufzunehmen und einzuhalten.[139] Nach den Ereignissen berief sich der Chronist Hugo von Flavigny auf Bischof Agano von Autun (gestorben am 25. Juni 1098), der öfters erzählt hatte, daß von Odilo und den anderen dieser *treva Dei* genannte Friede eingerichtet worden ist.[140] Sicher wollte er damit den Abt von Cluny nicht zum Erfinder eines Aufbruchs machen, der keinen namentlichen Urheber hatte. Aber er wies Odilo in der Gottesfriedensbewegung unter Nennung eines Gewährsmannes, der Cluny kannte, eine führende Stellung zu.

Doch soll hier nicht auf herausragenden Auftritten beharrt werden, deren genauere Umstände nie mehr werden erhellt werden können. Vielmehr ist danach zu fragen, was Odilo mit seiner klösterlichen Gemeinschaft für den Frieden tun konnte, um den er gegenüber den diese umgebenden Adeligen zu ringen hatte.

Wie begegneten die Cluniacenser den Adeligen der Nachbarschaft, die ihre Türme in die Nähe der Abtei stellen wollten? Wie gingen sie mit den Menschen ihrer Grundherrschaft um, die zu den Unbewaffneten und zu Schützenden, zu den Armen und Kranken gehörten?

Land und Leute des hl. Petrus

Unter Abt Odilo verfolgten die Cluniacenser einen Weg, den sie schon früher, besonders in der Zeit des Abtes Maiolus, auf die Burgherren in der Nachbarschaft zugegangen waren, verstärkt weiter: Bebautes Land mit allem, was sich darauf befand, verlieh das Kloster auf Lebenszeit an Adelige.[141] Der Zins, den sie dafür an Cluny zu entrichten hatten, brachte zwar meist weniger ein, als wenn das Land in Eigenbewirtschaftung geblieben wäre. Wertvoller für die Mönche war der Schutz, den die Landempfänger der Abtei nun schuldig waren. Während die Burgherren das geliehene Land zum Auf- und Ausbau ihrer Herrschaft einsetzen konnten, wurden sie von den Cluniacensern zur Wahrung des klösterlichen Interesses gewonnen, in der damaligen Sprache zu «getreuen Gefolgsleuten des hl. Petrus», des Patrons und Eigentümers Clunys (*fideles s. Petri*), gemacht. Gefolgsleute eines Klosters zu sein, das so hochangesehen dastand, dessen Abt bei Papst und Königen ein und aus ging, übte Anziehungskraft auf die aufstrebenden Burgherren aus. Die Sicherheit, für Schutz und Wohlwollen nach dem Tod ein Gedenken der Gemeinschaft von Cluny zu erhalten, das den Weg zum ewigen Heil ebnen und die Erinnerung an die eigene Familie weiter leben lassen könnte, stellte sich jenen adeligen Herren als hohes Gut dar.

Dafür ist der Historiker nicht auf Vermutungen angewiesen. Vielmehr bezeugen das die Urkunden, die von Schenkungen für das Begräbnis bei den Mönchen von Cluny sprechen. War die Zahl solcher Schenkungen unter Abt Maiolus weiter gewachsen, so stieg sie unter Odilo erneut in die Höhe. Hundertvierundzwanzigmal baten Schenker und Schenkerinnen um das Begräbnis auf dem Friedhof Clunys.[142] Neben vielen noch nicht ermittelten Personen standen Mitglieder

29 adeliger Familien, die man in ihren Beziehungen zu Cluny kennt. Namen wie Brancion, Beaujeu oder Berzé, um nur besonders bekannte Burgherrschaften in Clunys Nachbarschaft zu nennen, kommen mehrfach vor. Ein Girardus hat sich ausbedungen: Wenn ich zwischen Loire und Saône sterben werde, dann sollen die Mönche Sorge tragen, daß ich nach Cluny gebracht werde. Auf die Karte übertragen, entsteht ein überaus dicht gefüllter Raum um Cluny, in dem diese Schenkungen für das Begräbnis erfolgten.

Noch enger knüpften sich die Beziehungen zwischen Cluny und den benachbarten Adelsfamilien, wenn aus deren Kreis Männer als Mönche in Cluny eintraten. Die 22 Fälle, die bisher festgestellt werden konnten, geben gewiß nur einen Bruchteil der Wirklichkeit wieder.[143] Natürlich kann nicht geleugnet werden, daß es öfters zu Streitigkeiten zwischen Cluny und einigen seiner Gefolgsleute kam. Aber auf das Ganze gesehen gelang es der Gemeinschaft von Cluny, die *fideles s. Petri* so an sich zu binden, daß sich das Gemeinschaftsbewußtsein der Mönche z. B. durch die Eigenschaft, *fidelis s. Petri* zu sein, durch Verbrüderung mit Abt und Konvent oder durch Begräbniszusage und Totengedenken diesen Burgherren mitteilte.

Zu den wichtigsten Getreuen Clunys zählten die Herren, die zwar mangels einer starken wirtschaftlichen Basis keine Abtei gründen konnten, aber doch ihre bescheidenen Klostergründungen als Priorate an Cluny übertrugen. Das taten seit Odilos Zeit nicht nur mächtige Adelige, sondern mehr und mehr Burgherren – und dies nicht nur in der nächsten Umgebung Clunys.[144]

Zwar hielt auch Abt Odilo an der cluniacensischen Tradition fest, durch den Papst die Großen zum Schutz für Cluny aufzurufen. So wandte sich 1021 auf Bitten Odilos Papst Benedikt VIII. (1012–1024) an neunzehn genannte Erzbischöfe und Bischöfe Burgunds, Aquitaniens und der Provence, dazu an sieben genannte Grafen und Gräfinnen, sie sollten Cluny schützen. König Robert II. war zweifellos mit gemeint. Denn er hatte sich mit Odilo beim Papst verwendet, daß dessen Brief zustande kam.

Darüber hinaus jedoch haben die Cluniacenser seit der Abtszeit Odilos verstanden, auch mittlere und kleinere Herren für die Interessenwahrung Clunys zu gewinnen. Dies gelang in erstaunlicher Dichte im

Bannbezirk Clunys selbst, d. h. im Kernbereich, in dem der Abt von Cluny dank päpstlichem Privileg mit seinen Mönchen Gerichtshoheit ausübte. Bis zum Jahr 1145 etwa wurden sogar alle volljährigen, alle mindestens 15jährigen Bewohner des Dorfes Cluny und der Dekanien zum Treueid für Abt und Kloster aufgerufen.[145] Dies wird noch genauer beobachtet werden. Ein Zeichen dafür, daß auch Abt und Mönche von Cluny ihren Teil der Verantwortung für die Dorfbewohnerschaft sahen, ist die Verpflichtung des Mönchs, der das Amt des Eleemosinars versah. Er hatte mit seinen Gehilfen jede Woche auf dem Rundgang durch das Dorf nachzusehen, ob in einem Haus Bedürftige und Kranke lagen, die auf Hilfe angewiesen waren, und ihnen diese zu bieten.

Der Mobilisierung der gesamten Laiennachbarschaft für Cluny entsprach es, wenn die Cluniacenser schon vor Odilos Zeit, seitdem aber verstärkt unbebautes Land an Bauern mit wenig oder keinem Landbesitz übertrugen. Pflegte der Bauer fünf Jahre das Land, dann gehörte danach die Hälfte ihm. So entstanden für Unbemittelte Aufstiegsmöglichkeiten. Umgekehrt sicherten Landeigentümer ihren Besitz, indem sie ihn in bedingter Schenkung an Cluny gaben. Sie nutzten ihn lebenslänglich gegen Zahlung eines Zinses. Nach ihrem Tod gehörte er Cluny. Freie Bauern, die sich bedrängt sahen oder in Gefahr, unwirtschaftlich zu wirtschaften, gaben sich selbst und ihren Besitz freiwillig den Cluniacensern. Obwohl sie also ihre Arbeitskraft wie unfreie Landarbeiter dem Kloster überließen, erschien ihnen dieses Dasein immer noch erstrebenswerter als die gefährdete Eigenständigkeit. Sie sahen sich nun materiell und im Blick auf die Seel-Sorge über den Tod hinaus durch die Mönche versorgt.[146]

Daß es zwischen Unfreien und Freien auf dem Grund und Boden Clunys fließende Übergänge gab, die Stände des Landarbeiters, Knechts oder Waldarbeiters und der des Bauern einander angenähert waren, kennzeichnet die Grundherrschaft Clunys. Auf ihr konnten Unfreie sozial aufsteigen. Gerade in den 32 Dekanien, den wirtschaftlichen Mittelpunkten, die Cluny auf seinen Besitzungen im südöstlichen Burgund besaß, erwarben sich Hörige in der Arbeitsverwaltung als Helfer der Mönche unangefochtene Stellungen. Man hat schon von einem «Adel der Unfreien»[147] gesprochen, der mit Eigenbesitz und Verfügungsgewalt darüber ausgestattet war. Hörige konnten als Geschäftspartner Clunys und als Zeugen in Rechtsgeschäften mit der Abtei handeln. Sie unterstanden den Gutsverwaltern (*praepositi*) der Dekanien, die ihrerseits für ihre Dienste Land geliehen erhielten.

Diese Gutsverwalter und Dienstleute konnten für ihre Verdienste freigelassen werden, sie konnten auch Mönche werden. Vor diesem Hintergrund erinnert man sich daran, daß schon Odo von Cluny, besonders in seiner Lebensbeschreibung des Grafen Gerald von Aurillac, den Adeligen verkündet hatte, welch gute Tat es sei, Unfreie freizulassen. Und wenn im 12. Jahrhundert Abt Petrus Venerabilis von Cluny schrieb, hier würden Knechte und Mägde nicht für Knechte und Mägde, sondern für Brüder und Schwestern gehalten, so gab er damit eine alte Überzeugung der Cluniacenser wieder.

Kann auch nicht bewiesen werden, ob diese Überzeugung die Begegnung der Mönche mit dem unfreien Dienstpersonal in der Wirklichkeit stets bestimmte, so ist sie doch für alle Zeitgenossen Teil der Wertordnung gewesen, die die Cluniacenser vertraten. Und es gibt durchaus Urkunden, mit denen Herren Unfreie freilassen und sie der Herrschaft des Apostelfürsten Petrus und des Klosters Cluny übertragen. Eine solche Hörigenschenkung aus der Zeit Odilos wurde geradezu «Freilassung und Schenkung» genannt.[148]

Auch die Laien, die in der Klausur des Klosters in Küche, Schuhmacherei, Schneiderei, Mühle, Bäckerei, in Bad, Wäscherei, Keller, Krankenstation, in Garten, Waldarbeit und in den Stallungen als Gehilfen der Amtsträger des Klosters und auf Reisen als Begleiter des Abtes, Priors und Kämmerers mit den Packtieren dienten, wurden so versorgt, daß bis ins 12. Jahrhundert, als es dann seitens des Konvents Klagen über die Verpflegung an den Abt gab, keinerlei Beschwerden überliefert sind, wohl aber manche Einzelheiten der Verpflegung, die sie als «Familie» des Klosters empfingen.

Auch sie konnten zu hochangesehenen Fach- und Vertrauensleuten aufsteigen. Ein Diener des Abtes Odilo, Berno, wurde zu dessen Tauschpartner über Grundbesitz.[149] In welchem Ausmaß Cluny Arbeitskräfte aller Art angezogen hat, läßt sich allein schon daran ermessen, daß unter Abt Odilo der beeindruckende Bau von «Cluny II» samt seiner mächtigen Ummauerung vollendet wurde, gleichzeitig aber an zwölf Standorten cluniacensischer Klöster Großbaustellen von Klosterkirchen und -gebäuden anzutreffen waren: in Peterlingen (Payerne), Romainmôtier, St. Viktor in Genf, Charlieu, Ambierle, beide im größeren Umkreis Clunys, Ris, Sauxillanges, Souvigny, La Ferté, S. Saturnin-du-Port, S. Maiolo in Pavia und La Voûte. Dabei sind mit diesen Neubauten, die Jotsald in seiner Lebensbeschreibung Odilos nannte,[150] noch keineswegs alle Baustellen der Cluniacenserklöster aufgezählt. Weitere achtzehn sind von der Forschung sicher ermittelt worden, dabei nicht mitgerechnet die Pfarrkirchen, die auf den Besitzungen der Cluniacenser zur Zeit Odilos gebaut worden sind.[151]

Die Grundherrschaft des Abtes Odilo und seiner Mönche über Land und Leute ließ nicht eine klare Zweiteilung zwischen Herren und Leuten erkennen. Jeder der Mönche, der Abt eingeschlossen, hatte persönliche Armut geschworen, als er ins Kloster eingetreten war. Die Mönche, die geistliche Herren waren, sahen sich zugleich als freiwillige Arme Christi. Sie wurden nach allem, was aus Nachrichten über die Verpflegung in Cluny bekannt ist, nicht besser versorgt als Dienstpersonal des Klosters. Und in der Laienschaft, die in der Grundherrschaft Cluny lebte, gab es wohl ständische Unterschiede, doch offensichtlich viel stärker eingeebnet als in der damaligen Gesamtgesellschaft. Gerade die Übergänge von ständischer Unfreiheit zu ständischer Freiheit, die fließende Übergänge waren, machten die Anziehungskraft der klösterlichen Grundherrschaft Cluny zu einem guten Teil aus.

Trotzdem lebten auch in Cluny Arme. Die Gruppe der zwölf Armen, die in Cluny wohnten und unter dem Nachfolger Odilos auf 18 stieg,[152] ist zu unterscheiden von «den Armen, die des Weges daherkamen», deren Zahl natürlich im voraus nie zu berechnen war, jedoch die Zwölfergruppe bei weitem überstieg. Schon unter Odilo muß die Gruppe angewachsen sein. Eine Adelsfamilie, die unter Verzicht auf bisherige Ansprüche von Odilo und seinem Prior Warnerius dazu aufgefordert, an Cluny schenkte, erhielt als Gegengabe für ihr Seelenheil in Cluny und allen zu Cluny gehörenden Orten Verbrüderung sowie einen Armen, den lebenslang mit Kleidung, Schuhwerk und Nahrung zu versorgen die Cluniacenser sich verpflichteten.[153]

Schon in karolingischer Zeit hatten Zwölfergruppen von Armen – im Mittelalter dachte man bei der Zahl Zwölf am ehesten an die zwölf Apostel und an die zwölf Stämme Israels – bei Klöstern ihren Standort gehabt. Da sie mit den Mönchen versorgt wurden, hießen sie *praebendarii*. Denn die *praebenda*, die tägliche Ration des Mönchs, kam auch ihnen zu. In Cluny bestand sie, wie in der zweiten Hälfte des 11. Jahrhunderts aufgezeichnet wurde, aus einem Maß Wein, einem Pfund Brot, an vier Tagen zusätzlich aus Bohnen, an den drei anderen aus zusätzlichem Gemüse, das aus dem Garten für die Armen kam. An 25, dann 35 Festtagen im Jahr empfingen sie statt der Bohnen sogar Fleisch, manchmal den mit Honig versetzten, sehr beliebten Wein und Fischgerichte. Es ging den *praebendarii* also höchstens noch besser als den Mönchen, für die kein Fleisch vorgesehen war, wenn nicht für Mönche im Kindesalter oder Alte und Kranke.

Der erste Gehilfe des Eleemosinars war für die Verpflegung der *praebendarii* zuständig. Zu Ostern und Weihnachten wurden sie mit Kleidung ausgestattet, Ostern mit neun Ellen Wolltuch, Weihnachten mit einem Paar Schuhe. Solcher Angleichung an die Versorgung der Mönche entsprach ihre Pflicht, mit diesen am Chorgebet, auch nachts, teilzunehmen. Durch den Mönch, der nachts den Rundgang an den Betenden entlang machte (*circator*), wurde die Anwesenheit der *praebendarii* überprüft. Fehlte einer ohne ernsthaften Grund, etwa schwere Krankheit, ließ ihm der Eleemosinar die *praebenda* sperren. In Streitfällen brachte der Circator die Klagen der *praebendarii* im Kapitel der Mönche vor, und der Eleemosinar wurde den *praebendarii* gegenübergestellt.

Hinter der täglichen Begegnung der Cluniacenser mit den Armen stand eine aus der christlichen Tradition geschöpfte Überzeugung. Jotsald schrieb im 8. Kapitel des 1. Buches seiner Lebensbeschreibung Odilos von dessen Freigebigkeit gegenüber den Armen und davon, daß Odilo, auf diese Freigebigkeit tadelnd angesprochen, entgegnet hätte: «Lieber will ich um der Barmherzigkeit willen ein barmherziges Urteil empfangen, als wegen Grausamkeit grausam verdammt zu werden!» Jotsald beschränkte sich auch nicht einfach darauf, mitzuteilen, was Odilo in der besonders schlimmen Hungersnot tat, die 1031/1032 gerade auch Burgund heimsuchte, nämlich sehr viele kirchliche Gefäße und herausragende Stücke des Kirchenschmuckes, darunter die Krone Kaiser Heinrichs II., die dieser Cluny geschenkt hatte, für den Bedarf der Armen zerbrechen und einschmelzen zu lassen. Vielmehr fügte der

Mönch hinzu, er wage nicht, Odilo mit dem römischen Erzmärtyrer und Diakon Laurentius zu vergleichen. Dieser hätte ja nach dem Zeugnis des Ambrosius von Mailand der Aufforderung, die Schätze der Kirche vorzuzeigen, dadurch entsprochen, daß er die Armen der Kirche vorstellte. Aber, so Jotsald, unter den geistlichen Zeitgenossen stünde der Abt von Cluny in der Barmherzigkeit zu den Armen an der Spitze. Während Jotsald im Blick auf seinen Abt den Maßstab für die Hochschätzung der Armen – «für sie ist Christi Blut vergossen worden»[154] – in der frühen Kirche suchte, stellte er gleichzeitig nüchtern fest, Odilo hätte mit all seinen Anstrengungen nicht allen Armen in allem Elend helfen können. Aber man hätte ihn gesehen, wie er in Dörfer und Kirchen im ganzen Umkreis gereist wäre und Fürsten, Reiche und mittelmäßig Wohlhabende zur Barmherzigkeit aufgerufen hätte.

Wie weit der Umkreis gezogen war, in dem Odilo Hilfe für die ihm anvertrauten Armen suchte, deutet sein Brief an König Garcia II. von Navarra an, in dem er ihn in Not und Hunger Cluny zu unterstützen bat.[155] Viele Tausende Armer, meldete Jotsald, seien so Hungersnot und Tod entgangen.

Doch bleibt noch, unbeschadet des überall bekanntgewordenen Eintretens Odilos für die Armen, ein Wort über die vielen Armen zu sagen, die des Weges nach Cluny kamen und deren Zahl weitaus höher als die der *praebendarii* war. Ein Bild davon gab Odilo selbst in seiner Lebensbeschreibung der Kaiserin Adelheid. Dabei sprach er noch nicht einmal von der Abtei Cluny selbst, sondern vom Grabkloster Adelheids, dem unterelsässischen Selz, dessen erster Abt der Cluniacensermönch Ecemann war.

Nach Odilos Zeugnis[156] – und man darf sicher sagen: in einer Übertragung cluniacensischer Gewohnheiten auf den Bericht über Adelheid – hätte die Kaiserin stets an den Jahrgedächtnistagen ihrer verstorbenen Freunde und Vertrauten ihren geistlichen Mitstreitern, den Mönchen, ein geistliches Geschenk gegeben: die Barmherzigkeit gegenüber den Armen. Wie üblich waren am Todestag ihres Sohnes, des Kaisers Otto II., die Armen in Mengen aus den umliegenden Dörfern nach Selz zusammengeströmt. Am Ort wurde die Menge der Bedürftigen in Reih und Glied aufgestellt. Die Kaiserin persönlich trat zu ihnen, und – hier zitierte Odilo frei die Benediktsregel – sie zweifelte nicht, daß unter ihnen Gott sei, den sie demütig anbetete. Mit eigenen Händen teilte sie den Armen aus. Und erst nach diesem «geistlichen Handel» begann die Totenmesse für ihren Sohn.

Mit größeren Zahlen zusammenströmender Armer muß man in Cluny rechnen. So wie dort erst in der zweiten Hälfte des 11. Jahrhunderts nähere Einzelheiten über die Versorgung der *praebendarii* überliefert wurden, so taucht auch erst in dieser Zeit in Cluny eine Zahl auf: Am Beginn einer Fastenzeit, als die Mönche die Armen zu zählen hatten, waren es 17000, denen 250 geräucherte Speckseiten im Namen Christi verteilt wurden.[157] Eine Übertreibung? Wir werden sehen, daß alles gegen eine Übertreibung spricht. Aber hier ist weiter auszuholen. Denn gerade auch der Empfang der des Weges daherkommenden Armen in Cluny begann wieder in einer urchristlichen Verordnung, von der ein Weg in eine dem Mittelalter eigene Anschauung führte.

Wie in allen Klöstern, so war auch in Cluny der Gründonnerstag ein Tag der Armen. Vorbild war die biblische Abendmahlsszene, in der Jesus den Jüngern die Füße wusch und danach, wie im Johannesevangelium geschrieben und in der lateinischen Vulgata-Übersetzung mit dem Wort *mandatum* wiedergegeben, den Aposteln sagte: Einen neuen Auftrag gebe ich Euch, daß Ihr einander liebt, wie ich Euch geliebt habe, so sollt auch Ihr einander lieben. Daran werden alle erkennen, daß Ihr meine Jünger seid, wenn Ihr einander liebt.[158]

Mandatum hieß in den mittelalterlichen Klöstern daher: Fußwaschung. Sie wurde am Gründonnerstag, zum Zeichen, daß die Mönche den Auftrag Christi ernst nahmen, den Armen geboten. Erhielten das Kirchenjahr über fast täglich drei Arme das Mandatum, so waren es am Gründonnerstag in Cluny alle Armen, die des Weges daherkamen. Noch vor der Festmesse wurde zu einer anderen Meßfeier geläutet, zur Messe, zu der sich die Armen versammeln sollten, zur «Messe der fremden Pilger»[159]. Man braucht wenig Phantasie dazu, sich vorzustellen, wie die Armen, die den Gründonnerstagsbrauch kannten und weitersagten, nach Cluny geströmt sein mögen. Denn nach ihrer Meßfeier, nach Feuerweihe und Festmesse wurden den Armen beim Mandatum nicht allein die Füße gewaschen, getrocknet und geküßt. Sie erhielten auch Nahrung. Und mit Wein und Handkuß, den sie empfingen, gaben ihnen dazu abgeordnete Mönche noch Geld zur Wegzehrung, mit dem die Armen bis zum nächsten Kloster kämen. Erst nach dieser in der Liturgie des Gründonnerstages eingebetteten Zeremonie, die den Armen zugute kam, fand abends ein zweites Mandatum, diesmal die Fußwaschung für Abt und Konvent selbst, statt.

Ein neues Fest erobert das Abendland

Doch war der Gründonnerstag nicht der einzige Tag, an dem sich im Cluny Odilos die Gemeinschaft der Armen entsann, die ihr Christus anvertraut und Benedikt von Nursia in der Regel ans Herz gelegt hatte. So wie nach dem Johannesevangelium Jesus nach Abendmahl und Fußwaschung und vor seinem Leiden seinen Jüngern den Auftrag zur Nächstenliebe gegeben hatte, so dachten auch die Mönche im Angesicht des Todes, sei es der ihrer Mitbrüder, sei es ihr eigener, an die Armen, in denen ihnen nach ihrer Überzeugung Christus begegnete. Das war nicht erst seit Odilo und nicht erst in Cluny so. War bereits in der Kirchenväterzeit die Mahnung ergangen, die Leute sollten nicht, wie in vorchristlicher Zeit, Totenmähler feiern, die oft genug zu Gelagen verkamen, sondern das dafür verschwendete Geld den Armen geben, so hat vor allem der erste Mönchspapst der Geschichte, den man kennt, Gregor d. Gr. (590–604), mit den Geschichten, die er im 4. Buch seiner Dialoge von Sterben, Tod und dem reinigenden Feuer danach erzählt hat, in jedem Jahrhundert des Mittelalters aufmerksamste Leser unter den Mönchen gefunden. Diese wußten auch aus den Lebensbeschreibungen Gregors und aus dessen Briefen, wie er sich für die Armen eingesetzt und daß er den Kirchenbesitz als Gut der Armen verstanden hat.

In den Gewohnheiten klösterlichen Lebens, die in Cluny unter Odilo aufgezeichnet wurden, ist der Mönch Justus den Cluniacensern als mahnendes Beispiel vor Augen gestellt worden, von dem Gregor d. Gr. im 57. Kapitel des 4. Buches seiner Dialoge berichtet hatte. Als der Mönch Justus im Sterben lag, fand man bei ihm Goldmünzen, die er verborgen hatte. Für die Verletzung des Armutsgelübdes und die Verheimlichung wurde er aus der Gemeinschaft verstoßen und auf dem Misthaufen verscharrt, nicht ohne von den Mitbrüdern Verfluchungen nachgeschickt bekommen zu haben. Eselsbegräbnis hieß das damals. Dreißig Tage danach, so Gregor, sei er vom Mitleid ergriffen worden und hätte die Mönche, weil der Verstorbene am Ende des Lebens keine Chance zur reuigen Tat mehr gehabt hätte, für den Toten dreißig Tage hindurch das Meßopfer feiern lassen. Danach sei Justus seinem Bruder bei Nacht begegnet und hätte deutliche Erleichterung von seinen Qualen bekundet. Daß die stellvertretende Tat der Brüdergemeinschaft dem Verstorbenen über den Tod hinaus noch zur Erleichterung im Feuer der Läuterung, auf dem Weg zum Heil helfen konnte, hat die Cluniacenser wie alle Mönche im Mittelalter zutiefst bewegt. Das von Gregor d. Gr. erwähnte und angeordnete Dreißigtage-Gedenken (*tricenarius*) wurde im Mittelalter Grundelement der Totensorge.

Odilo trug in seiner Todeskrankheit seinem Schüler Adraldus, dem späteren Abt von Breme, auf, auf dem Rechenbrett zusammenzuzählen, wie viele Messen er in den 56 Jahren seit seiner Einsetzung als Abt gefeiert habe.[160] Und Jotsald zitierte in seiner Vita des Abtes Odilo für die Richtigkeit seiner Aussagen den Kardinalbischof Johannes I. von Porto, Petrus von S. Maiolo di Pavia und Odilos Eleemosinar Eldebertus. Danach hätte Papst Benedikt VIII. dem Kardinal und zwei anderen in einer Vision mitgeteilt, daß er nicht das Licht nach seinem Tod erlangt, sondern im Schatten für seine Sünden gebüßt hätte. Odilo sei um Hilfe gebeten worden. Dieser und seine Mönche hätten Gebete und Werke der Barmherzigkeit so gesteigert, daß Benedikt VIII. aus dem Jenseits in einer Vision dem Mönch Eldebertus eröffnet hätte, «durch Dazwischentreten des Herrn Odilo und der Brüder wäre er dem ungeheuren Chaos entronnen und zu himmlischer Seligkeit entschwebt»[161].

Träume und Visionen wurden von den Mönchen ernst genommen. Ein Bruder, der eine Vision hatte und sie nicht sofort dem Abt mitteilte, wurde bestraft.[162] Offensichtlich sollte so vermieden werden, daß die Konventualen einander mit Erzählungen von Visionen in Unruhe brachten. Visionen, über den Abt dem Konvent mitgeteilt, konnten dagegen als Appelle zu gemeinsamem Handeln weitergegeben werden. Was Jotsald in seiner Vita Odilos an Visionen weitergab, war zweifellos von dem Abt gutgeheißen. Es konnte sogar das Gemeinschaftsbewußtsein der Mönche stärken.

Eine Visionsgeschichte Jotsalds wirkte derart in Cluny nach, daß noch im 16. Jahrhundert, als dort auf einer Pergamentrolle die Namen Hunderter geistlicher Gemeinschaften festgehalten wurden, mit denen

Cluny verbrüdert war, vor die Namen Verse und Bilder gestellt wurden, die Jotsalds Visionsgeschichte veranschaulichten.[163] Danach hätte ein schiffbrüchiger Jerusalemheimkehrer auf einer Felsinsel nach Sizilien nur einen Klausner angetroffen. Der wies ihn auf benachbarte Orte, aus denen fürchterliches Feuer herausbrach, in denen die Sünder ihre Schuld für festgesetzte Zeit büßten. Offenbar gaben die sizilianischen Vulkane den wirklichen Hintergrund für das Bild vom Fegfeuer. Der Klausner eröffnete dem reisenden Aquitanier, der bei ihm gestrandet war, daß eine Menge Dämonen zur steten Erneuerung der Qualen im Feuer tätig wäre und daß die gequälten Seelen nach Gebeten und Werken der Barmherzigkeit riefen, die an vielen Heiligtümern von Mönchen geleistet würden und die armen Seelen retteten. Am meisten seien dabei die von Cluny und deren Abt genannt worden. Daher, so beschwor der Klausner den Jerusalempilger, solle dieser, käme er heil zurück, der Gemeinschaft von Cluny das Gehörte überbringen und sie zu verstärkten Anstrengungen im Gottesdienst und für die Armen ermuntern, dann würden die Seelen erlöst, der Himmel voller Freude, der Teufel voll Trauer sein und geschädigt werden.

Die Kraft, die hier Cluny zuerkannt wurde, und zwar von Menschen, die sich um das Seelenheil aller Menschen sorgten, sprach sich herum. In den fünf Büchern Geschichten Rodulf Glabers, im 13. Kapitel des 5. Buches, findet sich dieselbe Geschichte wieder, diesmal nach Afrika verlegt, und als Gesprächspartner des Einsiedlers wird ein Bürger aus Marseille vorgestellt. Diesem hätte der Eremit gesagt: «Wisse, daß von allen Klöstern der lateinischen Welt Clunys Kraft in der Befreiung von Seelen aus der Beherrschung durch die Dämonen das meiste bewirkt. So kraftvoll ist dort die häufige Darbringung des Meßopfers, daß kaum ein Tag vergeht, an dem nicht ein solcher heiliger Handel Seelen aus der Macht der bösen Geister entreißt.» «Es war nämlich, wie wir es selbst gesehen haben», so der Geschichtsschreiber Rodulf Glaber, «die Gewohnheit jenes Klosters, vom ersten Morgengrauen bis zur Frühstückszeit, wegen der großen Zahl der (Priester)Mönche, unentwegt Meßopfer zu feiern.»

Aber bei Jotsald steht auch, wohin die Vision von den feurigen Qualen der armen Seelen führen sollte: zur Einführung eines neuen Festes durch Odilo und seine Mönche, eines Festes, das eine alte Hoffnung der Menschen stärken konnte.[164] Bis in vormittelalterliche Zeit ging die Hoffnung der Christen zurück, nach dem Tod in der Gemeinschaft der Heiligen zu sein, deren Fürsprache bei Gott zum ewigen Heil helfen könnte. Deshalb hatte schon der Kirchenvater Augustinus auf Fragen zu antworten, ob es gut wäre, wenn die Verstorbenen in der Nähe von Heiligengräbern bestattet würden: *apud Sanctos*. Und in den frühesterhaltenen Martyrologien aus der Karolingerzeit ist zu beobachten, daß den Einträgen für die Heiligen jene für verstorbene Mönche hinzugefügt wurden, damit am Morgen beim Primkapitel mit den Namen der zu feiernden Heiligen die Namen der verstorbenen Mitbrüder aufgerufen und deren Gedenken durch den Aufruf in der liturgischen Handlung, von Jahr zu Jahr erneuert, zu einem ewigen Gedenken würde.

Obwohl Cluny schon im Ruf stand, das Meiste und Wirksamste für das Totengedenken in Liturgie und sozial-caritativen Leistungen zu tun, dachte Abt Odilo darüber nach, wie für die verstorbenen Mönche mehr als das Gewohnte erbracht werden könnte. Zusammen mit seinem Konvent «erfand» er ein Fest, das die jahrhundertealte Sehnsucht der Christen auffing, nach dem Tod in die Gemeinschaft der Heiligen aufgenommen zu werden. In einem nicht genau zu bestimmenden Jahr seiner Abtszeit verfügte er, daß am Tag nach Allerheiligen, also am 2. November, festlich das Gedenken Allerseelen begangen werde. War die Gründung Clunys zum Seelenheil aller lebenden und verstorbenen Christgläubigen erfolgt, so galt nun das neue Fest, das in Cluny und in allen rechtlich zu Cluny gehörenden Klöstern zu feiern war, nicht nur der eigenen Gemeinschaft, nicht nur dem Freundes- und Fördererkreis des Klosters, sondern allen Verstorbenen.

In fließendem Übergang von Allerheiligen zu Allerseelen wurde das neue Fest gefeiert. An Allerheiligen nach dem Kapitel erhielten, wie am Gründonnerstag, alle des Weges daherkommenden Armen eine Mahlzeit mit Brot und Wein. Abends wurden alle Glocken geläutet. Die Totenvigil wurde nach Art eines Hochfestes mit drei Nokturnen und mit neun Lesungen begangen. Mehrere Psalmen zusätzlich wurden gesungen. Feierlich, der Tractus von zwei Mönchen gesungen, beging man an Allerseelen die Morgenmesse für die Toten. Danach wurden von den Priestermönchen privat Messen für die Toten gefeiert und auch weitere

Messen öffentlich für alle armen Seelen gesungen, außerdem die Gruppe der zwölf armen Praebendarii gespeist. Mehrere Psalmen zusätzlich wurden in das Stundengebet des Allerseelentages aufgenommen. Und ausdrücklich und namentlich wurde in diesem Zusammenhang das Gedenken Kaiser Heinrichs II. genannt, dessen man in Cluny wie keines anderen Herrschers gedachte.

Odilos Idee vom Allerseelenfest traf offensichtlich auf breiteste Erwartung. Anders wäre schwer zu erklären, daß schon im 11. und 12. Jahrhundert außerhalb der Cluniacenserklöster das neue Fest bis Lüttich und Mailand heimisch wurde, seit dem 14. Jahrhundert in Rom selbst, und daß es sich in der ganzen römischen Kirche und bis zum heutigen Tag eingebürgert hat.

Cluniacensisches Mönchsleben als Maßstab

Es wäre erstaunlich, hätte es nicht auch in Cluny Mönche gegeben, die den klösterlichen Frieden störten und das gemeinsame Leben gefährdeten. Tatsächlich berief sich Rodulf Glaber, als er sich im letzten seiner fünf Bücher Geschichten über neidische Mitbrüder ausließ, auf Abt Odilo von Cluny, der häufiger darüber geklagt hatte, daß der Schandfleck des Neides sich in den Herzen einiger Leute bequem eingenistet habe, die gelobt hätten, als Mönche zu leben.[165] Oder Abbo, der überall bekannte Abt von S. Benoît-sur-Loire, erinnerte in seinem Brief an die Mönche des benachbarten S. Mesmin de Micy, die er wegen innerklösterlicher Unruhen hart rügte und dabei einen verachtenswerten Schreiber namentlich erwähnte, an den «in unserm Mönchsberuf einzigartigen Odilo, Abt der Cluniacenser»[166]. Dieser habe «Geschichtenschreiber dieser Art, als er sie gerade eben entdeckt hatte, mit Geißelhieben aus seinem Kloster getrieben und mit dem Makel des Ausschlusses aus der Gemeinschaft schrecklich gebrandmarkt».

Die Gefahr des Unfriedens in der mönchischen Gemeinschaft wuchs gerade auch dort, wo Odilo mit seinen Mönchen Klöster zur Erneuerung annahm. Es brauchten sich nur diejenigen, die eine solche Reform von außen, von Cluny aus, ablehnten, gegen den Abt zu erheben. Genau dies hatte sich im Martinskloster Marmoutier ereignet. In einem Brief an Abt G(ausbert von S. Julien de Tours) machte Abbo dafür zwei Rädelsführer verantwortlich. Und auch in diesem Brief schrieb Abbo wieder gegen den Friedrich, den er im eben erwähnten Brief als «verachtenswerten Schreiber» bezeichnet hatte und jetzt wie den Kopf einer Sekte darstellte. In Marmoutier also, vermerkte Abbo, «wird ja mit mir jener Bannerträger des gesamten Mönchslebens, Odilo, verschmäht, und die Brüder von Cluny sind, wie uns berichtet wurde, von Marmoutier unehrenhaft vertrieben worden»[167].

In S. Maur-des-Fossés war es sogar ein Cluniacenser, der den Cluniacensern vorwarf, sie wollten die alte Abtei zu einer Zelle Clunys herunterstufen. Von König Robert d. Fr. ließ er sich den Abtsstab geben und pochte auf die Unabhängigkeit des Maurusklosters von Cluny.[168] Es mochte sich auch immer aus leicht einzusehenden sachlichen Schwierigkeiten Streit entzünden.

Gemessen an dem steilen Anstieg der Zahl von Klöstern, die unter Odilos Stabführung den Cluniacensern ins rechtliche Eigentum übertragen wurden, erscheint es dennoch eher geringfügig, was an solchen negativen Erfahrungen auf uns gekommen ist: Zählte die Urkunde von 998, mit welcher der erste deutsche Papst, Gregor V. (996–999), Cluny seine Exemtion – die Herausnahme aus der Zuständigkeit des Ortsbischofs von Mâcon – verbürgte, 38 Klöster im Eigentum Clunys auf, so rechnet man zum Zeitpunkt des Todes Odilos mit rund 70 Klöstern, die Cluny gehörten.[169] Überdies nahm seit den 1030er Jahren die Neigung zu, den Cluniacensern Klöster als Priorate einzurichten.[170] Dies lag zum einen, wie schon einmal erwähnt, daran, daß neben den Spitzen der Gesellschaft nun mehr und mehr auch mittelmäßig ausgestattete und kleinere Adelige cluniacensische Klostergründer werden wollten. Zum andern wurde den Cluniacensern, wenn sie in einem Kloster ihre Lebensgewohnheiten auf Dauer einrichten wollten, dieses Vorhaben erleichtert, wenn das Priorat als unselbständiger Bestandteil der Gemeinschaft von Cluny jederzeit dem Zugriff des Abtes von Cluny unterlag. Er setzte den Prior ein und konnte ihn auch versetzen und absetzen. Eine Abtei, die demgegenüber nach langer eigener Vergangenheit an Cluny überging und ihren eigenen Abt hatte, wünschte stets etwas von ihrer mitgebrachten Eigenart zu behalten. Ob Priorat oder Abtei – Auseinandersetzungen des jeweils cluniacensisch gewordenen

Klosters mit Cluny lagen nahe und konnten den Frieden in der Gemeinschaft der Cluniacenser gefährden.

Zu Recht wird in der Literatur hervorgehoben, daß Abt Odilo von Cluny auch immer wieder in der großen Politik, am Kaiserhof, beim französischen König und beim Papst gegenwärtig war, in Deutschland und Italien reiste. Eindrucksvoll geben sich auch seine Reisewege zur Reform von Klöstern, angefangen mit S. Denis zu Paris, nach dem Elsaß und nach Piemont, Rom, Ravenna und Farfa. Unter Odilo kamen Cluniacenser in spanische Klöster. Odilo reiste nach Südfrankreich ebenso wie nach Neuburg an der Donau und Regensburg. Unter seinen Reisen ragte jene auf den Monte Cassino heraus. Den dortigen Mönchen brachte er Reliquien des Benediktsschülers Maurus mit. Wie sehr Odilos Gegenwart an den Mittelpunkten des damaligen Europa dem Ruf seiner Abtei zugute kam, wird man nicht bezweifeln wollen.

Eindrucksvoll genug erscheint, jenseits einer Aufzählung aller Aufenthalte des Abtes bei Hofe, was davon an zeitgenössischen Erzählungen aufgezeichnet worden ist. Den edelsteingeschmückten und mit dem Kreuz überhöhten Reichsapfel, den der Papst 1014 Heinrich II. zur Kaiserkrönung überreichte, habe dieser sogleich den Cluniacensern weitergegeben mit den Worten: «Niemandem kommt es besser zu, dieses Geschenk zu besitzen und anzuschauen als denen, die weltlichen Pomp mit Füßen getreten haben und dem Kreuz des Erlösers mit größerer Freiheit nachfolgen.»[171] Ademar von Chabannes[172] ließ Heinrich II. den Cluniacensern auch noch ein goldenes Szepter, Teile der kaiserlichen Gewandung, eine goldene Krone und ein goldenes Kruzifix schenken und mit Odilo vertrauensvolle Gespräche führen.

Von Apfel und Szepter, den kaiserlichen Insignien, ist daher auch in den unter Odilo aufgezeichneten klösterlichen Lebensgewohnheiten die Rede. Sie wurden besonders bei Prozessionen mitgeführt. Über dem Altar hängten die Cluniacenser eine goldene Krone Heinrichs II. auf, die dieser zu seiner Verbrüderung nach Cluny gebracht hatte, wie auch noch in seiner später verfaßten Lebensbeschreibung festgehalten wurde.[173] In der Sakristei Clunys stand ein Kelch mit dem Namen Odilos eingraviert, laut Umschrift ein Geschenk Heinrichs II.[174] Daß Odilo schließlich Insignien, die er von Heinrich II. empfangen hatte, darunter die Krone, für hungernde Arme hat einschmelzen lassen, ist bekannt.[175]

In dauernder Erinnerung blieb auch, daß Odilo in dem ihm besonders ans Herz gewachsenen Pavia 1004, als Heinrich II. dort mit der eisernen Langobardenkrone gekrönt wurde[176] und Paveser Bürger die Pfalz stürmten, oder nach Heinrichs II. Tod (1024), als die Pfalz von den Bürgern zerstört wurde und Konrad II. Pavia zwei Jahre lang mit Gewalt unterwarf,[177] oder eher in beiden Fällen für die Bevölkerung in Pavia eingetreten ist. Denn Jotsald rechnete es Abt Odilos Gerechtigkeit zu, daß er «zu Zeiten Heinrichs II. und Konrads II. die Stadt Pavia vor Schwert und Feuer gerettet habe»[178]. 1014 feierte Heinrich II. zusammen mit Odilo in Pavia Weihnachten.[179]

Welch handfeste Ergebnisse Treffen des Abtes mit dem Kaiser haben konnten, gibt eine Einzelheit wie diese zu erkennen, daß 1019 in Regensburg, als Odilo beim Kaiser für die lombardische Benediktsabtei bei Leno eintrat, die Urkunde Heinrichs II. für Leno von zwei kanzleifernen Schreibern, davon zumindest von einem Mönch Clunys, geschrieben wurde.[180]

Aber war die ausgedehnte Reisetätigkeit des Abtes, waren seine oft langen Abwesenheiten von Cluny nicht gleichzeitig Zumutungen für das Gemeinschaftsleben in Cluny? Das Werk des Bauherrn Odilo, «Cluny II», haben uns die Archäologen der Medieval Academy of America unter Leitung K. J. Conants vor Augen gestellt.[181] Und schon zeitgenössisch wurde Odilo mit dem Kaiser Augustus verglichen, der Ziegelwerk vorgefunden und Marmor hinterlassen habe. Doch sicher war auch die langjährige Großbaustelle in Cluny so wie in zahlreichen anderen Cluniacenserklöstern eine Zumutung für die Gemeinschaft. Man erinnert sich an die Klagen, die unter Karl d. Gr. und Ludwig d. Fr. die Mönche von Fulda vorgebracht hatten, die unter den Bauarbeiten stöhnten. Allein, was bei diesen entscheidend das Unglück erschwerte, ihre Zwietracht mit dem Abt, derentwegen sie den Kaiser um Hilfe baten, war dem Konvent Odilos von Cluny fremd.

In ihrer Einigkeit mit ihm hatte sich die Gemeinschaft offensichtlich derart gefestigt, daß ihrem klösterlichen Leben die angesprochenen Zumutungen nicht ernsthaft schadeten. Im Gegenteil scheint die Gemeinschaft die Zumutungen als Herausforderungen aufgenommen und zu gesteigerter Stärkung ihrer selbst eingesetzt zu haben. Dafür lassen sich ernstzunehmende Anzeichen ausmachen. Es blieb nicht dabei, daß

Plan der Anlage
«Cluny II» um
1050, nach K. J.
Conant.

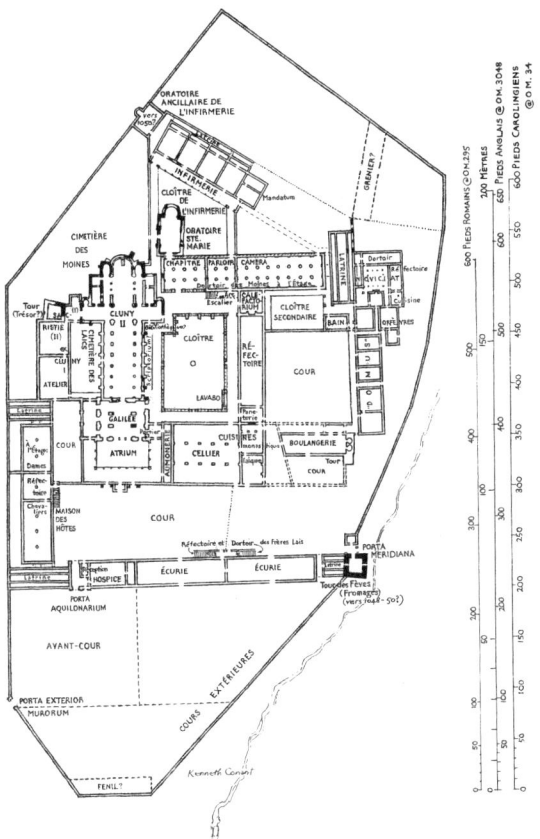

Odilo «Cluny II» bauen ließ. Der Bau von Kirche und Kloster wurde überdies in einer eigenen Beschreibung mit bis ins einzelne gehenden, genauen Maßangaben – z. B. die Fenster der Kirche betreffend – festgehalten. Und es genügte auch nicht mehr, über die Liturgie, die das Kirchenjahr hindurch in der neuen Klosterkirche gefeiert wurde, Aufzeichnungen anzulegen. Die Beschreibung des Klosters Cluny bildete den Anfang des zweiten von zwei Büchern, in denen unter Odilo die klösterlichen Lebensgewohnheiten seiner Gemeinschaft insgesamt niedergeschrieben wurden. Dies geschah mit dem Anspruch, dieser Gewohnheitstext sei «der vollendete Brauch, die vollendete Ordnung zum

127

Schmuck der Katholischen Kirche und zur Bewahrung der Norm des Weges der Regeltreue»[182]. Dementsprechend erfolgte die Niederschrift der Lebensgewohnheiten in Cluny unter Odilo auch im Bewußtsein, diese seien für andere klösterliche Gemeinschaften nachahmenswert. Daher darf es als bezeichnender Zufall der Überlieferung gewertet werden, daß dieser Gewohnheitstext als getreue Abschrift in einem Exemplar der alten, nördlich Roms in der Sabina gelegenen Reichsabtei Farfa erhalten blieb. Dort wurde im Vorwort der Abschrift vermerkt, diese klösterliche Lebensgewohnheit stamme «aus dem in Gallien gebauten Kloster Cluny, das zu dieser Zeit über den ganzen Erdkreis hin über alle Klöster hinaus blühende Kraft auf dem Pfad der Regeltreue entfaltete». Und Odilo galt «als strahlendes Licht»[183].

Dazu fügte sich, daß schon in einer Urkunde König Roberts II. für das normannische Fécamp, in dem Wilhelm von Volpiano als Abt reformierte, im Jahr 1006 angeordnet wurde, «bei der Wahl, Bestellung und Weihe des Abtes sollte bei den Mönchen von Fécamp die Gewohnheit befolgt werden, die bisher im berühmtesten der Klöster, in Cluny, bewahrt worden ist, von wo der Quell heiligen Mönchslebens bereits weit und breit zu vielen Orten abgeleitet worden ist»[184]. Ein Chronist von Rang, Ademar von Chabannes, schrieb, die Cluniacenser lebten in der Lehre der Apostel; indem sie die Forderung der Frohbotschaft erfüllten, folgten sie, nachdem sie alles verlassen hatten, arm dem armen Christus nach.[185] Dem cluniacensischen Selbstbewußtsein von der reformerischen Kraft der eigenen klösterlichen Lebensgewohnheiten entsprach also die Anerkennung von außen, welche diese Lebensgewohnheiten erfuhren.

Die cluniacensischen Totenbücher als Zeugnisse cluniacensischen Gemeinschaftslebens

Wie nahe der für Farfa abgeschriebene und dort erhaltene Text der cluniacensischen Lebensgewohnheiten in der Abtszeit Odilos der gelebten Wirklichkeit stand, zeigt nicht zuletzt das am Ende stehende Kapitel: «Im Martyrolog sind die Mönche und Freunde so aufzuschreiben: Es starben …»[186] Der dann folgende Mustereintrag ist zwar ohne Datum gegeben. Aber da die Reihe der genannten Mönche in cluniacensischen

Totenbüchern zum 19. Oktober wiederbegegnet und der mit ihnen genannte König Konrad demnach als der am 19. Oktober 993 verstorbene König Konrad der Friedfertige von Burgund wiedererkannt werden kann – ein besonderer Gönner Clunys –, läßt sich der Mustereintrag datieren.[187]

Erstaunlicher ist etwas anderes: Aus Cluny selbst sind ja alle Totenbücher verloren. So ist eine unmittelbare Überlieferung des Mustereintrags aus dem Text der cluniacensischen Lebensgewohnheiten in der necrologischen Buchführung Clunys nicht mehr möglich. Doch sind seit der zweiten Hälfte des 11. Jahrhunderts in Klöstern, die rechtlich zu Cluny gehörten, Necrologien angelegt, geführt und bis auf uns überliefert worden. In ihnen läßt sich mittelbar spiegeln, was in Cluny verlorengegangen ist.

Im Mustereintrag für Farfa sind folgende Mönche in folgender Reihenfolge aufgeführt: «*Gerbertvs* Mönch unserer Gemeinschaft (vor König Konrad, also vor 993 verstorben), *Ildinus* Mönch unserer Gemeinschaft (nach Konrad, nach 993 verstorben), *Fulcherus* Mönch unserer Gemeinschaft, *Tetardus* von unserer Gemeinschaft.» Vergleicht man nun diese Mönchsgruppe mit den Mönchen, deren Namen zum 19. Oktober in den erhaltenen Necrologien cluniacensischer Klöster eingeschrieben worden sind, ergibt sich folgendes eindeutige Bild:

Limoges	Moissac	Marcigny	S.Martin	Longpont des Champs
1. Girbertus	3. Girbertus	1. Fulcherius	1. Girbertus	1. Gislebertus
2. Ildinus	4. Ildinus	2. Ildinus	2. Ildinus	2. Ildinus
3. Fulcherius	6. Fulcerius	3. Girbertus	3. Fulcherius	3. Fulcherius
4. Tetardus	7. Tetbardus	8. Thetardus	4. Tetardus	4. Thetardus

Die Verschiebung der Reihenfolge in dem Necrolog, das in Moissac für dessen Priorat Duravel angelegt worden ist, erklärt sich einfach: In diesem Totenbuch wurden die Namen jener Mönche von Moissac, die noch vor Übergabe der alten Abtei an Abt Odilo von Cluny gestorben waren, den Namen der Mönche des Klosters in der Gascogne, die als Cluniacenser gestorben sind, vorgestellt. Die gestörte Reihenfolge im Necrolog des ersten Frauenklosters der Cluniacenser, Marcigny-sur-Loire, ergibt sich daraus, daß die Nonne Elsendis, die das Necrolog angelegt hat, mit ihrer Vorlage sehr selbständig umgegangen ist und ihre Einträge vor allem hierarchisch, Äbte und Bischöfe zuerst, Prioren vor

Mönche usw., angeordnet hat. Dabei entstanden Bruchstellen gegenüber der Vorlage, Mißverständnisse, Doppelungen. Doch, indem man die Eigenart der jeweiligen Necrologanlage wahrnimmt, vertieft sich der Eindruck der überaus starken Gemeinsamkeit noch.

Was hier im Kleinen zu sehen ist, bestätigt sich im Großen. Die bis jetzt bekannt gewordenen Totenbücher aus cluniacensischen Klöstern, obwohl an weit auseinanderliegenden Orten und zu unterschiedlichen Zeitpunkten entstanden, weisen vieltausendfache Übereinstimmungen der Namenseinträge auf. Diese können also nur aus einer gemeinsamen Vorlage gekommen sein, aus Cluny. Bevor noch im späteren 11. Jahrhundert in Cluny einige spärliche Bemerkungen über die Boten festgehalten wurden, die vom Bibliothekar mit den Pergamentrollen, auf denen die Namen der jüngst Verstorbenen eingetragen waren, in alle vier Himmelsrichtungen zu den cluniacensischen Klöstern geschickt wurden und einmal im Jahr von den weiter entfernten Klöstern die Namen der dort Verstorbenen zu sammeln hatten, muß der Austausch der Verstorbenennamen zwischen Cluny und seinen Klöstern schon unter Odilo erstaunlich dicht gewesen sein.

Mehr als 95 Prozent der Einträge in den Totenbüchern aus cluniacensischen Klöstern gehören den rund 48 000 verstorbenen Cluniacensermönchen des 10. bis 12. Jahrhunderts, die sich als «Mönche unserer Gemeinschaft» in diesen Necrologien finden, der Rest betrifft «unsere Freunde und Wohltäter». Warum fehlen aber dann in den Necrologien cluniacensischer Klöster zum 19. Oktober der im Mustereintrag für Farfa genannte König Konrad der Friedfertige von Burgund und Herzog Heinrich, die beide als besondere Wohltäter Clunys galten? Als von Cluny die Namen der Toten an die cluniacensischen Klöster weitergegeben wurden, ließ man offensichtlich die Namen fast aller Freunde und Wohltäter Clunys weg und beschränkte sich auf die Weitergabe der Namen der verstorbenen Mönche. Dafür konnte die Einsicht leitend gewesen sein, daß die riesigen Gedenkverpflichtungen der Abtei Cluny nicht von den cluniacensischen Klöstern übernommen werden konnten, sollten diese den Kreis ihrer jeweiligen Verwandten und Gönner aus der Region in ihrem Gedenken halten. So findet sich im Bereich dieser Einträge am wenigsten Gemeinsames, meist Eigengut des jeweiligen Totenbuches. Überwältigend bleibt das gemeinsame Gedenken an die verstorbenen Cluniacensermönche in und außerhalb Clunys. Auch diese Verpflichtungen mochten in manchem Cluniacenserpriorat als drückend empfunden worden sein. Jedenfalls treffen wir da und dort innerhalb der Mönchseinträge in Necrologien cluniacensischer Klöster eine Binnengliederung nach Mönchen aus Cluny und anderen cluniacensischen Klöstern einerseits und den Mönchen des eigenen örtlichen Konvents andererseits an. So wurde etwa in S. Martial de Limoges ein Mönch aus Cluny mit *c* oder *cl*, ein eigener mit *l* oder *le* versehen. «Die Mönche unserer Gemeinschaft» bleiben das beherrschende Bild der aus cluniacensischen Klöstern überlieferten Necrologien. Diese bilden die bei weitem umfangreichste Totenbuchüberlieferung aus gemeinsamer Wurzel im Mittelalter.

Man braucht sie nur mit den Necrologien deutscher Klöster aus der Ottonen-, Salier- und Stauferzeit zu vergleichen.[188] Es ist einem Totenbuch durchaus anzusehen, ob es, wie in Einsiedeln, in einem hochprivilegierten Königskloster geführt wurde. Zwei Drittel der ursprünglichen Einträge betrafen Äbte und Mönche des eigenen Konvents, ein Drittel die Königsfamilie und dieser nahestehende Persönlichkeiten im Reich. Das Necrolog einer klösterlichen Gemeinschaft, die wie St. Emmeram zu Regensburg den Ortsbischof zum geschätzten oder abgelehnten Klosterherrn hatte, sah dementsprechend aus: In den ersten Zeilen der einzelnen Tageseinträge standen die Namen der Äbte und Mönche von St. Emmeram, doch nicht ausschließlich, sondern neben ihnen die Namen der größten Wohltäter und Herren des Klosters, darunter neun Regensburger Bischöfe. Die Beziehungen des Emmeramsklosters zu geistlichen Gemeinschaften und zur weltlichen Gesellschaft, die das Totenbuch mit seinem Namen widerspiegelt, betrafen die Reichskirche, wie sie sich seit Kaiser Heinrich II. entwickelte, und die Umgebung des bischöflichen Stadtklosters am alten bayerischen Residenzort. Lebte eine necrologführende Gemeinschaft, wie im billungischen Lüneburg oder im welfischen Weingarten oder im süditalischen, vom normannischen Herzogshaus gegründeten Venosa, im Hauskloster einer Adelsfamilie, so beherrschten deren Namen das Necrolog. Und dieses nahm die Namen solcher Verstorbener auf, die das Beziehungsnetz der das Kloster beherrschenden Adelsfamilie abbildeten. Die Totenbücher der Klöster im Deutschen Reich erweisen, daß jedes dieser Klöster sein eigenes, unverwechselbares, vielverästeltes Verbindungsgeflecht besaß, daß dieses deutlich vom Herrschaftsgefüge geprägt war, das die necrologführende Gemeinschaft vorfand.

Das läßt sich auch in den Totenbüchern solcher Klöster beobachten, die wie die sogenannten Hirsauer Klöster ihren Abt aus Hirsau empfangen hatten und die Hirsauer Lebensgewohnheiten befolgten.[189] Die Necrologien aus Hirsauer Klöstern haben, so weit sie uns erhalten sind, nicht die Namen aller Hirsauer Mönche in und außerhalb Hirsaus gesammelt. Hirsau verbrüderte sich mit seinen Hirsauer Klöstern, die mit Ausnahme der wenigen Hirsauer Priorate rechtlich von Hirsau unabhängig waren. Den Verbrüderten gewährte es nur ausnahmsweise das Jahrtagsgedächtnis. Wer dieses aber nicht erhielt, dessen Name brauchte auch nicht im Necrolog aufbewahrt zu werden.

Im Necrologienvergleich gerade auch im Blick auf die Klöster im Deutschen Reich und auf dortige Reformrichtungen tritt die Gemeinschaft der cluniacensischen Mönche als eine sich selbst bestimmende heraus, die längst die Mauern der Abtei Cluny überwunden und geographische, politische und kulturelle Grenzen übersprungen hat. Hat man in den Totenbüchern der Klöster des Reiches gern zwischen Priestermönchen, solchen mit Diakons- und Subdiakonsweihe und Laienmönchen unterschieden, so blieben in den Necrologien der cluniacensischen Klöster unter der Rubrik «Mönche unserer Gemeinschaft» nur die riesigen Kolonnen der Mönchsnamen.

Überall in Europa wurden für die Verstorbenen die mönchischen Tagzeiten gebetet und Messen gefeiert. In welchem Ausmaß und mit welcher Dichte dies in Cluny und seinen Klöstern unter Abt Odilo geschah, sagt eine Bemerkung im Text der cluniacensischen Lebensgewohnheiten aus Farfa: «Immer wieder aber fragen einige, ob es erlaubt sei, täglich für die Verstorbenen Gott Gebete und Meßopfer darzubringen. Ihnen wird geantwortet, daß die meisten an den Sonntagen nicht das Meßopfer für die Toten darbringen wegen der einzigartigen Ehrfurcht vor der Auferstehung des Herrn. Da er ja allein frei unter den Toten gewesen ist (Ps 87,6), deshalb geziemt es sich erst recht, daß seine einzigartige Auferstehung mit Verehrung von allen und ohne Hinzufügung eines Verstorbenen gefeiert wird.»[190] Also haben die Cluniacenser spätestens seit Abt Odilo jeden Tag, mit Ausnahme des Sonntags, ihre

Verstorbenen im Gedenken der Tagzeiten, Meßfeiern und Werke der Barmherzigkeit in die Gemeinschaft der Lebenden gerufen. Die alltägliche Praxis, die Lebenden mit ihren Verstorbenen zusammenzuführen, stiftete in höchstem Maß Gemeinschaft und festigte die Selbstvergewisserung der cluniacensischen Mönchsgemeinschaft. Daher versteht sich die mehrfach eingeschärfte Vorschrift, was in Cluny für jeden verstorbenen Mönch zu tun üblich sei, das solle an jedem zu Cluny gehörenden Ort und Kloster getan werden, darunter ausdrücklich das Dreißigtagegedenken samt dessen Armenspeisungen und der Namenseintrag des verstorbenen Mitbruders im Kapiteloffiziumsbuch.[191]

«König Odilo» und seine «Ritter» von Cluny

An der Lebensweise der ihrer selbst gewissen Gemeinschaft von Cluny entzündete sich vereinzelt auch Kritik. Das schwerste Geschütz gegen die Cluniacenser unter Abt Odilo wurde von Bischof Adalbero von Laon aufgefahren. Er trug seinen Angriff gegen Cluny vor den König selbst, Robert II. von Frankreich. Ihm schickte er ein «Gedicht an Robert den König», eine aufs äußerste zugespitzte Satire. Denn bei aller Selbständigkeit, die Odilo dem König gegenüber wahrte, durfte dieser als Förderer des cluniacensischen Mönchtums gelten. Das nahm ihm der Bischof übel und richtete, wenn auch in satirischer Form, Vorwürfe an ihn, wie sie ernster nicht sein konnten. Denn galt es als königliche Aufgabe, den Frieden zu wahren, und lebte man gerade in der Zeit der Gottesfriedensbewegung, so mußte die Hinnahme eines Umsturzes der bestehenden Ordnung durch den König diesen als unfähig bloßstellen. Von einem Umsturz der bestehenden, gottgewollten Ordnung in Kirche und Welt aber handelt Adalberos Gedicht an König Robert.

Der adelige Bischof erinnerte den König daran, daß menschliches Gesetz zwei Lebensbedingungen verfügte, die des Adeligen, Freigeborenen und jene der Unfreien. Bei dieser Teilung, in der die Adeligen befehlen, würde das Gemeinwesen beständig gesichert. Die Adeligen führten die Waffen, beschützten die Kirchen, verteidigten alle, auch die Geringen. In dieser harten Unterscheidung erschienen dem Bischof die Unfreien als «geschlagenes Geschlecht, das nichts ohne Schmerz besitzt»[192]. Daher mahnte er gleichzeitig die Adeligen: «Kein freier Mann kann ohne die Unfreien leben»[193], da sie für ihn arbeiten. «Es wird vom Unfreien der Herr ernährt, während der hofft, den Unfreien zu ernähren.» «Kein Ende für die Tränen und Seufzer der Unfreien.» König und Bischof sollten denen, die sie bedienen, dienen.

Über die Zweiteilung in freigeborene Adelige und unfreie Knechte hinaus stellte der Bischof dem König das Bild vor Augen, das sich die mittelalterliche Gesellschaft von sich selbst nach vormittelalterlichen, in der Karolingerzeit neu belebten Vorstellungen immer wieder machte: Dreifach geordnet sei das Haus Gottes, das in seiner Einheit geglaubt werde. Die einen beteten (der Klerus), die anderen kämpften (Adel), wieder andere arbeiteten (Bauern). Sie duldeten unter sich keine Spaltung und sollten einander helfen. Behielte dieses Gesetz seine Kraft und Geltung, dann ruhe die Welt in Frieden. Bei Dahinschwinden dieser Gesetzlichkeit fließe auch jeglicher Friede ab. Wandelten sich diese bewährten Gewohnheiten der Menschen, dann wandle sich auch die Ordnung, deren Gottgewolltheit Adalbero annahm. Und dann habe der König mit Waffengewalt und Gesetzesstrenge einzugreifen. Diese Lage war in den Augen des Bischofs eingetreten. Seinen Schmerz darüber wolle er in den Versen dieses Gedichtes an den König, das als Zwiegespräch mit diesem aufgebaut war, berühren.

Schuld am Umsturz der Werte hätten die Cluniacenser. Obwohl sie in Adalberos Gedicht den Phantasienamen *Crotoniates* erhielten, konnte sie der königliche Empfänger des Textes noch erkennen. Denn namentlich wurde Abt Odilo genannt. Die Cluniacenser also wollten mit Gewalt die bestehende Ordnung verkehren. Der faule, mißgestaltete, rundherum häßliche Bauer würde mit edelsteingeschmückter Krone angetan. Die Cluniacenser zwängen die Hüter des Rechts, Kukullen zu tragen. Beten, sich verneigen, schweigen und das Gesicht verhüllen müßten sie. Kaum bekleidet müßten Bischöfe unablässig hinter dem Pflug hergehen und das Lied des Stammvaters Adam singen. Stünde aber ein Bischofssitz zur Besetzung an, dann würden Schafhirten, Seeleute, wer auch immer, auf den Thron gesetzt. Ja nicht solle einer, der im Gesetz Gottes erfahren, das Bischofsamt anrühren, sondern jemand, der die Hl. Schrift nicht kenne und das Alphabet nur mit Hilfe seines zählenden Fingers beherrsche. Die heilige Ordnung des mönchischen Lebens sei abgeglitten. Schöne Frauen nähmen die Mönche und versuchten sich am Kriegführen. Frankreich, das alte Gallien, brachte früher Mönche hervor, welche die Regel gebildet habe.

Jetzt schickte Adalbero zu den C… Mönchen einen Mönch zur Befragung, einen weisen, einfallsreichen, wortgetreuen Mönch, stets gewohnt, die Gesetze der Väter zu wahren. Abends brach er auf, am anderen Morgen nun kehrte er zum Bischof zurück, sprang eilig vom schaumbedeckten Pferd: «Wo denn, Bischof, sind Frau und Kind?» Er trug eine auffällige Reiterhaube, das Fell einer libyschen Bärin, Wehrgehänge, Pfeile im Köcher und den Bogen, Zange, Hammer und Schwert am Gürtel, Feuerstein und anderes mehr. Auf dem Boden aufstampfend, trat er auf die Rednerbühne. Die Brüder, die ihm bekannt waren, hatten Mühe, ihn zu erkennen. Die Bürger liefen zusammen und füllten die weite Bischofspfalz. Dann stellte sich der verfremdete Mönch vor den Bischof. Der fragte: «Bist Du mein Mönch, den ich nach C… geschickt habe?» Der ließ die Fäuste spielen, nahm die Ellenbogen hoch, zog die Augenbrauen nach oben und verdrehte mit den Augen den Nacken: «… jetzt bin ich ein Ritter. Auf andere Weise werde ich Einzelkämpfer. Nicht ein Mönch bin ich, sondern auf Befehl des Königs kämpfe ich. Denn mein Herr ist der König Odilo von Cluny.»

An anderer Stelle bezeichnete der bischöfliche Verfasser des Spottgedichtes Odilo als Führer eines Ritterheeres und den Mönchsstand als einen kriegerischen.[194] Obwohl die Sarazenen in der Zeit Roberts II. keine Gefahr mehr für Frankreich darstellten, ließ sie Adalbero in seinen Versen ins Land einfallen. Verwüstet läge die Stadt des Bischofs Martin, Tours, darnieder, Odilo habe Mitleid gehabt, sich nach Rom gewandt, mit Lärm hätten die Cluniacenser von Odilo verlangt, sie gegen den Feind zu bewaffnen. Adalbero konnte davon wissen, daß Odilos Vorgänger Maiolus auf der Rückreise von Rom in die Gefangenschaft der Sarazenen geraten war. Mag sein, daß er auch die Verbundenheit Odos von Cluny mit Tours zur Kenntnis genommen hatte. Für ihn jedenfalls war es entscheidend, mit dem Bild der unter Odilo gegen die Sarazenen kämpfenden Cluniacensermönche dem französischen König klarzumachen, daß die bestehende Ordnung der Welt und des Königreiches Frankreich auf diese Weise umgewandelt würden.

Gegenüber solchen unzeitgemäßen Erfindungen und grotesken Übertreibungen könnte man einfach die Glaubwürdigkeit des Bischofs

Adalbero von Laon in Zweifel ziehen, um so leichter, als er böse politische Ränke geschmiedet hatte. Als Neffe des gleichnamigen Erzbischofs von Reims konnte er Karriere machen. Er wurde Kanzler des karolingischen Königs Lothar von Westfranken (954–986), auf dessen Willen Kanzler des Königs, der ihn auch zum Bischof von Laon bestimmte. Diese Bischofsstadt lag im Zentrum der Kämpfe zwischen den letzten Karolingern und den Vorfahren der Capetinger um die Königsherrschaft in Westfranken. Adalbero mußte mehrmals seine Bischofsstadt unter dem Druck des niederlothringischen Herzogs Karl verlassen und ging zu Hugo Capet über. Danach täuschte er eine erneute Schwenkung zu den Karolingern vor und brachte damit den Karolinger und dessen Neffen, Erzbischof Arnulf von Reims, in seine Gewalt, um sie an Hugo Capet auszuliefern. Deswegen ist er in spätere Werke der Geschichtsschreibung und Dichtung als Verräter eingegangen.

Aber unbeschadet der politischen Machenschaften des Bischofs bleibt ernst zu nehmen, daß er dem König gegenüber die als funktional verstandene Dreiteilung Klerus, Adel, Bauern als die Ordnung verteidigte, die Gottes Frieden für die Gesellschaft gewährleistete. Diese Ordnung erschien ihm durch die cluniacensische Klosterreform akut bedroht. Deshalb bekämpfte er sie vor dem König, den er von dessen Unterstützung der Cluniacenser abbringen wollte. Ob Odilo und seine Mönche von Adalberos Verspottung verletzt wurden, läßt sich schwer beantworten. Denn man weiß nicht nur nicht, ob die Cluniacenser ihre «Karikatur»[195] ernst genommen haben. Dann hätten sie sich der Anklage gegenüber gestellt gesehen, anstatt gelübdemäßig der Weltlichkeit gestorben zu sein, Streit und Macht in der Welt gesucht zu haben, dazu deren Annehmlichkeiten. Man weiß auch nicht, ob Adalberos Verse den Cluniacensern überhaupt bekannt geworden sind. Denn in einer einzigen Handschrift erhalten, erlebte das Spottgedicht offenbar keine Verbreitung.

Die Frage schließlich nach dem Körnchen Wahrheit in aller Übertreibung der Satire könnte nur zu dem Ergebnis führen, die Cluniacenser unter Odilo hätten in ihrer Umgebung etwas bewegt. Sie hätten die Binnengrenzen der ständischen Gesellschaft durchlässiger gemacht, indem sie Angehörige unterschiedlicher sozialer Herkunft als Mönche aufnahmen. Tatsächlich ist ja bekannt, daß hochgestellte Persönlichkeiten zur Zeit des Abtes Odilo in Cluny und Clunys Klöstern die Mönchsgelübde abgelegt haben, so der polnische Königssohn Casimir[196] oder Bischof Sanctius von Pamplona[197]. Der von Adalbero gewiß besonders verabscheute Fall, daß ein Cluniacensermönch Bischof wurde, kann erst für die Zeit von Odilos Nachfolger Hugo zahlreich nachgewiesen werden, wie auch ausdrückliche Erwähnung von Mönchen unfreier und bäuerlicher Herkunft erst in Zeugnissen nach Odilos Abtszeit vorkam.[198]

Und war der neue Mönch einmal ins Kloster eingetreten und vom Abt aufgenommen worden, dann reihte er sich hinter denen ein, die vor ihm die Mönchsgelübde abgelegt hatten. Denn die Rangfolge in der klösterlichen Gemeinschaft bestimmte nicht mehr wie in der ständisch gegliederten Gesellschaft die Geburt, sondern der Tag, an dem die Gelübde abgelegt wurden, also das Profeßalter. Der Unterschied zwischen Priester- und Klerikermönchen einerseits und Laienmönchen andererseits behielt allein in der Liturgie Bedeutung. Während die Mönche unterschiedlichster Herkunft miteinander das Leben im Kloster teilten, konnte jede klösterliche Gemeinschaft, die regelgemäß lebte, zu einer Insel in der damaligen Ständegesellschaft werden, auf der manches, was beim sozialen Aufstieg als Mangel wirkte, geheilt werden konnte.

Wir kennen nicht wenige Mönche, die körperlich schwer behindert waren und durch ihre geistigen, künstlerischen und geistlichen Leistungen zu größtem Ansehen im Kloster gelangten. Ein Kloster, das wie Cluny nicht einfach eine bestimmte Landschaft als Einzugsbereich besaß, sondern zunehmend aus ganz Europa Zulauf erhielt, konnte in der Überwindung sprachlicher und politischer Grenzen zusätzlich zu sozialen Unterschieden Hindernisse einebnen, die dem Zusammenwachsen in der Gemeinschaft im Weg standen. Diese Möglichkeiten vor Augen, hatte Bischof Adalbero von Laon sicher damit Recht, daß er aus Cluny Antriebskräfte erwartete, die gerade nicht aus der dreigeteilten Gesellschaft stammten, diese jedoch in Unruhe bringen konnten, wenn den Zeitgenossen immer wieder das Auseinanderklaffen zwischen eigenem gesellschaftlichem Alltag und dem Maßstab der von den Cluniacensern zur Erneuerung verkündeten urkirchlichen Gemeinschaft der Apostelkirche vergegenwärtigt wurde.

Es sagt etwas von der Atmosphäre, die Cluny II ausstrahlte, wenn Jotsald in seiner Vita Odilos beschrieb, wie der sterbende Abt, als die Mönche an seinem Totenbett, von Trauer überwältigt, im Psalmgesang stockten und fehlerhaft sangen, ihnen selbst weitergeholfen habe.[199] Nachdem der 87jährige Abt in den ersten Nachtstunden des 1. Januar 1049 im Priorat Souvigny, dem Begräbnisort seines schon als heilig verehrten Vorgängers Maiolus, gestorben war und viele von weither zum Abschied von ihm gekommen waren, entstanden Totenklagen um ihn, die nicht nur vorgetragen, sondern, wie ihre Auszeichnung mit Neumen beweist, gesungen worden sind.

Die Gemeinschaft Odilos mit seinen Mönchen konnte in ihrer Begeisterung für das gemeinsame Leben im Kloster noch begeistern: 1039 gab der 15jährige Hugo von der Burg Semur-en-Brionnais die Möglichkeiten einer glänzenden Laufbahn, die er als Verwandter der Grafen von Chalon-sur-Saône und Schwager des burgundischen Herzogs gehabt hätte, dahin und trat gegen den Willen seines Vaters Dalmatius in den Konvent Odilos ein. Erst 24 Jahre alt, wurde er von Odilo mit dem Amt des Priors betraut. Und als Odilo starb, hatte er gerade eine Reise zu Kaiser Heinrich III., erfolgreich für Cluny und dessen Priorat Peterlingen (Payerne), hinter sich gebracht. Die Mönche fragten den sterbenden Abt, wen er als Nachfolger benennen wolle. Odilo antwortete: «Das lege ich in Gottes Verfügung und in die Wahl der Brüder.» Er nannte aber einige herausragende Brüder, die einen Wahlvorschlag machen sollten, und ließ sich versichern, daß der Konvent einmütig dem Vorschlag dieses Personenkreises folgen würde.[200] Nur den Prior (Hugo) hat er bei der Benennung der Wahlmänner ausgelassen. Es mußte sich also um eine absichtliche Auslassung handeln. Ein Grund dafür konnte Hugos Abwesenheit in Deutschland sein. Oder wollte Odilo, indem er seinen Prior nicht unter die Wahlmänner nahm, diesem die Chance, zu seinem Nachfolger gewählt zu werden, offenhalten?

Cluny III

Zenit und Verblassen

Kirche von Cluny (Cluniacensis ecclesia)

Niemand hat sich bisher, soweit zu sehen, darüber gewundert, daß man in Cluny nach Odilos Tod sieben Wochen mit der Wahl des Nachfolgers gewartet hat. Dabei ist mit dieser bereits ein Leuchtzeichen gegeben worden. Es wies in die Richtung, die Cluny für jenes halbe Jahrhundert einschlagen sollte, das mit dem Kampf zwischen Kaisertum und Papsttum um die rechte Ordnung in der Welt Europa tief erschüttert hat.

Offenbar gab es Anfang 1049, als Heinrich III. Kaiser war und in Rom mit Leo IX. (1049–1054) zum dritten Mal nacheinander ein deutscher Reichsbischof den Stuhl Petri bestiegen hatte – der bedeutendste der deutschen Päpste –, keinerlei Befürchtung in Cluny, der junge Großprior Hugo, der das Kloster anstelle des Abtes nach außen vertrat, und der alte Claustralprior Alemannus, der schon seit fast 40 Jahren für die Ordnung des mönchischen Alltagslebens im Kloster verantwortlich war, könnten nicht jeglichen Schaden vom Kloster abwenden. Allen mit der Abtswahl Befaßten scheint es ohnehin klar gewesen zu sein, wer der neue Abt würde.

Nicht nur, daß Odilo bei seiner Benennung der Wahlmänner den ausgespart hatte, den er als 24jährigen zum Prior erhoben hatte und der ihn bereits erfolgreich auch am Kaiserhof vertreten hatte. Hugo selbst muß die Wahl zum Abt von Cluny als Ziel im Blick gehabt haben. Denn als in den ersten Oktobertagen des Jahres 1049 auf der Synode von Reims Hugo, Abt von Cluny, wie die anderen anwesenden Erzbischöfe, Bischöfe und Äbte gefragt wurde, ob er nach Art Simons des Magiers in der Apostelgeschichte, der vom Apostel Petrus die Geistesgabe hatte kaufen wollen, käuflich zum Amt gekommen wäre, antwortete er: «Gott ist Zeuge, daß ich für die Erlangung des äbtlichen Amtes nichts gegeben oder versprochen habe.» In aller Offenheit fügte er hinzu: «Das Fleisch hat es zwar gewollt, aber Geist und Vernunft haben dem widerstanden.»[201] Diese Bemerkung ergab nur einen Sinn, wenn er sich die Wahl zum Abt gewünscht hatte.

Dazu fügt sich, was wir aus dem Bericht über die Wahl des Abtes

Hugo erfahren.[202] Obwohl er nicht zum Kreis der Wahlmänner gehörte, eröffnete er als Prior den Wahlvorgang im Kapitel mit den dafür vorgesehenen Gebetstexten. Dann ermahnte er alle, sie sollten nicht daran zweifeln, daß jetzt Gottes Gnade anwesend sei. Er versprach auch, was ihn anginge, sie könnten wählen, wen sie wollten, und wäre es auch der letzte derjenigen, die im Kindesalter zum Klosterleben übergeben worden waren, er würde ihm willig und ohne irgendeine Regung des Stolzes gehorchen. Wenn diese Äußerungen auch sicher zur formvollendeten Durchführung der Abtswahl gehörten, soweit es den Prior anging, so mochten sie ihren Eindruck zu diesem Zeitpunkt nicht verfehlen.

Dann erinnerte ein Mönch, der Augen- und Ohrenzeuge des Todes Odilos gewesen war, daran, daß dieser keinen Nachfolger designiert und bei der Benennung der Wahlmänner den Prior ausgelassen hatte. Deshalb wurde nun nicht der Großprior, sondern der Claustralprior Alemannus von den anderen Wahlmännern um den ersten Wahlvorschlag gebeten. Nach anfänglichem Zögern und in der Überzeugung, daß er um seine Stimmabgabe nicht herumkäme, sprach er sich für den Großprior Hugo aus. Also war auch ihm klar, wer als Odilos Nachfolger in dessen Sinne zu wählen wäre. Niemand legte Einspruch ein, alle bestätigten den Vorschlag und spendeten Beifall.

Daß der Gewählte, Hugo, widersprach, auf seine mangelnde Eignung hinwies und darauf anspielte, daß er schon als Prior als zu streng angesehen worden sei und man ihm vorgeworfen hätte, er hätte mehr Befugnisse als seine Vorgänger im Priorenamt beansprucht, wurde von allen erwartet. Die Annahme der Wahl ohne das Eingeständnis, dafür unwürdig zu sein, wäre damals undenkbar gewesen. Dieses Eingeständnis war vielmehr ebenso wie die darauffolgenden Bitten um Gottes Hilfe mit den Texten der Antiphon «Befestige dies, o Gott», mit dem Psalm 57 und mit dem Gebet «Unsere Handlungen, o Gott, wir bitten Dich ...» als fester Bestandteil der Abtsweihe vorgesehen.

Nach dem in Cluny geltenden Brauch überreichte dem Neugewählten der Prior den Abtsstab. Doch hier war der Prior selbst der Gewählte. Wer Hugo den Abtsstab gab, steht im Bericht über seine Wahl nicht geschrieben. Am Tag darauf wurde, wieder nach altem cluniacensischem Brauch, der Erzbischof von Besançon ins Kapitel eingeladen, damit er, über die rechtmäßige Wahl ins Bild gesetzt, dem Gewählten die Abtsweihe spende. Daß der Erzbischof von Besançon gebeten wurde, hatte ebenfalls schon Tradition und betonte Clunys Freiheit vom Diözesanbischof in Mâcon. Die Einladung setzte voraus, daß der Erzbischof Hugo von Salins bereits über den Wahltermin benachrichtigt und in unmittelbarer Nähe Clunys oder dort selbst war. Denn die Entfernung Cluny–Besançon hätte niemals die Benachrichtigung des Erzbischofs und sein Kommen von einem auf den anderen Tag zugelassen.

Wenn aber nun alles auf den Prior Hugo als Nachfolger des Abtes Odilo hingelaufen ist, warum nahmen sich dann die Cluniacenser soviel Zeit bis zur Wahl? In der Lebensbeschreibung Hugos von Cluny durch Gilo steht das Stichwort, das auf die Frage antwortet: Die Abtsweihe sollte «zum angemessenen Zeitpunkt»[203] stattfinden, nämlich am Fest Petri Stuhlfeier. In Cluny wurde es seit den Anfängen am 22. Februar gefeiert. Kaiser Heinrich II. hatte zu diesem Fest eine Krone an Cluny geschenkt, die über dem Altar aufgehängt wurde. Dieses Fest erinnerte an den ersten Gang des Apostels Petrus nach Rom, an seine Übernahme des bischöflichen Amtes, gleichzeitig auch an eine Totenmahlfeier zum Gedächtnis der Apostel Petrus und Paulus.[204] Ließ sich Hugo an dem Tag zum Abt von Cluny wählen, an dem der Patron des Klosters sein Apostel- und Bischofsamt in Rom angetreten hatte, so betonte er damit denkbar stark die Bedeutung, die in seiner Sicht seiner Abtsweihe zukam. Seit seinem Abbatiat erhielt Petri Stuhlfeier in Cluny den Rang eines Hochfestes mit zwölf Lesungen.[205]

Indem Hugo am Fest Petri Stuhlfeier die äbtliche Leitung der cluniacensischen Gemeinschaft übernahm, wollte er das Urbild des Petrus im Augenblick von dessen Amtsübernahme abbilden. Mit einem solchen Amtsverständnis stellte er sich auf eine Ebene mit dem Papst und dem Kaiser. Es war Papst Leo d. Gr. (440–461), der als erster den Tag seiner Einsetzung ins päpstliche Amt als seinen Geburtstag bezeichnet und Jahr für Jahr festlich begangen hat. Von da an nämlich war nach seiner Überzeugung Petrus helfend gegenwärtig in seinem Handeln.[206] Und Kaiser Karl d. Kahle (840–877) hatte von den Mönchen von S. Denis erwartet, daß sie die Gedenkleistungen – liturgisch und sozialcaritativ –, die an seinem Geburtstag, am Tag seiner Königssalbung und am Tag seines Sieges, mit dem er die Königsmacht übernommen hatte, gegeben wurden, nach seinem Tod auf den Jahrgedächtnistag seines Todes übertragen würden.[207]

Auch Hugo von Cluny beging mit seinem Konvent jährlich am Tag Petri Stuhlfeier die Wiederkehr seiner Abtsweihe. An diesem Feiertag wurde dem Konvent eine Mahlzeit gereicht, die aus den Mitteln der Dekanie Saint-Hippolyte (Saône-et-Loire) bestritten wurde. Nach seinem Tod, so verfügte der Abt, sollte die Mahlzeit auf den Jahrgedächtnistag seines Todes übertragen werden, die Mönche aber trotzdem an Petri Stuhlfeier das Gewohnte weiter empfangen.[208] Was den Mönchen und der Öffentlichkeit auf diese Weise vermittelt werden sollte, war dies: Wie die Kirche auf dem Stuhl Petri den erstberufenen Apostel empfing, Christi Stellvertreter auf Erden, so empfing die Gemeinschaft der Cluniacenser auf dem Abtsstuhl den Abt, der nach dem Wortlaut der Regel Christi Stellvertreter im Kloster war. Dadurch bildete dieser in der Gemeinschaft mit seinen Brüdern Kirche ab. Die Gemeinschaft aller Professen Clunys und seiner Klöster beanspruchte Kirche zu sein! Darauf verwies das Leuchtzeichen, das Hugos Abtsweihe an Petri Stuhlfeier im Jahr 1049 gab.

Die Voraussetzungen dafür, daß die Cluniacenser diesen höchstdenkbaren Anspruch erhoben, erschienen zu dieser Zeit besonders günstig. Nachdem nämlich zehn Tage vor der Wahl des Abtes Hugo von Cluny in Rom am 12. Februar der mit dem Kaiserhaus verwandte Reichsbischof Brun von Toul zum Papst gewählt worden war, begann die Zeit engsten Zusammenwirkens des Papstes mit dem Kaiser, Heinrich III. Beiden aber war Hugo von Cluny bereits sehr früh begegnet. Ende 1048 war er von Odilo zum Kaiserhof geschickt worden und erreichte dort, nach vorangegangener Trübung der Beziehungen, die kaiserliche Bestätigung des Rechtsstandes des cluniacensischen Klosters Payerne (Peterlingen).[209] Und Anfang 1049, als der auf dem Wormser Reichstag vom November 1048 vom Kaiser zum Papst ausersehene Brun von Toul auf der Reise nach Rom war, wo er die päpstliche Würde nur annehmen wollte, wenn Klerus und Volk von Rom durch ihre Wahl zustimmten, traf er vielleicht in Besançon mit Hugo zusammen.

Der dies berichtete, der im Investiturstreit zu den Getreuesten Gregors VII. gehörende Bischof Bonizo von Sutri, wird zwar als ein unzuverlässiger, weil parteiischer Zeitzeuge angesehen. Tatsächlich ging es ihm vor allem darum, Hildebrand, den nachmaligen Papst Gregor VII. (1073–1085), als denjenigen hervorzuheben, der Brun von Toul vor dessen Wahl zum Papst die entscheidenden Ratschläge gegeben habe. Von Hildebrand vermerkte er die unzutreffende Nachricht, dieser sei Mönch von Cluny gewesen, während aus den Hildebrand-Anekdoten in Alexanders von Canterbury Buch über Erzbischof Anselm von Canterbury nur ein Besuch des Mönches Hildebrand in Cluny bezeugt ist und dieser auch nach Ausweis der cluniacensischen Totenbücher nicht zu den Professen Clunys gerechnet wurde.[210] Bonizo ließ ihn von Abt Hugo dem nach Rom reisenden Brun von Toul vorgestellt werden.

Aber so, wie heute in der Zusammenschau aller Zeugnisse angenommen wird, daß Brun/Leo IX. den Mönch Hildebrand schon auf seinem ersten Zug nach Rom in den Kreis seiner Mitarbeiter aufgenommen habe,[211] so widerspricht keine Quelle der Aussage Bonizos, Brun habe damals Hugo von Cluny getroffen. Auch Hugos Reiseweg zu dieser Zeit schließt ein Treffen Hugos mit Brun in Besançon in der ersten Januarhälfte 1049 nicht aus.

Eine vielfach belegte Tatsache ist es jedenfalls, daß sich seit Hugos von Cluny Abtszeit die Gemeinschaft aller Mönche, die ihre Gelübde in die Hände des Abtes von Cluny oder eines von diesem Beauftragten geschworen hatten – gleich, ob sie in Cluny oder in einem rechtlich zu Cluny gehörenden Kloster lebten – als Cluniacensis ecclesia, «Kirche von Cluny», bezeichnete.

Demgegenüber führt noch der Titel der jüngeren Gesamtdarstellung der Geschichte Clunys «L'Ordre de Cluny» von Marcel Pacaut aus dem Jahr 1986 in die Irre. Denn mit Cluniacenserorden (*Ordo Cluniacensis*) meinten die Cluniacenser noch bis an das Ende des 12. Jahrhunderts die Art und Weise mönchischen Lebens in Cluny und seinen Klöstern. Diesen *Ordo* konnte man lehren und lernen. Ein fremdes Kloster konnte ihn annehmen. Er ließ sich sozusagen exportieren und importieren. Erst die Cistercienser, die im Lauf des 12. Jahrhunderts den Mönchsorden mit eigener Verfassung und mit dem Generalkapitel, auf dem alle Cistercen vertreten waren, geschaffen haben, verstanden unter *Ordo Cisterciensis* die Gemeinschaft aller Cistercen mit Cîteaux, eben den Cistercienserorden. Und Kartäuser, Prämonstratenser, Grammontenser und die anderen Mönchsorden, die im 12. Jahrhundert entstanden, teilten dieses Verständnis, schließlich auch die Ritterorden. Namengebend wurde nun, was in den Mönchsorden als das Wichtigste, Unverwechselbare erschien, die je eigene Art und Weise mönchischen Lebens.

Gleichzeitig wandelte sich von den Cluniacensern zu den Cisterciensern der Inhalt des Begriffs Kirche. *Cisterciensis ecclesia* bezeichnete eben nicht die Gesamtheit aller Cistercen mit Cîteaux an der Spitze, sondern allein das Kloster Cîteaux.[212] Ganz anders faßten seit Hugo von Cluny die Cluniacenser ihre Selbstbezeichnung *Cluniacensis ecclesia* auf.[213] Sie faßte alle rechtlich zu Cluny gehörenden Klöster mit Cluny zusammen. Die Cluniacensis ecclesia konnte, wie die Römische Kirche, heilig (*sancta Cluniacensis ecclesia*) genannt werden. Wie diese wurde sie als Leib (*corpus Cluniacensis ecclesiae*) angesprochen, dessen Haupt (*caput*) die Abtei Cluny und dessen Glieder (*membra*) die Abteien und Priorate bildeten, die rechtlich Cluny übertragen waren. Im 12. Jahrhundert vergleicht der Abt von Cluny die Cluniacensis ecclesia mit dem Schiff Christi in Sturm auf dem Meer. Die in Urkunden und erzählenden Quellen sich ausbreitende Selbstbezeichnung der Cluniacenser als Kirche von Cluny ging sogar in eine Urkunde Papst Calixts II. (1119–1124) vom 9. Januar 1122 ein.[214] Der Geschichtsschreiber Ordericus Vitalis scheute sich nicht, Römische und Cluniacensische Kirche nebeneinander zu stellen, freilich mit der Aussage: Die Kirche von Cluny ist allein der Römischen Kirche untertan und dem Papst zu eigen. Sogar Petrus Damiani, der als Kardinalbischof von Ostia und päpstlicher Legat den Cluniacensern in deren Streit mit dem Bischof von Mâcon zu Hilfe gekommen war, gab ein Echo auf den Anspruch der Gemeinschaft von Cluny, Kirche von Cluny zu sein. Er sprach Abt Hugo als Erzengel der Mönche (*archangelo monachorum*) und dessen Gemeinschaft als heiligen Konvent (*sanctoque conventui*) an.[215]

Die Gemeinschaft, die einen derart hohen Anspruch an sich selbst stellte und so hoch geehrt wurde, hat unter Abt Hugo eine Gestalt angenommen, die einzigartig in Europa dastand. In Cluny wuchs die Konventsstärke auf mehr als 300 Mönche an. Darin sind nicht eingeschlossen die vielen Hunderte von Mönchen in den von Cluny abhängigen Klöstern, die unter Abt Hugo entstanden. Nie vorher in der Geschichte Clunys sind so viele Klöster an Cluny geschenkt und für Cluny gegründet worden wie in der sechzigjährigen Amtszeit des Abtes Hugo.

In dessen Todesjahr zählte eine Papsturkunde für die Abtei 14 Abteien und 74 Priorate als Eigentum Clunys auf.[216] Wurden alte Abteien mit großer Geschichte an Cluny übertragen, so wurden erfahrungsgemäß starke Spannungen aufgebaut, wie es S. Martial de Limoges, S. Gilles, Vézelay und andere Beispiele zeigen. In den Prioraten hingegen konnte der Abt von Cluny Prioren ein- und absetzen. In Hugos Abtszeit begegnete erstmals in den cluniacensischen Besitzaufzählungen der Papsturkunden der Begriff *prioratus*. Trotzdem stellte der cluniacensische Klösterverband, seit Abt Hugo im Anspruch, Kirche von Cluny zu sein, ein Netz überaus vielfältiger und flexibler Bindungen dar.

Moissac, noch unter Odilo, nach seiner in karolingische Zeit zurückreichenden Geschichte an Cluny übertragen, wuchs sich unter Hugo zu einem eigenen cluniacensischen Mittelpunkt in der Gascogne aus, um den sich ein Ring eigener Priorate und Zellen legte. Nachdem Abt Hugo nach großen Anfangsschwierigkeiten die gleichfalls in die Karolingerzeit zurückgehende Abtei S. Martial de Limoges in die Cluniacensis ecclesia aufgenommen hatte, wurde auch sie ein regionales Zentrum der Cluniacenser, das über 60 Klöster und Kirchen verfügte.[217] Anders stand es um die cluniacensische Abtei Montierneuf zu Poitiers. Sie war vom Herzog von Aquitanien als Sühnestiftung gegründet worden, und der Abt von Cluny konnte den Abt in Montierneuf einsetzen.

Zur Zeit des Abtes Hugo wurden aber auch die größten Priorate Clunys, La Charité-sur-Loire und S. Martin-des-Champs, gegründet, die selbst eine große Anzahl von Unterprioraten errichteten. S. Martin-des-Champs, die Gründung des Königs von Frankreich, erreichte eine Cluny selbst vergleichbare Konventsstärke. Die meisten der vor allem in Zentralfrankreich gegründeten Priorate bildeten kleine klösterliche Landstationen Clunys mit einigen wenigen Mönchen. Das sagt auch etwas über die soziale und wirtschaftliche Stellung der Prioratsgründungen aus. Ganze Nester solcher Priorate bildeten sich auch dort, wo ein Bischof – wie z. B. der Erzbischof von Auch als Cluniacensermönch – die Gewähr bot, daß sich cluniacensische Zellen ungestört entwickeln konnten.

Als nach der normannischen Eroberung Englands seit 1066 Gefolgsleute des Königs in England Klöster gründeten, für die sie, etwa für Lewes aus S. Martin-des-Champs zu Paris, einen cluniacensischen Prior erbaten, entstanden für die Verbindung Clunys mit solchen Prioraten Schwierigkeiten, die in der weiten Entfernung gründeten. Vergleichbares gilt für die zu Hugos Zeit in Spanien gegründeten Klöster wie das vom König von Kastilien aus einem Kanonikerstift in ein benediktinisches Priorat umgewandelte S. Maria de Nájera, das dieser an Hugo von Cluny schenkte. Hier hatten die Cluniacenser, bis Nájera ihr bedeutendstes spanisches Priorat wurde, noch lange Rechtshändel zu bestehen, die auf den königlichen Eingriff ins geistliche Leben der ursprünglichen Gemeinschaft von Nájera zurückgingen.[218] Seit 1076 erlebten die Cluniacenser in der Poebene eine ganze Welle von Prioratsgründungen, die nach der Stiftung von S. Marco di Lodi im Jahr 1068 mit Pontida im Bistum Bergamo einen gewissen Kern erhielten. Der Gründer des Priorates, der als Mönch in Cluny eingetreten war, wurde zugleich dessen erster Prior. Die Gründer der Cluniacenserpriorate zwischen Adda und Oglio gehörten zum größten Teil der Schicht der *capitanei* an, die gräfliche und bischöfliche Lehnsleute waren. Um die Familie der Grafen von Bergamo gruppiert, hielten sie miteinander und mit ihren Prioratsgründungen Verbindung. Eine Sonderstellung nahm die Abtei S. Benedetto di Polirone bei Mantua ein. Nachdem die Gräfin Mathilde von Canossa das Kloster an Papst Gregor VII. gegeben hatte, übertrug es dieser dem Abt Hugo von Cluny zur stellvertretenden Leitung, und ein cluniacensischer Mönch wurde dort Abt. Schließlich sorgten Grafen, adelige Herren und der Bischof von Basel dafür, daß auch im Gebiet der heutigen Westschweiz, in Basel, im Breisgau und im Elsaß eine Reihe cluniacensischer Prioratsgründungen im Abbatiat Hugos entstanden.

Der geradezu stürmischen Ausdehnung der Cluniacensis ecclesia in der Abtszeit Hugos war eigen, daß über ganz Europa hin Cluny Klostergründungen und Klostereintritte anzog. Aber anders als in Clunys Frühzeit bildete nun die Reform eines alten Klosters durch Cluny die Ausnahme. Die Regel bestand in der Neugründung von Klöstern. Hugo legte großen Wert auf die rechtliche Sicherung der neuen Glieder der Kirche von Cluny. Am ehesten schien sie bei Prioratsgründungen gegeben. In der Gestaltung dieser Cluniacensis ecclesia, deren Glieder alle an der Freiheit des Hauptes Cluny teilhatten, fand das mittelalterliche Mönchtum in Europa zum ersten Mal zur Selbstbestimmung zwischen kirchlich-hierarchischer Amtsausübung und den vielfältigen Formen weltlicher Herrschaft. Die Mönchsorden seit dem 12. Jahrhundert, in denen sich die mönchische Selbstbestimmung ihre vollendete Form gab, sind nicht denkbar ohne die vorausgegangene Entwicklung der Cluniacensis ecclesia, wie sie sich unter Abt Hugo darstellte.

In Kreisen, wie sie sich an der Oberfläche eines Sees bilden und ausweiten, wenn ein Stein ins Wasser geworfen wird, hat er die Cluniacensis ecclesia aus ihrer Tradition heraus ausgebaut und in ihrem Gemeinschaftsbewußtsein und Selbstverständnis geprägt. Dem Abt wurde im eigenen Kloster nachgerühmt, er habe die besondere Gabe besessen, Menschen zu finden, die hervorragend für das klösterliche Leben geeignet waren, und ihnen das «Ja» zur Berufung zu «entlocken».[219] Auch Große seien darunter gewesen. Der Anstieg der Konventsstärke in der Abtei Cluny unter Hugos Stabführung auf mehr als 300 Mönche war schon zu erwähnen. Hinzuzufügen bleibt, daß im Abbatiat Hugos eine bis dahin nicht erreichte Zahl prominenter Zeitgenossen in Cluny eingetreten sind.[220]

Mit dem Eintritt in Cluny antworteten auf den Vorwurf der Simonie die Bischöfe Wido von Beauvais, Heinrich von Soissons, Gaufred von Angers, Simon von Burgos und Johannes von Pamplona. Frei von solchen Anschuldigungen entschlossen sich für das Mönchsleben in Cluny unter Abt Hugo Erzbischof Gaufred von Lyon, Bischof Walter von Autun – ein großer Wohltäter der Abtei –, Bischof Hugo II. von Nevers, der nach reger Unterstützung Clunys dort die *professio in extremis*, die Mönchsgelübde im Angesicht des Todes, ablegte.[221]

Erzbischof Sigfrid von Mainz, der erste Kirchenfürst des Reiches, ging auf Wallfahrt nach Santiago de Compostela. In Wirklichkeit wollte er von Abt Hugo als Mönch in Cluny aufgenommen werden. Diesem erschien der Schritt des Erzbischofs, der früher Mönch und Abt in Fulda gewesen war, offensichtlich politisch und kirchenpolitisch verfehlt. Unter Hinweis auf den Gehorsam, den Sigfrid dem Abt gelobte, schickte dieser ihn zur verwaisten Mainzer Kirche zurück. Doch wurde Sigfrid nach seinem Tod im Gedenken der Cluniacenser als Mitbruder in die Totenbücher aufgenommen.

Burkhard von Basel, als treuer Berater Heinrichs IV. mehrmals exkommuniziert, gleichzeitig mit Heinrichs IV. Paten, Abt Hugo von Cluny, in alter Freundschaft verbunden, Gründer des von den Cluniacensern als Priorat übernommenen St. Albansklosters in Basel, entschied sich nach dem Tod des gebannten Kaisers zum Mönchsleben in Cluny.[222] Cluniacensermönch wurde während des Investiturstreites Bischof Anselm II. von Lucca. Zwei Kardinäle, Kardinalbischof Johannes I. von Porto und Kardinalbischof Milo von Praeneste, starben als Cluniacenser.[223] Sogar der Papst selbst – es war Stephan IX. (1057–1058), der Bruder des mächtigsten Fürsten im Reich des Salierkaisers Heinrichs III. (1046–1056), des Herzogs Gottfried von Oberlothringen, der auch über die Markgrafschaft Tuszien herrschte – hat, als ihm in Florenz Abt Hugo von Cluny im Sterben beistand, in dessen Hände die *professio in extremis* abgelegt.[224]

Aus der Hofkapelle Heinrichs III., der sein Pate war, kam Ulrich von Regensburg nach Cluny und gehörte dort bald zu den vertrautesten Prioren des Abtes Hugo. Sein Freund, der Magister Gerald, wurde mit ihm in Cluny Mönch, bevor er zum Kardinalbischof von Ostia aufstieg.[225] Markgraf Hermann von Baden aus dem Haus der Zähringer verließ Frau, Sohn und Herrschaft und nahm in Cluny den Mönchshabit.[226] In Hirsau wurde später legendär ausgeschmückt, wie Hermann unerkannt den Mönchen von Cluny das Vieh gehütet habe. Der Graf Bernard Tumapaler von Armagnac, Gründer des Cluniacenserpriorates S. Mont in der Gascogne, hat nach seiner Niederlage gegen den Herzog von Aquitanien das Weltleben mit dem Kloster Cluny getauscht und kam von dort als Prior nach S. Mont.[227] Der oberitalische Adelige Albert von Prezzate, zu den Parteigängern Heinrichs IV. im Investiturstreit zählend, wurde Mönch in Cluny und von dort als erster Prior nach Pontida südlich des Comer Sees gesandt, um dort als Kenner der oberitalischen Verhältnisse die Interessen Clunys sachgemäß zu wahren. Tatsächlich wurde von Pontida aus in kurzer Zeit ein ganzes Netz cluniacensischer Priorate in Oberitalien geknüpft.[228] Dem Grafen Wigo I. von Albon und Vienne half Abt Hugo, als er in Cluny eingetreten war, über die Schwierigkeiten des Noviziates. Wigos Frau wurde Nonne im ersten cluniacensischen Frauenkloster Marcigny-sur-Loire.[229] Graf Wido II. von Mâcon entschied sich mit Frau und Söhnen und Bekannten zur Konversion in Cluny. Die Männer wurden Mönche in Cluny, die Frauen Nonnen in Marcigny. Wido selbst wurde von Abt Hugo zum Prior von Souvigny, dem Grabkloster der Äbte Maiolus und

Odilo, bestellt und von ihm für seine herausragende Amtsführung nach dem Tod mit einem besonderen Totengedenken geehrt.[230]

In heftigen Worten und in dramatisierender Übertreibung machte Papst Gregor VII. dem Abt Hugo von Cluny schwerste Vorwürfe, als dieser den Herzog Hugo von Burgund als Mönch in Cluny aufgenommen hatte: «Du hast den Herzog weggenommen und in die Ruhe mönchischen Lebens in Cluny aufgenommen und bewirkt, daß 100 000 (!) Christen ihres Schutzherrn entbehren. Wenn schon meine Ermahnung bei Dir wenig vermocht und der Befehl des Apostolischen Stuhles in Dir nicht, wie es sich gehört, Gehorsam gefunden hat, warum haben Dich nicht das Seufzen der Armen, die Tränen der Witwen, die Verwüstung der Kirchen, der Schmerz der Waisen und das Murren der Priester und Mönche erschreckt, so daß Du nicht jenes Apostelwort in den Hintergrund drängtest ‹Die Liebe sucht nicht das Ihre› (1 Kor 13,5)?»[231] Der Papst warf dem Abt nicht weniger vor, als die Gefährdung der Kirche nicht ernst genug einzuschätzen und das Gebot christlicher Nächstenliebe zuungunsten der ganzen Kirche zu verletzen, Cluny über die Kirche zu stellen. Welche Sorge Gregor VII. umtrieb, sagen seine Worte: «Mönche aber, Priester, Ritter und nicht wenige Arme, die Gott fürchten, sind mit Gottes Barmherzigkeit überall zu finden. Doch im ganzen Abendland finden sich kaum ein paar Fürsten, die Gott fürchten und lieben.»

Anders hat sich Abt Hugo verhalten, als König Alfons VI. von Kastilien-León daran dachte, den Habit des Cluniacensers zu nehmen. Der Chronist Bernold von St. Blasien schrieb von diesem Herrscher: «Schon längst hätte er sich dort [in Cluny] zum Mönch gemacht, wenn es der Herr Abt zur Zeit nicht für angebrachter gehalten hätte, ihn im weltlichen Gewand zurückzuhalten.»[232] Den französischen König Philipp I. wiederum erinnerte Hugo von Cluny in einem Brief daran, daß der Capetinger ihn einmal danach gefragt hätte, ob schon einmal ein König Mönch geworden wäre und daß er, Hugo, mit Ja geantwortet hätte. Der Brief ist nach dem Tod Heinrichs IV. geschrieben worden, und der Abt hielt dem französischen König den gewaltsamen Tod Wilhelms II. von England und den im Bann gestorbenen Salierkaiser vor Augen. Deshalb solle Philipp Mönch werden. Cluny sei bereit, ihn aufzunehmen.[233]

Die keineswegs vollständig aufgeführten Fälle zeigen deutlich genug, daß Hugo von Cluny in Kirche und Welt bei den Großen und Höchsten für das Mönchsleben in Cluny geworben hat und daß in seinem Abbatiat der Einzugsbereich Clunys europäische Reichweite einnahm.

Marcigny-sur-Loire. Das erste Frauenkloster der Cluniacenser

Der an einigen Stellen schon genannte Name des Klosters Marcigny-sur-Loire (73 km südwestlich Cluny) weist indes darauf hin, daß sich Hugo von Cluny die Cluniacensis ecclesia noch viel weiter vorgestellt und sie tatsächlich ausgeweitet hat. Was den Männern Cluny als rettendes Asyl bot, wenn sie dort als Mönche eintraten, das sollte Marcigny-sur-Loire nun für alle Zukunft auch den Frauen bieten. Der cluniacensische Mönch und spätere Kardinalbischof von Tusculum, Gilo, schrieb in seiner Vita Hugos, dieser hätte, wie Noë in der Arche, das Schiff des Petrus (Cluny) durch die sinkende Welt geführt und den Verbrennenden Heil geboten, wobei er Gott beide Geschlechter ohne Unterschied unversehrt vorstellen wollte.[234]

Das neue Kloster sollte 99 Frauen von Adel, nicht jünger als 20 Jahre alt, aufnehmen.[235] Als 100., für die der Thron der Äbtissin frei gehalten wurde, galt die Muttergottes. Der Hochaltar der neuen Klosterkirche war der Hl. Dreifaltigkeit, der Gottesmutter und dem Evangelisten Johannes geweiht. 28 Jahre nach der ersten Kirchweihe wurde in Marcigny eine zweite Kirche geweiht und erhielt die Patrozinien der Gottesmutter, der hl. Agnes und des hl. Martin. Hugo von Cluny persönlich hatte aus Rom einen Arm der hl. Agnes, die als erste Märtyrerin Roms, als die Patronin Roms angesehen wird, nach Marcigny überführt. Wie Cluny mit den Apostelfürsten als Patronen römisch orientiert war, so nun Marcigny mit Agnes. Rechtlich bildete Marcigny mit Cluny eine Einheit, wurde wie dieses dem hl. Petrus übertragen und besaß daher dieselbe Freiheit wie Cluny. Die Schwestern, die der Abt von Cluny einkleidete, leisteten diesem die Gelübde *ad Cluniacum et ad Marciniacum*. Ihnen stand in Marcigny eine Priorin vor. Zur Seelsorge für die Nonnen gab ihnen Hugo einen Prior, einen zweiten, der die Wirtschaft des Frauenklosters verwaltete und nach außen vertrat, da für die Priorin mit ihrem Konvent strenge Klausur galt. Cluny und

Marcigny standen miteinander in Gütergemeinschaft. Die beiden besonders befähigten Prioren wurden von einer Gruppe älterer, kränklicher Mönche nach Marcigny begleitet. Die verstorbenen Schwestern erhielten mit den Mönchen von Cluny ein gleichberechtigtes liturgisches Totengedenken, wurden sie doch als Schwestern des Klosters Cluny angesehen.

Wie sehr die Bereicherung des Gemeinschaftslebens der Cluniacensis ecclesia durch die Gründung des Frauenklosters Marcigny Hugo am Herzen lag, ergab sich aus der Lage der Familie, aus der er stammte, der Familie der Herren von der Burg Semur-en-Brionnais.[236] Als Hugo Abt wurde, war nämlich nach der Ermordung seines Vaters Dalmatius seine Mutter Aremburgis Witwe. Die Urheberschaft am Mord wurde dem Herzog von Burgund zugeschrieben. Mit diesem war Hugos Schwester Ermengardis/Helia verheiratet, wurde aber vor 1054 von ihrem Mann verlassen. 1055 wurde Marcigny, 5 km von der Burg Semur entfernt, durch Gaufred II. von Semur, Bruder Hugos von Cluny, und durch diesen selbst gegründet. An der Spitze der Eintrittsliste des Frauenklosters stehen die Mutter des Abtes und seine Schwester Ermengardis/Helia. Zwei weitere Schwestern Hugos und zwei seiner Nichten traten in Marcigny ein. Sein Bruder, der Klostergründer Gaufred II. von Semur, wurde 15 Jahre später in Cluny Mönch. Dessen Sohn, Gaufred III. von Semur, und Gaufreds Frau Ermengardis, einer der Söhne und zwei der Töchter des Ehepaares nahmen zusammen den Habit. Die Damen gingen nach Marcigny, der Familienvater wurde dort Prior. In vier Generationen entschieden sich 14 Männer und Frauen des Herrengeschlechts von Semur zum klösterlichen Leben in Cluny und Marcigny!

Das bedeutet: Hugos von Cluny Vision eines gemeinsamen Lebens der Brüder und Schwestern von Cluny wäre nicht verwirklicht worden, hätte nicht seine Herkunftsfamilie ihre gesamte Herrschaft und sich selbst aufs Spiel gesetzt, hätten sich nicht seine Verwandten durch ihn von diesem monastischen Entwurf überzeugen lassen.[237]

Dies geschah nicht ohne Schwierigkeiten. Hugo von Cluny mußte gegen seinen eigenen Großneffen, Gaufred IV. von Semur, lange prozessieren. Dieser fürchtete um die Existenz der Herrschaft Semur und belästigte Marcigny mit seinen Herrschaftsansprüchen über Land und Leute des Frauenklosters. 1102 gab er in Gegenwart des päpstlichen Le-

Die Burg Semur-en-Brionnais.

gaten, des Kardinalbischofs Milo von Praeneste, und anderer herausragender Mönche Clunys, des Erzbischofs Raimund von Auch, des Priors Heinrich von Cluny, des Bischofs Gaufred von Angers, des päpstlichen Kämmerers Petrus, des Kellermeisters Hugo von Cluny, des De-
kans Ludwig von Chevignes und des Priors Seguin von Marcigny unter
Gestellung von dreißig Bürgen nach. Sollte er die Vereinbarungen bre-
chen, dürfte er seine Burg nicht mehr ohne Genehmigung des Abtes von
Cluny und des Priors von Marcigny verlassen. Also sogar der Mittel-

punkt der Herrschaft Semur, die Burg, stand damals schon unter der Kontrolle Clunys. Auch die Burgkapelle war an Marcigny übergegangen. Die Besitzausstattung des neuen Frauenklosters, die zuerst von der Gründerfamilie stammte, war mit der Kernlandschaft der Herrschaft Semur identisch.

Entäußerten sich die Herren von Semur zunehmend ihrer Herrschaft und ihres Besitzes zugunsten der geistlichen Zielsetzung Hugos von Cluny, so entstanden für die Gefolgsleute der Herren von Semur Störungen ihres Lehensverhältnisses. Dem wollten die Lehnsherren vorbeugen, indem sie ausdrücklich verfügten, der Besitz, den ihre Gefolgsleute aus Lehen, die von Semur stammten, besaßen und an Marcigny schenkten, solle diesem ewig gehören. Wie bei der Wirkung eines Schneeballs zog der Einsatz des Herrengeschlechts von Semur für Marcigny jenen der Familien von Gefolgsleuten der Herren von Semur nach sich und vervielfältigte den Besitz des Klosters, in dem nun Damen aus dem Herrengeschlecht als Schwestern neben Damen aus den Familien der Gefolgsleute der Herren von Semur knieten. Was die Damen bei ihrem Eintritt ins Klosters sozusagen als Aussteuer mitbrachten, machte in den ersten vierzig Jahren seit der Gründung Marcignys 37,2 Prozent aller Schenkungen an das Kloster aus, in den darauffolgenden fünfzig Jahren sogar 53,1 Prozent. Reihenweise sind Frauen, deren Männer die Mönchsgelübde im Cluniacenserpriorat Paray-le-Monial ablegten, Nonnen in Marcigny geworden.

So verwundert es nicht, daß Hugo von Cluny mit Hilfe des Priors Seguin von Marcigny, der auch Kämmerer in Cluny wurde, und durch Tauschhandlungen die Besitzausstattung Marcignys mit derjenigen der nahen Männerpriorate Paray und Souvigny im Norden und Nordwesten, aber auch mit derjenigen der südlich und südwestlich gelegenen Cluniacenserabteien Charlieu und Sauxillanges so abgestimmt hat, daß nicht ein Cluniacenserkloster das andere einengte. Doch blieb Marcignys Einzugsbereich auf Brionnais, Bourbonnais und Charollais, auf westliches Mâconnais, Beaujolais und Roannais begrenzt.

Die Gründung des ersten Frauenklosters der Cluniacenser wirkte weit in die Ferne. Im Bistum Lüttich bewidmete Gräfin Raina, als sie in Marcigny eintrat, das Kloster mit einer bedeutenden Schenkung mit Kirche, aus der eine nicht unwichtige Zelle entstand. Schenkungen in

Spanien und in den Pyrenäen stieß Marcigny auf Initiative Hugos von Cluny wegen der Schwierigkeiten, diese zu verwalten und zu nutzen, wieder ab. Dagegen hat die Infantin Sancha von Kastilien mit ihrer Schenkung an Marcigny San Miguel in Zamora mit Zubehör so ausgestattet, daß hier ein Unterpriorat von Marcigny entstehen und bis zum Ende des Mittelalters bestehen konnte. In England erwarb Marcigny erst nach Hugos Tod Besitz, als Adela von Blois, Tochter Wilhelms des Eroberers und Witwe des auf dem Kreuzzug gefallenen Grafen Stephan-Heinrich von Blois, in Marcigny eintrat und dort wahrscheinlich Priorin wurde. Als 1086 ein Mailänder Bürger Homodeus zur Einrichtung eines Frauenklosters die Kirche Santa Maria in Cantù in der Provinz Como schenkte, wurde Hugos von Cluny Großnichte Agnes die erste Priorin. Später wurde das Priorat sogar Abtei. Ein deutsches Cluniacenserinnenpriorat richtete Ulrich von Regensburg und Cluny in Sölden/Bollschweil nach 1087 ein.

Das Werk Hugos von Cluny, mit Hilfe seiner Verwandtschaft den Frauen Marcigny zu dem werden zu lassen, was Cluny den Männern geworden ist, mußte solange einen Sog ausüben, als die Männerklöster der Cluniacensis ecclesia starken Zulauf hatten und die Frauen der konvertierten Männer denselben Weg gehen wollten. Sicher wirkte sich die Gründung Marcignys auf das Klima in der Cluniacensis ecclesia aus. Der Ort, an dem die weiblichen Verwandten der Äbte und Mönche von Cluny nun lebten, wurde gern aufgesucht. Ein Dutzend Besuche des Gründerabtes selbst sind dort bezeugt.[238] In Marcigny traf sich Erzbischof Anselm von Canterbury mit Hugo von Cluny und den Schwestern. Kardinalbischof Milo von Praeneste wurde dort seinem Wunsch gemäß begraben.

Klösterliche Überlieferung und klösterliches Gemeinschaftsbewußtsein

Das Gemeinschaftsbewußtsein der in der Cluniacensis ecclesia zusammenlebenden Männer und Frauen wurde gewiß gestärkt, wenn Hugo von Cluny sehr bald und mit Erfolg und mit Hilfe der Vita des Abtes Odilo, die Petrus Damiani auf seine Bitte verfaßte, die Heiligsprechung seines Vorgängers erwirkte und die Cluniacensis ecclesia in Abt Hugo den Nachfolger einer Reihe heiliger Äbte sehen konnte. Und die späte Heiligsprechung der 999 verstorbenen Kaiserin Adelheid, der wichtigsten Förderin Clunys in dessen Anfängen, im Abbatiat Hugos von Cluny durch Papst Urban II. wies in dieselbe Richtung.

Die Reihe der heiligen Äbte Clunys und jene der kaiserlichen, königlichen und päpstlichen Freunde der Cluniacenser wurde neu sichtbar, als Hugo von Cluny die Urkunden der Abtei in mehreren Cartularien sammeln ließ. Die Urkunden wurden nicht nur nach den Amtszeiten der Äbte von Cluny geordnet. Vielmehr wurden den beiden ersten Urkundengruppen aus der Zeit der beiden ersten Äbte Berno und Odo Verzeichnis und Vorwort vorangestellt, in dem der jeweilige Abbatiat charakterisiert wurde. Nicht genug damit: Der gesamten Sammlung gingen auf den ersten vier Blättern jahrbuchartig Notizen über die Äbte von Cluny voraus, die nach dem Jahr 1088 begonnen, die Zeit von 910 bis 1215 umgreifen sollten.[239]

Wirkliche Jahrbücher oder Chroniken, Werke der Geschichtsschreibung, hat Cluny auch unter Abt Hugo nicht hervorgebracht. Wenn in der Forschungsliteratur dennoch mit dem Begriff cluniacensische Geschichtsschreibung sehr unterschiedliche Inhalte bezeichnet wurden – das eine Mal Werke wie die Fünf Bücher Geschichten des Rodulf Glaber, der Cluny hoch achtete, aber nicht von dort kam, das andere Mal die eben genannten jahrbuchartigen kargen Notizen über Clunys Äbte von 910 bis 1088 bzw. 1215 –, so ist demgegenüber festzuhalten, daß es den Cluniacensern nicht um eine von Cluny geprägte Geschichte, sondern um die Reihe seiner heiligen Äbte ging, die der Gemeinschaft den Maßstab für ihr Leben und dessen rechtliche Absicherung durch Päpste und Könige gegeben hatten.[240] Um dies zu erkennen, genügt es, die Lebensbeschreibungen der Äbte von Cluny und die Lesungstexte, Hymnen und Gebete zu beobachten, die für die liturgische Feier der Feste der Äbte Odo, Maiolus und Odilo und – nach Hugos Tod und Heiligsprechung – vor allem eben Hugos entstanden sind. Nicht geschichtliche Darstellung der eigenen und fremden Vergangenheit, sondern Vergegenwärtigung und Bewahrung des Werkes der heiligen Äbte in der weiterlebenden Gemeinschaft der Cluniacensis ecclesia war das Ziel, das jeglicher Dokumentation in Cluny unter Abt Hugo gesetzt war.

Das Selbstbewußtsein und Zusammengehörigkeitsgefühl der unter Hugos Leitung immer größer werdenden Gemeinschaft der Cluniacensis ecclesia brauchte solche Stärkung. Denn bei der praktischen Umsetzung der Maßstäbe cluniacensischen Mönchtums in die alltäglichen Lebensgewohnheiten Clunys gab es, während diese von außen als vorbildlich und nachahmenswert galten, im Innern, in der Abtei Cluny, öfters Streitigkeiten darüber, welche Bräuche verbindliche Geltung besäßen, und dementsprechend Unsicherheiten unter den Novizen, woran sie sich zu halten hätten.[241]

So beauftragte Abt Hugo gleich zwei Mönche mit der Sammlung und Aufzeichnung der klösterlichen Lebensgewohnheiten in Cluny: Seinen vertrauten Prior Ulrich von Regensburg wies er an, den Wunsch Wilhelms von Hirsau zu erfüllen, der seine Mönchsgemeinschaft entsprechend einer Empfehlung des päpstlichen Legaten, des Abtes Bernard von S. Victor de Marseille, am cluniacensischen Vorbild ausrichten wollte, dem Abt von Hirsau also Clunys Bräuche aufzuschreiben. Den Mönch Bernard betraute er mit der Aufgabe zu ermitteln, welche Lebensgewohnheiten in Cluny seit alters befolgt wurden und welche gegenwärtig einzuhalten wären, und die Ergebnisse der Ermittlungen, die anhand schriftlicher Vorlagen und mündlicher Auskunft älterer, erfahrener Mönche gewonnen wurden, in einem Buch niederzuschreiben. Der Mönch Bernard hat in seinem Werk immer wieder darauf verwiesen, was Abt Hugo selbst an den bisher geltenden Bräuchen geändert oder diesen hinzugefügt hat. Und auch Ulrich hatte bei seinen Aufzeichnungen die Praxis unter der Leitung des Abtes Hugo im Blick.

In seinem Schreiben, mit dem er die Übersendung seiner Aufzeichnungen an Abt Wilhelm von Hirsau begleitete,[242] erörterte er eine Frage, die auf die Gemeinschaft der Cluniacensis ecclesia ein Schlaglicht warf. Er rügte den ihm befreundeten Abt von Hirsau, daß er die Laien, die ihre Arbeitskraft freiwillig in den Dienst des Hirsauer Konvents stellten und wie Mönche leben wollten, außerhalb des Klosters und ohne die Rechte der Mönche wohnen ließ, die sogenannten Bartbrüder oder äußeren Brüder. Gebt ihnen unseren Habit, forderte er Wilhelm auf. Und wenn sie auch als Analphabeten nicht mit denen, die lesen und schreiben konnten, als Lektoren und Vorsänger dienen konnten, so

käme ihnen mit ihrer Arbeit in der Küche und dem Dienst, den sie den gebildeten Brüdern leisteten, auch deren Lohn zu. Wilhelms Einwand, keine Mittel zur dann notwendigen Erweiterung der Klosterbauten zu haben, ließ er nicht gelten. Stattdessen stellte er ihm das Beispiel des cluniacensischen Priorates La Charité-sur-Loire vor Augen.

«Älteste Tochter Clunys» genannt, erhielt La Charité noch vor dem Tod des Abtes Hugo die zweitgrößte romanische Kirche Frankreichs nach derjenigen von Cluny selbst. Die heute noch über dem rechten Loireufer stehenden Teile des Baues sind immer eine Reise wert. Ungezählte Pilger nach Santiago de Compostela und anderswohin, die hier, vor dem Loireübergang, nochmals verpflegt, versorgt oder geheilt werden mußten, bedurften einer großen Zahl an Mönchen, die, wie die Bartbrüder mönchisch lebend, sich in den Dienst der Gemeinschaft stellen wollten. Bezeichnend, daß dieses neue Priorat nicht nach dem Ort, an dem es stand, auch nicht nach der Klosterpatronin Notre-Dame, sondern nach der Aufgabe, die es für die Menschen leistete, genannt worden ist, eben *Caritas*.

Täglich traf man im Kloster, schrieb Ulrich an Wilhelm, mehr als hundert Brüder an. Und nachdem Abt Hugo vier Jahre nicht mehr nach La Charité-sur-Loire hatte kommen können, standen, obwohl der Prior jährlich zum Peter- und Paulstag die Novizen nach Cluny zur Mönchsweihe geschickt hatte, für diese 55 Novizen an einem Tag an. Der Prior Gerard von La Charité, obwohl vergleichsweise von geringerer Bildung, habe sich nicht gescheut, riesige Schulden (beim Grafen von Nevers) aufzunehmen. Und weil das Kloster danach genügend viele Schenkungen empfing, konnte er die Schulden zurückzahlen. Auch der gräfliche Schutzherr für Hirsau, also der Graf von Calw, würde nach Meinung Ulrichs bei solchen Schuldnern nicht wagen, dem Kloster lästig zu werden.

Diese Aufforderung an Wilhelm, sich für die Neubauten in Hirsau zu verschulden, damit die Bartbrüder ins Kloster aufgenommen werden könnten, versah Ulrich mit dem zuversichtlichen Hinweis, was Gott in Frankreich bewirke, das könne er doch auch auf dem Gebiet des Bistums Speyer, zu dem Hirsau gehörte, bewirken.

Die Cluniacenser haben also tatsächlich auch die Laien, die Wilhelm von Hirsau als «äußere Brüder» außerhalb der klösterlichen Klausur leben und arbeiten ließ, in ihre mönchische Gemeinschaft gleichberechtigt aufgenommen. Das einzige Feld, auf dem diese Mönche in Cluny mit den Priester- und Klerikermönchen nicht gleichbehandelt werden konnten, war verständlicherweise die Liturgie. Nur Priestermönche vermochten die Messe zu feiern und Sakramente zu spenden. Nur sie und die lateinkundigen Klerikermönche konnten als Vorsänger und Vorbeter im Gottesdienst eingesetzt werden. Außerhalb der Liturgie aber entschied allein der Zeitpunkt, zu dem ein Mönch die Gelübde abgelegt hatte, das Profeßalter, die Reihenfolge der Mönche, die alle die gleiche tägliche Versorgung, die gleichen Disziplinarstrafen bei Vergehen gegen die Ordnung des klösterlichen Lebens und nach ihrem Tod das gleiche Totengedenken erfuhren.

Fragt man nun auf der Suche nach Stärkungen des Selbstbewußtseins und Zusammengehörigkeitsgefühls für die Gemeinschaft der Cluniacensis ecclesia danach, was Abt Hugo an den bis dahin üblichen Lebensgewohnheiten der Cluniacenser geändert oder ihnen zugefügt habe, so erhält man ein klares Bild. Die meisten Neuerungen Hugos galten dem Totengedenken. Wie unter Abt Odilo bei der Einführung des Allerseelentages die lebenden Mönche für ihre verstorbenen Brüder einstehen wollten, so sollten auch die Anweisungen des Abtes Hugo zum Totengedenken die Gemeinschaft der Cluniacensis ecclesia durch die Vergegenwärtigung von deren Verstorbenen stärken.

An einer Einzelheit des klösterlichen Alltags in Cluny und dessen Klöstern erkennt man es auf einen Blick: Vor der Zeit Abt Hugos waren nach dem Tod eines Mönchs dessen Kleidungsstücke, nachdem sie gewaschen worden waren, unter die Brüder verteilt worden, die sie brauchten, das von diesen nicht Gebrauchte an Arme weitergegeben worden, die dann für den Toten, dessen Kleider sie trugen, beten sollten. Jetzt ordnete Abt Hugo an, daß die gewaschenen Kleidungsstücke eines jeden verstorbenen Mönchs vom Kämmerer bestmöglich aufbewahrt würden, bis ein Novize «der mit jenen Kleidungsstücken angezogen wird, für die Seele dieses Toten aufgenommen wird»[243].

Den Mönchen selbst war die Aussicht auf das Gedenken der Gemeinschaft nach ihrem Tod zweifellos ein wesentliches Anliegen. So versteht man, daß Abt Hugo seinen Mönch Durannus, der mit dem Schreiben liturgischer Bücher größte Mühen auf sich genommen hatte, damit beschenken konnte, daß er ihm die doppelten liturgischen Leistungen des Totengedenkens, wie sie jedem Cluniacensermönch zustanden, versprach. Tatsächlich ist das Andenken an diesen Schreibermönch im großen Legendar der Krankenkapelle von Cluny bewahrt worden.[244] Von der cluniacensischen Niederlassung Berzé-la-Ville, in der sich Hugo von Cluny im Alter mit Vorliebe aufhielt und um die sich der Mönch Petrus von Glocester, später cluniacensischer Kämmerer der Päpste Urban II. (1088–1099) und Paschalis II. (1099–1118), besonders verdient gemacht hatte, durfte auf Anordnung des Abtes am Jahrgedächtnistag des verdienten Mönchs eine Mahlzeit für alle Mönche Clunys bestritten werden, die seiner gedachten.[245]

Dem Gedenken der cluniacensischen Gemeinschaft des Abtes Odilo am Allerseelentag für die verstorbenen Mitbrüder fügte Hugo, wie von dessen Nachfolger Pontius überliefert wurde, ein besonderes Jahrtagsgedächtnis für alle unter seiner Leitung gestorbenen Mönche am 31. Januar hinzu. Gleichzeitig hat Hugo mit seinen Anweisungen zum Totengedenken die Gemeinschaft der Cluniacensis ecclesia mehrfach geöffnet.[246]

Am Pfingstsonntag sollte dem Gebet um die Tröstung durch den Hl. Geist, nämlich dem Hymnus «Komm' Schöpfer Geist», eine gute Tat für die Armen entsprechen. So viele Arme, wie Mönche am Festtag anwesend waren, sollten mit einer üppigen Mahlzeit, bestehend aus Brot, Wein und Fleisch, gestärkt werden. Der Zeitpunkt dieser Armenspeisung erinnerte die Mönche an die Urkirche in Jerusalem, in der schon Odo von Cluny das Leitbild für alles Mönchtum gesehen hatte. Doch damit nicht genug! Mit dem Einverständnis des ganzen Konvents verfügte Hugo, am Montag nach der Pfingstoktav, also nach dem Sonntag Trinitatis (wenn die Beanspruchung der Mönche durch die Feier der Hochfeste nachließ), sollte ein besonderes Gedenken mit liturgischen und sozial-caritativen Leistungen für alle erbracht werden, die auf den Friedhöfen der Cluniacenser lagen, und das waren eben nicht nur die eigenen Mönche, sondern auch zahlreiche Laien. Die zwölf Armen, die stets am Ort waren, erhielten eine üppige Mahlzeit, ein Fleischgericht eingeschlossen. Und die im voraus nicht zu berechnenden Leute, die des Weges daherkamen, empfingen Brot und Wein. Diese Verfügung des Abtes galt nicht allein für Cluny, sondern zugleich für sämtliche Klöster der Cluniacensis ecclesia. Dabei trug Hugo dafür Sorge, daß in kleinen Prioraten Clunys nur so viele Arme gespeist zu werden brauchten, wie das Kloster Mönche zählte.

An dieser Stelle ist ein Wort über die auf den Friedhöfen der Cluniacenser Begrabenen zu sagen. Daß die Kurve derer, die für ihr Begräbnis bei den Cluniacensern an Cluny schenkten, bis in die Zeit des Abtes Odilo steil nach oben gezeigt hatte, war schon zu erwähnen. Es ist von der Forschung nicht übersehen worden, daß diese Kurve unter Abt Hugo abfiel. Daran knüpfte man die Frage, ob sich die Gemeinschaft von Cluny unter Abt Hugo von der Laiengesellschaft abzuschließen begonnen hätte. Eines ist jedoch darüber vergessen worden. 1024, also im Abbatiat Odilos, hatte der Papst den Friedhof von Cluny privilegiert und den Cluniacensern gestattet, jeden Exkommunizierten dort aufzunehmen, der zum Begräbnis oder mit der Bitte um andere Hilfe und um des Seelenheiles willen nach Cluny käme. Seitdem galt Cluny erst recht als Ort, an dem man, wenn man bereute, Vergebung und Rettung finden konnte. Dem genannten päpstlichen Privileg fügt nun 1097, als Papsttum und Kaisertum im Kampf um die rechte Ordnung in der Welt miteinander standen und es viele Gebannte gab, Papst Urban II. hinzu, daß die päpstliche Erlaubnis nicht nur dem Friedhof Clunys, sondern den Friedhöfen aller zu Cluny gehörenden Klöster erteilt würde. Das aber bedeutete, daß von da an die Cluniacenser überall in Europa, wo es Cluniacenser gab, Gebannte begraben durften. Die Leute, die sich in einem Radius von 60 km um Cluny bisher auf Clunys Friedhof, das *cimiterium populare*, bringen lassen wollten, konnten ihrem Wunsch nun auch in ihrer näheren Nachbarschaft, beim nächsten Cluniacenserpriorat erfüllt bekommen. Kein Wunder also, daß unter Abt Hugo der Andrang der Begräbniswünsche an Cluny nachließ, das jetzt entlastet wurde, während seine Priorate eine Aufwertung erfuhren. Nicht abgeschlossen hat sich Cluny unter Hugo gegen die Laienwelt um das Kloster. Vielmehr nahmen nun an seiner Öffnung auch die zu Cluny gehörenden Klöster Anteil.

Dazu fügte sich, daß, als Cluny von Abt Hugo geleitet wurde, neben Mönchs- und Chorherrengemeinschaften sehr viele Leute – Laien, Arme und Reiche – in Cluny die Verbrüderung mit Abt und Mönchen dieses klösterlichen Mittelpunktes suchten. Nachdem sie dem Abt, Prior oder Gästemönch ihre Bitte vorgetragen hatten und in den Kapitelssaal geleitet worden waren und der Konvent darüber abgestimmt hatte, wurde ihnen die *fraternitas*, die Bruderschaft der Mönche von Cluny mit einem Buch (der Benediktsregel, wenn es Mönche betraf, dem Evangelienbuch bei Klerikern und Laien) gewährt. Das bedeutete, daß sie an allen guten Werken, die in Cluny und allen cluniacensischen Klöstern geschahen – Gebeten und Armensorge –, Anteil erlangten, daß ihrer zu Lebzeiten im Chorgebet der Mönche und bei der morgendlichen Konventsmesse gedacht wurde. Vor allem aber wurde für sie nach dem Tod in Meßfeier und mönchischen Tagzeiten gebetet. Dreimal im Jahr, nach dem ersten Fastensonntag, nach dem Peter- und Paulstag und nach Allerheiligen kam ihnen ein besonderes Sieben- und Dreißigtagegedenken zu. Sie wurden also im Totengedenken wie Cluniacensermönche behandelt, die außerhalb Clunys gestorben waren, nur daß für jene alle Priestermönche Clunys die Messe zu feiern hatten.

Wieviel ihnen das Totengedenken der Cluniacenser wert war, erfährt man aus Zeugnissen, die im Blick auf hochgestellte Persönlichkeiten gesprächiger sind. So wissen wir von Petrus Damiani, daß er, nachdem er als päpstlicher Legat nach Burgund gereist war und im Streit zwischen dem Bischof von Mâcon und Cluny den Cluniacensern zu ihrem Recht verholfen hatte, «zum Entgelt für seine Mühen» dringlich darum bat, daß ihm im «unvergleichlichen, heiligen Konvent» von Cluny nach seinem Tod an jedem Jahrgedächtnistag stets «das wiederbelebende Gedenken» (*rediviva memoria*) gepflegt würde.[247] Ja, darüber hinaus sollte ihm Abt Hugo, was er ihm schon schriftlich zugesagt hatte, gewährleisten, daß dieses Gedenken in sämtlichen Cluniacenserklöstern begangen werde.

Besondere Dienste hatte den Cluniacensern auch Bischof Peter von Pamplona geleistet, der überdies die Geldgeschenke des spanischen Königs für den Bau der dritten Klosterkirche in Cluny überbrachte. Deshalb verfügte Abt Hugo, daß «wir ihn zuerst als unsern Bruder annehmen und wollen, daß er in allem, sowohl zu Lebzeiten als auch im Sterben, wie einer von uns sei»[248]. Das Gebet, das in der täglichen Messe für König Peter I. von Aragon dargebracht wurde, sollte nun auch für den Bischof lebenslang gesprochen werden. Nach seinem Tod hätte jeder Priestermönch für ihn die Messe zu feiern, die anderen Mönche fünfzig Psalmen zu beten, die das nicht konnten sieben, diejenigen, die auch nicht über sieben Psalmen verfügten, hätten den 50. Psalm zu singen und jene endlich, die auch diesen nicht auswendig konnten, sieben Vaterunser. Jährlich wäre der Jahrgedächtnistag feierlich und mit der Speisung von zwölf Armen zu begehen. Sobald die Todesnachricht einträfe, wäre dem Bischof an allen Orten der Cluniacensis ecclesia dasselbe Gedenken wie einem verstorbenen Cluniacensermönch zu erweisen. Sogar die beiden Orte wurden festgelegt, aus denen die Materialien für ein Gedenkmahl bezogen würden, das der Konvent am Jahrtag des Todes Peters empfinge. Wein, Brot, Bohnen, das allgemeine Fischgericht und für die Kranken Fleisch wurden gereicht. Einer der beiden Orte war vom Bischof aus dessen eigenem Besitz gestiftet worden – ein Zeichen dafür, daß Peter von Pamplona selbst um das Totengedenken der Mönche Clunys bemüht war. Was am Jahrgedächtnistag seines Todes zu geschehen hatte, zuerst die Mahlzeit, das ließ er zu seinen Lebzeiten den Cluniacensern am Fest der hl. Fides (6. Oktober) zukommen.

Geradezu ein Urvertrauen setzte die Kaiserin Agnes in die Kraft der Gebete in Cluny. Nach dem Tod ihres Gatten, Heinrichs III., schrieb sie an Hugo von Cluny: «Nachdem Ihr ihn nicht länger im irdischen Leben habt bewahren wollen» (daß die Cluniacenser dies mit ihren Gebeten hätten erreichen können, glaubte Agnes also unbesehen), «mögt Ihr meinen verstorbenen Herrn wenigstens durch Euer Gebet mit Eurem Konvent Gott anempfehlen und erlangen, daß Euer Patensohn (Heinrich IV.) lange Erbe seines Vaters und Gott willkommen sei, und daß Ihr die Unruhen, die gegen ihn in Burgund entstehen könnten, mit Euerm Ratschlag zu befrieden bemüht seid.»²⁴⁹ Agnes und Heinrich III. erhielten bei den Cluniacensern dasselbe herausragende Totengedenken wie Kaiserin Adelheid, Heinrich II. und die spanischen Könige.

Die praktische, alltägliche Buchführung, mit der man überprüfen kann, ob die Leistungen, die den Verbrüderten von Abt Hugo von Cluny und seinen Mönchen versprochen worden sind, auch erbracht wurden, liegt in den cluniacensischen Totenbüchern mit ihren 4000, 10000, 18000, 30000 Nameneinträgen vor. Die Namen des Petrus Damiani, des Bischofs Peter von Pamplona, der Kaiserin Agnes und Kaiser Heinrichs III. sowie jene der spanischen Könige finden sich in den Totenbüchern der Cluniacenser wieder.

Die Öffnung der Cluniacensis ecclesia durch Abt Hugo im Totengedenken, von der die Rede war, erfolgte seit der Zeit des Abtes Hugo noch auf eine andere Weise. Zwar bestanden schon seit den Zeiten der Äbte Maiolus und Odilo Verbrüderungen zwischen Cluny und den geistlichen Gemeinschaften an Bischofskirchen, in denen man einander dieselben Gedenkleistungen versprach. Seit Hugo begegnen aber in solchen Verbrüderungen, etwa mit den Bischofskirchen Orléans und Chartres, neue Abmachungen. Bischof und Kanoniker sicherten den Mönchen eine Kanonikerpräbende im Kapitel zu. Die Cluniacenser wiederum erklärten, einen Kanoniker, wenn er Mönch werden wolle, gratis bei sich aufzunehmen. Außerdem verpflichteten sie sich, täglich zwei Arme zu verköstigen, einen im Namen des verbrüderten Bischofs, dessen Jahrtagsgedächtnis wie jenes eines Abtes von Cluny begangen würde, und einen im Namen der verbrüderten Kanoniker. Die Verbrüderungsurkunde, mit der den Cluniacensern eine Präbende an der Kathedrale eingeräumt wurde, vermerkt ausdrücklich, daß die Cluniacensermönche von den mit der Präbende verbundenen Pflichten des wöchentlichen Gottesdienstes in Chartres befreit seien. Offensichtlich ging es zusammen mit den religiösen Motiven jeder Verbrüderung auch darum, daß Hugo von Cluny über Pfründen an Bischofskirchen, die von seinen Mönchen besetzt werden konnten, unmittelbaren Einfluß auf die entsprechenden Bischofskirchen nehmen, die Interessen Clunys dort an Ort und Stelle geltend machen wollte. Solche wichtigen Verbrüderungen nahm der Abt nicht einfach aus eigener Machtvollkommenheit vor, wie dies beispielsweise in Klöstern des Reiches im 10. Jahrhundert noch als selbstverständlich galt. Vielmehr wurde der Akt sowohl im Kathedralkapitel als auch im Kapitel der Mönche von Cluny mit Stimmabgabe und Unterschrift rechtlich abgesichert.

Clunys Verbrüderungen mit Bischofskirchen im Abbatiat Hugos legen etwas von ihrer Bedeutung offen, wenn sie im Zusammenhang mit der Beobachtung gesehen werden, daß niemals so viele Cluniacensermönche wie unter Abt Hugo selbst zu Bischöfen erhoben worden sind.[250]

Danach waren die Erzbischofsstühle von Vienne, Bordeaux, Auch und Narbonne von cluniacensischen Mönchen besetzt. Die Bistümer Saintes, Oloron, Lescar, Aire, Toulouse und Limoges wurden von Cluniacensermönchen geleitet. Bernhard, Mönch in Cluny, Prior von S. Orens in Auch, Abt von Sahagún stieg zum Erzbischof von Toledo und Primas von Spanien auf. Im berühmten Wallfahrtsort Compostela mit dem Grab des Apostels Jakobus wurde der Cluniacensermönch Dalmatius Bischof. Cluniacenser war auch der Erzbischof Gerald von Braga. Aquitanien, das Land zwischen Loire und Pyrenäen, und Spanien erweisen sich als die Landschaften, in denen die Mönche Clunys am dichtesten in der kirchlichen Hierarchie gegenwärtig waren.

Sogar das erste der sieben suburbikarischen Kardinalbistümer, jenes von Ostia, befand sich seit dem Tod des Petrus Damiani ein halbes Jahrhundert in Händen cluniacensischer Mönche.[251] Die Reihe begann mit Gerald von Regensburg, der mit Ulrich von Regensburg nach Cluny gekommen war. Odo, der vor seinem Eintritt in Cluny Archidiakon in Reims gewesen war, stieg als Mönch von Cluny und Großprior von

Cluny auf. Der nächste reguläre Kardinalbischof von Ostia wurde als Cluniacensermönch Odos gleichnamiger Neffe. Als Odo I. als Kardinalbischof von Ostia und päpstlicher Legat 1088 zum Papst gewählt wurde und den Namen Urban II. annahm, war der Gipfel cluniacensischer Geltung in der Kirche erreicht. Nun konnte man in der Gemeinschaft der Cluniacensis ecclesia sagen: Der Papst ist einer von uns.

Urban II. war sich jedenfalls dessen bewußt. Nach seiner Wahl schrieb er Hugo:[252] «Reiche mir, bitte, die Hände des Gebetes und des Trostes in so großer Traurigkeit und so großem Schmerz. Was immer Du zu Erleichterung und tröstlicher Hilfe einsetzen kannst, wende auf, eingedenk des Schoßes, aus dem Du mich gezeugt hast (!). Meine Sache und meine Mühen sieh' selbst für Deine an und komm' eilends mit Briefen und Gesandten mich besuchen. O wenn es einmal geschehen könnte, daß Du kämest. Wie groß wäre dann meine Freude, wie groß die Beruhigung in meinen Dingen.» Hatte der Papst Cluny als den Schoß bezeichnet, aus dem ihn der Abt als Mönch gezeugt hätte, so griff er am Ende seines Briefes zu einem denkbar kühnen Bild: «So wie unser Herr Jesus Christus ans Kreuz geschlagen seine Mutter, unsere Herrin, dem Jünger Johannes anvertraut hat, so empfehle ich, ans Kreuz des Papsttums geheftet, meine Braut und unsere Herrin, die heilige Mutter Kirche, soweit es an Dir liegt, Deiner Vorsorge.» Darauf segnete er das «heilige Kollegium» von Cluny. Der vom Cluniacensermönch zum Papst aufgestiegene Urban II. empfahl seinem Abt von Cluny die Kirche!

Der Bau «Cluny III»

Aber war nicht der sichtbarste und überwältigendste Ausdruck der Gemeinschaft, welche die Cluniacensis ecclesia bildete, ihre dritte Klosterkirche «Cluny III»[253]? Der anspruchsvolle Doppelkreuz-Grundriß zeigt nach der dreischiffigen Vorkirche ein fünfschiffiges Langhaus mit einem großen und einem kleineren Querhaus – das größere mit vier, das kleinere mit sechs Kapellen, danach den Chor mit den radial herausspringenden Rundapsiden der fünf Kapellen des Chorumganges. Diese romanische Kirche maß der Länge nach 187 Meter – «Cluny II» etwa 60 Meter –, das größere Querhaus in seiner lichten Länge ca. 77 Meter.

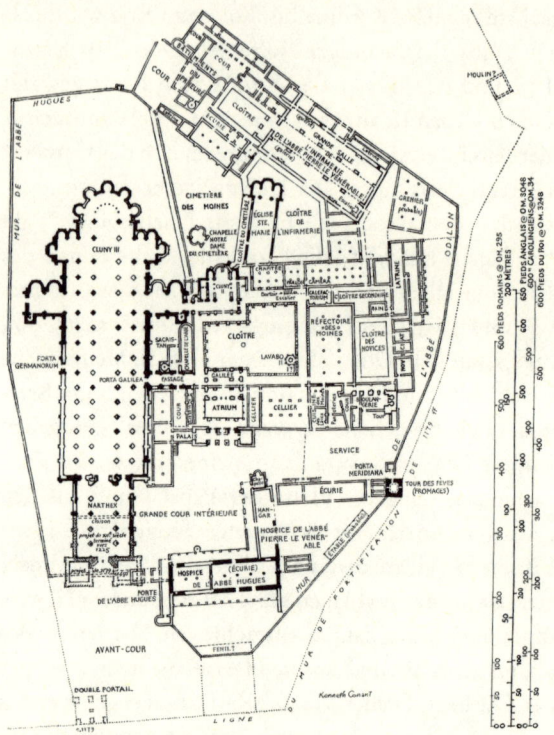

In diesem hätte also das ganze «Cluny II» in der Länge Platz gefunden. Der Betrachter, der im heute nur noch stehenden rechten, südlichen Querarm der Kirche nach oben ins Gewölbe unter dem rechten achteckigen Querhausturm, dem Clocher de l'Eau bénite, hinaufschauen will, muß den Kopf weit nach hinten zurücklegen, denn die Höhe beträgt 32 Meter. Ein rechteckiger Vierungsturm stand über der Mitte des großen, ein achteckiger über der Mitte des kleineren Querhauses. Mit fünf Türmen, die beiden links und rechts des Einganges in die Vorkirche nicht mitgezählt, ragte «Cluny III» im Tal der Grosne empor. Es war damals die größte Kirche des Abendlandes, größer als Alt-St. Peter in Rom. Erst die Ausmaße des neuen Petersdoms übertrafen jene von «Cluny III». Um den heute nur noch stehenden Torso im Gesamt des zerstörten Baues einschätzen zu können, ist es hilfreich, zuvor die nach dem Vorbild von «Cluny III», nur unvergleichlich kleiner gebaute Kirche des Priorates Paray-le-Monial, die große Kirche von La Charité-sur-Loire und die «Cluny III» folgende Kathedrale S. Nazaire d'Autun gesehen zu haben.

Der Aufriß von «Cluny III» hat in der Kunstwissenschaft das größte Erstaunen hervorgerufen. Aber wie kann das sein? Ist doch das aufgehende Mauerwerk, die ganze Abteikirche bis auf den südlichen Arm des großen Querhauses abgetragen worden, als die Abtei in der französischen Revolution und der darauffolgenden Restauration als Steinbruch zum Verkauf stand. Diesen Verlust konnten die Ausgrabungen der Medieval Academy of America, die von 1928 bis 1950 unter Leitung Kenneth J. Conants in Cluny durchgeführt wurden und Wertvolles zutage förderten, nicht ausgleichen.[254] Was der Kunstwissenschaft neben den Skulpturenfragmenten, die bei den Grabungen gefunden wurden und etwas über die Innengestaltung der Kirche aussagen, eine Anschauung von «Cluny III» geben konnte, sind bildliche Darstellungen des Bauwerks aus dem 17. und 18. Jahrhundert, Beschreibungen der Abteikirche aus dieser Zeit und die Kirchen, von denen zu sagen war, daß man sie vor dem Besuch Clunys angeschaut haben sollte.

In «Cluny III», so erfahren wir aus der Kunstgeschichte, hat der damals schon vertraute Typ des Chorumganges mit dem Kapellenkranz im Chorhaupt «eine geniale Verwandlung» erfahren, die durch die Begriffe «Steilheit der Proportionen» und «Durchlichtung» charakterisiert ist.[255] Schon der berühmte Benediktinergelehrte Dom Jean Mabillon beschrieb seinen Eindruck vom Chor in «Cluny III» 1713 so: «Und wenn Du ihn hundertmal sähest, so würdest Du ebenso oft seine Majestät erstaunt bewundern.»[256] Überraschend für die Architekturgeschichte des 11. Jahrhunderts erscheint auch der Rückgriff der Cluniacenser auf antike Säulenformen. Deren korinthischen oder kompositen Kapitellen – die berühmtesten stehen im sogenannten Speicher des hl. Hugo – wurden auf mandelförmigen Schilden je vier Figuren von überaus starker Ausstrahlung eingelegt: die vier Paradiesströme, die vier Winde, die vier Jahreszeiten, die vier Kardinaltugenden und die Töne. Die Figuren selbst widersprechen nach Motiv und Form der antiken Klassik. «Steilheit der Proportionen» und «Durchlichtung» kennzeichneten auch den gewaltigen Baukörper selbst. Die inneren der fünf Schiffe des Langhauses waren höher als die äußeren und besaßen eigene Fensterreihen. An der ganzen Kirche hat man 301 Fenster gezählt.

Angesichts dieser Kirche, die als Höhepunkt und Ende aller klösterlichen Architektur des 11. Jahrhunderts bezeichnet worden ist, als Bau «in Dimensionen und Motivreichtum hinausführend über alle voraufgehenden Klosterkirchen eingeschlossen Saint-Martin in Tours»[257], kam es in der Forschung zu überspitzten Deutungsversuchen. Abt Hugo habe sich damit ein dauerhaftes Grabdenkmal errichten lassen.[258] Oder «Cluny III» wäre in der Auseinandersetzung des Investiturstreites das mönchische Gegenstück zur Grablege der Salierkaiser im Dom zu Speyer gewesen.[259]

Was aber hat man, nachdem 1095 Papst Urban II. den Hochaltar der am 2. Oktober 1088 begonnenen Kirche geweiht hatte, in Cluny selbst über den Bau gedacht? War er damals nach Einschätzung der Cluniacenser der sichtbarste und überwältigendste Ausdruck der Gemeinschaft aller Mönche und Klöster Clunys?

Im letzten Text, den Abt Hugo zwischen dem 20. Februar und dem 29. April 1109, seinem Todestag, den Mönchen von Cluny und den Schwestern von Marcigny hinterlassen hat und über den er verfügte, daß er seinem Nachfolger, wenn der sein Amt in Frieden übernommen hätte, vor dem Konvent vorzulesen sei, hat der Abt genaue Anweisungen zum Jahrgedächtnistag seines Todes festgehalten. Diese Anweisungen enthielten eine Neuigkeit. Erstmals stiftete der Abt für das Totengedenken, das er von den Mönchen erwartete, diesen eine üppige Mahlzeit für die Gesunden und Kranken am Jahrgedächtnistag. Und er ordnete genau, woher das dafür Notwendige zu nehmen sei: aus Berzé-la-Ville, wohin er sich in seinen letzten Jahren mit Vorliebe zurückgezogen hatte und dessen Reform wohl nicht zuletzt aus Besitzungen seiner Familie, der Herren von Semur, ermöglicht worden war.[260] Hätte Hugo den Bau von «Cluny III» als Monument seines Nachruhms angesehen, dann wäre mindestens zu erwarten, daß er in seinem testamentarischen Text Verfügungen über sein Begräbnis in der neuen Klosterkirche mit derselben Detailgenauigkeit wie für das Jahrtagsgedächtnis getroffen hätte. Statt dessen äußerte er keinen Wunsch im Blick auf sein Begräbnis.

Den zahlreichen und überaus inhaltsreichen Stiftungen, mit denen die Salier, besonders Heinrich IV. (1056–1105), den Dom von Speyer urkundlich ausstatteten, entspricht in Cluny keine einzige. Eine Spannung Cluny – Speyer hat es sicher nicht gegeben. Es ist bekannt, daß König Alfons VI. von Kastilien-León (1065–1109) 10 000 Talente und jährlich 240 Goldunzen für den Bau von «Cluny III» gespendet hat, um sich für die Gebetshilfe der Cluniacenser während seines Kampfes gegen die Mauren beim hl. Petrus in Cluny zu bedanken. Wir wissen auch, daß nach Alfons VI. der größte Geldgeber für den Bau der dritten Klosterkirche von Cluny König Heinrich I. von England (1100–1135) war. Beide Herrscher dachten dabei zweifellos mit keinem Gedanken an ein mönchisches Gegenstück zum Speyerer Kaiserdom.

In Gilos Lebensbeschreibung des Abtes Hugo von Cluny wurde der Bericht über den Bau von «Cluny III» an den Anfang des zweiten Buches gestellt, an dessen Ende der Tod des Abtes wiedergegeben ist. Dabei hat Gilo nicht die Schönheit oder die Größe der dritten Klosterkirche hervorgehoben, sondern als das Erstaunlichste angesehen, daß Hugo erst als 65jähriger, körperlich zunehmend hinfälliger Mann die Kirche hat bauen lassen. Dennoch wird der Rang des Bauwerkes als nicht mehr zu steigernd dem Leser vor Augen geführt. «Als er [Hugo] sich dem Sonnenuntergang näherte, begann er für die nachwachsenden Söhne eine kaiserliche Wohnung (*aulam imperialem*), und als einer, der sich vom Leben verabschiedete, bereitete er denen, die in das [geistlich-mönchische] Leben eintraten, eine Herberge, die an den Rang päpstlicher Höhe heranreichte» (*hospitium … ad apostolici culminis dignitatem*)[261].

Keineswegs hat Gilo den Bau von «Cluny III» als größte Leistung des Abtes dargestellt. Statt dessen hat er mit einem Traumgesicht, das der Baumeister der dritten Klosterkirche, der Abt Gunzo von Baume-les-Messieurs und Mönch von Cluny, gehabt hätte und in dem diesem der hl. Petrus erschienen wäre, den Patron Clunys befehlen lassen, Gunzo solle sagen, der möge mit dem Bau der Basilika beginnen, «der die Gemeinschaft an Zahl gemehrt und Gott eine geistliche Kirche (*spiritalem ecclesiam*) dargebracht hätte, er solle nun den versammelten Mönchen eine materielle Kirche (*ecclesiam materialem*[262]) errichten». Eindeutig erhielt so das geistliche Abbild der Kirche, das der Abt mit der Gemeinschaft aller seiner Mönche schuf, Vorrang vor dem Kirchenbau. Nachdem Gilo ein paar Zeilen danach den altgewordenen Abt rühmend erwähnte, weil er in zwanzig Jahren die Basilika emporgeführt habe, in so kurzer Zeit, daß auch ein Kaiser, hätte er sie so rasch gebaut, der Bewunderung für würdig gehalten würde, schrieb er ausdrücklich: «Es war viel, was wir über diese Kirche sagten, aber mehr verkünden wir den reinen Glanz der Bewohner als der Wohnung.»[263] Wieder werden hier, biblisch gesprochen, die lebendigen Bausteine über die materiellen Steine der Kirche gestellt.

Deshalb begründete Gilo den Bau der dritten Klosterkirche ausschließlich mit deren Aufgabe für die Gemeinschaft. Als *fabrica*, die Tausende von Mönchen fassen könne, habe sie die «Soldaten Christi» aus der Enge des Gefängnisses (der soviel kleineren Klosterkirche «Cluny II») herausgeführt und mit ihrer Weite wieder gekräftigt. Und die, die sich bis dahin durch die räumliche Enge eingeschränkt sahen, könnten jetzt, in die Weite des Raumes versetzt, sozusagen täglich Ostern feiern und nach einem Galiläa hindurchschreiten.

Vor 1120/21, als Gilo die Vita Hugos verfaßte, war der Mönchschor der Kirche fertiggebaut. Tatsächlich ist «Cluny III» ungewöhnlich rasch gebaut worden. Was in der Zeit der gotischen Kathedralen gelegentlich vorkam, daß ein Hochchor vor Vollendung der Kathedrale einstürzte, das geschah ähnlich, nämlich mit dem gewaltigen, eben erst erbauten Längsschiff der Basilika, 1125 in Cluny. Ordericus Vitalis, der 1132 Cluny besucht hat, berichtet es in seiner Kirchengeschichte.[264] Am 24./25. Oktober 1130 hat Papst Innocenz II. (1130–1143) die dritte Klosterkirche von Cluny geweiht.

Für Cluny mit seinen bis zu 400 Mönchen nach Hugos Tod hätte es der Kirche «Cluny III» mit ihren Tausende fassenden Ausmaßen nicht bedurft. Für Cluny als Cluniacensis ecclesia, das Corpus mit Haupt und Gliedern, ergab sich ein anderer Maßstab. 1132 versammelten sich in der Kirche «Cluny III» 200 Prioren und mehr als 1200 Mönche aus Klöstern, die rechtlich zu Cluny gehörten.[265] Dem Anspruch Clunys zur Zeit des Abtes Hugo, Kirche abzubilden, entsprach der Rang des Kirchbaues, den Gilo für Kaiser und Papst angemessen hielt. Aber die Klarheit, mit welcher derselbe Gilo die geistig-geistliche Kirche über die materielle gestellt, die Bewohner der Wohnung übergeordnet hat, läßt die

Modell der Kirche «Cluny III», Blick auf die Chorpartie.

aufgeworfene Frage, ob «Cluny III» stärkster Ausdruck der Gemeinschaft Clunys, ihres Selbstverständnisses und Zusammengehörigkeitsgefühls sei, mit «Nein» beantworten. Dieses Nein wird durch die einfache Feststellung bestärkt, daß für Hugo und seine Mönche der Bau «Cluny III», nach dem Tod Hugos noch nicht vollendet, mehr als zwanzig Jahre eine Großbaustelle gewesen ist – mit allen Belästigungen für die Stille klösterlichen Lebens, die eine Großbaustelle mit sich bringt. Und in den Zeugnissen des 12. Jahrhunderts, aus der Zeit, da «Cluny III» vollendet war, findet sich keine Stimme, die den Bau in seiner Größe und Schönheit rühmte. Der Bauherr selbst hat sich von der Baustelle immer wieder nach Berzé-la-Ville mit dessen unvergleichlicher «Mönchskapelle» über den Weinbergen auf halbem Weg von Cluny nach Mâcon zurückgezogen.

Im übrigen sollte, wenn über die Größe der Klosterkirche von «Cluny III» nachgedacht wird, nicht übersehen werden, daß in «Cluny III» gegenüber «Cluny II» das Noviziat, der Schlafsaal und der Speisesaal deutlich vergrößert worden sind. Und «Cluny III» erhielt nicht nur die größte Kirche des damaligen Abendlandes, sondern auch das größte Spital.

Abt Hugo, Pate des Kaisers und päpstlicher Legat

Die Gemeinschaft von Abt und Mönchen, die sich als Cluniacensis ecclesia verstand, Cluny als Haupt des Corpus aller zu Cluny gehörenden Klöster, diese Gemeinschaft mit europäischem Einzugsbereich, die geographische und politische Grenzen überwand, die cluniacensische Gemeinschaft, deren Äbte schon vor der Zeit Hugos am Kaiserhof ebenso angesehen waren wie an der römischen Kurie und die unter der Stabführung des Abtes Hugo durch eigene Mönche Anteil in der kirchlichen Hierarchie erlangte wie nie zuvor, die Gemeinschaft, zu der und auf deren Friedhöfe sich Gescheiterte und im Investiturstreit Exkommunizierte ins Asyl flüchteten und auf einen Ausweg aus der Not hoffen durften, eine solche Gemeinschaft mußte, ob sie wollte oder nicht, eine politische Größe darstellen. Bildete aber eine mönchische Gemeinschaft eine politische Größe, so lag in ihr bereits der Keim existentieller Gefährdung.

Es gilt zu fragen, wie Cluny unter Abt Hugo die Gratwanderung zwischen politischer Beanspruchung und Sammlung auf die Ziele klösterlichen Gemeinschaftslebens geglückt oder vielleicht nicht geglückt sei. Kaiser, Könige, Päpste und alle die Großen in Kirche und Welt, die Cluny und seine Klöster mit Wohltaten überhäuften, versuchten oft genug, es für ihre Interessen einzuspannen. In welchem Ausmaß ihnen dies gelang, hing entscheidend davon ab, mit welchem Abt sie es zu tun hatten. Denn er war es, der die klösterliche Gemeinschaft nach außen zu vertreten hatte. Und für den Abt wiederum kam es dabei wesentlich darauf an, ob ihm sein Handeln zugunsten des Klosters, im Fall Clunys zugunsten des Hauptes und der Glieder der Cluniacensis ecclesia, durch seine eigene Herkunft erleichtert oder erschwert wurde, ob ihn die Zustimmung des Konvents trug, ob er, seiner Gemeinschaft sicher, nach außen auftreten konnte und ob er schließlich in der Reihe seiner Vorgänger und in der Geschichte seiner Gemeinschaft von vorneherein eine Grundlage für moralische Autorität zuerkannt bekam oder Belastungen übernehmen mußte oder beides zugleich vorfand.

Die Familie der Herren von Semur, aus der Abt Hugo stammte, war durch Heirat mit den capetingischen Herzögen von Burgund, damit auch mit deren Brüdern, den Capetingerkönigen von Frankreich, verwandt. Doch hat es nicht den Anschein, als hätten die so geknüpften Verwandtschaftsbeziehungen dem Abt wesentliche Vorteile für seine Amtsführung eingebracht. Sie waren vielmehr in sich brüchig. Erinnert sei an die Ermordung des Vaters Hugos und eines Bruders, für die der Herzog von Burgund die Verantwortung trug, und an Hugos Schwester, die, mit Herzog Robert I. von Burgund verheiratet, von diesem verstoßen wurde. Die gewaltsamen Ereignisse lagen vor oder unmittelbar nach der Amtseinführung Hugos. Zu dieser Zeit dürfte das Geschlecht der Herren von Semur politisch, sozial und wirtschaftlich keinen Aufstieg erlebt haben. Im Gegenteil spricht die Tatsache, daß Abt Hugo seine Angehörigen für die Gründung des ersten Cluniacenserinnenklosters gewann, daß sich die Familie der Burgherren geradezu ihrer Herrschaft und Besitzungen entäußerte, um die Gründung Marcignys lebensfähig zu machen, und daß aus dieser Familie reihenweise Männer den Mönchshabit in Cluny, Frauen den Schleier in Marcigny genommen haben, für einen drohenden Abstieg der Familie, die diesem durch die Dotation des Frauenklosters und durch ihre Konversionen auswich.

Als Hugo mit 15 Jahren – in dem Alter also, in dem ein Mann im Mittelalter die Mündigkeit erreichte – in Cluny als Mönch eingetreten war, hatte dies möglicherweise mit der Härte zu tun, mit der sein Vater die Zügel geführt hat. Nicht Unterstützung, sondern Widerstand hatte Hugo von ihm erfahren. Sein Großonkel, Graf von Chalon-sur-Saône und Bischof von Auxerre, ließ ihm aber die Ausbildung geben, die eine Voraussetzung für die Priesterweihe war. Die Grafen von Chalon stellten eine der Grafenfamilien dar, mit denen die Herren von Semur verwandt gewesen sind. So erfuhr auf dieser Ebene Hugo wenigstens Hilfe aus seiner Verwandtschaft.

Am Kaiserhof der Salier, an dem Hugo bereits Ende 1048 als Prior von Cluny das erste Mal vorsprach, spielte Hugos Herkunft von den Herren von Semur zweifellos überhaupt keine Rolle. Vielmehr wurde Hugo als Vertreter des hochangesehenen Abtes Odilo von Cluny empfangen. Nach seiner Abtswahl ist für seinen Einfluß am Kaiserhof sicher das Entscheidende gewesen, daß er als Nachfolger der heiligen Äbte Maiolus und Odilo kam, die beide zu den Vertrauten der Ottonen- und Salierherrscher gezählt haben. Auf dieser Linie lag es, wenn Hugo zur Geburt Heinrichs IV. gratuliert hat und von Heinrich III. gebeten worden ist, die Patenschaft für den Kaisersohn zu übernehmen.[266] Als Hugo zu Ostern 1051 in Köln Taufpate Heinrichs IV. wurde, hat er nach mittelalterlicher Auffassung ein geistliches Verwandtschaftsverhältnis zum Salier begründet, das ihn zu helfender Beratung für das Patenkind verpflichtete.

Zur gleichen Zeit ist er schon päpstlicher Legat gewesen.[267] Als solcher vermittelte er im Auftrag Papst Leos IX., dem er schon frühzeitig bekannt geworden war, einen Frieden zwischen Kaiser Heinrich III. und König Andreas I. von Ungarn (1046–1060). War er nach Heinrichs III. Tod 1056 am Kaiserhof schon von solcher moralischer Autorität, daß ihm, wie zu erwähnen war, Kaiserin Agnes zugetraut hatte, mit seiner Fürbitte hätte er ihrem Gatten helfen können, so stieg nach dem Tod Leos IX. sein Ansehen bei dessen Nachfolgern noch.

Daß Hugo sich von den Päpsten Viktor II. (1055–1057), dem ehemaligen Kanzler Heinrichs III., und Stephan IX. (1057–1058), Bruder des Herzogs Gottfried von Lothringen, der durch seine Heirat mit der Markgräfin Beatrix von Canossa in Tuszien über den Zugang nach Rom entscheiden konnte, Urkunden zur Bestätigung der Rechte und Besitzungen Clunys erbat und empfing, zählte zu den herkömmlichen Aufgaben des Abtes von Cluny. Aber daß er Stephan IX. in Florenz beim Sterben beistand und ihm, dem ehemaligen Abt von Monte Cassino, die Mönchsgelübde *in extremis* für Cluny abnahm, darf als außergewöhnlich gelten. Stephans IX. Nachfolger Nikolaus II. (1058–1061) hat Hugo von Cluny offenbar wieder als päpstlichen Legaten eingesetzt und mit der Leitung einer Synode in Avignon betraut, kurz darauf wohl mit einer Synode in Toulouse.

Auf Nikolaus II. folgte auf dem Stuhl Petri Alexander II. (1061–1073). Nichts Außergewöhnliches zeigen Hugos Beziehungen zu diesem Papst. In der Auseinandersetzung zwischen der Abtei Cluny und dem Bischof von Mâcon um die Freiheit Clunys, von der anderen Seite um die Rechte des Bischofs von Mâcon, nahm Hugo die Reise nach Rom auf sich und erwirkte von Alexander II. eine Urkunde, die Clunys Rechte bestätigte. Und der Papst sandte Petrus Damiani als Legaten zur Schlichtung des Streites über die Alpen. Petrus Damiani beendete den Streit mit der Feststellung, daß Cluny nur unter dem Recht des päpstlichen Stuhles stünde, gegen die Bedenken des Bischofs von Mâcon und anderer Bischöfe angesichts der Freiheit Clunys. Seine eigenen Zweifel, ob in Cluny mönchisch, einfach genug gelebt werde, verlor er zugunsten überschwänglichen Lobes für Hugo, den «Erzengel der Mönche», und seinen «heiligen Konvent». Die Synoden, die Alexanders II. Legaten in Frankreich abhielten, besuchte Hugo nicht nur regelmäßig, sondern mehrfach aktiv Anteil an der Schlichtung von Streitigkeiten nehmend. 1072 ist Hugo nach der Teilnahme an einer römischen Synode unter Vorsitz des Papstes damit beauftragt worden, einen Papstbrief nach Deutschland zu überbringen, in dem der Abt von der Reichenau exkommuniziert und der Konstanzer Bischof aufgefordert wurde, den Bannspruch zu veröffentlichen. Zusammen mit der Kaiserin Agnes kam er nach Worms. Dort führte er seinen Auftrag aus und erhielt von seinem königlichen Patensohn eine Bestätigungsurkunde für die Schenkung Hessos von Uesenberg zugunsten eines Cluniacenserpriorats in Rimsingen am Kaiserstuhl.

Die im Hintergrund entscheidende Gestalt im Pontifikat Alexanders II. ist Hildebrand/Gregor VII. (1073–1085) gewesen. Hugo von Cluny und er müssen einander gut gekannt haben. Anders verstünde man nicht, warum Anfang des 12. Jahrhunderts im Umkreis des Erzbischofs Anselm von Canterbury eine Reihe von Anekdoten entstand, in denen Hugo und Hildebrand im Mittelpunkt standen.[268] So unsicher im einzelnen die anekdotischen Aussagen sein mögen, so überliefern sie, zusammen mit den Lebensbeschreibungen Hugos von Cluny und der Vita Gregors VII., eines sicher: einen Besuch Hildebrands in Cluny, wo er im Kapitelssaal zur Rechten des Abtes Hugo saß und eine Vision hatte. In dieser hätte zur Linken des Abtes Hugo, dessen Verhalten gegenüber Bittstellern beobachtend, Jesus Platz genommen. Diese Szene sagt etwas über die Verehrung aus, die Hildebrand Abt Hugo entgegenbrachte. Das spiegelt auch die Wahlanzeige des Papstes Gregor VII. wider: Sie wurde an Abt Desiderius von Monte Cassino, als Viktor III. (1086–1087) Nachfolger Gregors VII., geschickt. In Monte Cassino hielt sich Kaiserin Agnes mit ihrem vertrauten Ratgeber, Bischof Rainald von Como, auf. Beide sollte Desiderius namens Gregors grüßen. Die Wahlanzeige ging an den Fürsten Gisulf von Salerno, nicht an den Normannenherzog Robert Guiscard, von dem der Papst gehört hatte, er sei verstorben. Erzbischof Wibert von Ravenna, später von Heinrich IV. als Clemens III. (1084–1100) gegen Papst Gregor VII. aufgebaut, erhielt ebenfalls eine Wahlanzeige, auch Beatrix von Tuszien, die Witwe des Herzogs Gottfried d. Bärtigen von Niederlothringen, Abt Hugo von Cluny, nach ihm Erzbischof Manasses I. von Reims, der König von Schweden und der Abt von S. Victor de Marseille.

Von Gregors VII. Nachfolger ist im Blick auf Cluny nur bekannt, daß er dem Abt zwei Briefe gesandt hat, obwohl Hugo 1083, also als Desiderius Abt von Monte Cassino war, dort mit ihm und dem Konvent eine Verbrüderung eingegangen war. Wenn Viktors III. Nachfolger Urban II. (1088–1099) seine Wahl dem Abt Hugo anzeigte und diesen dringend um einen Besuch in Rom bat, so kann das mit der klösterlichen Herkunft dieses Papstes aus Cluny erklärt werden. Aber auch Urbans II. Nachfolger Papst Paschalis II. (1099–1118), wieder ein Mönch auf dem Stuhl Petri, teilte Abt Hugo von Cluny Urbans II. Tod und seine eigene Papstwahl mit. Wie in der Zeit des Abtes Hugo das Ansehen Clunys bei den Päpsten gestiegen ist, zeigt sich nach den erwähnten Wahlanzeigen der Päpste für Hugo von Cluny daran, daß der Nachfolger Paschalis' II., Papst Gelasius II. (1118–1119), vor seiner Papstwahl Mönch in Monte Cassino, sich zum Sterben nach Cluny tragen ließ und daran, daß Gelasius' II. Nachfolger, Calixt II. (1119–1124), in Cluny die Papstweihe empfangen hat.

Nach diesem vorschnellen Blick darauf, wie sich das Verhältnis Hugos zu den Päpsten entwickelt hat, ist festzuhalten: Hugo hat schon ganz zu Anfang seiner Amtsführung mit seiner Patenschaft für den Kaisersohn und als päpstlicher Legat eine Stellung erreicht, die ihm, als Anfang 1076 der sogenannte Investiturstreit zwischen Heinrich IV. und Gregor VII. offen und mit äußerster Schärfe ausbrach, einen einzigartigen Rang verlieh. Denn nun mußten sich der König ebenso wie der Papst seiner als des geborenen Vermittlers erinnern.

Tatsächlich ist Hugo von Cluny bei der berühmtesten Szene des Investiturstreits, bei der Begegnung Heinrichs IV. – des Büßers, der vom Bann gelöst zu werden bat – mit Gregor VII. auf der Burg der Markgräfin Mathilde von Canossa am 25. bis 28. Januar 1077 zugegen gewesen. Zwar verlautet nichts darüber, worin im einzelnen die Vermittlerleistung des Abtes gelegen, was er seinem Patensohn geraten habe. Aber daß der König ihn um Vermittlung gebeten hat, wird durch die Umschrift auf der Miniatur bezeugt, die in Donizos Vita der Mathilde von Canossa im Codex Vaticanus latinus 4922 enthalten ist und die Szene auf der Burg Canossa wiedergibt. Und Gregor VII. selbst hat in seinem Brief an die deutschen Fürsten, in dem er sie über die Ereignisse in Canossa unterrichtete, mitgeteilt, Heinrich IV. habe einen Sicherheitseid geleistet, sich dem päpstlichen Urteil im Streit mit den Fürsten zu beugen und dem Papst freies Geleit nach Deutschland zu gewährleisten, Abt Hugo, Markgräfin Mathilde und ihre Schwiegertochter Adelheid sich für die Einhaltung des Eides eigenhändig verbürgt. Im September desselben Jahres, als sich der Papst in einem Brief an Erzbischof Udo von Trier über den König beklagte, der mit der Gefangennahme der päpstlichen Legaten seinen Eid von Canossa gebrochen hätte, erwähnte er ausdrücklich, Heinrich IV. hätte eigenhändig das Schriftstück mit dem Text des Eides in die Hände des Abtes von Cluny gelegt.

Kaiser Heinrich IV. bittet Abt Hugo von Cluny und Gräfin Mathilde von Canossa um Vermittlung bei Papst Gregor VII. Miniatur aus einer Handschrift, um 1114/15.

Den Abt Hugo hat seine Vermittlung schwer belastet. Offenbar hat er schon vor der Begegnung wegen seiner Beziehungen zum exkommunizierten Patensohn selbst im Geruch der Exkommunikation gestanden. Denn wir hören, Hugo hätte sich in Rom mit dem Papst deswegen versöhnt (rekonziliiert, wie der Fachausdruck lautete).[269] Und nochmals nach Gregors VII. Tod bekam Hugo in Cluny, weil er die Karfreitagsfürbitten für den Kaiser trotz dessen Exkommunikation öffentlich im Kloster gesprochen hatte, größte Schwierigkeiten mit dem gleichnamigen päpstlichen Legaten und Erzbischof von Lyon. Dieser setzte ihm so zu, daß der Abt zunächst auswich, er habe nur für einen Kaiser allgemein gebetet. Vor einer Synode sollte Abt Hugo ein Schuldbekenntnis ablegen. Er anerkannte aber den Spruch der Synodalen nicht.

Doch auch Heinrich IV. gegenüber hat Abt Hugo von Cluny die klare Linie seiner Eigenverantwortlichkeit und Selbständigkeit gewahrt – und dies sogar in der dramatischsten Zuspitzung im Streit zwischen König und Papst. Im Juni 1083 stand in der römischen Leostadt, mit einem eigens befestigten Mittelpunkt der Stellung, das königliche Heer. Der Papst saß in der belagerten Engelsburg. Hugo von Cluny, von diesem nach Rom gerufen und auf dem Weg dorthin vorübergehend vom Bischof von Brescia gefangengenommen, sollte im Streit zur Versöhnung helfen. Weil Heinrich IV. bei der Peterskirche lagerte, führte Hugos erster Weg nicht, wie man es von ihm gewohnt war, zu den Apostelgräbern, sondern zu dem in der Engelsburg eingeschlossenen Papst. Eine Gesandtschaft des Königs hielt dem Abt daraufhin vor, daß er wegen eines sterblichen Menschen – gemeint Gregor VII. – an den Apostelgräbern vorübergegangen sei. Offensichtlich hatte Heinrich IV. erwartet, daß Hugo nach den Gebeten dort ihn aufgesucht hätte. Hugo antwortete, nicht aus Nachlässigkeit, sondern absichtlich sei er vorbeigegangen. Denn leicht hätten sonst seine Gebete als Vorwand genommen werden können, er hätte zuerst mit dem König, nicht mit dem Papst sprechen wollen. Ginge er zuerst zum Papst, so erklärte Hugo nachträglich, so erschiene ihm die Vergebung der Apostelfürsten auf der Suche nach dem Frieden leichter zu erlangen. Also traf der Abt erst nach seinem Gespräch mit Gregor seinen Patensohn, der inzwischen nach Sutri aufgebrochen war. Dieser fiel dort vor seinem Paten auf die Knie, um ihm Abbitte zu leisten, weil Hugo vom Bischof von Brescia festgesetzt worden war.

Wie sehr sich Hugo als Pate Heinrichs IV. in der Pflicht, für ihn zu beten, gebunden wußte, kann man eher einschätzen, wenn man die Briefe liest, die der Kaiser noch in seiner größten Not – gebannt und vom eigenen Sohn zum Verzicht auf die Kaiserwürde gezwungen – im Jahr seines Todes an Hugo, seinen geistlichen Vater, geschrieben hat. «Wir fliehen, liebster Vater, zu Dir, der Du nach Gott sozusagen einzigartige Zuflucht unserer Not bist.»²⁷⁰ Ihn und Hugos Mönche nannte der Kaiser heilig. «In Gott und in Dir liegt für uns große und einzigartige Hoffnung auf Rat, Hilfe, Heil und unsere Befreiung.» Und der Kaiser versprach dem Abt, alles, was dieser im Blick auf eine Rekonziliation mit dem Papst, auf Einheit und Friede der Kirche bei Wahrung des kaiserlichen Amtes verfügte, wollte er zweifelsfrei durchführen. Und in einem weiteren Brief schloß er mit der Bitte an «den verehrungswürdigen Vater und seine heilige Gemeinschaft» um ihre Gebete.²⁷¹

In Cluny selbst hat man indes die Bemühungen Hugos um Vermittlung zwischen Kaiser und Papst in ihrem schweren Streit offenbar als selbstverständliche Aufgabe des Abtes angesehen. Denn es fällt auf, daß in keiner der vier Lebensbeschreibungen, in denen Hugo als heiligmäßiger Abt gerühmt wurde, seine tätige Anwesenheit auf der Burg Canossa Erwähnung fand. Mehrere nichtcluniacensische Geschichtsschreiber aus Deutschland und Italien hingegen berichteten darüber.

Seinem kaiserlichen Patensohn hat Hugo von Cluny in allem Ernst seiner Bemühungen um Friede und Versöhnung nicht zur Lösung aus dem päpstlichen Bann zu helfen vermocht. Aber dem mit Heinrich IV. gebannten Bischof Burkhard von Basel, seinem alten Freund, ebnete er mit dessen Profeß in Cluny den Weg aus der Exkommunikation. Vor diesem geschichtlichen Hintergrund erhält das päpstliche, von Urban II. erneuerte und erweiterte Privileg für die Cluniacenser, Gebannte in Cluny und allen Klöstern der Cluniacensis ecclesia aufzunehmen, sein volles Gewicht. Diesen Gebannten, sei es, daß sie wegen ihres Begräbnisses, sei es, daß sie sonst zu ihrem Heil dorthin kamen, sollte «das Medikament der Vergebung und des Heils nicht verwehrt werden», ihnen, wenn sie darum bäten, die Liebe der «heiligen Bruderschaft», also die Aufnahme unter die Mönche Clunys, gewährt werden. Cluny und jedes seiner Klöster sollte allen dorthin beladen Flüchtenden «Ursache des Heils, Zuflucht göttlicher Barmherzigkeit und Zuwendung und Schutz apostolischen Segens und der Lossprechung» sein.²⁷²

Diese päpstliche Erlaubnis für die Cluniacenser ist ein Signal dafür, daß Hugo dem Papsttum und der Kirche im Investiturstreit aus Cluny mehr vermittelte als seine Dienste zur Aussöhnung zwischen Kaiser und Papst. So wie der Investiturstreit nicht einfach eine Auseinandersetzung zwischen Heinrich IV. und Gregor VII., sondern ein Ringen der beiden höchsten Amtsträger um die rechte Ordnung in der Welt war, so beschränkte sich Hugos von Cluny Einsatz für die Gesamtkirche nicht auf seine Friedensvermittlungen zwischen Heinrich IV. und Gregor VII.

Dieser hätte nicht Hugo als bevollmächtigten Legaten eingesetzt und immer wieder damit beauftragt, in Spanien und Frankreich Konflikte in seinem Sinn zu lösen, wäre er nicht von Hugos Treue zur Erneuerung der Kirche überzeugt gewesen. Vor den päpstlichen Legaten Hugo von Die und Hugo von Cluny sollte sich der Erzbischof Manasses I. von Reims verantworten, Hugo von Cluny die Mönche von S. Remi de Reims gegen den Erzbischof in Schutz nehmen. 1077 verhängte Hugo von Die auf der Synode von Autun das Investiturverbot und griff gegenüber einer Reihe von Bischöfen scharf durch. Auf dieser Synode wollte Gregor VII. unbedingt Hugo von Cluny wissen. Es gibt aber keinen Anhaltspunkt, daß dieser teilgenommen hätte. Verstärkt beauftragte seitdem der Papst den Abt von Cluny, der bei den französischen Bischöfen nicht die Ablehnung erfuhr, die dem schroffen Hugo von Die entgegenschlug. Aber mehrmals entzog sich Hugo von Cluny den Bitten des Papstes. Als 1080 Gregor VII. mit König Alfons VI. von Kastilien-León korrespondierte, weil er die Auflösung der für ungültig erklärten Ehe des Königs forderte, dazu die Absetzung des vom König in Sahagún als Abt eingesetzten Cluniacensermönchs Robert, der zur Buße nach Cluny zurückgeschickt werden sollte, und als er sich Sorgen machte, ob die römische Liturgie, für die sich dort Hugo von Cluny eingesetzt hatte, nach Roberts Wirken gegenüber der mozarabischen sich würde halten können, da schrieb er trotz seiner Unzufriedenheit mit ausbleibenden Erfolgen Hugos in Spanien von diesem an den König: «Wir wandeln nämlich mit derselben Gesinnung und Geisteshaltung auf demselben Weg.»[273]

Der Papst war sich darüber im klaren, daß in dieser Zeit, in der die Glaubwürdigkeit des Priestertums auf dem Spiel stand und überall

Priester und Bischöfe gesucht wurden, die ihr Amt nicht gekauft oder durch Beziehungen erworben hatten und die ehelos lebten, Hugo von Cluny mit seinen Priestermönchen über Reserven eines Priestertums verfügte, das über jeden Verdacht erhaben war. Deshalb bat er den Abt, ihm Mönche zu schicken, die er zu Bischöfen weihen könne. In dieser Zeit, in der es aus der Sicht des Papstes um die Freiheit der Kirche ging und allenthalben die Forderung nach kanonischer, der Richtschnur des Kirchenrechts entsprechender Wahl erhoben wurde, stellte die seit mehr als anderthalb Jahrhunderten in Cluny bewährte Praxis einer von außen völlig ungestörten Abtswahl einen Anker dar, nach dem Gregor VII. griff. Auf der Lateransynode von 1080 erinnerte er daran, in Cluny habe nie ein Abt gelebt, der kein Heiliger gewesen sei. Dort habe man nie die Knie vor Baal oder den Nacken vor weltlicher Gewalt gebeugt.[274] Daher konnte er im selben Jahr, als er dem Abt Wilhelm von Hirsau die Abtei Allerheiligen zu Schaffhausen übertrug, nachdem Graf Burkhard von Nellenburg auf alle weltliche Gewalt über das Kloster verzichtet hatte, diesem Kloster eine umfassende «Römische Freiheit» verleihen, wie sie unbestritten Cluny und (S. Victor de) Marseille besaßen.[275]

Was Cluny in der tiefgehenden Unruhe, die Europa im Investiturstreit ergriff, zu geben hatte, war dauerhafter, als es die persönlichen Vermittlerdienste sein konnten, die Hugo von Cluny, wenn auch mit denkbar hoher moralischer Autorität, geleistet hat. Cluny gab im Ringen des Papsttums um die Freiheit der Kirche das Beispiel einer geistlichen Gemeinschaft, die ihre Freiheit und Selbstbestimmung immer wieder neu errungen hat; einer Gemeinschaft, die mit ihren Hunderten von Klöstern tatsächlich in ganz Europa gegenwärtig war. Cluny bildete als Cluniacensis ecclesia Kirche so ab, daß mit den cluniacensischen Priestermönchen ein gewichtiger Beitrag zur Erneuerung des Klerus, die das im 11. Jahrhundert zum Reformpapsttum gewordene Papsttum voranbrachte, geleistet worden ist. Für die vielen, die in Exkommunikation und Gewissensnot gefallen waren, bot die Cluniacensis ecclesia mit ihren Klöstern und Friedhöfen, ausgestattet mit päpstlichen Vollmachten, mit ihrem Totengedenken und ihrer Armensorge, eine Zuflucht und Aussicht auf Heilung und Heil. Und den Frauen wurde in Marcigny-sur-Loire ihr Cluny geschaffen.

So gesehen erscheint es nicht als zufällig, wenn 1088 mit dem Kardinalbischof Odo von Ostia ein Cluniacensermönch zum Papst, zu Urban II., gewählt worden ist. Schließlich war es ebenso wenig ein Zufall der europäischen Geschichte, wenn seit Gregor VII. fünfmal nacheinander Mönche den Stuhl Petri bestiegen haben. Diese in der Geschichte einzigartig gebliebene Reihe von Mönchspäpsten spiegelte die Zeit des Reformmönchtums und seines Zusammengehens mit dem Reformpapsttum wider. Und so, wie Cluny im Reformmönchtum des 10. und 11. Jahrhunderts den steilsten Aufstieg genommen hatte, so stellte jetzt, in der Zeit des Abtes Hugo von Cluny, als dieses «Cluny III» den Höhepunkt seiner Geltung erreicht hatte, Cluny den Papst.

Der Papst, ein Cluniacenser

Urban II. ist als Papst Mönch geblieben.[276] Dankbar erinnerte er sich an seine Mönchsweihe in Cluny. Er sah sie, wie die Taufe, als geistliche Wiedergeburt, als zweite Geburt aus dem Hl. Geist an. Schon die Eltern Odos von Châtillon-sur-Marne, des späteren Papstes Urban, hatten neben diesem Ort ein Cluniacenserpriorat, Binson, mit Gütern bewidmet. Trotzdem begann Odo seinen Lebensweg in der Domschule zu Reims, wo er vielleicht Bruno von Köln, den Gründer der Grande Chartreuse, zum Lehrer hatte. In Reims ist Odo Kanoniker und Archidiakon des Erzbistums geworden und unterzeichnete gleich nach dem Erzbischof die Urkunden der erzbischöflichen Kanzlei. Aber so wie der Reimser Lehrer Bruno von Köln das strenge Leben der Kartäuser einführte, so zog es den wichtigsten Mann im Erzbistum nach dem Erzbischof zum strengeren Leben im Kloster.

Er trat in der Abtei Cluny ein, wo er – Zeichen der internationalen Größe Clunys – Petrus Pappacarbone, den späteren Abt von Cava dei Tirreni und Bischof von Policastro, zum Novizenmeister hatte. Dort wurde der neue Mönch nach wenigen Jahren Großprior. Dieser vertrat den Abt auch nach außen, während der Claustralprior für die Einhaltung der Gewohnheiten des mönchischen Lebens im Kloster verantwortlich war. Der Prior Odo hat 1078 in Avallon die Schenkung der dortigen Marienkirche mit ihren Schätzen an Cluny vom Herzog Hugo I. von Burgund in Vertretung des Abtes Hugo von Cluny angenommen und alle an der Schenkung Beteiligten als Verbrüderte in die Gemeinschaft der Cluniacenser aufgenommen.

Im schwersten Konflikt, den Cluny unter Abt Hugo in der Zeit des Papstes Gregors VII. auszuhalten hatte, in demjenigen mit dem Bischof von Mâcon, ist der Prior Odo vom Abt nach Rom geschickt worden, um vor dem Papst die Klage der Cluniacenser gegen Bischof Landrich vorzubringen.

Wie schwer dieser Konflikt war, geht daraus hervor, daß Gregor VII. zunächst den Abt in einem Brief ermahnte, Rechte und Güter des Bischofs von Mâcon, der seinerseits in Rom geklagt hatte, zu wahren. 1079 auf 1080 kam dann als päpstlicher Legat der Kardinalbischof Petrus Igneus von Albano nach Cluny. Er hob die Bannflüche auf, die Landrich – wie einst sein Vorgänger Drogo, bevor Petrus Damiani als päpstlicher Legat den Cluniacensern zu ihrem Recht verholfen hatte –, unterstützt vom Metropoliten, dem Erzbischof von Lyon, gegen Kapellen und Kapläne Clunys geschleudert hatte. Er umschrieb den heiligen Bannbezirk Clunys, in dem dieses Immunität besaß. 1080 kam es in S. Barnard in Anse zu einer synodalen Anhörung der Streitenden. Erzbischof Warmund von Vienne, Cluniacensermönch und -abt, berichtete vom Überfall, den Kleriker und Dienstleute des Bischofs von Mâcon auf ihn verübt hatten. Dann wurde eine Urkunde Gregors VII. für Cluny verlesen, in der Bann und Interdikt für die Cluniacenser und ihre Klöster durch irgendeinen Bischof ausdrücklich verboten worden waren. Der vom Papst selbst geweihte Bischof von Mâcon setzte sich mit der Feststellung, er hätte den Inhalt der Urkunde nicht gekannt, gegen Hugos von Cluny Widerspruch nicht durch. Der Kardinallegat suspendierte ihn vom Amt und exkommunizierte seinerseits die Kanoniker der Bischofskirche Mâcon, nachdem diese ihn bedroht hatten.

Daß die Verhandlungen gleichwohl zäh geführt wurden und das Klima keineswegs von vornherein günstig für Cluny war, merkt man daran, daß Gregor VII. zunächst Mitleid mit dem Bischof von Mâcon ausgedrückt, ihm die Einfalt der Tauben (wie im Matthäusevangelium) zugesprochen, dem Abt von Cluny aber die Klugheit der Schlange (Mt 10,16) zugeordnet hatte. Erst am Ende der Auseinandersetzung standen die lobenden Worte Gregors VII. für Cluny und dessen Äbte. Vielleicht hatte sie ihm der Großprior von Cluny, Odo, nahegelegt, der, nachdem ihn Hugo von Cluny nach Rom gesandt hatte, wahrscheinlich dort geblieben ist.[277]

Aufgestiegen zum Kardinalbischof von Ostia, ließ es sich Odo nicht nehmen, mit seinem Abt Hugo 1085 die Überführung der Maximusreliquien nach dem Cluniacenserkloster Nantua im Rhônetal vorzunehmen. Und obwohl sich dadurch nach Gregors VII. Tod seine Rückreise von Deutschland nach Rom verzögerte, hat Odo 1085 die neuerbaute Marienkirche in Cluny geweiht.

Nach den Diensten, die Odo den Cluniacensern als Prior und als Kardinalbischof geleistet hatte, lag es nahe, daß er auch als Papst mit Cluny verbunden blieb – und dies nicht einfach nur, indem er die Interessen der Cluniacensis ecclesia wahrnahm. Vielmehr sah er in Cluny gleichzeitig eine wesentliche Stütze für sich. Nach seiner Wahl zum Papst in Terracina am 13. März 1088 ging am selben Tag eine Wahlanzeige an Hugo von Cluny mit der Bitte, der Abt möge ihn besuchen. Im Sommer desselben Jahres erneuerte der Papst seine Bitte aufs dringlichste. Insgesamt wissen wir von acht Briefen, die Hugo von Urban II. empfangen hat. Mindestens fünfmal schrieb der Abt an den Papst. Und während sich manche mittelalterliche Klostergemeinschaft glücklich schätzte, wenn sie an den Anfang ihrer Urkundensammlung die Abschrift einer Papsturkunde stellen konnte, finden sich im Bullarium Cluniacense allein aus dem Pontifikat Urbans II. schon sechzehn Papsturkunden.

Die erste erging bereits am 1. November 1088. Es ist ein Privileg, in dem Urban daran erinnerte, daß er Cluny einen Vorrang in der liebenden Zuwendung schulde, weil er dort die Grundelemente des mönchischen Lebens und die Wiedergeburt in der Mönchsweihe erfahren habe. Außer der Bestätigung und Erweiterung aller früheren Papstprivilegien für Cluny erlaubte er dem Abt, bei Prozessionen und Meßfeiern die Pontifikalien – vorab die bischöfliche Mitra –, an den fünf Hochfesten der Cluniacenser (Weihnachten, Ostern, Pfingsten, Peter und Paul, Mariä Himmelfahrt) sowie am Fest der Erscheinung des Herrn am 6. Januar, an Christi Himmelfahrt und am Tag der Kirchweihe Clunys die Dalmatik, das Gewand des Diakons, das der Bischof bei der Meßfeier unter dem Meßgewand trägt, sowie Handschuhe und Sandalen des Bischofs zu tragen.

Urban II. erfüllte Hugo von Cluny auch die Bitte, dem einstigen Mönch von Cluny und Abt der Cluniacenserabtei Sahagún, Bernhard, jetzt Erzbischof von Toledo, das Pallium, die Auszeichnung der Erzbischöfe vor den Bischöfen, und den Primat über ganz Spanien zu verleihen. Das Vorrecht Hugos von Cluny, die Pontifikalien tragen zu dürfen, dehnte der Papst in einer Urkunde vom 16. März 1095 auf der bedeutenden Synode von Piacenza auf alle Nachfolger Hugos auf dem Abtsstuhl von Cluny aus.

Zwei Jahre zuvor hatte der Abt offenbar den Papst in Italien getroffen.[278] Im Herbst 1093 urkundete Urban II. in Ceprano für die Abtei Montierneuf bei Poitiers, die der Herzog von Aquitanien als Sühnekloster errichtet und Abt Hugo von Cluny mit der Maßgabe übertragen hat, daß der Abt von Montierneuf vom Abt von Cluny zu bestellen sei. Sehr oft hat Urban II. die Cluniacensis ecclesia mit Urkunden für Cluny und zu Cluny gehörende Klöster gestützt.

Aber nicht in der Verleihung der Pontifikalien für Hugo von Cluny und seine Nachfolger, auch nicht in der Heiligsprechung der 999 verstorbenen Kaiserin Adelheid, der herausragenden Förderin Clunys, erfuhren die Cluniacenser die höchste Auszeichnung durch ihren Papst. Am anschaulichsten erlebten die Zeitgenossen, was Cluny dem Papst Urban II. wert war, als mit diesem 1095 zum ersten Mal in der Geschichte ein Papst Cluny besucht hat. Nachdem er Anfang August französischen Boden betreten hatte, kam er nach der Oktobermitte nach Cluny. Dort blieb er nicht nur eine ganze Woche; er weihte auch den Hochaltar in der begonnenen Abteikirche «Cluny III» sowie den zweiten für die tägliche Morgenmesse und ließ weitere Altäre durch die Erzbischöfe Hugo von Lyon, Daimbert von Pisa und Kardinalbischof Bruno von Segni weihen.

Nach der Altarweihe, die in die Miniatur einer cluniacensischen Handschrift eingegangen ist,[279] und nach der Meßfeier hielt er den vielen zum Papstbesuch zusammengeströmten Menschen eine Ansprache über Geschichte und Gegenwart Clunys. Er betonte die Verbindung des Papsttums mit Cluny, die seit dessen Anfängen gegeben war. Er erinnerte an seine Zeit als Mönch und Prior unter Hugo von Cluny. Gottes Güte habe ihm als erstem Papst gegeben, nach Cluny zu kommen. Unter allen Gründen, die ihm die Reise nach Frankreich nahege-

Weihe des Hochaltars von «Cluny III» durch Papst Urban II. im Jahre 1095. Miniatur aus einer Handschrift des 12. Jahrhunderts.

legt hätten, wäre dies der erste und herausragendste gewesen, diesen Ort und dessen brüderliche Gemeinschaft, die ihm in besonderer Verwandtschaft verbunden sei, mit seiner Gegenwart zu erfreuen, mit seinem Können und seinen Worten zu helfen. Die Anwesenden rief er auf, sich die Vollendung des Kirchbaues angelegen sein zu lassen. Er selbst bestätigte den hl. Bannbezirk Clunys, in dem kein Verbrechen begangen werden dürfe und dessen Grenzen er umschrieb. Jedem, der den Bannbezirk verlegte und keine Wiedergutmachung leistete, drohte er die Exkommunikation an. Überhaupt sollten alle, die schlecht und ungerecht gegen Cluny handelten, dem Bann verfallen.

Die Mönchsgemeinschaft von Cluny dankte dem Papst, wie man es damals von einer klösterlichen Gemeinschaft erwartete. Sie gewährte ihm ein dauerndes Gedenken in der Liturgie. Durch eine Verfügung ihres Abtes Hugo wurde ihm für die Dauer seines Lebens ein tägliches Gedenken in der Meßfeier zugesichert. Für die Zeit nach seinem Tod stand ihm als ehemaligem Mönch von Cluny ohnehin das Dreißigtagegedenken mit den mönchischen Tagzeiten, Meßfeiern und Armenspeisungen zu. Das Dekret des Abtes Hugo erwähnt dies ausdrücklich und fügt dann hinzu, daß dem Papst immer bei der Wiederkehr des Todestages Jahr für Jahr feierlich ein Anniversargedenken wie für einen Abt von Cluny begangen werde: mit Glockengeläut, vollem mönchischem Chorgebet, Meßfeier und der Speisung von zwölf Armen.[280]

Mit höchster Wahrscheinlichkeit hat Hugo von Cluny den Papst, als dieser von Cluny weiterreiste, begleitet. Denn auf dieser Reise, die über Autun nach Souvigny führte, vermehrte Urban II. seine Gunsterweise für die Cluniacenser.[281] Anfang November 1095 blieb er gut eine Woche in Souvigny, dem Cluniacenserpriorat mit den Gräbern der heiligen Äbte Maiolus und Odilo. Maiolusreliquien überführte der Papst hier und entschied einen Streit zwischen dem Kloster und Archembald V. von Bourbon aus der Familie der Gründer dieses Klosters so, daß der Herr von Bourbon Rechte und Besitz der Mönche zu achten feierlich beschwören mußte. Der Herr von Bourbon mußte diesen Eid sogar kurz darauf nochmals auf dem Konzil von Clermont-Ferrand leisten. Auf dem Weg von Souvigny nach Clermont machte Urban in Monteaux-moines (Le Montet) halt, einem Priorat, das der Abtei S. Michele della Chiusa über dem Susatal gehörte. Das Priorat beherbergte Gräber der Herren von Bourbon. Auch hier stellte Urban deren Klostergründung Souvigny nochmals eine Urkunde aus.

Etwa vom 14. November bis zum 2. Dezember des Jahres 1095 leitete der Papst das Konzil von Clermont, vor dessen Beendigung sein berühmter Aufruf zum ersten Kreuzzug erging. Auf den 1. Dezember ist eine päpstliche Urkunde datiert, mit der ein Streit zwischen den Äbten Hugo von Cluny und Pontius von La Chaise-Dieu beigelegt wurde. Ja, der Papst hielt sogar vor der Konzilsversammlung, darunter mehrere Kardinäle und rund 200 Bischöfe, eine Rede voll des Lobes auf Cluny und dessen Bewohner und forderte alle Konzilsteilnehmer, nicht nur die anwesenden Bischöfe auf, Cluny wie einen Augapfel zu behüten und zu verehren.

Schon die nächste Station der Frankreichreise des Papstes nach dem Konzilsort Clermont war wieder ein Cluniacenserpriorat, Sauxillanges (Puy-de-Dôme), das der herzogliche Neffe des Gründers von Aquitanien einst den Cluniacensern geschenkt hatte und dessen Klosterkirche Urban II. nun weihte. Zwei Tage später urkundete dieser in S. Julien de Brioude für Abt Hugo von Cluny, und tags darauf weihte er die Kirche des Cluniacenserpriorates S. Flour (Cantal). Hier starb der den Papst begleitende Kardinalbischof Johannes von Porto. Er wurde auf dem Friedhof der Mönche begraben und ging nach Ausweis von fünf cluniacensischen Totenbüchern als Cluniacensermönch in das Totengedenken seiner Mitbrüder ein.[282] Auch der berühmte Geschichtsschreiber von Monte Cassino, Leo Marsicanus, gedachte seiner im Totenbuch, ebenso die Mönchsgemeinschaft von Monte Cassino. In S. Flour stellte Urban II. für dieses Priorat selbst, aber auch für das cluniacensische Sauxillanges und für das erste Frauenkloster der Cluniacenser, Marcigny-sur-Loire, Urkunden aus.

Zur nächsten Kirchweihe stieg er in Aurillac ab, dessen Gründer, Graf Gerald, in Abt Odos von Cluny Lebensbeschreibung – der ersten Vita eines heiligen Laien – nachlebt. S. Pierre d'Uzerche (Corrèze), das damals den Papst empfing, gehörte zwar nicht, wie in der Literatur zu lesen ist,[283] zur Cluniacensis ecclesia, war aber mit der cluniacensisch gewordenen Abtei S. Martial de Limoges in Gebetsverbrüderung verbunden.[284] Von dort kam er nach Limoges.

Hier feierte er die zweite der drei Festmessen an Weihnachten in S. Martial de Limoges, dem cluniacensischen Mittelpunkt des Limousin. Am 30. Dezember nahm er dort für etwa acht Tage Herberge und weihte am Silvestertag die unter dem ersten cluniacensischen Abt des Martialisklosters, Ademar, nach einem Brand erneuerte klösterliche Basilika und privilegierte die Abtei. Es war nicht die letzte päpstliche Ehrung für das cluniacensische Mönchtum auf der Reise Urbans II. durch Frankreich. Über Charroux erreichte er Poitiers, wo er am 22. Januar 1096 die Kirche des Sühneklosters Herzog Wilhelms VIII. von Aquitanien, der neuen Cluniacenserabtei Montierneuf, zusammen mit drei Erzbischöfen und drei Bischöfen auf Bitten Herzog Wilhelms IX., des Sohnes des Klostergründers, und auf Bitten des zweiten Abtes von Montierneuf, Gerald, geweiht hat.

Für gut zwei Monate führte der Weg des Papstes dann ohne cluniacensische Zwischenaufenthalte über die Loire bei Le Mans, von dort nochmals über Poitiers nach Süden, ein Stück weit auf dem Pilgerweg nach Santiago. In S. Maixent südwestlich Poitiers, wo 1069 ein Cluniacenser Abt geworden war,[285] kehrte der Papst am 31. März ein und feierte in S. Jean d'Angély (Charente-Maritime), das wie S. Maixent 1060 einen Cluniacenser als Abt erhalten hatte,[286] wahrscheinlich den Palmsonntag. Am 7. April stellte er dort eine Urkunde für Cluny, Montierneuf betreffend, aus. Über Saintes und Bordeaux führte der Weg ins cluniacensische Layrac (Lot-et-Garonne). Der Papst weihte den Altar der Klosterkirche und urkundete am 7. Mai für Cluny. Die letzte cluniacensische Station auf Urbans Frankreichreise war Clunys Mittelpunkt in der Gascogne, die alte Abtei Moissac. Gerade noch vor dem Papstbesuch hatte Hugo von Cluny einen Streit zwischen Abt Hunald von Moissac und dessen Mönchen geschlichtet. Jetzt nahm der Papst die Weihe des Kreuzaltars in der romanischen Basilika vor und stellte Urkunden auch für Cluny selbst und für das cluniacensische Priorat S. Orens d'Auch aus.

Die Reise des Papstes, die noch die Zeit bis in den Herbst des Jahres 1096 beanspruchte, verlief in einem Bogen über Toulouse, Carcassonne, S. Pons de Thomières, Maguelonne und Montpellier nach Nîmes, S. Gilles, Avignon und schließlich Arles. Von dort kehrte Urban II. über den Mont Genèvre ins Susatal nach Italien zurück, wo er für den 9. September in Asti bezeugt ist. Seinen Reiseweg nachgezeichnet zu haben bedeutet, gesehen zu haben, wie stark die Klöster der Cluniacensis ecclesia den Weg des aus Cluny hervorgegangenen Papstes beeinflußt haben, als dieser vor dem ersten Kreuzzug um Unterstützung in seiner Heimat warb. Daß jedenfalls den Zeitgenossen in Cluny und außerhalb Clunys dies bewußt geworden ist, veranschaulicht die Miniatur, die im 12. Jahrhundert im größten Priorat Clunys, in S. Martin-des-Champs zu Paris, entstanden ist.[287] Im übrigen wäre es ein Irrtum, wollte man in der Frankreichreise des Papstes nur einen einsamen Höhepunkt der Zuwendung Urbans II. zu Cluny sehen. Diese zieht sich vielmehr wie ein roter Faden durch den ganzen Pontifikat des Cluniacensers auf dem Stuhl Petri.

Kaum war Urban II. von Frankreich nach Italien zurückgekehrt, da empfing Cluny von ihm eine Urkunde, die seine herausragende Ausnahmestellung im hochmittelalterlichen Mönchtum aufs eindrucksvollste befestigte. Allein schon die Bestätigung der bisherigen Rechte Clunys und seiner Klöster in der Urkunde vom 9. Januar 1097 liest sich wie eine Magna Charta des cluniacensischen Mönchtums.[288] In dieser Urkunde, in der den Mönchen Clunys aufgezeichnet wird, die Römische Kirche freue sich, solche Söhne einzigartig zu haben, steht auch die aus dem Matthäusevangelium gewonnene Bezeichnung Clunys, die der Papst an Abt Hugo und seine Mönche richtete: «Ihr seid das Licht der Welt.» Die Gemeinschaft von Cluny erstrahle «wie eine zweite Sonne». Und dichter als die übrigen klösterlichen Gemeinschaften sei sie vom «göttlichen Charisma» erfüllt. Den Abt redete der Papst in dieser Urkunde als «liebsten Bruder» an. Hier nur eine formelhafte Wendung zu vermuten, verbietet die Gesamtheit der Aussagen Urbans II. über Abt Hugo und seine Bindung an diesen.

Freiheit, Schutz und Ansehen, das die Päpste, besonders Gregor VII., den Cluniacensern, sowohl Cluny als auch den zu diesem gehörenden Orten, gewährt hatten, bestätigte Urban II. Insbesondere alle Orte und Klöster, die Cluny übertragen worden waren oder zukünftig geschenkt würden, Landbesitz und Besitz an Kirchen sowie Zehntrechte sollten Hugo von Cluny und seine Nachfolger unversehrt und störungsfrei auf immer besitzen. Zur Weihe von Altären und Kirchen, von Priestern und Diakonen dürfe kein Bischof Cluny und dessen Klöster betreten, denn nur der Abt von Cluny oder dessen Prioren hätten das Recht, einen Bischof ihrer Wahl einzuladen. Ohne deren Zustimmung hätte auch kein Bischof und Priester das Recht, in Cluny oder einem Cluniacenserkloster die Meßfeier zu begehen. Weder für Cluny noch für ein Kloster, das Cluny rechtlich gehörte, gleichgültig wo immer es stand, durfte der Kirchenbann ausgesprochen, weder Cluny noch seine Klöster durften mit dem Interdikt, dem Verbot also, dort gottesdienstliche Handlungen durchzuführen, belegt werden. Wer sich solches anmaßte, verfiele selbst der Exkommunikation. Hätte jemand etwas Schwerwiegendes gegen die Cluniacenser vorzubringen, dann sollte er es, wenn es nicht anders zu regeln wäre, dem Urteil des Papstes anheimstellen.

Die Papsturkunde gab den Cluniacensern die Erlaubnis, Priester in die Eigenkirchen zu schicken, die sich von den jeweils zuständigen Diözesanbischöfen oder von deren Vertretern die Seelsorge, freilich ohne jede Käuflichkeit, übertragen lassen sollten. Lehnten Bischöfe die Übertragung der Seelsorge an diese Priester unrechtmäßig ab, so könnten diese ihre Aufgaben und die Erlaubnis, die Meßfeier dort zu begehen, aus der Verleihung des Heiligen Stuhles selbst erlangen. Kirch- und Altarweihen sollten in den zu Cluny gehörenden Klöstern von den jeweils zuständigen Ortsbischöfen vorgenommen werden, vorausgesetzt, dies geschähe gratis und ohne Rechtsübergriffe. In einem solchen Fall dürften sich die Cluniacenser selbst einen «katholischen», d. h. einen nicht exkommunizierten Bischof zur Spendung der Weihen erbitten.

Auf dieses Privileg folgte in der Urkunde die schon angesprochene Privilegierung aller cluniacensischen Friedhöfe. Wer in Cluny oder in dessen Klöstern sein Heil suchte, dem dürfe es nicht verwehrt werden; den Ungerechten nicht die Möglichkeit der Buße. Die Liebe gegenseitiger Brüderlichkeit werde den Schuldlosen gewährt. Und suchte einer, der in den Kirchenbann verstrickt war, Cluny oder diesem unterstehende Klöster auf, etwa um dort begraben zu werden oder zu anderem Heilszweck, so sei er aus Verzeihung und Barmherzigkeit keineswegs auszuschließen, sondern mit dem Öl des heilbringenden Medikaments werde er gütig gepflegt und wiederhergestellt. Allen, die um des Heils willen dorthin Zuflucht suchten, seien apostolischer Segen und Lossprechung von den Sünden zu gewähren.

Bedeutsam erweitert hat Urban II. die päpstliche Lizenz, welche die Cluniacenser seit 931 besaßen, nämlich jeden Mönch aus einem anderen Kloster aufzunehmen, der nach Cluny käme, weil ihm sein Abt nicht ermöglichte, regelgemäß zu leben, und der nun in Cluny strenger leben wollte. Jetzt durften die Cluniacenser auch Regularkanoniker aufnehmen, die in ihren Stiften keine Möglichkeit sahen, das Heil zu erlangen, oder die aus Notlagen heraus in cluniacensische Klöster kamen, um dort das Mönchsleben anzunehmen. Hatten Abt und Konvent von Cluny, wie schon zu sehen war, in Verbrüderungen mit Bischöfen und deren geistlichen Gemeinschaften urkundlich vorgesehen, daß Kanoniker, wenn sie es wollten, in Cluny als Mönche aufgenommen werden könnten, so ging es jetzt um regulierte Chorherren, die, der Augustinusregel folgend, an sich selbst den Anspruch erhoben, zum strengen ursprünglichen Leben der Apostel zurückzukehren.

Doch obwohl die Kanonikerreform ein wichtiges Werkzeug für die Erneuerung des Klerus während des Investiturstreites darstellte, kam es zwischen Klöstern und Chorherrenstiften zum Streit darüber, ob das Leben der Mönche strenger als das der Chorherren sei oder auch dasjenige der Chorherren strenger als jenes von Mönchen sein könnte. Hinter diesen Streitigkeiten stand die Erfahrung, daß nicht nur Chorherren um eines strengeren Lebens willen Mönche wurden, sondern daß auch Mönche ihre Klöster unter Angabe desselben Grundes mit Chorherrenstiften wechselten. Der Streit wurde bis vor den Papst getragen. Urban II. entschied ihn zugunsten des Mönchtums. Nur der Weg vom Chorherrenstift ins Kloster konnte mit dem Anspruch, strengeres Leben zu suchen, glaubwürdig gegangen werden. Mönchen dagegen wurde, wenn sie in ein Chorherrenstift wechseln wollten, dieser Anspruch nicht anerkannt. Mit der Urkunde Urbans II. brauchten die Cluniacenser nun, wenn ein Chorherr bei ihnen die Mönchsgelübde ablegen wollte, nicht mehr zu befürchten, daß sie in Auseinandersetzungen mit dem Herkunftsstift eines solchen Chorherrn gerieten.[289]

Auch das für Cluny zentrale Recht, ohne Einwirkung von außen den Abt durch den Konvent zu wählen, wurde in dieser Papsturkunde erneuert, dazu jenes, zur Abtsweihe einen Bischof eigener Wahl zu bitten.

Schließlich schärfte Urbans II. Urkunde für Cluny den Zeitgenossen nochmals ein, Cluny und seine Besitzungen und Rechte unversehrt zu erhalten, bei Verletzung dem Bann zu verfallen.

Daß der Papst von seinem derart privilegierten Cluny – auch die von diesem beanspruchte Abtei S. Benedetto di Polirone am Po und die «älteste Tochter Clunys», das große Priorat La Charité-sur-Loire, erhielten von Urban II. Urkunden – mehr erwarten durfte als die Unterstützung der adeligen Herren, die bereit waren, seinem Kreuzzugsaufruf zu folgen und zur lebensgefährlichen Reise ins Heilige Land aufzubrechen, macht eine einfache Feststellung schlaglichtartig klar:

In der Geschichte der päpstlichen Finanzverwaltung war es der Cluniacenserpapst Urban II., der das Amt des päpstlichen Kämmerers eingeführt hat. Der erste päpstliche Kämmerer aber war ein Mönch von Cluny, Petrus Glocensis, für dessen Jahrtagsgedächtnis Abt Hugo sogar das ihm selbst vorbehaltene Berzé-la-Ville als wirtschaftliche Grundlage bestimmt hat.[290] So wichtig war der Kämmerer Petrus für das Papsttum, daß er nach Urbans II. Tod nicht etwa abgelöst, sondern auch in den Dienst des nächsten Mönchspapstes, Paschalis II. (1099–1118), gestellt wurde. Auch Paschalis' II. übernächster Nachfolger, Calixt II. (1119–1124), hat sich des Mönches Stephan aus Cluny als Kämmerers bedient. Cluny war nach den Worten der Geschichte von Santiago de Compostela «Kammer und Sitz» des Papstes.[291]

Dies war kaum übertrieben. Denn Papst Gelasius II. (1118/19), erst Mönch von Monte Cassino, unter den Päpsten Urban II. und Paschalis II. Kanzler, hatte sich nach seiner Flucht von Rom nach Frankreich vor der römischen Adelsfamilie der Frangipani nach Cluny tragen lassen, als er seinen Tod voraussah. So kam es auch, daß nach seinem Begräbnis in Cluny diese Abtei zum Schauplatz der nächsten Papstwahl wurde. Erzbischof Guido von Vienne, Sohn des Grafen Wilhelm von Burgund, ist am 2. Februar 1119 in Cluny zum Papst gewählt worden und hat den Namen Calixt II. angenommen. Bis Anfang 1121 residierte Calixt II. zeitweise in Cluny.

Diente Cluny mit seiner Finanzverwaltung seit Urban II. der Apostolischen Kammer, so bedeutete das auch, daß über Cluny Gelder für Rom eingezogen wurden, Zinsen, Abgaben, Geschenke.[292] Dem Mönchserzbischof Lanfranc von Canterbury trug Urban etwa auf, den

Peterspfennig aus England, wenn nicht nach Rom, so doch wenigstens nach Cluny zu übersenden. Clunys Einsatz für das Papsttum auf dem Gebiet der Finanzverwaltung, zu erklären aus seiner denkbar engen Bindung an den Cluniacenser auf dem Stuhl Petri, erfolgte zu einem Zeitpunkt, da die Abtei und die gesamte Cluniacensis ecclesia unmittelbar vor einem wirtschaftlichen Niedergang stand.

Die Höhe, die Clunys Ansehen unter Abt Hugo von Cluny im Pontifikat Urbans II. erreicht hatte, ließ sich nicht mehr steigern. Der Nachfolger Hugos auf dem Abtsstuhl von Cluny schien nahtlos an die ruhmreiche Tradition der heiligen Äbte von Cluny anzuschließen.[293] Als die Mönche auf Geheiß des todkranken Abtes Hugo 1109 seinen Nachfolger wählten und Hugo den Gewählten bestätigte, mochte von außen der Eindruck entstehen, die Wähler hätten einen idealen Nachfolger für Hugo gefunden; wie dieser von hoher adeliger Herkunft – aus der Grafenfamilie von Melgueil –, wie dieser zur Zeit der Abtswahl noch ein junger Mann, hatte Pontius darüber hinaus als Paten den aus der Romagna stammenden Kardinalpriester von S. Clemente, Rainerius, den nachmaligen Papst Paschalis II. (1099–1118). Pontius, der als Mönch von S. Pons de Thomières zum Bischof eines nicht genannten Bistums gewählt worden sein soll, dort wegen seines jugendlichen Alters von Papst Paschalis II. nicht bestätigt wurde, ist von diesem eine Weile in Rom behalten und dann nach Cluny geschickt und dem Abt Hugo besonders ans Herz gelegt worden.[294] Deshalb wohl und um seinen Abt zu rühmen, der ihm den Auftrag gegeben hatte, das Leben des Abtes Hugo zu beschreiben, bemerkte Gilo in seiner Vita Hugos, diesem habe Pontius in besonderer Vertrautheit angehangen.

Trotzdem fällt auf, daß über die Wahl des Pontius nicht wie bei Maiolus, Odilo und Hugo in Urkunden und Consuetudines berichtet wurde. Nur die Tatsache der Wahl wurde in der späteren Chronik von Cluny, in einer Papsturkunde, in der Kirchengeschichte des Ordericus Vitalis und in Simons Taten der Äbte von S. Bertin erwähnt. Und noch etwas an der Wahl des Abtes Pontius war neu. Er wurde nicht, wie die früheren Äbte von Cluny, vom Vorgänger mittelbar oder unmittelbar zum Nachfolger designiert. Er stieg auch nicht wie Hugo von Cluny aus der Mitte der Gemeinschaft in Cluny aus der Gruppe der wichtigsten Amtsträger zum Abt auf. Unter Abt Hugo diente er vielmehr als Prior von S. Martial de Limoges, wo der von Hugo dorthin geschickte Ademar, aus jener Region stammend, Abt war.

Auch Hugo II., der 1122 als Nachfolger für Pontius zum Abt von Cluny gewählt wurde, war nicht in Cluny selbst, sondern als Prior in Marcigny-sur-Loire alt geworden. Und nach seiner Amtszeit von nur drei Monaten traf die Wahl Petrus von Montboissier, den späteren Petrus Venerabilis, der noch von Abt Hugo die Mönchsweihe empfangen hatte und zur Zeit des Pontius Prior in der Abtei Vézelay, danach im Cluniacenserpriorat Domène[295] gewesen ist. Für seine Wahl mochte auch seine Herkunft aus der auvergnatischen Adelsfamilie von Montboissier gesprochen haben, die das bedeutende Kloster S. Michele della Chiusa im Susatal, «das italienische S. Michel», hatte gründen können. Schließlich stieg der dortige Prior Pontius, einer der sieben Brüder des Petrus, zum Abt von Vézelay auf. Unter seinem eigenen Abbatiat ist sein Bruder Armannus Prior in Cluny und Abt von Manglieu, sein Bruder Jordanus Abt in La Chaise-Dieu, sein Bruder Heraclius sogar Erzbischof von Lyon geworden.

Man kann also gewiß nicht behaupten, die Äbte von Cluny nach Hugo von Semur seien Verlegenheitskandidaten für den wählenden Konvent gewesen. Aber die Kehrseite der Medaille zeigt, daß der Kreis bedeutender Amtsträger Clunys, der Prioren, Kämmerer, Kapläne, des *armarius*, dem nicht nur die Bücher der Abtei anvertraut waren, sondern auch die gesamte Schreibtätigkeit im Kloster und die Leitung der Mönchschöre in der Liturgie, daß also dieser engste Kreis, mit dem sich Hugo von Semur in seinen letzten Jahren umgeben hat und den Abt Pontius teilweise und für eine gewisse Zeit übernommen hat, bei den Abtswahlen des Konvents 1109 und 1122 übergangen worden ist. Nicht aus Cluny selbst – trotz der bedeutenden Mönche, die hier ihre Ämter versahen und über wesentliche Erfahrungen verfügten –, sondern aus entfernten cluniacensischen Häusern wurden die Äbte von Cluny nach Hugo von Semur gewählt.

Unter diesen Umständen wird die Möglichkeit zu überprüfen sein, ob sich im Konvent von Cluny Gruppierungen gebildet haben, die sich bei den Abtswahlen nicht gegeneinander durchsetzen konnten und sich daher auf ein Ausweichen zu Kandidaten außerhalb Clunys geeinigt haben. Eine Verlegenheitslösung mag allenfalls – angesichts des Alters des Priors von Marcigny – die Wahl des Abtes Hugo II. 1122 gewesen sein. Die Wahlen der Äbte Pontius und Petrus Venerabilis waren ohne Zweifel alles andere als Verlegenheitslösungen. Zu überprüfen, ob sich seit Hugo von Semur im Konvent von Cluny Gruppierungen gebildet haben, liegt um so näher, als mit dem Namen des Abtes Pontius ein Schisma in der Gemeinschaft der Cluniacensis ecclesia verbunden ist.[296]

Der Sturz des Abtes Pontius, Exkommunikation und Interdikt gegen ihn und seine Anhänger und sein Tod in römischem Gewahrsam bezeichnen nach dem Abbatiat Hugos von Semur einen solch jähen Abstieg in der Geschichte Clunys, daß man sich nicht wundert, wenn diese Ereignisse und der Versuch, den geschichtlichen Hintergrund dafür zu beleuchten, die Forschung bis in jüngste Zeit immer wieder gefesselt haben. Dies geschah mit sehr unterschiedlichen Akzentuierungen. Wie umstritten dabei die Charakteristik des Abtes Pontius selbst ausfiel – schon die Zeitgenossen des 12. Jahrhunderts hatten ja über ihn unterschiedlich geurteilt –, eines ist allen Anläufen der Forschung gemeinsam: Sie zielten auf die großen geschichtlichen Entwicklungen im ersten Viertel des 12. Jahrhunderts, in der zweiten Hälfte des Investiturstreites und nach diesem. Es wurde danach gefragt, was sich damals in und für Cluny gewandelt habe. Und es ist wahrhaft nicht wenig, was sich damals für Cluny geändert hat. Während an der dritten Klosterkirche gebaut wurde, brach für Cluny eine schwere Zeit an.

Zunächst freilich deuteten in den Anfängen des Pontius-Abbatiats für die Zeitgenossen alle Anzeichen darauf, daß der neue Abt die von seinem Vorgänger Hugo eingeschlagene Richtung keineswegs änderte. In Cluny und von außen wurde Pontius seit seiner Bestellung zum Abt in der Tradition Hugos von Semur gesehen. Gilo schrieb von ihm in seiner Vita des Abtes Hugo: «Wie einen Pilger aus dem Gebiet von Rom hatte Cluny ihn aufgenommen, den die Voraussicht der Apostel [zum Abt] bestimmt hatte.»[297] Hinter dieser Aussage stand die Tatsache, daß Papst Paschalis II. Pontius von Rom nach Cluny geschickt hatte. Die Annahme jedoch, der Papst hätte Hugo von Cluny Pontius zur Nachfolge empfohlen und Hugo habe diese Empfehlung an den Konvent von Cluny weitergegeben, erhält in keinem Zeugnis eine Stütze.[298] Denn wenn Ordericus Vitalis nachträglich aufzeichnete, Hugo hätte die Wahl des Pontius zu seinem Nachfolger gutgeheißen,[299] so setzt dies die Initiative der wählenden Mönche voraus. Auch die Abtsweihe des Pontius betonte die Selbstbestimmung Clunys bei der Bestellung des Abtes. Pontius empfing sie nicht von dem Metropoliten, in dessen Erzbistum Cluny stand, erst recht nicht vom Bischof von Mâcon, sondern von Bischof Guido von Vienne, dem nachmaligen Papst Calixt II.[300]

Darauf sandte ihm Papst Paschalis II. die Erlaubnis, die bischöflichen Gewänder zu tragen, die zu bestimmten Zeiten zu gebrauchen Papst Urban II. dem Abt Hugo von Cluny gestattet hatte. Die Erlaubnis sollte nun für Pontius und seine Nachfolger gelten. Mehr noch: Der Papst beschenkte Pontius mit der Dalmatik, die er selbst getragen hatte. Nach Papst Paschalis II. bestätigte Papst Gelasius II. das Privileg seines Vorgängers für Pontius: Dieser Freund des Papstes dürfe die Pontifikalien in jeder feierlichen Messe und immer, wenn er die Messe vor der Öffentlichkeit feierte, tragen. Am 6. Januar des Jahres 1120 beschenkte Papst Calixt II. in Cluny die Cluniacensis ecclesia damit, daß er verfügte, der Abt von Cluny dürfe immer und überall als römischer Kardinal amtieren – der sogenannte auswärtige Kardinalat –, und Pontius den Ring über den Finger streifte. Damit sollte kundgetan werden, daß Cluny in besonderer Weise alleiniges Eigentum des Papstes sei und niemals unter der Herrschaft eines Bischofs oder anderen Machtträgers stünde.[301]

Diesem feierlichen Vorgang am Hochfest Epiphanie war die Heiligsprechung des Abtes Hugo von Cluny vorausgegangen, die der Papst in Cluny verkündet und um die sich zuvor Abt Pontius bemüht hatte. Cluny stand also 1120 nach außen noch immer auf einzigartiger Höhe. Daß freilich über diese päpstliche Auszeichnung des Abtes von Cluny und seiner Gemeinschaft manch ein Bischof unglücklich war, ist nicht eine unbegründete Vermutung, sondern erwies sich bereits ein Jahr zuvor auf der Synode von Reims, auf die noch zurückzukommen sein wird. Von der Tätigkeit des Pontius her gesehen, entsteht aber bis 1120 ein Bild, das ihn als wirklichen Nachfolger Hugos darstellt, der sich mit Erfolg dafür einsetzte, Cluny seinen Rang zu wahren.

Dazu fügt sich auch, daß Pontius die Basiliustafel, ein Reliquiar, das eine große Kreuzreliquie enthielt, und dessen Weg von Basilius d. Gr. zum byzantinischen Kaiserhof und von dort über Spanien nach Cluny man dort kannte, 1112 für Cluny erworben hat. Und nachdem 1118 Erzbischof Guido von Vienne, der nachmalige Papst Calixt II., in Cluny zu Ehren der Gottesmutter die sogenannte Abtskapelle geweiht hatte, konnte Pontius 1120 auf dem Hochaltar in Cluny Stephanus- und Johannesreliquien bergen, die Cluny zu schenken sich der Erzbischof von Edessa schon gelegentlich eines Besuches bei Hugo von Cluny und der von Cluny empfangenen Verbrüderung vorgenommen hatte.[302]

Gewiß haben die unbezweifelbaren Verdienste des mit Kaiser Heinrich V. verwandten Pontius um Vermittlung zwischen diesem und dem Papst das europäische Ansehen des Abtes und der Cluniacensis ecclesia im Endstadium des Investiturstreites befestigt. Auf dem Weg zum Hoftag von Speyer nahm Pontius 1115 in Gegenwart des Zähringerherzogs die Schenkung des Frauenklosters Sölden im Breisgau entgegen. Höchstwahrscheinlich machten hier die Äbte von St. Peter und St. Georgen im Schwarzwald dem Abt von Cluny ihre Aufwartung und erhielten damals die Verbrüderung Clunys. Im Jahr darauf führte er die Gesandtschaft Kaiser Heinrichs V. (1111–1125) nach Rom an und verhandelte mit Papst Paschalis II. (1099–1118), zusammen mit dem Gregorianer Pietro Pierloni und Johannes von Gaëta, dem nachmaligen Papst Gelasius II. (1118–1119), so daß ihm der Chronist Frutolf bezeugte, er habe zur friedlichen Beilegung der Auseinandersetzung zwischen Kaiser und Papst «als getreuer und unermüdlicher Gesandter mit vielen Argumenten»[303] gewirkt. 1119 kamen Pontius und Wilhelm von Champeaux, der Bischof von Châlons-sur-Marne, in Straßburg mit dem Kaiser zusammen und erhielten nach Darlegung ihrer Gründe sein Versprechen zur Teilnahme an der Synode von Reims.[304]

Schon 1113 war Pontius auch als päpstlicher Legat in Spanien unterwegs. Aber nicht mit Paschalis II., der ihn aussandte, sondern erst mit dessen übernächstem Nachfolger, Calixt II. (1119–1124), soll der Abt verwandt gewesen sein. Der Grund dafür, daß Pontius die Legation übertragen wurde, kann also nur in dessen besonderer Vertrautheit mit den Verhältnissen der iberischen Halbinsel zu suchen sein. Es lag nahe, daß der Abt von Cluny über solche besondere Erfahrungen verfügte, hatte er doch südlich der Pyrenäen lebenswichtige Interessen der Cluniacensis ecclesia zu vertreten. Die Zahl der spanischen Klöster, die von seiten der Könige und des Adels Cluny übertragen wurden, nahm zu. Cluniacensische Mönche wirkten erst als Äbte, in einigen Fällen auch als Bischöfe. Überdies hatte König Alfons VI. von Kastilien-León (1065–1109) nicht nur mit seinem Geld den Bau von «Cluny III» ermöglicht, sondern sich auch verpflichtet, einen jährlichen Zins von 2000 Goldstücken nach Cluny zu senden.[305]

Als nun Pontius nach Spanien kam, war Alfons VI. seit vier Jahren tot, dessen Tochter Urraca, die Kastilien und León erbte, nicht mehr in der Lage, die Zahlungen fortzusetzen. Die zweite Ehe der verwitweten Königin, die wegen zu naher Verwandtschaft vom Papst angefochten wurde und die Königreiche durch entsprechende Thronfolgeabsprachen aus dem Gleichgewicht brachte, war denn auch das Problem, mit dem es Pontius als päpstlicher Legat zu tun hatte. Die Krise der vereinigten Königreiche wurde noch dadurch verwickelter, daß die wichtigsten Vertreter des spanischen Episkopats, Bernhard von Toledo und Diego Gelmírez von Santiago de Compostela, unterschiedliche Standpunkte gegenüber der Eheaffäre Urracas einnahmen. Diego Gelmírez verfolgte vor allem das Ziel, seinen Bischofssitz Santiago zum erzbischöflichen Sitz zu erhöhen. Dies lag nicht im Interesse des spanischen Primas, des Erzbischofs Bernhard von Toledo. Pontius von Cluny dürfte erfolgreich vermittelt haben. Mit seiner Hilfe wurde Diego Erzbischof, ohne daß zu hören wäre, Bernard von Toledo hätte sich dagegengestellt. Diegos Vorgänger Dalmatius und Bernard von Toledo waren Cluniacensermönche. Urraca schenkte an Cluny jährlich Klöster und Kirchen.

Als 1119 die große Synode in Reims tagte und der Papst um des Friedens willen die Synodalen vorübergehend zurückließ, um im nahen Mouzon an der Maas den Kaiser zu treffen und mit ihm die Investiturfrage zu besprechen, da waren es wieder der Abt Pontius und Wilhelm von Champeaux, die zwischen Papst und Kaiser die Botschaften hin und her trugen. Wenige Tage danach mußte sich Pontius vor versammelter Synode den heftigen Angriff des Erzbischofs Humbald von Lyon und von dessen Suffraganbischöfen, besonders des Bischofs Berard von Mâcon, gegen die Cluniacenser anhören. Pontius und seine Mönche hätten dem Erzbischof und seiner Kirche Beleidigung und Schaden zugefügt, Kirchen und zugehörige Zehnten weggenommen, Rechte des Metropoliten wie die Weihe von Priestermönchen verweigert. Dem Chronisten Ordericus zufolge hat Pontius ruhig und würdig

Cluny als ausschließliches Eigentum des Petrusnachfolgers verteidigt und so den Papst selbst zur Verteidigung Clunys aufgerufen. Tags darauf hat in dessen Namen Johannes von Crema, Kardinalpriester von S. Grisogono, in einer Rede Cluny als Beispiel heiligen Lebens (*exemplum sanctitatis*[306]) dargestellt und ihm die päpstlichen Privilegien ausdrücklich und nachhaltig bestätigt. Humbald von Lyon und seine Bischöfe, davon nicht beeindruckt, machten nach der Synode von Reims den Cluniacensern das Leben so schwer, daß der Papst den Bischof von Mâcon des Amtes entheben mußte.

Sicher war auch dagegen die Heiligsprechung Hugos von Cluny im Jahr 1120 ein Signal. Denn schon bei der Verteidigung Clunys auf der Reimser Synode hatte sich Pontius, wie es ihm Ordericus Vitalis in den Mund legte, auf «den ehrwürdigen Hugo und die anderen heiligen Vorgänger»[307] berufen. Daß Pontius seine und Clunys Stellung in ihrer Gefährdung noch mehr verstärken zu müssen glaubte, erweist die Tatsache, daß er nun mehrere Aufträge für Lebensbeschreibungen seines Vorgängers gab: zuerst Gilos Vita Hugonis, dann bat er Hildebert von Lavardin, Bischof von Le Mans, später Erzbischof von Tours, um einen anspruchsvollen Text einer Hugo-Vita. Die Lebensbeschreibung Hugos durch den Mönch Hugo von Gournay wandte sich an die Mönche Clunys. Von demselben Hugo ist ein Brief an Abt Pontius erhalten, in dem er seiner Ansicht nach überlieferungswürdige Mitteilungen aus dem Leben des Abtes Hugo und aus der Geschichte Clunys machte. Der Großneffe Hugos von Cluny, Rainald, Mönch in Cluny, 1106 Abt von Vézelay, 1128 Erzbischof von Lyon, verfaßte seine Vita Hugos, ohne daß man von einer Bitte des Pontius darum hörte. Von einer Lebensbeschreibung Hugos, die verloren ist, erfahren wir nur von Hildebert von Lavardin. Autor war der Lütticher Kanoniker Ezelo, der Mönch in Cluny wurde und die Bauleitung für «Cluny III» übernahm. Ein anonym gebliebener Verfasser einer Hugo-Vita schöpfte aus der älteren Gilos, des Kardinalbischofs von Tusculum, ein zweiter namenloser Autor aus Gilos, Hildeberts und Rainalds Hugo-Viten.[308]

Offensichtlich legte Pontius großen Wert darauf, als Abt in der Nachfolge des heiligen Hugo von allen anerkannt zu werden. Das dürfte mehrere Gründe gehabt haben. Außer dem Angriff des Erzbischofs von Lyon und seiner Suffragane in Reims mag persönliche Empfindlichkeit mitgespielt haben. In seinen Briefen an Pontius erinnerte Hugo von Gournay daran, wie Papst Calixt II. aufs feierlichste in Cluny dem Abt Pontius den Kardinalsring angesteckt habe.[309] Man wird annehmen dürfen, daß sich Pontius diese für einen Abt außergewöhnliche Erhöhung wünschte und für angemessen hielt. Denn es ist daran zu erinnern, daß in zwei voneinander unabhängig entstandenen Zeugnissen, in der Geschichte von Santiago de Compostela und in der Chronik des Gaufridus von Vigeois, übereinstimmend berichtet wird, von Papst Gelasius II. (1118–1119) sei Pontius vorhergesagt worden, er würde Papst werden. «Seitdem», so der Chronist, «begann der Sinn des Pontius mehr und mehr über das höchste Bischofsamt zu entbrennen, in der Hoffnung, Papst zu werden.»[310] Dazu paßt die schon erwähnte Nachricht aus Simons Taten der Äbte von S. Bertin,[311] Pontius sei ganz jung zum Bischof gewählt worden, der Papst hätte dies deshalb abgelehnt, ihn zu sich gezogen und dann zu Abt Hugo von Cluny geschickt. Das sind doch Fingerzeige auf ein Selbstbewußtsein des Pontius, das ihn von seinen Vorgängern unterschied.

Aber vergessen wir nicht einen dritten Grund dafür, daß Pontius darauf bestehen mußte, als Nachfolger des Abtes Hugo allerseits anerkannt zu werden: Es war ja bereits zu erwähnen, daß er von diesem mehrere Amtsträger im Kloster, darunter den wichtigsten, den Großprior, übernommen hatte. Es lag nahe, daß diese Pontius an seinem Vorgänger messen würden. Solange Pontius diese Amtsträger nicht durch solche ablöste, die er selbst bestellt hätte, mußte er sich für alle sichtbar in die Tradition Hugos stellen, wollte er nicht seine wichtigsten Helfer gegen sich aufbringen.

Wie schlecht es um die Einheit der Gemeinschaft in Cluny tatsächlich bestellt gewesen sein muß, offenbarte der Rombesuch des Pontius im Jahr 1122. Der Papst hielt diesem einen Brief vor, den Mönche aus Cluny offensichtlich ohne Wissen des Abtes an den Papst geschickt haben und in dem sie sich über Pontius beklagten. Über die nun folgenden Ereignisse gibt es unterschiedlich wertende Zeugnisse. Am ausführlichsten handelten darüber der Nachfolger des Pontius, Abt Petrus Venerabilis und der normannische Mönch Ordericus Vitalis. Die Darstellung des Petrus Venerabilis gilt als tendenziöses Zeugnis eigener Befangenheit, da er zu Lebzeiten des Pontius zum Abt erhoben wurde.

Größere Distanz und Glaubwürdigkeit spricht man dem Bericht des Ordericus Vitalis zu. Den Aussagen aus päpstlicher Sicht maß man geringere Beachtung zu. Das trifft besonders für die Verlautbarungen Honorius' II. (1124–1130) zu, der sich auf die Schriftstücke seines Vorgängers Calixt II. berief. Wird Petrus Venerabilis für wenig glaubwürdig und tendenziös gehalten, so kommt man doch ab und zu etwas weiter, wenn man feststellt, was ihm mit Ordericus Vitalis' Berichterstattung und anderen Zeugnissen gemeinsam ist, und wenn man die Aussagen des Petrus Venerabilis, die sich nicht aus einer Tendenz, Pontius herabzusetzen und sich selbst ins rechte Licht zu rücken, erklären lassen, ernst nimmt.

Nach Ordericus hätte Pontius zornig auf den Brief seiner Mönche reagiert und, ohne auf Rat zu hören, dem Papst sein äbtliches Amt zur Verfügung gestellt und den Weg ins Hl. Land angetreten.[312] Nach Petrus Venerabilis war es der Papst, der ihn von seiner Verantwortung für die Cluniacensis ecclesia enthob – freilich auf Bitten des Pontius und nach vergeblichen Versuchen, ihn umzustimmen.[313] Beiden Autoren gemeinsam ist die Aussage über den Willen des Pontius zur Resignation auf das Amt des Abtes sowie die Reise des Pontius nach Palästina, die dieser laut Petrus Venerabilis mit Erlaubnis des Papstes und mit der Absicht, im Hl. Land zu bleiben, unternommen hätte. Nach Auffassung der Päpste Calixt II. und Honorius II. hat Pontius sein Abtsamt ein für allemal in die Hände des Papstes zurückgelegt.

Tatsache ist weiter, daß das Bruchstück eines Briefes des Pontius an seine Mönche überliefert ist, in dem er schreibt, sie hätten ihn «wegen seines unwürdigen und unnützen Daseins» verschmäht. Er habe ihnen nun «durch die Hand des Papstes die Regierung durch einen anderen Abt», also die Wahl eines solchen, zugestanden. Sie möchten nicht seinetwegen gespalten sein, sondern vereint durch das Band des Friedens. Sie mögen auch Mönche, die zu ihm kämen, nicht für Fahnenflüchtige halten und Boten zu ihm nicht abfangen.[314]

Schließlich steht fest, daß noch 1122 in Cluny in der Person des alten Priors des Cluniacenserinnenklosters Marcigny-sur-Loire Abt Hugo II. gewählt worden ist, der schon drei Monate danach starb. Sich einen geeigneten Abt zu wählen, hatte der Papst die Cluniacenser nach der Resignation und dem Weggang des Pontius aufgefordert. Auch darin stimmen Petrus Venerabilis und Ordericus Vitalis miteinander überein.

Petrus von Montboissier, Prior in Vézelay, dann von Domène, wählte der Konvent zu Hugos II. Nachfolger. Petrus erläuterte später selbst, daß man mit dieser Wahl über einen Monat, bis zur Oktav von Mariä Himmelfahrt, also vom 9. Juli, dem Todestag Hugos II., bis zum 23. August 1122 gewartet hätte, um auch von weither kommenden Wählern Pünktlichkeit zu ermöglichen. Die Wähler hätten überdies um päpstliche Bestätigung der Wahl gebeten und diese erhalten.[315] Ordericus Vitalis hielt fest: «Dann wählten sich die Cluniacenser den regelgemäß lebenden Mönch, adelig und gebildet, zu ihrem Meister.»[316]

Woher rührte die Uneinigkeit im Konvent Clunys, die diese beiden Abtswahlen zur Folge hatte? Im Briefbruchstück des Pontius war ja das Stichwort *schismata* bereits gefallen, und Petrus Venerabilis überschrieb das 12. Kapitel seines 2. Buches De Miraculis: «Über das Schisma in Cluny, das durch Pontius, der Abt gewesen war, veranlaßt worden ist.»[317] Das «Pontianische Schisma» sprach er in einem Brief an Bernard von Clairvaux an.[318] Ordericus Vitalis verwendete zwar das Wort Schisma in diesem Zusammenhang noch nicht, schrieb aber auch von einer «ungeheuren Spaltung im Innern des Klosters»[319].

Man kann sich denken, daß es im Konvent gegenüber den Auseinandersetzungen mit Bischöfen, die Ordericus besonders hervorhob und in denen sich die Cluniacenser unmittelbar vor der Beilegung des sogenannten Investiturstreites im Wormser Konkordat und danach der durchgreifenden Unterstützung des Papstes nicht mehr so sicher sein konnten wie vor dem Investiturstreit und in der Zeit der Mönchspäpste vor Calixt II., unterschiedliche Meinungen und Einschätzungen gegeben habe, auch wenn darüber nichts ausdrücklich überliefert ist. Daß jedoch darüber angesichts der gemeinsam erfahrenen Anfeindungen eine Spaltung im Konvent aufgebrochen sein soll, wird durch kein Zeugnis nahegelegt. Auch Ordericus berichtete das nicht. Denn als er im Anschluß an seine Aussagen über die Belastungen der Cluniacenser durch die Bischöfe und ihren traurigen Rückzug in die Höhle des Klosters von der ungeheuren Spaltung schrieb, behauptete er nicht, diese sei deshalb aufgebrochen, sondern er stellte das Ereignis mit den Worten «es entstand auch» (*etiam*) neben die Auseinandersetzung mit den Bischöfen.[320]

So wie in der Forschung zu Recht das gewandelte Verhältnis Clunys zum Episkopat und zum Papsttum erörtert wurde, so hat vor allem Bredero auch auf die Konkurrenz hingewiesen, die den Cluniacensern mit der Gründung des Cistercienserordens entstand. Auch hier läßt sich vermuten, daß dadurch im Konvent Clunys unterschiedliche Auffassungen über die Notwendigkeit eigener Reformen nach cisterciensischem Vorbild angeregt wurden. Doch warum sollte vor dem tatsächlich lange geführten Dialog der Cluniacenser mit den Cisterciensern, des Petrus Venerabilis mit Bernard von Clairvaux, und vor dem Erlaß der Reformdekrete des Petrus Venerabilis, die mit dem ganzen Konvent abgestimmt waren, ein Schisma in Cluny entstanden sein? Wäre das geschehen, so dürften sich das die überlieferten cisterciensischen Stimmen kaum haben entgehen lassen.

Eher wäre noch denkbar, daß die großen wirtschaftlichen Schwierigkeiten, die Cluny in der ersten Hälfte des 12. Jahrhunderts erlebte, zu einer solchen Unsicherheit geführt hätten, daß daraus ein Schisma im Konvent entstanden wäre. Doch müßten wir in diesem Fall etwas von Auseinandersetzungen über handfeste Probleme der Klosterwirtschaft, nicht nur Klagen über den allgemeinen wirtschaftlichen Zerfall erfahren.

Mehrere Belastungen gleichzeitig führten zum wirtschaftlichen Niedergang Clunys. Zweifellos bestanden sie schon im Abbatiat Hugos von Semur. Unter Pontius nahmen sie aber so rasch zu, daß sie im Konvent von Cluny wahrgenommen und mangelnder Verantwortung des Pontius zugeschrieben wurden. Nicht der für befangen erklärte Nachfolger des Pontius, sondern Ordericus Vitalis war es, der mitteilte, die Mönche Clunys, die Pontius beim Papst angeklagt hätten, hätten ihn für aufbrausend und verschwenderisch gehalten und ihm vorgeworfen, den Lebensaufwand für die Mönche unmäßig in unnützen Angelegenheiten verschleudert zu haben. Tatsächlich war der gewaltige Bau «Cluny III» schon zur Zeit des Abtes Hugo nicht die einzige Großbaustelle in der Cluniacensis ecclesia – denken wir nur an Paray-le-Monial und La Charité-sur-Loire. Ulrich von Cluny schrieb an Wilhelm von Hirsau, der Prior von La Charité hätte sich, um dem Kloster das Notwendige zu beschaffen, nicht gescheut, bis zu 4000 *solidi* Schulden auf-zunehmen.[321]

Die spanischen Goldstücke, die den Bau von «Cluny III» ermöglichten, und andere rechtliche Geldzuwendungen an Cluny, so hat man vermutet,[322] hätten Abt und Konvent zu immer größeren Ausgaben verleitet. Der Geldzufluß verführte wohl auch den Konvent, für einen erhöhten Lebensstandard einzukaufen. Jedenfalls beklagte Petrus Venerabilis, daß er «Schädliches und Überflüssiges in Speise, Trank und Lebensgewohnheiten»[323] angetroffen hätte und sich daher zur Wiederherstellung der klösterlichen Disziplin den erprobten Prior von S. Martin-des-Champs zu Paris, den späteren Kardinalbischof Matthaeus von Albano als Helfer nach Cluny geholt hätte. Ohne das Geld zu kapitalisieren, hätten die Cluniacenser mit ihrem riesigen Bau viele Fachleute angezogen und den Geldumlauf in der Umgebung so angestoßen, daß es zu Geldwertverlusten gekommen sei.

Der *burgus*, die im Anschluß an das Kloster Cluny entstandene Siedlung, hätte sich zu einer stattlichen Ortschaft entwickelt, in der nicht nur Arme wohnten, vielmehr auch Händler angezogen wurden. Gleichzeitig seien die Erträge der Grundherrschaft der Abtei nicht gesteigert, das Geld nicht in eine Modernisierung des Grund- und Bodenbesitzes investiert worden. Dabei hätte Cluny nur einen Bruchteil der Agrarerträge erhalten, da der größte Teil in den 18 Schwerpunkten der Klosterwirtschaft, den Dekanien, selbst für das ansässige Gesinde gebraucht wurde. Schließlich sei nur ein Viertel des Versorgungsbedarfs Clunys aus dem Grundeigentum bewirtschaftet worden. Der Kämmerer, der schon für die Kleidung des Konvents einkaufen mußte, brauchte jährlich für Brot und Wein 20 000 *solidi*. Die landwirtschaftlichen Erträge aus dem Grundbesitz der Abtei stellten also die Verpflegung des Konvents keineswegs auf eigene Füße. Cluny war von der Idealvorstellung der Benediktsregel, die Gemeinschaft der Abtei sollte von der Arbeit der Mönche leben können, weit entfernt.

Unterschätzt wurde von der bisherigen Forschung sicher der Befund, daß in Cluny bis über die Hälfte des 12. Jahrhunderts hinaus, obwohl die Verpflegung des Konvents gefährdet war, täglich 18 Verpflegungssätze für die ortsansässigen *praebendarii* und jährlich 18 500 Tagesrationen für die Armen, die zum Gedenken an die verstorbenen

Mitbrüder versorgt wurden, gegeben worden sind, hinzu an einer Reihe von Tagen im Jahr eine nicht berechenbare Menge für die des Weges daherkommenden Armen.

Nicht zu beziffern ist schließlich der Aufwand, den Cluny für die päpstlichen Finanzen hat aufbringen müssen – von Cluny als päpstlicher Finanzkammer im Pontifikat Urbans II. war schon die Rede.

Um sich davon zu überzeugen, daß sich unter Pontius die wirtschaftliche Krise Clunys zugespitzt hat, braucht man nur zu beachten, was von den Maßnahmen, die Petrus Venerabilis nach seinem Amtsantritt in die Wege geleitet hat, als praktische Folgerung aus der Entwicklung Clunys im Abbatiat und Schisma des Pontius aufzufassen ist. Davon wird noch zu handeln sein. Dann dürften über die bisherigen Feststellungen hinaus bestimmte Schwerpunkte in den Blick kommen. Auch die Anklage der Verschwendung, der sich Abt Pontius von seiten seiner Mönche ausgesetzt sah, war von Ordericus nur ganz allgemein gehalten. Besonders hier bleibt zu fragen, wo und wie Pontius in das Wirtschaftsleben der cluniacensischen Grundherrschaft eingegriffen habe.

1123 und 1124 kehrte unerwartet Pontius vom Hl. Land zurück. In zwei Urkunden Heinrichs V., die in Deutschland für Camaldoli und Vallombrosa ausgestellt wurden, intervenierte er zugunsten dieser beiden italischen Klöster und hielt sich selbst – unter Umgehung Roms – eine Zeitlang in der Lombardei auf, wo er sich ein kleines Kloster gründete. Offenbar gab es in Cluny gegenüber den Mönchen, die den Abt beim Papst angeklagt hatten, solche, die auch nach der Resignation des Pontius ständig mit ihm Kontakt hielten. Nach einem späteren Zeugnis aus Cluny selbst[324] erhielt Pontius Nachricht darüber, daß ihn die Mönche zusammen mit den Einwohnern der Ortschaft (*burgus*) Cluny unterstützten. Pontius kam nach Cluny. Nach Petrus Venerabilis hätte er die Abwesenheit des Abtes von Cluny – Petrus Venerabilis hielt sich in Südfrankreich auf, um Interessen Clunys zu vertreten – ausgekundschaftet und Cluny mit Waffengewalt überfallen.[325] Gaufridus von Vigeois zufolge ist Petrus Venerabilis auf die Kunde von der Ankunft des Pontius hin nach Südfrankreich ausgewichen.[326] Ordericus Vitalis hob hervor, daß der Satan bei dieser Gelegenheit den Konvent Clunys gespalten hätte. Als die Einwohner des *burgus* davon – Ordericus verwendete hier nun das Wort *scisma* – erfahren hätten, wären sie, froh über die Leutseligkeit und seine verschwenderischen Geschenke für den Ort Cluny, gegen den Willen des Pontius gewaltsam in Cluny eingebrochen.[327]

Jetzt erst brach wirklich das Schisma in Cluny und in der Cluniacensis ecclesia aus. Mit seiner Rückkehr aus Palästina und vor allem mit seinem bewaffneten Eindringen in Cluny rückte Pontius von der Resignation, die er dem Papst gegenüber erklärt hatte, wieder ab. Noch immer oder von neuem beanspruchte er das Amt des Abtes von Cluny und das gegenüber dem 1122 gewählten Abt Petrus Venerabilis. Jetzt ergriff das Schisma nicht nur den Konvent, sondern auch die Einwohner des Dorfes Cluny. Jetzt ließ auch der Papst, Honorius II. (1124–1130), gegen Pontius und «die Pontianer»[328] durch seinen Legaten, den Kardinaldiakon Petrus von S. Maria in Via Lata – später Kardinalpriester von S. Anastasia[329] – den Bann aussprechen.

Petrus Venerabilis machte in seinem zweiten Buch über die Wundertaten, die sich in der Cluniacensis ecclesia ereignet hätten, eine Bemerkung, die sich aus einer Tendenz, Pontius herabzusetzen und sich selbst ins rechte Licht zu rücken, nicht erklären ließe. Diese untendenziöse Aussage lautete: Pontius hätte nicht von Anfang an, sondern mit fortschreitender Zeit allmählich die Brüder gegen sich aufgebracht. Erst hätten wenige, dann sehr viele, schließlich nahezu alle gemurrt. Dennoch hätte man die Angelegenheit eine Zeitlang zugedeckt. Ungefähr zehn Jahre hindurch wäre sie nicht an Laienohren gedrungen.[330] Rechnet man von 1122, dem Zeitpunkt, zu dem der Anklagebrief der Mönche gegen Pontius beim Papst vorlag, zurück, so käme man ins Jahr 1112. Da ist kein Ereignis auszumachen, das beginnende Unzufriedenheit der Mönche mit ihrem Abt hätte begründen können. Im übrigen wollte Petrus Venerabilis seine Zeitangabe nicht gepreßt verstanden wissen, da er «etwa zehn Jahre» formulierte.

Bisher von der Forschung nicht für wichtig gehalten wurde eine Nachricht zur Rückkehr des Pontius nach Cluny, obwohl sie, mit je eigener, unterschiedlicher Wertung, Petrus Venerabilis, Ordericus Vitalis und Gaufridus von Vigeois gemeinsam überliefert haben. «Brandherd und Anheizer des Aufruhrs» 1124 war, «wie man sagte», so Ordericus

Vitalis, «Bernardus Grossus», der Großprior von Cluny, gewesen.[331] Petrus Venerabilis berichtete, der ehrwürdige alte Prior Bernard und die Brüder seien, nachdem Pontius die Klostertüren habe aufbrechen lassen, zerstreut worden. Der Großprior «und die adeligen, regelgemäß lebenden und großen Männer» hätten sich außerhalb Clunys an gesicherten Orten aufgehalten, wo sie sich nach Kräften vor dem Einbruch so vieler Feinde verteidigten.[332] Von Gaufridus von Vigeois erfahren wir, beim Einbruch der Pontiusmönche, welche die Mehrheit bildeten, in Cluny hätte Bernard, der einst Abt von S. Martial de Limoges war, die Klosterpforten verschlossen, weil er die Partei des Petrus Venerabilis bevorzugte.[333]

Bernardus Grossus war schon unter dem großen Hugo zum Schlüsselamt des Kämmerers aufgestiegen.[334] Etwa 1105 hat er als Großprior die Reihe der cluniacensischen Amtsträger angeführt. Der Nachfolger Hugos, Pontius, hätte ihn ebenso wie die anderen Amtsträger als neuer Abt durch neue Leute ersetzen können. Statt dessen behielt er ihn im Amt des Großpriors als Stellvertreter bei. Mehr noch: Als 1114 der erste cluniacensische Abt von S. Martial de Limoges, Ademar, nach einer Amtszeit von einem halben Jahrhundert starb, einer der engsten Vertrauten Hugos von Semur, da hat Pontius, der selbst einst Prior in S. Martial gewesen war, den Mönchen von S. Martial Bernardus Grossus als neuen Abt vorgesetzt. War es eine diplomatische Wegbeförderung oder Dank und Bestätigung für geleistete Dienste des Großpriors oder beides? Die Frage muß offen bleiben. Fest steht jedoch, daß Bernardus in Limoges auf solchen Widerstand stieß, daß er binnen kurzem nach Cluny zurückkehren mußte. Dabei scheint es nicht so, als hätte sich der Widerstand des Konvents von S. Martial in erster Linie gegen seine Person gerichtet. Zwar bemerkte Gaufridus von Vigeois zu 1114, Bernardus Grossus sei sehr geeignet für weltliche Aufgaben gewesen, als Schreiber jedoch für weniger geschickt gehalten worden (eine Einschätzung, die durch die Erwähnung «des sehr klugen Mannes, des Herrn Bernardus» in der offiziellen Urkunde über den Abtswechsel in Limoges[335] wieder in Frage gestellt wird).

Wichtig erscheint hier etwas anderes: Der Einsetzung des Bernardus Grossus als Abt von S. Martial de Limoges durch Pontius war ein beurkundeter Streit zwischen den Vicegrafen von Limoges als den alten

Herren des Martialisklosters, dem Konvent und Cluny um die Abtswahl vorausgegangen. Das von Urban II. den Äbten von Cluny zuge-
schriebene Recht, die Wahl des Abtes von S. Martial und die Ordnung
in diesem Kloster zu bestimmen, stand im Mittelpunkt des Streites. Und
der ging nach der Rückkehr des Bernardus Grossus nach Cluny weiter.
Pontius versuchte nicht, ihn in Limoges zu halten, sondern wollte einen
anderen seiner Wunschvorstellung dort durchsetzen. Die Mönche von
S. Martial hielten dagegen, entweder solle Pontius ihnen Bernardus
Grossus wiedergeben, oder sie wollten rechtmäßig einen anderen erhe-
ben. Und Pontius, so geschickt er sich beim Kaiser und als päpstlicher
Legat in Spanien verhalten hatte, überschätzte seine Stärke als Abt von
Cluny. Als er den Papst bat, die unbotmäßigen Mönche mit dem Inter-
dikt zu belegen, lehnte dieser das als ungerecht ab. Schließlich wurde ein
Kompromiß gefunden. Der Konvent von S. Martial wählte den Prior
Am(b)lardus von Solignac, also einen Nichtcluniacenser, zum neuen
Abt. Und Pontius konnte dafür feststellen, daß S. Martial, wenn der Abt
aus Cluny käme, als Prior einen eigenen Mönch, wenn der Prior aus
Cluny käme, einen eigenen Mönch als Abt bekommen sollte.

Für Bernardus Grossus jedenfalls brachte der Vorgang eine Niederlage. Von der Abtswürde stieg er ab und kehrte ins Amt des Großpriors
von Cluny zurück, ohne daß Pontius den Abstieg zu verhindern versucht hätte. Dies hatte sich in den zehn Jahren, von denen Petrus Venerabilis geschrieben hatte, solange sei die Unzufriedenheit im Konvent
von Cluny mit Pontius nicht nach außen gedrungen, zehn Jahre vor der
bewaffneten Auseinandersetzung um Cluny im Jahre 1124 ereignet! Es
gehört wenig Phantasie dazu, sich vorzustellen, wer in dem dreimona-
tigen Abbatiat des alten, kranken Hugo II. in Cluny die Zügel in der
Hand führte. Bernardus Grossus wurde auch vom neuen Abt Petrus
Venerabilis nicht abgelöst, sondern diente diesem mit seiner bald
20jähriger Erfahrung in cluniacensischen Schlüsselämtern so, daß ihm
Petrus Venerabilis ein rühmendes Epitaph widmete.

Wenn sich Bernardus Grossus 1124 gegen den Einbruch der Pontianer stemmte, so ist nicht auszuschließen, daß er dabei an die 1114 aus-
gebliebene Unterstützung durch Pontius dachte. Aber daß er nun, die
Einwohner des Ortes Cluny aufwiegelnd, Pontius in eine Falle hätte
laufen lassen, daß er sich wie Iago zu Othello verhalten hätte – so jüngst

eine italienische Stimme[336] –, trifft die Wirklichkeit wohl kaum. Als Großprior von Cluny mußte er die ungeheure Bedrohung der Abtei sehen, die in Cluny selbst entstand, wenn Pontius mit den Bewaffneten des Ortes Cluny gewaltsam gegen die Mönche vorging, die dem regulär gewählten Abt Petrus Venerabilis die Treue hielten.

Der *burgus* von Cluny hatte sich so entwickelt, daß Ritter, Händler und Bauern, Reiche und Arme eine Gemeinschaft bildeten, die offensichtlich eine eigene Verfassung und Verwaltung besaß. An der Spitze begegnete schon 1094 ein weltlicher Vorsteher (*praepositus*)[337], im 12. Jahrhundert ist von *dominus loci, magistratus loci, potestas loci* die Rede, es gab einen gewählten Ältestenrat, eine Art Senat, eigene Rechtsgewohnheiten.[338] Sogar eine Schule für adelige Kleriker befand sich in der Ortschaft Cluny.[339] Noch im späten 11. Jahrhundert waren die Kranken im *burgus* auf die wöchentlichen Rundgänge des *eleemosynarius* von Cluny angewiesen, des Amtsträgers aus dem Konvent, dem die Sorge um die Armen und Hilflosen in Cluny aufgetragen war. Mit seinen Helfern war er von Haus zu Haus gegangen, um keine Bettlägrigen ohne Hilfe zu lassen.[340]

Sicher hat sich auch in Cluny die Gemeinschaft in der Siedlung, die im Schatten der Abtei entstanden ist, seit dem ausgehenden 11. Jahrhundert von der Herrschaft des Abtes von Cluny im Bannbezirk des Klosters ein Stück weit verselbständigt. Es stand nicht weniger auf dem Spiel als das Verhältnis von Abtei und *burgus* Clunys zueinander, das Verhältnis der Bevölkerung und des Mönchskonvents Clunys zueinander. Zerrütteter als 1124 beim Einbruch des Pontius konnte es gar nicht sein. Davon waren gleichzeitig die Pfarrei Cluny und die Dekanie Cluny, also einer der 18 Mittelpunkte der klösterlichen Wirtschaft, betroffen.

Verfolgt man die Zeugnisse für den *burgus* von Cluny, so fällt auf, daß sie, im Abbatiat Hugos I. einsetzend, von Anfang an mit der Familie der Grossi verbunden waren, der Bernardus Grossus entstammte. Damit rücken die Burgen und Herren von Uxelles und Brancion ins Blickfeld, beherrschende Stellungen im Clunisois.

Es war der Prior Ioscerannus aus der Familie der Grossi, der um 1094 den Vorsteher (*praepositus*) des *burgus* Cluny, Humbert, zwang, seine Übergriffe – Land, das er über seine von Cluny empfangenen Lehen

hinaus besetzt hielt, das er ohne Zustimmung des Abtes von Cluny gekauft hatte, Unfreie und Ländereien, die Humberts Bruder an Cluny
geschenkt und sie danach wieder weggenommen hatte, Grundbesitz
Clunys im *burgus*, auf dem er sein Haus gebaut hatte – rückgängig zu
machen. Der Großprior handelte auf Geheiß des Abtes Hugo. Ioscerannus behielt inzwischen eine Anzahl vom *praepositus* Humbert ge-
stellter Geiseln als Pfand zurück, bis dieser dem Großprior das unrechtmäßig Angeeignete zeichenhaft mit einem Stein in die Hand
zurückgab.[341]

1117 gab Bernardus Grossus von Uxelles, Sohn des Landricus Grossus, in die Hände des Abtes Pontius zurück, was er unrechtmäßig im
burgus Cluny und außerhalb des *burgus* und an einigen Dekanien
(*oboedientiae*) innegehabt hatte. Unter den Zeugen der Urkunde trifft
man den Großprior Bernardus an, der ausdrücklich als Onkel Bernards
von Uxelles genannt ist.[342]

Noch zu Anfang des 13. Jahrhunderts mußte ein regelrechter Klein-
krieg (*guerra*) zwischen der Herrin von Brancion, deren Söhnen Bernardus Grossus und Guillelmus Grossus und deren Gefolge auf der
einen, der Cluniacensis ecclesia und den *ville burgenses* von Cluny auf
der anderen Seite durch einen Friedensschluß beendet werden. Als Vermittler wurden Gräfin B(eatrix) von Chalon-sur-Saône, Bischof Robert
von Chalon-sur-Saône und Erzbischof R(ainald) von Lyon bemüht.[343]

Bereits zu Zeiten des Abtes Hugo von Cluny hatte der Bruder des
Großpriors (damals noch *camerarius*) Bernardus Grossus den Han-
delsweg von Norden, von Chalon-sur-Saône und Tournus nach Cluny
und von dort weiter nach Süden, Mâcon und Lyon dadurch blockiert,
daß er den Kaufleuten, die durch sein Herrschaftsgebiet nach Cluny reisen wollten, eine Durchgangssteuer auferlegt hatte. Durch den Kämmerer Bernardus erreichten Abt und Konvent von Cluny die Rück-
nahme dieser Maßnahme durch Landricus Grossus.[344] Dieser mußte
bald darauf nochmals von seinem Bruder, dem Kämmerer Bernardus,
und dem Dekan von Lourdon als Abgesandten des Konvents von
Cluny dazu angehalten werden, acht Kinder einer unfreien Frau, die der
Vater des Landricus Grossus an Cluny geschenkt und dieser an sich genommen hatte, weil er die Schenkung des Vaters nicht gekannt hätte, an
Cluny zurückzuerstatten.[345]

Die Burg der Herren von Brancion.

Der Großprior Bernardus Grossus handelte offensichtlich seit seiner Zeit als Kämmerer Clunys nicht allein als Amtsträger, sondern zugleich als Angehöriger der Grossi-Familie, aus der die Herren von Uxelles und Brancion, Förderer und Störenfriede für Cluny in einem, hervorgegangen sind. Unterstrichen wird dieser Befund dadurch, daß Bernardus in den Urkunden, die er bezeugte, immer wieder zusammen mit Gefolgsleuten und Bürgern der Grossi sowie der Herren von Uxelles und Brancion begegnet.[346] Wenn er etwa gerade im *burgus* von Cluny auch gegen seine eigenen Verwandten für Cluny eintrat, so führte dies zu rechtlichen Vereinbarungen zwischen Cluny und dem Adelsgeschlecht, das in der unmittelbaren Umgebung Clunys und in dessen *burgus* selbst Rechte besaß. Änderungen in diesem sensiblen Innenraum mit Dekanien Clunys betrafen stets Cluny und die Familie der Grossi zugleich. Das immer wieder zu findende und gefundene Gleichgewicht zwischen Cluny und seiner adeligen Nachbarschaft mußte empfindlich gestört werden, wenn sich die Besetzung der zentralen Dekanien Clunys durch dessen Abt änderte. Genau dies geschah jedoch offenbar, als Pontius nach der Rückkehr von Palästina seine Wiederkehr nach Cluny vorbereitete.

Pontius hat mit seiner Rückkehr nach Cluny zweifellos seine Personalpolitik verfolgt. Dafür spricht die auffallende Aktivität des Papstes Honorius II. im Jahr 1125. Petrus Venerabilis erhielt am 2. April des Jahres für Cluny eine große Urkunde des Papstes, der die Privilegien seiner Vorgänger für Cluny, besonders jene Gregors VII., Urbans II. und Paschalis' II., erneuerte. Am selben Tag schrieb Honorius II. den Mönchen von Cluny und teilte ihnen mit, daß er ihrem Abt und ihnen die Abteien S. Gilles, S. Bertin und S. Benedetto di Polirone zur Reform zurückerstattet habe. Zugleich beschwor er sie, daß kein Mönch, der seine Gelübde für Cluny abgelegt habe, es wagen dürfe, ohne Zustimmung des Abtes Petrus Venerabilis zu «Pontius, einst Abt» zu gehen.[347] Im selben Jahr stellte Honorius II. Urkunden für S. Gilles, S. Bertin und S. Benedetto di Polirone aus. Der Abt von S. Gilles sollte in Unterwerfung und Gehorsam zu Petrus Venerabilis zurückkehren und binnen 40 Tagen in Cluny Gehorsamseid und cluniacensische Profeß leisten.[348] Der Abt von S. Bertin hatte dem Abt Petrus von Cluny Unterwerfung und Gehorsam zu entbieten und die cluniacensische Profeß zu leisten.[349] Die Mönche von Polirone hätten dem Abt Petrus von Cluny Gehorsam zu leisten, binnen 40 Tagen nach Cluny zu reisen und dem Abt unverbrüchlich zu gehorchen, den ihnen Petrus Venerabilis mit dem Rat des Kapitels von Cluny gebe.[350]

Bleibt in diesen Papsturkunden die Personalpolitik des Pontius unausgesprochen im Hintergrund, so erscheint sie in der Exkommunikationsformel des Kardinallegaten Petrus von S. Maria in Via lata ausdrücklich im Vordergrund. Daß darauf bisher nicht geachtet wurde, liegt daran, daß dieser Text unerklärlicherweise in den Forschungen zum Sturz des Pontius bis heute keinen Platz erhalten hat.

Die Exkommunikation erging auf einer Synode in Lyon.[351] Sie richtet sich gegen «Pontius, den Eindringling und Schismatiker», sowie die *burgenses* von Cluny und alle ihre Unterstützer. Dreimal habe der Papst durch Briefe und Boten versucht, Pontius in den Gehorsam zurückzugewinnen, nachdem dieser «mit der Gewalt der Laien» unbegründet ins Kloster Cluny eingedrungen sei. Jetzt wurde die Bannsentenz des Erzbischofs Humbald von Lyon und des päpstlichen Legaten gegen Pontius, die ihm anhängenden Mönche und die Einwohner des *burgus* von Cluny ausgesprochen.

Über Kloster und Ortschaft Cluny wurde das Interdikt verhängt. Das heißt, es durften hier keine Glocken geläutet, kein Gottesdienst gefeiert, keine Sakramente gespendet und keine Kapitelsitzung abgehalten werden, bis Pontius Cluny verlassen habe. In den Bann eingeschlossen wurden alle, die durch Schenkung, Verkauf oder Verpfändung an Gegenstände des Kirchenschatzes von Cluny gekommen waren oder noch kämen. In den Zeugnissen der Geschichtsschreibung wurde Pontius damit belastet, daß er, um sich in Cluny durchzusetzen, Laien aus dem Kirchenschatz bezahlt habe.

Außerdem galt das Interdikt für die Oboedientien (Dekanien), «in denen Pontius seine Prioren gewaltsam eingeführt hatte: nämlich Souvigny mit dem Prior Eustorgius und dessen Helfern, Mazille mit Prior (gemeint Dekan), Laizé und seinem Prior (gemeint Dekan), Péronne mit Prior» (gemeint Dekan). An diesen Orten dürften Ausnahmen vom Interdikt nur bei Kindstaufen, Sterbesakramenten und bei Leuten vorgenommen werden, die von ihrer Bosheit abkehrten und darüber in die Hände eines Lefaldus Vincentius und anderer Männer, die der Römischen Kirche und dem Abt Petrus von Cluny Treue bewahrten, eine Sicherheit stellten. Dem Bann verfielen schließlich alle diejenigen, welche die Einwohner des *burgus* Cluny mit Lebensmitteln, Waffen, Geld und Geschenken unterstützten.

Diesem Text zufolge hat Pontius den Prior des Klosters, in dem die Gräber der heiligen Äbte Maiolus und Odilo verehrt wurden, durch Eustorgius abgelöst. Mazille, Laizé[352] und Péronne waren Dekanien in der unmittelbaren Umgebung Clunys. Aus der Dekanie Cluny, aus Laizé und Péronne bezog der Kämmerer der Abtei Cluny Getreide, das er dem für die Brotversorgung in Cluny zuständigen *granatarius* aushändigte.[353] In dem kleinen Ort Mazille bei Cluny hatte Gaufred III. von Semur, damals Prior im Cluniacenserinnenkloster Marcigny-sur-Loire und Neffe des Abtes Hugo, in dessen Gegenwart mit seiner Familie die Konversion zum klösterlichen Leben vorgenommen und Marcigny beschenkt.[354] 1103 hat hier der Kardinallegat Milo von Praeneste einen Streit zwischen dem Bischof von Autun und Cluny geschlichtet.[355]

Die Dekanie hatte Hafer zu liefern, den die Pferde der Gäste Clunys, des Abtes, des Priors, des Kellermeisters und der Kämmerer brauchten. Darüber gab es immer wieder Streit, wessen Pferde wann und wie versorgt wurden. Deshalb führte Petrus Venerabilis ein, daß Mazille allein für das Pferdefutter aller reitenden Gäste zuständig sein sollte. Hätten die Gäste, um den notwendigen Hafer zu erhalten, etwas verpfändet, so hätte der Dekan von Mazille die Pfänder auszulösen.[356] Was wir hier aus dem Rechenschaftsbericht des Petrus Venerabilis erfahren, zeigt die strategische Funktion der Dekanie Mazille für Cluny. Hatte Pontius hier einen Mann seiner Wahl als Dekan eingesetzt, so mußte auf diese unmittelbare Bedrohung Clunys der Großprior Bernardus Grossus antworten. Humbert, der *praepositus* des *burgus* Cluny, war schon als Gegner des Großpriors Ioscerannus Grossus in den Blick gekommen. Ein Bruder Humberts war *praepositus* in Mazille.[357]

Hier deuten sich persönliche Verflechtungen an, die das alltägliche Leben Clunys erheblich beeinflussen und den Konvent nicht gleichgültig lassen konnten. Nun ließen sich weitere Spuren des Pontianischen Schismas sichern, wenn man den Personenverbindungen bis ins einzelne nachginge. So sind aus der Chronik des Gaufridus von Vigeois zwei Namen von den Mönchen zu erfahren, die, nachdem Bernardus Grossus die Klosterpforten geschlossen und die Pontianer die Türen aufgebrochen hatten, mit der Mehrheit des Konvents den Pontius als Abt empfingen. Es dürfte kaum ein Zufall sein, daß der eine, Rogerius von Magant (oder Maulant) Cluniacensermönch aus S. Martial de Limoges war, wo Pontius vor seiner Abtwahl Prior gewesen war, und der andere, Bernard, vor seinem Eintritt in Cluny Vicegraf von Comborn, einer Burg nahe Vigeois (Corrèze), gewesen und als Förderer der Abtei S. Martial de Limoges hervorgetreten war.[358] Der Abt Amblardus von S. Martial de Limoges war es auch, den sich Pontius für seinen letzten, schweren Weg nach Rom erbat und gewann, dazu Ademar von Vigeois.[359]

Daß Pontius nach seiner Resignation vor dem Papst, gleich, wie endgültig sie ihm innerlich gewesen oder nicht gewesen sein mag, nach Cluny zurückkehrte und damit gegen den regulär gewählten Abt Petrus antrat, mußte ihn zum *schismaticus* machen. Denn so zwang er zugleich die Mönche der Cluniacensis ecclesia, entweder für ihn oder für Petrus Venerabilis einzutreten. Daß er sich dabei von bewaffneten Leuten aus dem *burgus* Cluny helfen ließ, machte ihn zum Eindringling (*invasor*). Es weist auf erhebliche Spannungen im Konvent von Cluny hin, wenn es dort so viele Mönche gab, von denen in ihrer Verbindung mit den *burgenses* sich Pontius zur Rückkehr ermutigt fühlen konnte.

Das beträchtliche Geschick, mit dem Pontius seine diplomatischen Missionen zwischen Kaiser und Papst und seine Tätigkeit als päpstlicher Legat in Spanien ausübte, scheint ihm im Kloster gefehlt zu haben. Seine grobe Fehleinschätzung der Lage in S. Martial de Limoges zeigte das schon. Auch als er in S. Bertin die Zugehörigkeit der flandrischen Abtei zu Cluny verfocht, hätte er, so Simon in den «Taten der Äbte von S. Bertin», «auf seinem Kardinal-Abtsstuhl residiert wie ein Abt der Äbte» (*abbas abbatum*[360]). Nach dem späteren parteiischen Zeugnis des Petrus diaconus von Monte Cassino hätte 1116 auf dem Laterankonzil der Abt von Cluny, also Pontius, dem Abt von Monte Cassino diesen Titel bestritten.[361] Gewaltsam mutet es auch an, daß Pontius in Souvigny und in den Dekanien Mazille, Laizé und Péronne rings um Cluny Leute seines Vertrauens als Prioren und Dekane einschleuste. Dadurch mußte sich der Großprior Bernardus Grossus kraft seines Amtes ebenso wie als Angehöriger der Familie der Grossi aufs schärfste herausgefordert sehen. Angesichts des bewaffneten Einbruchs in Cluny mit den *burgenses* zur Verteidigung gezwungen, blieb dem Großprior und den mit ihm für den Abt Petrus eintretenden Mönchen kaum etwas anderes übrig, als im Machtbereich der Herren von Uxelles und Brancion Zuflucht zu suchen. Waren diese Burgen mit den «gesicherten Orten» gemeint, an denen Bernardus und seine Mitbrüder sich verteidigten?

Hätte Pontius, als er die Nachfolge des Abtes Hugo antrat, wie es ihm zustand, dessen Amtsträger im Kloster – zuerst den Großprior – durch Männer seines Vertrauens abgelöst, hätte er Stärke bewiesen. Aber zum einen war es für einen nicht aus Cluny, sondern aus Limoges erhobenen Abt nahezu unmöglich, am neuen Wirkungsort sofort geeignete Leute seines Vertrauens in die Schlüsselämter zu berufen. Zum anderen hätte ein Wechsel in den Klosterämtern beim Amtsantritt des Pontius, auch wenn er zunächst nur das Priorenamt betroffen hätte, keine Gewähr dafür geben können, daß es nicht zu Spannungen zwischen den Helfern des verstorbenen Abtes Hugo und jenen des Pontius gekommen wäre. Diese nicht geschichtlich gewordene Möglichkeit kann man nur bedenken, um zu erkennen, welch geringen Spielraum persönlichen Handelns Pontius bei seiner Abtswahl vorfand. Er hat jedenfalls die wichtigsten Amtsinhaber aus dem Abbatiat seines Vorgängers übernommen. Und es ist damit zu rechnen, daß er mit diesen auch vorgegebene Spannungen übernehmen mußte. Denn wie das Beispiel des Bernardus Grossus veranschaulicht, kamen diese Amtsträger aus wichtigen Familien um Cluny herum. Deren Rivalitäten untereinander unter ihren klösterlichen Repräsentanten gänzlich aus dem Gemeinschaftsleben des Konvents von Cluny herauszuhalten, dürfte wohl jeden Abt überfordert haben.

Ob freilich der am Monte Cassino wiedergegebene Seufzer des Pontius: «Viel lieber wollte ich Dekan in Monte Cassino als Abt von Cluny sein»[362], mehr als eine Koketterie war, mag offenbleiben. Weil nämlich diese Bemerkung bei einem Besuch des Pontius auf dem Monte Cassino gefallen sein soll, den Pontius auf seiner Reise von Rom nach Palästina eingelegt hatte, könnte er aus der Sicht des Monte Cassineser Chronisten dem Ruf des Benediktsklosters willkommen gedient haben, aus der Sicht des Pontius, wenn denn diese Worte gesagt worden sind, eine Höflichkeit gewesen sein, die ihm nach der zornig ausgesprochenen Resignation auf sein Amt vor dem Papst nicht schwerfiel.

Die Rückkehr des Pontius nach Cluny und seine gewaltsame Personalpolitik in der Cluniacensis ecclesia sprechen eine andere Sprache. Er hat um sein äbtliches Amt, nachdem er es schon offiziell aufgegeben hatte, nochmals erbittert gekämpft. Mit seiner verspäteten Personalpolitik hat er vorhandene Spaltungen im Konvent Clunys unerträglich verschärft, die ohnehin schwierige Wirtschaftslage Clunys bedrohlich zugespitzt.

Sogar Ordericus Vitalis, der über Pontius nicht unfreundlich berichtet, beklagte, daß die benachbarten Ritter, Bauern und Bewohner des *burgus*, die sich über die reichlichen Zuwendungen des Pontius an den *burgus* freuten und mit ihm in Cluny einbrachen, im Kloster wie in einer eroberten Stadt hausten, obwohl dieser es nicht gewollt hätte. Tagediebe und Dirnen wären in der Klausur anzutreffen gewesen.[363] Petrus Venerabilis warf hier Pontius vor, daß dieser Mönche, die ihm, Petrus, anhingen, einkerkern ließ und die Gier der Eindringlinge nach Gold mit der Plünderung des Kirchenschatzes bis hin zu den Reliquienschreinen befriedigte.[364] Das hätte vom Beginn der vierzigtägigen Fastenzeit bis Anfang Oktober gedauert. Auch im Text des Bannfluchs Papst Honorius' II. gegen Pontius und seinen Anhang waren ja ausdrücklich alle, die sich am Kirchenschatz vergriffen, mit der Exkommunikation bestraft worden. Daß damals das eben hochgebaute gewaltige Schiff der Klosterkirche («Cluny III») herabstürzte, wenn auch, ohne daß jemand zu Schaden kam, sah Ordericus als ein Zeichen Gottes zu diesen schrecklichen Ereignissen an.[365]

Der Papst rief beide Parteien zur Rechtfertigung nach Rom. Der Großteil des Konvents folgte der päpstlichen Aufforderung. Auf seiten des Petrus Venerabilis trat als prominentester Vertreter der nachmalige Kardinalbischof Matthaeus von Albano auf. Die Begleiter des Pontius aus Limoges und Vigeois haben wir schon kennengelernt. Pontius, wegen seiner Exkommunikation aufgefordert, erst Satisfaktion zu leisten und sich vom Bann lösen zu lassen, damit er an den Audienzen teilnehmen könnte, lehnte ab. Kein Lebender könne ihn bannen, nur Petrus im Himmel, legte ihm Petrus Venerabilis in den Mund.[366] Aber auch Ordericus schrieb von der Weigerung des Pontius, und Gaufridus von Vigeois stellte fest, daß Pontius ohne Audienz verhaftet wurde.[367] Pontius ließ dem Papst keine andere Möglichkeit als die Verurteilung und Absetzung.

Er wurde eingekerkert. Ordericus fügte hinzu, bald sei er wegen übergroßer Traurigkeit erkrankt und, von vielen betrauert, gestorben.[368] Gaufrid von Vigeois nannte als Kerker einen Turm des Septizonium und vermerkte, daß Pontius bis zu seinem Tod in Haft geblieben und dann wie ein Armer, eher noch wie ein Gefangener in S. Andrea (auf dem Monte Celio) begraben worden sei.[369] Gaufrid von Vigeois mag etwas dramatisiert haben. So armselig braucht der Vorgang im Andreaskloster nicht gewesen zu sein. Denn als kurz darauf der Papst selbst im Lateran todkrank wurde, ließ er sich zum Sterben gleichfalls ins Andreaskloster bringen, das sein Vorgänger Gregor d. Gr. gegründet hatte.[370] Das Septizonium als Ort des Kerkers erfährt man auch aus der besten Fassung der Vita des Papstes Honorius II. von Pandulf. Sie erwähnt auch Tod und Begräbnis des Abtes in S. Andrea.[371]

Petrus Venerabilis machte die «pestbringende römische Krankheit», also die Malaria, für den Tod des Pontius verantwortlich. (Aus seiner Bemerkung, daß die Krankheit Besiegte wie Sieger befallen hätte, hört man noch heraus, als welchen harten Kampf er das Schisma erfahren hat.) Auch er hat länger als ein halbes Jahr den unerträglichen Fieberbrand mit äußerster Mühe und nicht ohne Hilfe erlebt. So wie er schließlich die Krankheit überwunden habe, so sei Cluny von «der Krankheit des Schismas» wieder genesen. Zum Tod und Begräbnis des Pontius zitierte Petrus den Wortlaut des Briefes, den ihm darüber Papst Honorius II. geschrieben hatte:

«Honorius Bischof, Knecht der Knechte Gottes, dem geliebten Sohn, dem Abt Petrus von Cluny, Heil und apostolischen Segen. Im vergangenen Monat Dezember (am 28. oder 29. Dezember 1126) ist Pontius den Weg allen Fleisches gegangen. Obgleich er, oft an die Übel gemahnt, die er Cluny zugefügt hatte, keine Buße hat tun wollen, haben wir ihn dennoch aus Ehrerbietung vor dem Kloster, dessen Mönch er gewesen war, ehrenhaft begraben lassen.»[372]

Diese Mitteilung des Papstes und der Ort des Begräbnisses widersprechen der Geschichte vom Armesünder-Begräbnis in Gaufrid von Vigeois' Chronik. Es verdient auch Beachtung, daß in sechs Totenbüchern aus cluniacensischen Klöstern, S. Martial de Limoges, Marcigny, S. Martin-des-Champs, Longpont, S. Saulve und Beaumont, der Eintrag des Abtes Pontius von Cluny erscheint, und zwar in der Form, in der cluniacensische Äbte ihren Toteneintrag erhielten. In S. Martin-des-Champs zu Paris wurde sogar, am Rand mit roter Farbe gekenn-zeichnet, hinzugefügt: «Das Offizium geschehe wie für unsere anderen Äbte.»[373] Dies wäre undenkbar, wenn Petrus Venerabilis seinem Wider-sacher über den Tod hinaus das Totengedenken in Cluny – und zwar das Totengedenken für einen Abt von Cluny – verweigert hätte. Petrus Venerabilis behielt ihn als einen Vorgänger in Erinnerung, dessen gute Anfänge das böse Ende nicht vorausahnen ließen und die doch stark genug waren, das Gedenken an Pontius in der Liturgie der Cluniacen-sis ecclesia zu bewahren.

Die altgewordene Abtei unter Abt Petrus Venerabilis

Daß nur sechs Jahre nach der Heiligsprechung des Abtes Hugo von Cluny sein Nachfolger gebannt, abgesetzt, in den Kerker geworfen wurde und fern von Cluny starb und begraben wurde, nachdem im Kloster Gewalttätigkeit, Plünderung des Kirchenschatzes und vor den Toren der Abtei, im *burgus*, Aufruhr erlebt worden war, mußte das Gemeinschaftsbewußtsein des Konvents von Cluny erschüttern – um so mehr, als es diesem zweifellos nicht verborgen blieb, wie sich die Beziehungen zwischen Rom und Cluny, zwischen den Bischöfen und dem Kloster gewandelt hatten, in einem Augenblick, da die gewohnte Verpflegung der Gemeinschaft gefährdet war und in der Nachbarschaft der Ruf der Cistercienser den eigenen überstieg und mit Kritik der neuen Mönche an jenen Clunys nicht gespart wurde. Wie würde die Gemeinschaft von Cluny diese Erschütterung überwinden können?

Das war die Frage, die nach dem Tod des Pontius unabweisbar aufgeworfen wurde. Konnten die Cluny demütigenden Ereignisse als solche beitragen, das Schisma zu heilen, den Konvent wieder neu zusammenwachsen zu lassen? Wie ging der Abt Petrus Venerabilis, den der Papst den Mönchen nochmals eindringlich als ihren Abt in Erinnerung gebracht hatte, nun dem Konvent gegenüber mit dem Schlüsselerlebnis um, das die Spaltung des Konvents und der Angriff des Pontius auf Cluny für ihn sicherlich bedeutet hatten? Einen schwierigeren Beginn seiner Amtszeit könnte man sich gar nicht vorstellen. Die Ursachen des Schismas galt es zu beseitigen, die auf ihn gerichteten Erwartungen zur Wiederherstellung des Friedens in der Cluniacensis ecclesia nicht zu enttäuschen und diese nach außen wieder so glaubwürdig zu vertreten, daß die Beschädigung des Ansehens Clunys durch das Schisma und den Sturz des Pontius nur eine vorübergehende blieb. Und unter dieser gewaltigen Bürde seines Amtes war Petrus zu Erfolgen gezwungen, wenn er die Sanierung der Wirtschaft Clunys versuchen sollte.

Doch es kam noch schlimmer. Vier Jahre nach dem Tod des Pontius, der das Schisma in Cluny beendete, hatte Petrus Venerabilis das Schiff der Cluniacensis ecclesia durch ein Schisma zu steuern, das sich diesmal für die ganze Kirche, zwischen Papst und Gegenpapst, auftat. Nach Papst Honorius' II. Tod im Jahr 1130 wählte eine Minderheit im Kardinalkolleg auf Initiative des mächtigen päpstlichen Kanzlers Haimerich und unter dem Schutz des römischen Geschlechts der Frangipani den aus dem römischen Trastevere stammenden Kardinaldiakon Gregor von S. Angelo zu Papst Innocenz II. (1130–1143). Die Mehrheit der Kardinäle antwortete am selben Tag mit der Wahl des Petrus Pierleoni, eines ehemaligen Cluniacensermönchs, zu Papst Anaclet II. (1130–1138). Beide Wahlverfahren ließen sich rechtlich anfechten.

Zu den Wählern Anaclets II. gehörte der Kardinalbischof Aegidius von Tusculum, einst selbst Cluniacensermönch aus Toucy bei Auxerre. Zu den Wählern Innocenz' II. gehörte Matthaeus, der als Prior von S. Martin-des-Champs den Abt Petrus Venerabilis 1126 vor Papst Honorius II. gegen Pontius verteidigt hatte und der im selben Jahr zum Kardinalbischof von Albano erhoben worden war. 1127 kehrte Matthaeus als päpstlicher Legat nach Frankreich zurück, für Cluny unter Petrus Venerabilis von unschätzbarem Wert. Als 1129 Erzbischof Humbald von Lyon starb, der Cluny auf der Synode von Reims angegriffen und in der Folgezeit bedrängt hatte, folgte ihm ein Neffe des hl. Abtes Hugo von Cluny, Rainald, seit 1106 Abt von Vézelay, wo Petrus Venerabilis Prior gewesen war – ein weiteres Geschenk für Cluny. So ist das, was zunächst erstaunlich gewesen sein mag, nämlich das entschiedene Eintreten des Petrus Venerabilis für Innocenz II. zuungunsten seines ehemaligen Mönchs, Anaclets II., so unerklärlich nicht gewesen. Wie Matthaeus von Albano hatte Petrus Venerabilis nicht vergessen, daß Honorius II., der seinen Nachfolger Innocenz II. gefördert hatte, und der Kanzler Haimerich ebenso wie der Kardinalpriester Petrus von S. Anastasia ihn gegen den Einbruch des Pontius in Cluny gestützt hatten.

Hätte sich, was viele Große in Europa erwartet hatten,[374] Petrus Venerabilis mit der Cluniacensis ecclesia für den aus Cluny hervorgegangenen Mönch als Papst entschieden, hätte er sich und seine Mönche isoliert. Denn auch Bernard von Clairvaux und die Cistercienser, Norbert von Xanten und die Prämonstratenser-Chorherren, fast ganz Frankreich und Deutschland sowie England stellten sich auf die Seite Innocenz' II. Als dieser im Spätjahr 1130 in Südfrankreich landete, schickten ihm die Cluniacenser 60 Pferde und Maultiere entgegen und geleiteten ihn mit seinem Gefolge der Kardinäle und Kleriker nach Cluny. Petrus Venerabilis gewann ihn für die Kirchweihe in «Cluny III», das vielleicht noch nicht einmal ganz vollendet war. Elf Tage weilte der Papst in Cluny und zog viel Volk an.[375]

Nach des Papstes Rückkehr nach Italien berief Petrus Venerabilis für den 13. März 1132, den dritten Fastensonntag, die Prioren aus England, Italien und den anderen Reichen Europas nach Cluny, um ihnen strengere Gewohnheiten des klösterlichen Lebens zu geben. 200 Prioren und 1212 Mönche fanden sich in der größten Kirche des Abendlandes ein und zogen als singende Prozession ein. «Ich gebe das sicher deshalb weiter», schrieb Ordericus Vitalis, «weil ich mit Freuden dabei war und diesen so glorreichen Zug gesehen habe, der sich da im Namen Jesu Christi versammelt hatte, und mit ihnen bin ich von der Basilika des Apostelfürsten Petrus in der Prozession gegangen und durch das Kloster in die Kirche der jungfräulichen Mutter Maria eingetreten und habe gebetet. Damals verstärkten Bischof Radulf von Auxerre und die Äbte Albericus von Vézelay und Adelard von Melun, die Mönche dieses Klosters Cluny waren, die Versammlung und kräftigten mit ihrer Gegenwart und Ermahnung die Versuche des Abtes Petrus.»[376]

Beachtlich, daß der Augen- und Ohrenzeuge von «Versuchen» des Petrus Venerabilis sprach, strengere Gewohnheiten einzuführen. Aber noch erstaunlicher nach den Wirren des Pontianischen Schismas erscheint, was er weiter von dieser großen Mönchsversammlung in Cluny schrieb: Obwohl «er [Petrus Venerabilis] ihnen die Fasten vermehrte, Gelegenheiten zum Gespräch wegnahm und Hilfen, die dem Behinderten die maßvolle Barmherzigkeit der ehrwürdigen Väter bisher erlaubt hatte», wollten die Brüder, gewohnt, dem Meister zu gehorchen, gegen die regelgemäße Gewohnheit ihm nicht Widerstand leisten und nahmen die herben Befehle an. Sie taten jedoch begründet kund, daß der ehrwürdige Hugo und seine Vorgänger Maiolus und Odilo den strengen Weg des Lebens eingehalten und über diesen die in Cluny Geschulten zu Christus führend in Bewegung gesetzt hatten.[377]

Nach der Schilderung des Ordericus gab sich die Gemeinschaft der Cluniacenser mit ihrem Abt sechs Jahre nach dem Tod des Abtes Pontius in ihren inneren Angelegenheiten, die ihr tägliches Leben bestimmten, einig. Sie ließ sich auf ihre eigene Tradition mit dem Aufruf der Äbte Maiolus, Odilo, Hugo einschwören. Wenn Ordericus hier, ohne zu harmonisieren, richtig beobachtet haben sollte, dann müßte solche Einigkeit eine Führung durch den Abt vorausgesetzt haben, mit der Petrus Venerabilis den Konvent in Cluny und die Mönche der ganzen Cluniacensis ecclesia auf eine Weise als Partner ernst genommen hätte, die nach den Pontiuswirren als neu empfunden wurde und Vertrauen aufbaute. Zu erfahren, ob dies so war, erscheint sogar wichtiger als die Frage, ob Petrus Venerabilis mit der Einführung strengerer Gewohnheiten des klösterlichen Lebens seine Gemeinschaft dem cisterciensischen Reformmönchtum hat annähern wollen. Denn jeglicher Versuch innerer Reform in Cluny nach den Ereignissen um den Sturz des Pontius gelang oder scheiterte mit der Zustimmung oder Ablehnung der Cluniacensermönche.

Hätte Petrus nicht mit Widerständen aus seinem Konvent gerechnet, dann wäre wohl der Titel des Vorworts, das er etwa 1146/1147 seinen Statuten vorausschickte, anders ausgefallen. So formulierte er aber: *Apologetica hoc est satisfactionalis praefatio* – ein apologetisches, verteidigendes, das heißt, Genugtuung schaffendes Vorwort des Herrn Petrus, Abtes von Cluny, über einige in seiner Zeit geänderte Gewohnheiten.[378] Er wollte «was seit den 24 Jahren seit seinem Amtsantritt an Gewohnheiten geändert, vermehrt oder weggenommen wurde», seinen Zeitgenossen und den Nachkommenden übermitteln. «Das habe ich beschlossen in der Weise zu tun, daß ich nicht allein das, was, wie gesagt, verändert, vermehrt oder weggenommen wurde, darlege, sondern auch zufüge, aus welchem Grund geändert worden ist.»[379]

Nie geändert wurde, was von Gott in ewigem Gesetz vorgeschrieben war, wohl aber wurde geändert, was von Menschen für eine Zeit, nicht für die Ewigkeit angeordnet sei. Dies stärke die guten Eigenschaften. Diese selbst, die wie Glaube, Hoffnung, Liebe zum ewigen Heil bewahrt werden müßten, blieben unveränderlich. Zur Stärkung der Eigenschaften dürfte sinnvoll geändert werden. So sei es auch stets in Clunys Vergangenheit, vom hl. Odo bis zum hl. Hugo, gehandhabt worden. Er, Petrus, sei ihnen gefolgt. «Ich habe das jedoch nicht in meinem Ermessen und Urteil allein getan, sondern gemäß der Vorschrift der Benediktsregel mit dem Rat bestimmter gottesfürchtiger und weiser Brüder (der *seniores*). Ich habe es schließlich mit der Zustimmung des gesamten Kapitels getan.»[380]

Als unter Abt Hugo und auf sein Geheiß die Mönche Bernard und Ulrich die Gewohnheiten der Cluniacenser aufgezeichnet hatten, da war dies ganz und gar aus der Vollmacht des Abtes heraus geschehen, der nach der Benediktsregel seinen Mönchen gegenüber Christus selbst vertritt. Deshalb war das Verfahren, das Petrus Venerabilis bei der Aufzeichnung seiner Statuten wählte und in dem er sich der Mitwirkung des ganzen Konvents versicherte, Ausdruck seines Willens zur Einheit mit seiner Gemeinschaft, deren Willen er so ernst wie seinen eigenen nahm. Dies Verfahren war so modern wie die Erfindung des Mönchsordens durch die Cistercienser, die im Generalkapitel ihres Ordens jeden Cistercienserabt, denjenigen von Cîteaux eingeschlossen, auf die Beschlüsse des Generalkapitels, in dem jede Cisterce vertreten war, verpflichteten. Nach diesem Zeugnis des Vorworts zu den Statuten des Petrus erscheint auch das, was Radulf von Sully, Mönch und Begleiter des Petrus Venerabilis, über dessen Verhältnis zum Konvent mitteilte, keineswegs als vorgefertigte Redensart, mit welcher der Schüler seinen Meister preisen wollte.

Das erste Kapitel der Vita des Petrus Venerabilis von Radulf handelt von der Herkunft des Abtes und schließt mit der einmütigen Wahl des Petrus zum Abt.[381] In diesem Zusammenhang wird Pontius ausgesprochen schonend erwähnt – sicher ein Reflex auf die Einstellung des Abtes zu Pontius. Radulf beschränkte sich nämlich auf die Mitteilung: Pontius wurde zum Abt gewählt. Er stand den Cluniacensern fast vierzehn Jahre vor. Danach hat er sich nach Ausbruch gewisser Rivalitäten[382] nach Rom begeben und dort aus eigenem Willen, während der Papst ablehnte, die Abtei aufgelassen. Mit den hier angesprochenen Rivalitäten wird das Schisma unter Pontius umschrieben, ein deutlicher Hinweis auf Personalfragen im Konvent des Pontius.

Bevor dann Radulf auf Taten und Wundertaten seines Abtes zu sprechen kam, überschrieb er gleich das zweite Kapitel: «Wie er seinen Brüdern gegenüber als Abt gewesen ist.» «Mehr urteilte er über sich, als daß er andere zu tadeln trachtete.» Gütige Vorsorge um die Brüder, besorgte Zuwendung zu den Kranken, «damit nicht einer im Haus des Herrn sei, der nachlässig behandelt würde», kennzeichneten den Abt in den Augen Radulfs.

In der Kunst des Beichthörens sei Petrus einzigartig gewesen, so daß im Gegensatz zur Gewohnheit anderer Klostervorsteher alle stets darauf aus waren, bei ihm zu beichten. Er verstand es, mit dem Medikament der Ermunterung und des Trostes zu pflegen und zu heilen, nicht aufzudecken oder öffentlich zu machen. Mit den Brüdern hielt er solche Gemeinschaft, daß er das Seine, wenn sie darum baten, ganz und gar mit ihnen gemeinsam hatte. Einem frierenden Mönch hätte er heimlich seinen eigenen Pelz gegeben.[383] Noch ins dritte Kapitel hinein, das von der Schriftlesung des Abtes und seinen Sorgen um die weltlichen Belange des Klosters handelt, ziehen sich Radulfs Aussagen über die Bruderliebe des Petrus. «Er liebte nämlich die Brüder mit glühendem Herzen ganz von innen heraus. Keinen verachtete und stieß er von sich …, war nicht überheblich und machte sich nicht groß.»[384] Dazu fügt sich, wenn Petrus von Poitiers, der Sekretär des Petrus Venerabilis, in seinem Panegyricus auf den Abt schrieb: «Magst Du auch Abtrünnige und Aufrührer haben, wenn Du den Frieden suchst, dann Petrus, ist Dein Friede da.»[385]

Insofern scheint es nicht als Selbstlob, wenn der Abt von Cluny auf einen Brief, in dem ihn Bernard von Clairvaux im Mai 1152 mit den Worten des Psalms 7,5 gewarnt hatte, Böses mit Bösem zu vergelten,[386] gelassen antwortete: «Ich bin gewohnt zu dulden, gewohnt zu vergeben. Das wird deutlich – was ich jedoch nicht hochmütig verkünde – am Schisma des Pontius. Als Ungezählte in dieses abgeglitten und Ruchloses und im klösterlichen Leben Unerhörtes begingen, haben sie nie mein Schwert, nie die äußerste Schärfe, nie den Speer erfahren müssen, kaum jemals haben sie ein scharfes Wort aus meinem Mund gehört.» Wer so schreibt, der war seiner Sache sicher. Petrus wußte, daß Bernard von Clairvaux, wenn er es gewollt hätte, manche Mönche Clunys und cluniacensischer Klöster über den Wahrheitsgehalt dieser Aussage hätte befragen können.

Die Heilung des Schismas

Auch wenn angesichts der erhalten gebliebenen Zeugnisse das Schisma in Cluny seit dem Tod des Pontius geheilt erscheint, kann es keinem

Zweifel unterliegen, daß Abt Petrus zur wirklichen Erneuerung seiner Gemeinschaft in Cluny und in der ganzen Cluniacensis ecclesia eine schier unendliche Geduld brauchte. Dafür, daß er sie aufgebracht hat, finden sich deutliche Hinweise in der Überlieferung. So hat er, obwohl schon auf der großen Mönchsversammlung von 1132 in Cluny die Frage der eigenen klösterlichen Lebensgewohnheiten im Mittelpunkt stand, erst etwa 1146/47 seine Reformstatuten veröffentlicht.

Oder es dauerte bis 1145, daß die für Mönche und Laien im Kloster und Dorf Cluny lebensnotwendige Ordnung ihres gegenseitigen Zueinanders rechtlich festgelegt und auf Anordnung des Abtes Petrus beurkundet wurde. Nach den zerstörerischen Ereignissen beim Einbruch der Bewohner des Dorfes Cluny in die Abtei beim Schisma des Pontius bedurfte es sicher langwieriger Verhandlungen des Abtes mit den Einwohnern des *burgus* von Cluny, bis diese bereit waren, der Abtei Cluny ihre Treue zu beeiden. Und so, wie beim Schisma die Unordnung auch die um Cluny gelegenen Dekanien, Mittelpunkte der cluniacensischen Klosterwirtschaft, ergriffen hatte, war nun sicherzustellen, daß auch die Laien, die in den Dekanien Clunys lebten, der Abtei wie die *burgenses* von Cluny selbst ihre Treue versprachen.

Tatsächlich enthielt die Urkunde, die Petrus Venerabilis 1145 ausstellen ließ, die Einzelheiten der beschworenen Vereinbarung, die sowohl die *burgenses cluniacenses* als auch alle Männer aus den Dekanien geleistet haben.[387] Man hat schon angenommen, die Urkunde hätte auf Schwierigkeiten reagiert, die Cluny in den 1150er Jahren mit dem benachbarten Herrengeschlecht de la Boussière, danach mit den Brabanzonen der Zeit des Kaisers Barbarossa erlebt hat.[388] Da aber alle diese Konflikte erst Jahre nach Abfassung der Urkunde auftraten, liegt es viel näher, die Urkunde des Abtes als Antwort auf zurückliegende schmerzliche Ereignisse zu sehen. Das bestätigt vor allem der Inhalt des Dokuments. Hätte nämlich eine solche rechtlich geregelte, beurkundete und beeidete Einigung zwischen Abt und Laien von Cluny schon in den 1120er Jahren vorgelegen, hätte es schwerlich zu den Gewalttaten des Pontius-Schismas in Cluny kommen können.

Alle Erwachsenen – das hieß damals: alle mindestens Fünfzehnjährigen – leisteten zuerst dem Abt und der Kirche Cluny den Treueid. Würde ein Feind der Kirche öffentlich gemeldet, dann dürften sie ihn nicht gastlich aufnehmen und auch nicht übernachten lassen, ihm nichts geben, mit ihm keine Vereinbarungen treffen, ihm wissentlich weder Hilfe noch Rat bieten, auch nicht durch Mittelsleute. Schuldeten sie ihm oder er ihnen etwas, so wären Rückgabe oder Annahme erlaubt und auch das Zureden, er solle von Untaten gegen die Kirche Abstand nehmen. Würden sie durch den Boten des Abtes ermahnt, bewaffnet irgendwo hinzuziehen, dann sollen alle ausziehen, wenn nicht einer so krank wäre, daß er ganz und gar nicht weggehen könnte. Danach könnten nach dem Rat des Abtes und der «besseren» *burgenses* ausgewählte Leute zur Bewachung des Ortes zurückbleiben, auch solche, die geeignete Ersatzleute ausschickten.

Würde einer beim bewaffneten Zusammenstoß oder anderswo wegen der Verteidigung der Kirche fallen und nach Cluny gebracht werden, dann sollte er vom ganzen Konvent aufs ehrenvollste aufgenommen und kostenlos begraben werden, auch wenn er nicht zu Lebzeiten freiwillig etwas dafür gegeben hätte. Anschließend würde ihm im Kapitel die Lossprechung von Sündenschuld erteilt, auch für die ewige Ruhe seiner Eltern und Verwandten, die monastischen Tagzeiten (*officium*) und die Konventsmesse würden für ihn gefeiert. Solche Toten würden dann aller guten Taten der kirchlichen Gemeinschaft teilhaftig.

Nähme einer der Eidleistenden Kirchenfeinde gefangen, verwundete oder durchbohrte sie oder fügte ihnen Schaden zu, der ohne Bußgeld nicht gesühnt werden könnte, so bräuchte er oder die Kirche nichts zu geben. Könnte er an seinem Ort nicht sicher bleiben, so nähme der zuständige Dekan ihn auf und sicherte so gut wie möglich seinen Besitz. Wäre er auch dort nicht sicher, so führe ihn der Dekan nach Cluny. Dort böten ihm der Dekan und der Kämmerer von Cluny bis zum Friedensschluß und bis zur sicheren Heimkehr eine Bleibe. Ginge es bei der Auseinandersetzung um Cluny, solle dieses das Bußgeld zahlen, bei Streit der *burgenses* jene. Sollte jemand innerhalb des päpstlich gebilligten Bannbezirks von Cluny einen cluniacensischen Ankömmling festnehmen oder schädigen, und es würde einer der *burgenses* oder der Auswärtigen zu einem Bußgeld aufgefordert, dann würde ein Drittel von der Kirche, zwei Drittel von den *burgenses* als auch von den Auswärtigen beglichen. Käme einer außerhalb der Banngrenzen zu Markt und Geschäft und würde beraubt oder geschädigt, sollten ihm die anderen, soweit sie könnten, mit all ihren Kräften zu Hilfe eilen. Den Eindringlingen würde durch Abt und Brüder von Cluny aufs sorgsamste eine Kirchenstrafe abgefordert.

Alle Einzelheiten dieser beschworenen Vereinbarung hätten vom gegenwärtigen Osterfest auf sechs Jahre Gültigkeit, der Treueid gegenüber Abt und Kirche aber sollte auf immer gelten. Da der Abt alles für das Gut des Friedens und den allgemeinen Nutzen festgelegt habe, wollte er auch nach Ablauf der sechsjährigen Geltungsdauer keine gewohnheitsrechtliche Abgabe eintreiben oder ihnen irgendeine Steuer zu ihren oder ihrer Erben Lasten aufbürden. Nähme jedoch einer von den Bewohnern Clunys einen öffentlich gemeldeten Kirchenfeind gegen den Wortlaut der Urkunde gastlich auf – das hatten beim Schisma Pappsturkunden im Blick auf Pontius aufs schärfste verboten –, dann würde er zu einer Strafe von zwanzig Schillingen verurteilt. Das bezahlte Bußgeld wäre dann für die in der Urkunde vorgesehenen Zahlungen zugunsten der *burgenses* aufzubewahren.

Nach dem Einbruch der *burgenses* in Cluny im Schisma des Pontius hatte der Abt die Einwohner Clunys nicht unerbittlich auf die vom Papst angeordnete Schadenswiedergutmachung festgelegt, sondern, dem päpstlichen Hinweis folgend, er, der Abt, hätte es in der Hand, die Strafbestimmungen zu lockern, das gegenseitige Verhältnis von klösterlicher und dörflicher Gemeinschaft in Achtung gegenüber den Interessen der selbständig werdenden Einwohnerschaft Clunys auf Treue und Vertrauen aufgebaut.

Man bedauert, daß wir nicht erfahren, wer Petrus Venerabilis in diesem rund zwei Jahrzehnte dauernden Bemühen unterstützt hat, zählten doch zu den Mönchen Clunys gerade auch solche, die aus den in und um Cluny herum tonangebenden Familien stammten, von denen jede ihre eigenen Interessen verfocht. Und weil sich damals erst die Spitzen einer eigenen Verwaltung im Ort Cluny ausbildeten, das Amt des Propstes (*praepositus*, prévôt) und das Gremium der «besseren» (*meliores*) *burgenses*, eine Art Senat gewählter Senioren,[389] erfahren wir auch noch nicht im einzelnen, welche Familien Angehörige in dieser Dorfverwaltung sitzen hatten. Jedenfalls erwartete in der zweiten Hälfte des 12. Jahrhunderts der König von Frankreich vom *praepositus* Clunys den Treueid, nachdem ein solcher vom Propst dem Abt von Cluny geleistet worden wäre.[390] Für die klösterliche Gemeinschaft von Cluny konnte die 1145 beeidete Vereinbarung eine lebenswichtige Grundlage der eigenen Existenz werden. Diese zu schaffen und zu sichern mußte das Ziel des Petrus Venerabilis nach den Verwundungen der 1120er Jahre sein.

Eine zweite Antwort des Abtes auf das Schisma des Pontius gibt seine Verfügung über den Besitz Clunys von 1147/48,[391] die als einzigartiges Zeugnis gilt. Er hatte sie mit weisen Mönchen, die damals (bei seinem Amtsantritt 1125) lebten, vorbereitet. Die 1147/48 veröffentlichte Anordnung löste eine erste und zweite, heute verlorene ab.[392] Und wieder versicherte sich Petrus Venerabilis bei dieser ersten Verfügung der Zustimmung aller Brüder im Kapitel.[393] Bei seinem Amtsantritt habe er keinerlei schriftliche Ordnung der Besitzungen vorgefunden.[394] War Abt Pontius auch von Wohlmeinenden Zerrüttung der cluniacensischen Wirtschaft vorgeworfen worden, so legte Petrus Venerabilis zusammen mit dem Konvent durch seine Verfügungen eine neue wirtschaftliche Grundlage für die buchstäblich in ihrer Existenz bedrohte klösterliche Gemeinschaft. Nachdem er schon eine solche für das geistliche Leben geschaffen hatte[395] – in den bereits erwähnten Reformstatuten nämlich –, wollte er jetzt, was zum körperlichen und geistlichen Wohl notwendig war, grundlegen.[396]

«Allen, die dies lesen, tue ich … also kund», schrieb er, «daß ich, als ich dieses Amt vor 26 Jahren auf mich genommen habe, zwar eine große, regelgemäß lebende, berühmte kirchliche Gemeinschaft vorfand, aber eine ganz arme mit großen Ausgaben, verglich man Einkünfte und Ausgaben miteinander, mit fast keinen Einnahmen. Mehr als 300 Brüder waren da, und nicht einmal hundert vermochte jenes Haus aus eigenem Aufwand zu versorgen. Immer gab es eine Menge Gäste, ohne Grenzen war die Zahl der Armen. Der von allen Dekanien gesammelte Ernteertrag reichte kaum für vier Monate, manchmal nicht einmal für drei. Der überall gelesene Wein genügte nie für zwei, manchmal nicht für einen Monat. Das Brot war klein, schwarz und fleckig, der Wein überaus verwässert, ohne Geschmack und wirklich nur ein Weinchen.»[397]

Deshalb ordnete Petrus Venerabilis die Lebensmittellieferungen seitens der einzelnen Dekanien als der Mittelpunkte der klösterlichen Wirtschaft so, daß die beständige Versorgung des Konvents das ganze

Jahr hindurch gewährleistet war. Dabei unterschieden sich die Zeiten, in denen die einzelnen Dekanien zu liefern hatten, je nach deren Wirtschaftskraft, ganz erheblich. Manche mußten zwei Monate hindurch, andere nur acht Tage ihre Leistungen erbringen. Für manche Dekanien wurden die ursprünglich festgelegten Leistungen für Cluny, entsprechend der jeweiligen Eigenheit einer Dekanie, geändert, bisweilen sogar erlassen.

Besonders heikle Fragen der Ernährung der Mönche von Cluny sprach der Abt in seiner Verfügung an und führte hier Neuerungen ein: «Und es soll nicht verschwiegen werden, weil es zur Sache gehört, von der hier gehandelt wird, daß es einen alten Brauch gegeben hat, an den einzelnen Tagen, an denen die Namen der verstorbenen Brüder unserer Gemeinschaft, daß heißt, derer, die die Gelübde in die Hände des Abtes von Cluny geschworen haben, aus dem Kapiteloffiziumsbuch an ihrem Todestag aufgerufen wurden, den toten Brüdern (für die Armen, die ihrer gedenken sollten) Brot, Wein und die Zukost zu reichen.»[398] Als Ausgleich für die Zukost hätte schon Abt Hugo, schrieb Petrus, einige Backöfen im Ort Cluny und deren Einkünfte, die früher zur Kämmerei gehört hatten, dem Eleemosinar, dem für die Versorgung der Armen bestellten Mönch, zugesprochen. «Was den Wein anlangt, so habe ich selbst alles, was an Brot und Wein im Speisesaal und bei denen, die in der Krankenabteilung essen, übrigbleibt und was ursprünglich der für das Brot zuständige Mönch (der *granatarius*) und der für den Wein zuständige Mönch (*vini custos*) ihrer Gewohnheit gemäß verkauft hatten, dem Eleemosinar zugesprochen. Bezüglich des Brotes ist eingerichtet worden, daß fünfzig Pfund zu dem Gewicht, nicht dem, was jetzt den Brüdern gegeben wird, sondern was vor unserer Zeit den Brüdern zu geben üblich war, dem erwähnten Eleemosinar zurückgegeben werden.

Und damit diese Gewichte für die, die es nicht kennen, bekannt gemacht seien, sollen sie wissen, daß es drei verschiedene Gewichte gegeben hat. Ein geringeres, das Gästegewicht heißt, ein anderes, höheres als dieses, das dem Konvent das ganze Jahr hindurch außer in der vierzigtägigen Fastenzeit zukommt. Das Fastenzeitgewicht aber war höher als dieses.» (Offenbar sollte mit der größeren Brotmenge ein Ausgleich für die geringeren Fastenrationen geschaffen werden.) «Als aber, wie erwähnt, die Monatsdienste [für die Dekanien] eingerichtet wurden, haben wir das zweite zum dritten höheren Gewicht gewandelt, das heißt, das Gewicht, mit dem früher das Brot ausschließlich zur vierzigtägigen Fastenzeit ausgegeben wurde, sollte dem Konvent nun das ganze Jahr durch gegeben werden. Aber für die fünfzig Pfund (Brot), die wir, wie schon gesagt, für richtig gehalten haben, daß sie den toten Brüdern, wenn ihre Namen an ihrem Jahrgedächtnistag aufgerufen werden, gegeben werden sollten, ist das festgesetzt worden, daß das Brot nicht zum einst Fastenzeitgewicht genannten Gewicht, das jetzt die Brüder verwenden, sondern zu jenem geringeren Gewicht, wie sie es vor unserer Maßnahme zu haben gewohnt waren, ausgegeben wird.

Es möge sich darüber aber niemand wundern. Denn diese unendliche Zahl der Toten ist durch eine bestimmte, nämlich die Zahl 50 begrenzt worden. Man muß wissen, daß dies in der Erwägung geschah, es sollten mit fortschreitender Zeit die ins Unermeßliche wachsenden Toten nicht die Lebenden vertreiben, während die Einkünfte der Kirche mindestens 300 Lebende und vielleicht tausend irgendwann Verstorbene zu versorgen nicht in der Lage waren … Wenn jedoch den Brüdern ein Totenmahl, wie geschuldet, gereicht wird, dann soll auch den Toten, zu deren Gedenken das Mahl gehalten wird, das Brot mit dem Gewicht, mit dem es der Konvent bekommt, gegeben werden. Die drei Armen aber, denen der Gewohnheit entsprechend, täglich Brot und Wein am Abend zur Barmherzigkeit gegeben wird, sollen kein geringeres und anderes Brot als der Konvent empfangen.»[399]

Diese ins einzelne gehenden Bestimmungen des Abtes waren von größter Bedeutung für die Gemeinschaft. Denn die an das Gedenken für die verstorbenen Brüder gebundenen Armenspeisungen mußten in einer Zeit, in der die Ernährung des Konvents nicht einmal sichergestellt war, zu einer immer unerträglicheren Belastung anwachsen. Daher hatte Petrus Venerabilis schon ein, zwei Jahre vorher in den Reformstatuten festschreiben lassen: «Es ist beschlossen worden, unseren verstorbenen Brüdern, nämlich allen Professen, am Jahrgedächtnistag, an dem ihre Namen vom Lektor wie üblich im Kapitel aufgerufen werden, fünfzig Präbenden (die täglichen Rationen an Essen und Trinken für die Mönche) zu geben, unter der Bedingung, daß es nicht mehr und nicht weniger als fünfzig seien und daß die Präbenden über die genannte Zahl hinaus weder vermehrt noch gemindert werden.

Der Grund für diese Einrichtung ist die *discretio*, die Mutter der Tugenden, da es doch schwierig, ja unerträglich erschien, daß, wenn die Menge der Toten bis zu achtzig oder hundert oder vielleicht zu einer unendlichen Zahl anwächst, während unaufhörlich Brüder sterben, dann auch die Zahl der Präbenden in gleicher Weise sich ausbreitet. Die Substanz keines Klosters kann nämlich, wenn die von unseren Vorgängern eingerichtete Gewohnheit bewahrt würde, dazu lange ausreichen. Bis jetzt sind es jedoch wenige Tage, an denen die Namen der verstorbenen Brüder an die Zahl fünfzig heranreichen.»[400]

Die in Cluny nacheinander geführten Totenbücher waren offenbar immer wieder so rasch vollgeschrieben, daß sie für den weiteren Gebrauch beim Primkapitel ausschieden. Jedenfalls sind bis heute alle Necrologien aus Cluny verschollen, so wie auch andere Mittelpunkte des Reformmönchtums im mittelalterlichen Europa wie Hirsau oder Fruttuaria kein Totenbuch auf uns gebracht haben. Trotzdem lassen sich die Zahlenangaben des Petrus Venerabilis auf ihre Richtigkeit überprüfen. Denn die neun Necrologien, die aus weit auseinanderliegenden Cluniacenserklöstern erhalten und bisher bekannt geworden sind, stimmen, obwohl sie zu unterschiedlichen Zeiten angelegt und gefüllt worden sind, wie schon festgestellt, in ihren Namensbeständen mit vielen Tausenden von Einträgen überein.[401] Das läßt sich nur aus einer gemeinsamen Vorlage aus Cluny erklären. Insofern geben die überlieferten Totenbücher aus diesen Cluniacenserklöstern eine Spiegelung der aus Cluny verlorenen Totenbücher wieder, auch wenn sie das Urbild immer wieder etwas schwanken lassen. Sie umfassen 90 000 Nameneinträge, die 48 000 verstorbenen Cluniacensern gehören, und bilden damit die umfangreichste Totenbuchüberlieferung aus gemeinsamer Herkunft.

Damit bezeugen sie die Stärke cluniacensischen Gemeinschaftsbewußtseins, in dem die lebenden Mönche, mit ihren verstorbenen Mitbrüdern verbunden, den Zusammenhalt der zu Cluny gehörenden Klöster um die Mitte Cluny herum festigten.

Die Möglichkeit, unter verschiedensten Fragestellungen jeweils neun Zeugnisse in vielen Tausenden Einträgen miteinander vergleichen zu können, gibt die Gewähr, daß die Ergebnisse unabhängig von Zufällen der erhaltenen Überlieferung gewonnen sind. Man wird sich nicht damit begnügen, das jeweilige Eigengut an Nameneinträgen eines Necrologs mit den Gemeinsamkeiten zu vergleichen, welche die Nameneinträge dieser Necrologien untereinander aufweisen. Besonders aufschlußreich erscheint die Untersuchung nach ihren zeitlichen Eintragsschichten, die zu erkennen sind, wenn man die Personen ermittelt, deren Namen angeführt sind.

Im ersten Frauenkloster der Cluniacenser, dem mit Cluny so eng verbundenen Marcigny-sur-Loire, hat Elsendis, die Nonne, die das Totenbuch für ihr Kloster anlegte, 1093 5000 Einträge aus ihrer Vorlage von Cluny eingeschrieben, darunter jene der 59 Mitschwestern, die in den ersten Jahrzehnten des jungen Klosters gestorben waren. Bis nach 1140 waren durch Nachträge die Einschreibungen im Totenbuch von Marcigny auf rund 10 000 angewachsen.

Und in dem wohl am vollständigsten überlieferten Necrolog des Cluniacenserpriorats S. Martin-des-Champs zu Paris, das im 12. Jahrhundert eine annähernd so hohe Konventsstärke wie Cluny selbst aufwies, hat die anlegende Hand in den 1170er Jahren 20 000 Totennennungen vermerkt. Damit dürfte 1156, mit dem Tod des Petrus Venerabilis, ein Necrolog in Cluny ca. 18 000 Namen enthalten haben. Auf 18 250 Einträge kommt man, wenn man die Festlegung auf täglich höchstens fünfzig, wie sie Petrus Venerabilis angeordnet hat, zugrunde legt.

Bedeutete aber jeder Eintrag eines verstorbenen Cluniacensers, abgesehen von den liturgischen Gedenkleistungen für diesen, die Ausgabe einer Tagesration mönchischer Verpflegung für einen Armen zum Gedenken an den Toten, so wurde die Gemeinschaft von 300 bis 400 Brüdern im Jahr mit 18 250 Präbenden für die Armen belastet. Ein gelehrter Franzose von heute hat im Vertrauen auf seine Berechnungen dessen, was die Dekanien nach dem Willen des Petrus Venerabilis an Cluny zur Ernährung des Konvents zu liefern hatten, davor gewarnt, die materielle Last dieser mit der Totensorge verbundenen Armensorge zu übertreiben. Denn diese hätte höchstens ein Sechstel der Nahrung der Mönche ausgemacht.[402] Doch selbst wenn er mit dieser Rechnung Recht hätte, wenn die Dekanien tatsächlich geliefert hätten, was Petrus Venerabilis von ihnen erwartete, blieben mehrere Werte in dem abstrakten Sechstel unberücksichtigt: so die Sonderleistungen für die Armen, die

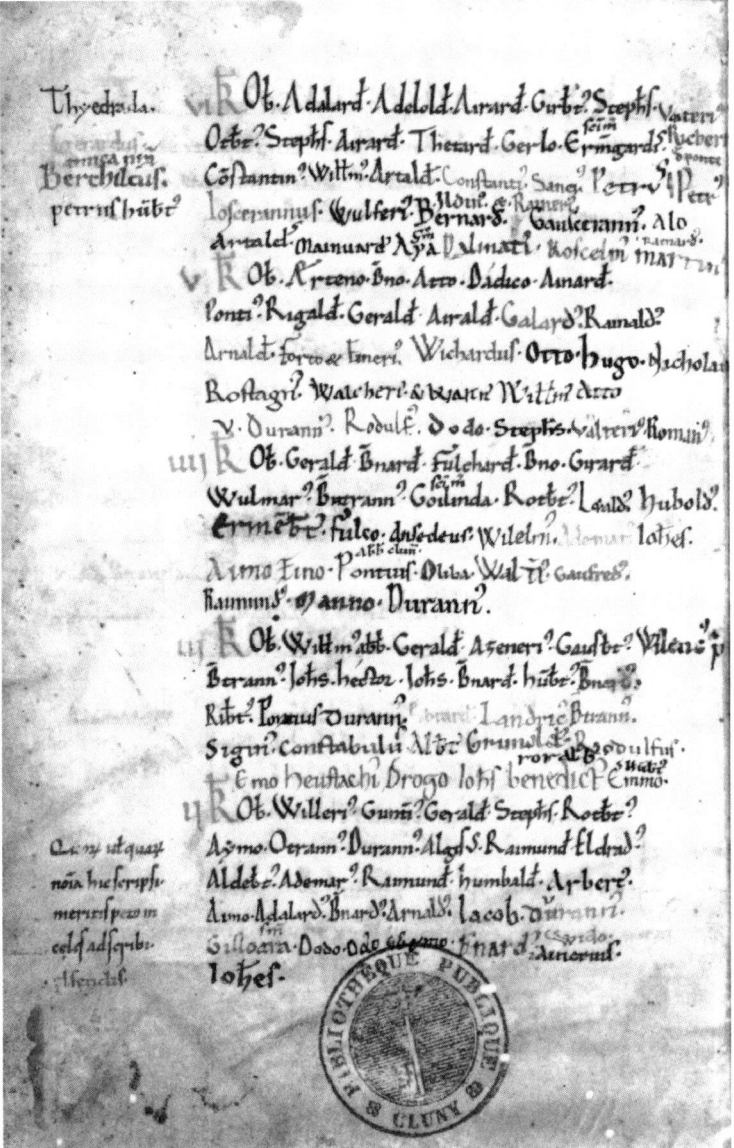

Eine Seite aus dem cluniacensischen Totenbuch aus Marcigny-sur-Loire, von Elsendis angelegt.

zum Gedenken für die toten Äbte Clunys und besondere Wohltäter der Abtei gegeben wurden, oder die Speisung sämtlicher des Weges daherkommenden Armen in Cluny und allen seinen Klöstern an bestimmten Feiertagen des Jahres und im Gedenken für alle auf den Friedhöfen der Cluniacenser liegenden Toten sowie die Hilfe für Arme, die, von den Cluniacensern unabhängig, von der Totensorge vermittelt wurde.

Unberücksichtigt blieb vor allem die alltägliche Lage der Cluniacenser zu der Zeit, da sie einen solch erheblichen Teil ihrer Ernährung zum Totengedenken für ihre Brüder an die Armen gaben. Hören wir doch gerade von Abt Petrus, daß sich seine Mönche über die geringe Menge und schlechte Beschaffenheit des Brotes und über den verwässerten Wein – Grundnahrungsmittel in den romanischen Ländern – beschwerten. Das Priorat S. Martin-des-Champs, das im 12. Jahrhundert eine eindrucksvolle Finanzhilfe aus England brauchte und empfing, verringerte die mit dem Totengedenken verbundenen Armenspeisungen dadurch, daß bei den im Necrolog eingetragenen Cluniacensern zwischen solchen, die im eigenen Pariser Haus gestorben waren, und den von Paris aus gesehen Auswärtigen durch Zufügung kleiner roter und schwarzer Buchstaben unterschieden wurde. Und den Prior von Longpont bei Paris mußte Petrus Venerabilis dafür tadeln, daß er ohne Erlaubnis des Abtes von Cluny Altarleuchter verkauft hatte, um der Not des Priorates gegenzusteuern.[403]

Schließlich ist anzuerkennen, daß 18 250 Armenspeisungen für das 12. Jahrhundert eine gewaltige Größe waren. Für die «Großstadt» Frankfurt a. M. hat man für die gleiche Zeit die Einwohnerzahl auf 10–12 000 geschätzt.[404] Sieht man die Toten- und Armensorge der Cluniacenser innerhalb der Entwicklung von Toten- und Armensorge im Mittelalter allgemein und beobachtet, was auf diesen Feldern vergleichsweise die im 12. Jahrhundert entstandenen und damals auf der höchsten Welle der Sympathie und Förderung schwimmenden Mönchsorden, vorab die Cistercienser, geleistet haben, dann erst kommt man zu einer wirklichkeitsnäheren Einschätzung Clunys unter dem Abtsstab des Petrus Venerabilis.

Hatte sich seit dem 10. Jahrhundert das Verlangen nach individuellem, namentlichem Gedenken zum Todestag und nach der Verewigung dieses Gedenkens durch das stets wiederholte Jahrtagsgedächtnis gegenüber dem pauschalen Gedenken an alle, deren Namen im Buch des Lebens vermerkt waren, durchgesetzt und damit die kalendarische Buchführung des Necrologs jene des Verbrüderungsbuches mit dessen verwirrender Namenfülle als herrschende Form abgelöst,[405] so ging man seit dem 12. Jahrhundert nach und nach dazu über, Jahrtagsgedächtnisse (*anniversaria*) nur noch dann in der herkömmlichen Form liturgischer und sozial-caritativer Leistungen zu begehen, wenn diese durch Stiftungen wirtschaftlich abgesichert waren. Die Necrologien begannen allmählich zu Anniversarbüchern zu werden.[406] Auf die Necrologien des Cluniacenserinnenklosters Marcigny-sur-Loire mit 10 000 Nameneinträgen in den 1140er Jahren und aus dem Priorat Longpont aus der zweiten Hälfte des 12. Jahrhunderts mit 18 000 Nameneinträgen und aus S. Martin-des-Champs aus den 1170er Jahren mit über 30 000 Nameneinträgen folgte im Mutterkloster der Cistercienser, Cîteaux, als dieses bis zum 13. Jahrhundert schon reich geworden war, ein Necrolog mit 200 Nameneinträgen.[407] In der gleichen, geringen Größenordnung lag das ältesterhaltene Totenbuch des Grammontenserordens aus Grandmont.[408]

Der Notwendigkeit, Jahresgedächtnisse durch Stiftungen wirtschaftlich zu sichern, hat in Cluny bereits Abt Hugo I. Rechnung getragen. Zum ersten Mal stiftete ein Abt von Cluny für sein Jahrtagsgedächtnis in seiner eigenen Gemeinschaft. Die Einkünfte des Priorates Berzé-la-Ville, wo er die letzten Jahre seines Lebens mit Vorliebe verbracht hatte und das er wahrscheinlich mit Gütern aus der Familie Semur restauriert hatte, sollten sein Jahrtagsgedächtnis sowie dasjenige des Mönches Petrus, des späteren päpstlichen Kämmerers, der sich um Berzé besonders verdient gemacht hatte, grundlegen.[409]

Petrus Venerabilis folgte den Neuerungen Hugos. Er stiftete im alten Baume sein Anniversargedächtnis. Zu seinen Lebzeiten sollte jedes Jahr am Vorabend des Festes der Kirchweihe der dritten Basilika Clunys der Prior von Baume dem Konvent von Cluny im Refektorium und in der Krankenabteilung gutes Brot, Bohnen, guten Wein, beste und große Fische – oder was gerade zur Jahreszeit passe – austeilen, den Kranken dabei üppig mit Fleisch dienen. Außerdem wären an diesem Tag 100 Arme mit Brot, Wein, Fleisch oder, wenn das Datum auf einen öffentlichen Fastentag fiele, mit den solchen Zeiten angemessenen Spei-

Wandmalerei in der Kirche von Berzé-la-Ville, einer Dekanie Clunys:
St. Sergius.

sen zu laben. Nach seinem Tod wären alle diese Leistungen auf seinen Jahrgedächtnistag zu übertragen. Für diese Verfügung erbat der Abt die Zustimmung des Konvents, die er am 1. Januar 1151 im Kapitelssaal zu Cluny nach Verlesung des Textes von allen Brüdern erhielt.[410]

Wenn also zu beobachten ist, daß die im 12. Jahrhundert entstandenen Orden, vorab die Cistercienser, Totenbücher in Form von Anniversarbüchern führten, in denen die Einträge der eigenen Äbte und großer Wohltäter dominierten, wie stand es dann um das Totengedenken für die eigenen Mönche und um die Armenspeisungen, die bis dahin mit diesem Gedenken verbunden waren?

Einmal im Jahr findet sich in den Kalendarien der Cistercienser die Angabe: Gedenken an alle verstorbenen Brüder unseres Ordens.[411] Die Mönchsorden des 12. Jahrhunderts kehrten also, was ihre Mönche anlangt, zu dem summarischen, namenlosen Totengedenken der Karolingerzeit mit ihren Verbrüderungsbüchern zurück. Diese Abkehr vom Herkommen, das man wirtschaftlich nicht mehr tragen konnte, fanden die betroffenen Mönche als so umwälzend und bedrohlich, daß Priestermönche und Conversen (Laienbrüder) ihre Klage darüber, daß ihnen kein individuelles Gedenken mehr gewidmet würde, bis ins Generalkapitel des Ordens trugen, freilich ohne Erfolg.

Es fällt schwer ins Gewicht, daß demgegenüber die Gemeinschaft der Cluniacenser, obwohl selbst in wirtschaftlicher Notlage und in einem Engpaß der Ernährung, an ihren Leistungen des Totengedenkens und der Armensorge festhielt. Dies gilt, wie zu sehen war, auch unter Berücksichtigung der Einschränkungen, die Petrus Venerabilis verfügte. Keiner der «neuen» Mönchsorden des 12. Jahrhunderts und kein größerer Klösterverband des Mittelalters hat eine solche umfangreiche und dichte Dokumentation von Totenbüchern auf uns gebracht wie die Cluniacensis ecclesia. An Dichte und Umfang der Armenspeisungen suchte die Cluniacensis ecclesia im Mittelalter ihresgleichen. Der Geschlossenheit der Gemeinschaft aller Cluniacenser, wie sie deren Totenbücher bezeugen, entsprach gleichzeitig ein Stück Verantwortung für die gesamte damalige Gesellschaft, wenn es um deren Arme ging. Dieses Stück Gesamtverantwortung gaben die Mönchsorden verloren. Und es ist wohl kein Zufall, wenn das Mönchtum seit dem 12. Jahrhundert nicht mehr die Glaubwürdigkeit und Bedeutung erlangen

konnte, die ihm bis dahin in der mittelalterlichen Lebenswelt zugekommen war.

Zu diesem Ausblick auf Totengedenken und Armensorge hatte die
Lektüre der Verfügung des Abtes Petrus über den Besitz Clunys von
1147/48 geführt. Den genannten Einschränkungen standen Erweite-
rungen an anderer Stelle gegenüber, die auch ein Licht auf den Alltag in
Cluny nach dem Schisma des Pontius werfen.

Dem Dekan von Lourdon war der Kornspeicher mit den zugehöri-
gen Dekanien anvertraut. Damit er die Gäste und das Gesinde mit Brot
versorgen könne, sollte ihm der Kämmerer, wie er es den anderen Korn-
meistern zu geben gewohnt war, 560 Sester Weizen und 500 Sester Rog-
gen aushändigen. Der Abt begründete es damit, daß früher nur 500 Sester Korn vom Kämmerer an den Kornmeister gegangen waren, aber
auch damit, daß er eine Anzahl adeliger Theologiestudenten,[412] die damals im Dorf Cluny belehrt wurden, ernähre und damit er zu den
Schüsseln der Haupttischmahlzeit das Brot, das die Köche mindern
wollten, vermehre. Den 500 Sestern sollten sechzig zugefügt werden.
(Ganz nebenbei erfährt man so von der Existenz adeliger Theologiestudenten im *burgus* Cluny.)

Der Abt fuhr fort, daß «in dieser neuen und endgültigen Anordnung»[413] zu den 560 Sestern noch 30 Sester Weizen und Bohnen zum
Monatsdienst der Dekanie Mazille hinzukämen; überdies noch drei-
zehn für die Bohnen der achtzehn *praebendarii*, d. h. der 18 stationären
Armen, die täglich in Cluny versorgt wurden, ungeachtet der vielen,
nicht im voraus zu berechnenden Armen, die jeden Tag von auswärts
nach Cluny kamen.

In diesem Zusammenhang werden außer Mazille die Dekanien Laizé
und Péronne in einem Atemzug genannt, das sind jene, in denen Pontius beim Schisma eigene Leute eingesetzt hatte. Von den achtzehn Prae-
bendaren erfahren wir, daß sie vor der Amtszeit des Petrus Venerabilis
das Brot empfingen, das dem niedrigeren Gesinde ausgeteilt wurde, also
offenbar von geringerer Menge und Qualität, als dem Konvent zustand.
Dieses Brot hieß sogar Gefolgsleutebrot.[414] Der Abt verfügte nun, die
Praebendare sollten dasselbe Brot wie die Mönche und ihre Gäste, und
zwar zu dem Gewicht, wie es der Konvent außer der vierzigtägigen Fastenzeit nach alter Gewohnheit das Jahr hindurch empfangen hatte, be-

kommen. Es sollen hier nicht alle Einzelheiten wiedergegeben werden, die der Abt weiter zur Wein- und Gemüseversorgung in seinem Text anschloß.

Geschmeidig paßte er seine Anordnungen den praktischen Erfahrungen an, die er seit der ersten Fassung seiner Weisungen im Blick auf die Haferlieferungen der Dekanie Mazille für die Pferdegespanne der Gäste des Klosters und für diejenigen der Amtsträger Clunys gemacht hatte. Jedes Jahr seit der ersten Fassung des Textes hatte der Dekan von Mazille 1200 Sester Hafer für die Reisen der Gäste, des Abtes, Priors, Kellermeisters und der Kämmerer ausgeben dürfen. Aber jeder von diesen hätte, was er nur konnte, aus der Gesamtmenge «gerafft»[415]. Häufig sei von Beschwerden und Nachlässigkeiten, was die Gespanne der Gäste anging, zu hören gewesen. Jetzt sollte der Dekan nur alle Gäste, besonders die Laien versorgen, solange sie sich in Cluny aufhielten. Die Hausgäste, nämlich die Mönche, die aus cluniacensischen Klöstern nach Cluny kamen, sollten nur noch in der ersten Nacht ihres Aufenthaltes Pferdefutter erhalten, ausgenommen Prioren aus Spanien und England, von Paray-le-Monial, Bourbon und Souvigny. Deren Pferde sollten für die Gesamtdauer ihres Aufenthalts, wie bei den Laiengästen, gefüttert werden, und zwar, wie nach altem Brauch, vom Kämmerer. Der Prior von Cluny aber erhielte für seine Ritte 300 Sester Hafer vom Dekan von Escussolles. Der Kämmerer und seine Gehilfen empfingen 100 Sester Hafer vom Dekan von S. Victor, die gleiche Menge von der Oboedienz Beaumont, zusätzlich den Hafer, den die Haferverkäufer im Ort Cluny herkömmlicherweise abgeben mußten.

Hatte der Abt zuvor von den Schwierigkeiten für die Ernährung des Konvents gesprochen, so sah er im Schlußstück seiner Verfügung die Bekleidung seiner Mönchsgemeinschaft für derart unzureichend, daß er die für eine damalige Mönchsgemeinschaft bitterste Selbstbeschuldigung aussprach: Bei seinem, Petrus', Amtsantritt hätte der Kämmerer nicht gemäß der apostolischen und Benediktsregel den Brüdern die Kleidung so zugeteilt, wie sie jeder brauchte.[416] Durch den Mangel an klösterlichem Besitz als auch durch so vielfältige Inanspruchnahme, der er nicht nachgekommen sei, hätte er für die Kleidung der Brüder nur mit Mühe und Not, ohne Ordnung und unzulänglich Vorsorge getragen. Deshalb hätte er diese Aufgabe größtenteils dem Prior von Cluny auferlegt. Diesem standen dafür zwanzig Mark Silber von den Abgaben aus Italien, zwanzig von den Abgaben aus Spanien und zwanzig von einem Landsitz namens Opifortis in England zur Verfügung sowie fünfzehn Mark von einem englischen Landsitz, den der Graf Eustachius (von Boulogne, aus dem englischen Königshaus) gegeben hatte, unbeschadet des cluniacensischen Zinses, den er der Cluniacensis ecclesia gegeben hatte, und von dem er gewünscht hatte, er solle dem Kloster Rumilly (-le-Comte, dép. Pas-de-Calais, arr. Montreuil-sur-Mer in der Diözese Boulogne) zukommen. Überdies bekam der Prior für seine Aufgabe die ganzen Abgaben der Provence, die üblicherweise der Kammer von Cluny zustanden, vom Priorat Ternay (Vienne), von demjenigen von Taluyers (Rhône) bis zu den Alpen und bis zum Meer mit den Abgaben ebendieser Priorate.

Diese Aufzählung gibt einen Eindruck vom Aufwand, dessen es bedurfte, um den Konvent Clunys regelmäßig mit Bekleidung zu versorgen. Wie bescheiden wir uns sogar für die hohe Zeit Clunys unter Abt Hugo die Bekleidung der Mönche vorzustellen haben, veranschaulicht der schon zitierte Brauch, den der große Abt eingeführt hatte: Starb ein Mönch, so wurde sein Habit sorgsam gewaschen, wurde dann im Gedenken an den verstorbenen Mönch ein Novize aufgenommen, so wurde diesem der Habit des Toten zugeteilt.[417] Diese unscheinbare Einzelheit, die Bernard in seinem Ordo cluniacensis überliefert hat, wirft ein Schlaglicht darauf, wie in erdenklich engster Annäherung der lebenden Mönche Clunys an ihre toten Brüder das Gemeinschaftsbewußtsein in der Cluniacensis ecclesia immer wieder neu belebt wurde.

Trotz der drei Anläufe, mit denen Petrus Venerabilis durch seine Verfügung über den Besitz Clunys dessen wirtschaftliche Lage zu festigen versuchte, blieb diese dramatisch genug. Um dies zu erkennen, braucht man nur ins Jahr 1149 zu schauen. Damals lieh Bischof Heinrich von Winchester, Sohn der berühmten Gräfin Adela von Blois und Bruder des Königs Stephan von England, der Abtei, in der er selbst erzogen worden war, tausend Unzen Gold und Silber. Dabei mag er gewußt haben, daß aus der Leihe ein Geschenk werden sollte.[418] Er wollte dem hochverschuldeten Cluny zur Schuldenfreiheit verhelfen.

Die Bedingungen, die der Bischof dabei den Cluniacensern auferlegte, lassen durchscheinen, wie weit Cluny wirtschaftlich schon abgestiegen war. So sollten die Mönche sogar das Gold (fünfhundert Unzen), mit dem er das große Kruzifix hatte ausstatten lassen, zu ihrer Entschuldung verwenden dürfen, waren aber gehalten, jährlich sechzig Unzen zurückzuerstatten, um das Kreuz solange zu reparieren, bis es seine ursprüngliche Gestalt und sein ursprüngliches Gewicht wieder erhalten hätte.

Die 21 *burgenses*, die diesen Vertrag des Bischofs mit den Cluniacensern beschworen und namentlich unterzeichneten, verpflichteten sich für den Fall, daß die Rückzahlungen nicht fristgerecht erfolgten, sich innerhalb der Umfassungsmauern Clunys in Geiselhaft zu begeben. Zusätzlich zu dieser Bürgschaft versprachen Abt und Mönche feierlich, die Reparaturarbeiten am Kreuz nicht zu ändern und nicht aufzuschieben, wenn vor deren Beendigung der Bischof stürbe, und das Kreuz auf keine Weise aus der Kirche zu entfernen.

Das gleiche galt für einen goldenen, gemmengeschmückten Speisekelch, für eine Schüssel aus byzantinischer Arbeit, für einen Krug, einen silbernen Constantin und ein goldgewirktes Altartuch. Die Urkunde über diesen Vertrag, im Kapitelssaal von Cluny geschlossen, ist bis heute im Original erhalten.

Etwa gleichzeitig schrieb Heinrich von Winchester den Cluniacensern eine Bestandsaufnahme mit Verbesserungsvorschlägen auf, in der die Ausgaben für das Brot festgehalten wurden und für jede Dekanie, jene von Cluny eingeschlossen, die Cluny geschuldeten Abgaben, den Erträgen der Dekanien entsprechend, aufgezeichnet sind. Öfters werden mögliche Ertragssteigerungen vermerkt.[419] Für die damals modernen Grangien, die Mittelpunkte der cisterciensischen Klosterwirtschaft, hätte keine bessere Dokumentation angelegt werden können, als sie diese *Constitutio expensae Cluniaci* aus der Hand des Bischofs von Winchester darstellt. Mit der *Dispositio rei familiaris Cluniacensis* des Petrus Venerabilis und der Bestandsaufnahme Heinrichs von Winchester sind wir zeitlich schon über eine dritte Antwort des Petrus Venerabilis auf das Schisma des Pontius hinweggekommen. Er hatte sie, wie erwähnt, in seiner Verfügung über den Besitz Clunys selbst als den Versuch angesprochen, eine Ordnung in den geistlichen Dingen zu schaffen.

Mit den von langer Hand vorbereiteten sogenannten Reformstatuten zog er seine Folgerungen aus den Mißständen im mönchischen Leben, die er bei seinem Amtsantritt in Cluny angetroffen hatte und derentwegen er im ersten Jahr seines Abbatiats den Prior Matthaeus von S. Martin-des-Champs, den nachmaligen wichtigsten Verbündeten im Schisma des Pontius neben dem Großprior Bernardus Grossus und späteren Kardinalbischof von Albano, mit den Aufgaben eines Claustralpriors in Cluny betraut hatte.[420] Von der großen Versammlung des Jahres 1132 bis 1146/47, zur Abfassung der Reformstatuten, hatte der Abt auch Zeit zu bedenken, was angesichts des Aufstiegs der Cistercienser und gerade auch von diesen an Kritik gegenüber cluniacensischem Mönchsleben im Kloster vorgebracht worden ist und seinen Ort auch im eigenen Konvent während des Schismas des Pontius gehabt haben dürfte.

Was er geschrieben hat, war jedoch keineswegs als neues Werk klösterlicher Gesetzgebung gedacht, von dem die seit Abt Hugo geltenden Aufzeichnungen der klösterlichen Lebensgewohnheiten in Cluny hätten abgelöst werden sollen. Vielmehr wollte Petrus Venerabilis schriftlich festhalten, was er in den 24 Jahren seit seinem Amtsantritt in den cluniacensischen Gewohnheiten geändert, vermehrt und weggenommen hatte.[421] Dabei lag ihm am Herzen, nicht nur eine Aufstellung dieser Änderungen vorzulegen, sondern die Begründung für jede Änderung zuzufügen. Tatsächlich betreffen diese 76 Statuten ganz unterschiedliche Einzelheiten des cluniacensischen Klosterlebens, das als ganzes keinen Wandel erfuhr.

In der Liturgie, dem Herzstück des gemeinsamen Lebens in Cluny, traten Änderungen ein, etwa die Feier des Festes Verklärung des Herrn in allen zu Cluny gehörenden Klöstern und Kirchen in der gleichen Weise, wie man es an Mariä Lichtmeß gewohnt war, ausgenommen der Prozession. Der Abt wies in der Begründung darauf hin, daß das Fest in vielen Kirchen der Welt nicht mit geringerem Rang als Epiphanie und Christi Himmelfahrt begangen würde.[422] Von der Beschränkung der Jahrtagsgedächtnisse war schon die Rede. Dem entsprach es, wenn Petrus Venerabilis zwei Anniversartage neu einführte, an denen, am Vorabend des Festes des Erzengels Michael, aller verstorbenen Mönche der cluniacensischen Gemeinschaft gedacht und, am Vorabend des Festes der Bekehrung des Apostels Paulus, für alle Verwandten aller Cluniacensermönche das Jahrtagsgedächtnis begangen werden sollte.[423] Der Vorrang der Konventsmesse gegenüber den Privatmessen wurde betont, weil kaum ein Viertel des Konvents anwesend wäre, da die Priestermönche während der Konventsmesse ihre Privatmessen lesen würden.[424] Ebenso sollten die Texte des Sonntagsoffiziums nicht durch jene von Hochfesten mit zwölf Lesungen verdrängt werden, wenn solche Feste auf Sonntage fielen. Die Ehrfurcht vor dem Sonntag mit seiner Erneuerung der Auferstehung Christi und seiner Hoffnung auf die künftige Auferstehung sollte wieder beherzigt werden.[425]

Neu eingeschärft wurden auch die Fastenbestimmungen, besonders das Verbot, Fleisch zu essen, wäre nicht einer krank und ganz hinfällig.[426] Deutlich unter dem Einfluß der Auseinandersetzung zwischen Bernard von Clairvaux, der gegen die cluniacensische Mönchskleidung als zu bequem und zu eitel wetterte, und Petrus Venerabilis stehen dessen Statuten über den schwarzen Habit und über das Verbot, Pelze zu tragen, die aus Katzenfell oder anderen fremden Fellen wären. Doch in den Begründungen ging Petrus Venerabilis mit keinem Wort auf die cisterciensischen Angriffe ein, sondern wollte nur mönchische Eitelkeit, die sich von jener der Weltmenschen nicht unterschiede, ausgeschlossen wissen.[427]

Wegen der Dichte der Aufgaben des Konvents und wegen der Menge der Leute, die im Kloster ankämen, wäre das für alles mönchische Leben unabdingbare Schweigen in Cluny seit einiger Zeit stark gebrochen worden, erklärte der Abt und widmete dem Schweigen daher mehrere Statuten.[428] Die Abgeschlossenheit der Klausur mußte den Mönchen erneut eingeschärft werden. Denn Kleriker und Laien und noch mehr Dienstpersonal gingen so häufig im Kloster ein und aus, daß man meinen könnte, das Kloster hätte sich zur öffentlichen Straße gewandelt.[429] In der Infirmerie (Krankenabteilung) sollten die Laiendiener durch Mönche oder Bartbrüder abgelöst werden, die den Kranken dienten. Die Laiendiener hätten nämlich immer wieder Lebensmittel gestohlen und sie ihren Angehörigen im Dorf gebracht. Und was sie im täglichen Umgang mit den Mönchen sahen und hörten, auch wenn es um Dinge des klösterlichen Alltags ging, die der Vertraulichkeit unterlagen, hätten sie unter die Weltleute gebracht.[430]

Einen besonderen Mißstand sah Petrus Venerabilis darin, daß fast in allen Klöstern Clunys überaus oft ungeeignete Personen, Bauern, Kinder, Greise und Dummköpfe als Mönche aufgenommen und daß von diesen sogar schon Verbrechen begangen worden seien. Also erneuerte er den alten Brauch, daß niemand ohne Erlaubnis und Anordnung des Abtes als Cluniacensermönch aufgenommen werden dürfte, höchstens wenn jemand vor seinem Tod um die Aufnahme als Mönch bäte oder wenn wichtige, zum Mönchsleben geeignete Persönlichkeiten um Zulassung bäten, die, wenn man ihre Sache aufschöbe, leichtsinnig wieder umkehrten und in ihrem gefaßten Vorsatz zur Bekehrung für das Mönchtum dann nicht verharrten. Dazu zählte auch, daß keiner unter zwanzig Jahren als Mönch aufgenommen werde, um Störungen des gemeinsamen Lebens im Kloster zu vermeiden.[431]

Die Probezeit bis zur Ablegung der Gelübde hätte mindestens einen Monat zu betragen.[432] Nach altem cluniacensischem Brauch sollten die außerhalb Clunys in einem Cluniacenserkloster angenommenen Novizen binnen drei Jahren zur Mönchsweihe nach Cluny geschickt werden und bis dahin keine Kleriker- und Priesterweihe erhalten oder die Messe vor der Weihe singen oder die Verwaltung einer Dekanie übernehmen. Dieses Statut wurde damit begründet, daß die Novizen aus cluniacensischen Prioraten viel zu spät, manchmal bis zu zwanzig Jahre lang nicht nach Cluny geschickt worden waren, weil die Prioren die Reisekosten für sie scheuten. Erst mit dreißig, frühestens mit fünfundzwanzig Jahren durfte ein Cluniacenser die Priesterweihe erhalten.[433]

Weil der Müßiggang so viele Mönche, besonders die sogenannten Conversen ergriffen hätte, daß sie sogar noch in die halbe Nacht hinein die Zeit mit Geschwätz verbrächten, während nur wenige läsen und schrieben, erinnerte Petrus Venerabilis an die alte mönchische Forderung der Handarbeit. Den Todkranken sollte kein goldenes oder silbernes Kreuz zum Kuß gereicht werden, weil goldene und silberne Kruzifixe zwar einfache Gemüter zu größerer Kreuzverehrung bringen könnten, die Einfachheit des Holzes aber, an dem Christus gestorben ist, den geistigen und geistlichen Menschen zu größerer Liebe zum Erlöser in seinem Leiden führte.[434] Der Mönch, der sich schwerer Verfehlung schuldig gemacht habe, sollte seine Rutenschläge empfangen, wenn er sich der Hose entledigt hätte, weil bei dieser alten Gewohnheit in der Vergangenheit Hosen immer wieder zerrissen worden seien.[435] Bei der Meßfeier jedoch sollte der Konvent nach Beendigung des Chorgesanges zur Gabenverteilung bis zum Hochgebet nicht wie früher zum Stehen gezwungen sein, sondern an das Chorgestühl angelehnt Platz nehmen, weil die große und ausdauernde Mühe (des Chorgesanges) des Konvents von Cluny durch ein solches Zugeständnis erleichtert werden möchte.[436]

Einer alten Meinung unsicherer Herkunft, daß die Klosterschüler später kein klösterliches Amt bekleiden, nicht Hebdomadar (der zur Feier der Konventsmesse während einer Woche bestellte Priester) oder Prior werden dürften, widersprach Petrus Venerabilis, weil dies Gerechtigkeit und Vernunft entgegenstünde. Wenn Glaube, Kenntnis und Lebenswandel geprüft seien, sollte jeder gute und des Amtes würdige Klosterschüler zu jedem Klosteramt aufsteigen dürfen.[437]

Einige Brüder aber, die fast das ganze Jahr hindurch, ausgenommen die Zeit, in der neue Mönchskleider ausgegeben wurden (also vor Weihnachten bzw. am Michaelstag, dem 29. September), um eine Pause zu machen, außerhalb Clunys verbrachten, wollte der Abt von ihrer Trägheit heilen. Daher verfügte er, daß, wer nicht wenigstens an Weihnachten, Mariä Lichtmeß, Palmsonntag, Ostern, Pfingsten, Peter und Paul sowie an Mariä Himmelfahrt von den Konventualen der Abtei Cluny anwesend sei, in diesem Jahr kein Stück aus der Kleiderkammer erhielte, es sei denn, schwere Krankheit oder eine andere unabweisbare Notlage hätte ihn zur Abwesenheit von Cluny gezwungen.[438]

Daß die Statuten des Petrus Venerabilis erst so lange nach den Verhandlungen von 1132 erlassen wurden, deutet an, daß der Abt mit großen Schwierigkeiten zu kämpfen hatte. Diese rührten wohl weniger daher, daß die Cistercienser das alltägliche Leben der Cluniacenser und deren Verfassung mönchischen Lebens im Kloster wiederholt in Frage stellten, ja angriffen. Denn darauf hatte Petrus Venerabilis schon früher geantwortet – im berühmten Brief 28 an Bernard von Clairvaux.[439] Vielmehr dürfte er es mit Ablehnung im eigenen, durch das Schisma geschädigten Konvent zu tun gehabt haben. Denn entgegen allem cluniacensischen Herkommen in der Aufzeichnung der Gewohnheiten mönchischen Lebens im Kloster gab er seinen Statuten zur Reform, wie schon erwähnt, eine verteidigende, Genugtuung schaffende Vorrede.

Die Verteidigung richtete sich eben nicht nach außen, etwa gegen die Cistercienser. Denn den eigenen Mönchen machte er klar, daß er, was er seit seinem Amtsantritt an Gewohnheiten geändert, vermehrt oder weggenommen hatte, nicht einfach schriftlich feststellen wollte, sondern zufügen würde, aus welchem Grund verändert worden war.[440] Aus demselben Grund wiederholte er gegen Ende der Vorrede, daß er nicht einfach aus eigenem Ermessen, sondern gemäß der Vorschrift der Regel (Benedikts) und mit dem Rat gottesfürchtiger und weiser Brüder (also der eigenen in Cluny) gehandelt habe. Schließlich – und deshalb darf man in den Statuten eine nach längeren Verhandlungen gegebene Antwort des Abtes auf das Schisma des Pontius sehen – habe er sich der Zustimmung des gesamten Kapitels (Clunys) versichert.[441]

Die drei einzigartig überlieferten Zeugnisse aus der Zeit des Abtes Petrus Venerabilis, seine Urkunde von 1145 mit der beschworenen Vereinbarung über das Verhältnis der Dorfbewohner zur Abtei, die Verfügung über den Besitz Clunys von 1147/48 und die Reformstatuten von 1146/47, geben noch einen Eindruck davon, wie lange und unter welchen Mühen der Abt die vom Schisma geschlagenen Wunden der Gemeinschaft der Cluniacenser zu heilen bemüht war. Die Heilung des Schismas durch Petrus Venerabilis ist, bisher in der Literatur unbeachtet, die vielleicht größte Leistung dieses Abtes gewesen.

Streit um die Lebensgewohnheiten der Cluniacenser

Gemessen an der Unterscheidung des Petrus Venerabilis zwischen den wichtigsten Tugenden des Mönchslebens und den Werkzeugen, ein solches Mönchsleben zu führen, muten die Reformstatuten wie gesammelte Kleinigkeiten, manchmal gar Kleinlichkeiten an. Aber für die Mönche in Cluny griffen sie in die alltäglichen Lebensgewohnheiten ein und mußten daher überaus ernst genommen werden.

Daß dies tatsächlich so war, können die Briefe bezeugen, die der Cluniacenser Matthaeus, Kardinalbischof von Albano, und die in Reims zur Synode versammelten Äbte der Benediktinerklöster der gleichnamigen Kirchenprovinz einander geschrieben haben. Der Briefwechsel erfolgte etwa gleichzeitig mit der großen Mönchsversammlung, die Petrus Venerabilis 1132 nach Cluny einberufen hatte, vielleicht etwas davor oder danach. Aus dem Jahr 1131 ist der Text der Verbrüderung erhalten, die damals in Reims von den Äbten aus S. Nicolas-au-Bois, S. Quentin, S. Eloi de Noyon, S. Thierry de Reims [Caziacensis?], Rebais, Lagny [Letiensis?], S. Vincent de Laon, Orbais, S. Michel de Thiérache, Homblières, S. Lucien de Beauvais, Haumont, S. Sépulcre de Cambrai, S. Amand, Hasnon, S. Jean de Laon und anderen, deren Namen verlorengegangen sind, geschlossen worden ist.[442] Was dort verhandelt wurde, traf sich mit dem, was im Briefwechsel zwischen dem Cluniacenserkardinal und den Äbten der Kirchenprovinz Reims als Gegenstand eines Streites erscheint.[443]

Warum sie in ihren Klöstern ewiges Schweigen eingeführt hätten, wie es sich nicht einmal die Kartäuser auferlegt hatten und wie es die Benediktsregel nicht verlangte, fragte der Kardinal. Er erinnerte daran, daß nach cluniacensischem Brauch an bestimmten Tagen beim Auszug des Konvents aus dem Kapitelssaal der Gong geschlagen wurde und der Prior sagte: «Redet über das Gute im Kloster.» Dann hätten sich die Brüder zusammengesetzt und mit Büchern auf dem Schoß Worte der geistlichen Erbauung gehört. Kämmerer und Kellermeister mußten bei diesem Colloquium anwesend sein, damit die Brüder, woran sie Mangel hatten, von ihnen erbitten konnten. Gerade auch die jüngeren sollten Gelegenheit zu dieser Aussprache haben. Wenn man, wie die Äbte, warnte Matthaeus, auf dieses offene Colloquium, das unter der Sonne vor den Augen aller stattfände, verzichtete, nähme man in Kauf, daß in Winkeln und Heimlichkeit schlechte Gespräche aller Art geführt würden. Sie, die Äbte, würden statt dessen nach der Complet sogar bis tief in die Nacht hinein mit Bewaffneten, Dorfbewohnern, Abhängigen und Rinderhirten zusammen Gerüchte bereden.

Und wenn sie schon ewiges Schweigen verordnet hätten, dann sei es erst recht unglaublich, daß sie den Psalmengesang stark verkürzt hätten, anstatt in der langen Zeit des Schweigens dem gewohnten Psalmodieren hundert oder besser fünfhundert Psalmen zuzufügen. «Das Schweigen habt Ihr den Mönchen auferlegt, Psalmen habt Ihr weggeworfen, Handarbeit macht Ihr keineswegs ... was ist das für ein neues Gesetz, was für eine neue Lehre? Woher kommt sie? Woher kommt diese neue Regel? ... Weil es heutzutage vielerorts keine Feld- und Handarbeit zu tun gibt, haben die heiligen Väter, von Gott begeistert, den Mönchen die ungeheuere und sehr schwere Mühe des Psalmengesanges und der übrigen heiligen Übungen auferlegt, die sogar um vieles schwerer erscheint als Bäume zu fällen und Steine zu ziehen.»[444]

Schließlich stieß sich der Kardinal daran, daß die Äbte die feierliche Prozession zur Verlesung des Evangeliums während der Konventsmesse abgeschafft hätten. Dabei steige doch weniger der Priester, eher das göttliche Gesetz, vielmehr Christus selbst, der im Evangelium spricht, zum Altar empor. Wenn die Mönche nicht feierlich *in cappis*, d. h. mit Alben und Rauchmänteln, angetan wären, müßten' sie mitten im Winter, wenn das Kloster vor Schnee und Eis klirrt und der eiskalte, beißende Wind alle Orte im Kloster erfüllt, barhäuptig und ungeschützt stehen. Wenn sie da viermal nachts und am Tag Gesicht und Hände wüschen, eher erfrören, wäre das nicht eine große Quälerei?

Hinter den Vorwürfen steckte die Sorge, die Äbte wollten die alten cluniacensischen Gewohnheiten in ihren Klöstern ablehnen. Der Kardinal habe gehört, schrieb er, die Äbte hätten den cluniacensischen Lebensgewohnheiten eine schriftliche Ablehnung erteilt. «Dabei haben Euch doch diese Gewohnheiten ruhmreich und edel gemacht und Eure Namen bis zu den Gestirnen erhoben, von Euren Klöstern den durch und durch schlechten Ruf weggenommen und ihnen einen guten, herausragenden gegeben.»[445]

Die so Angesprochenen antworteten nach dem Empfang dieses Briefes mit seinen oft zugespitzten Aussagen mit Entrüstung und sachlichen Argumenten zugleich. Sie verteidigten sich gegen die Vorwürfe des cluniacensischen Kardinalbischofs sehr geschickt, nachdem sie am Anfang ihres Antwortbriefes scharf festgestellt hatten: «Durch das Gewicht der neuen Autorität (Clunys) werden wir niedergedrückt, durch sehr starke und hergeholte Art der Disputation unter Zwang gestellt, mit den Fesseln der Begründungen gebunden, dem Gesetz der Gewohnheiten (Clunys) gewaltsam unterworfen und in seine Zeremonien eingefaltet. Wagen wir es, auf die Freiheit des Geistes zu schauen und uns auf ein Mittelmaß zu stützen, werden wir verurteilt, verdammt, bespien ... Wir sind doch Menschen. So geht ein Esel zum Mühlstein. So allein mit der Gewohnheit bewegen sich stumpfsinnige Tiere zu ihren Lasten.»[446]

Nach dieser heftigen Gegenwehr fuhren sie fort: «Wir bekennen, daß wir die Profeß nicht auf die cluniacensischen Gewohnheiten abgelegt haben, sondern auf Gesetz und Regel des hl. Benedikt. Zerstören wir also durch die Regel die Gewohnheiten (Clunys)?»[447] Sie erinnerten daran, daß die Gewohnheiten klösterlichen Lebens als Hilfe zur Befolgung der Regel erlassen worden seien und nicht umgekehrt. Sie seien also nicht zu verurteilen, wenn sie, um der Regel näher zu kommen, einiges von den Gewohnheiten beim Fasten, beim Schweigen und bei einigen anderen Dingen geändert hätten.

Zurückkommend auf die Bemerkung des Kardinals, die cluniacensischen Gewohnheiten hätten den durch und durch schlechten Ruf ihrer Kloster genommen und ihnen einen guten, hervorragenden Ruf verschafft, antworteten sie, lieber wollten sie den wahren Kern der Sache als den Ruhm dieses Rufes. Sie könnten nicht um des lieben Friedens willen die Wahrheit verraten. Zur harschen Abfuhr durch Matthaeus, der doch selbst unter der Mitra des Bischofs die Tonsur des Mönchs trage, vermerkten die Äbte tadelnd, ihnen sei berichtet worden, daß der Brieftext vor Klerikern und einigen Mönchen am Tisch des Kardinals verlesen worden sei. Er habe sich mit ihrer Beschämung das Wohlwollen von Leuten verschafft, die ihm zu gefallen glaubten, wenn sie dem Leben der Mönche nach der Regel Abträgliches vorhielten. Hatte der Kardinal in seinem Brief zu den Abänderungen von den cluniacensischen Gewohnheiten gefragt, was das für ein neues Gesetz, für eine neue Lehre sei, so fragten die Äbte nun zurück: «Was ist das für ein bischöfliches Urteil? Woher kommt dieses neue Evangelium des Legaten des Apostolischen Stuhles? Dieses Evangelium ist zwar vom Herrn Matthaeus, doch nicht nach dem Evangelisten Matthäus.»[448]

Danach kehrten die Äbte in ihrem Brief wieder zur sachlichen Auseinandersetzung zurück. Die Aussprache im Kloster, die der Kardinallegat bei ihrem Schweigegebot vermißte, würde, glaubten sie, in den Cluniacenserklöstern so gehandhabt, wie es sein sollte. «Aber wir kennen die Herzen unserer Schäflein. Kaum haben wir einmal eine solche Aussprache erfunden, da haben wir mit ihrem guten Willen Schweigen verlangt, doch nicht ewiges, wie Ihr uns verleumderisch beschuldigt, sondern entsprechend dem Können der Einzelnen.»[449] Besser als ein gegen den Willen der Mönche herausgefordertes Gespräch sei das

Schweigen. Mit den Rinderhirten und ihren Meistern verbrächten sie nicht Nächte im Geschwätz. Wohl aber hätten sie mit ihnen morgens und abends über Sachzwänge zu sprechen. Welche Notwendigkeiten die Gäste und die Bosheit der Welt ihnen auferlegten, das hätte der Kardinal an sich selbst erfahren.

Mit dem 1. Korintherbrief des Paulus antworteten sie auf den Vorwurf des abgekürzten Psalmengesanges. Besser seien fünf Worte sinnerfüllt in der Kirche gesprochen als 10 000 ohne Verständnis. Dem Kardinal sei nicht verborgen, daß sie mit dieser Meinung von der Benediktsregel und den Vätern bekräftigt würden. Zum Vorwurf der abgeschafften Prozession *in cappis* zum Evangelium zitierten sie die Benediktsregel, die nichts über die Form vorschriebe, sondern nur erwarte, daß alle mit Furcht und Ehrfurcht stehend die Verkündigung des Evangeliums durch Abt oder Prior vernähmen. Nicht aus Verachtung der alten Gewohnheit, sondern weil bei ihrer geringen Konventsstärke der Gottesdienst behindert würde, wenn man sich den ganzen Feiertag mit dem Anlegen und Ablegen der Gewänder beschäftigte, wäre die Prozession aufgegeben worden. Vieles, was in der großen Gemeinschaft Clunys getan werden könnte, sei in ihrem kleinen Konvent nicht möglich.

Mit dem Hinweis auf die je eigene Lage einer klösterlichen Gemeinschaft brachten sie gewiß eine unabweisbare Begründung für Abänderungen der Gewohnheiten vor Ort vor. Zugleich beteuerten sie: «Wir verdammen nämlich nicht die cluniacensischen Gewohnheiten, wir verwerfen sie nicht, wie viele uns beschuldigen, die selbst diese Gewohnheiten nie geliebt haben, sondern wir verehren die Fußspuren derer und küssen den Staub darunter und hängen ihnen, die uns in Christus gezeugt haben, an, wie es würdig ist … Diese sollen uns in ihrer stellvertretenden Liebe nicht abschreiben und verachten, wenn wir in irgendeiner Sache etwas strenger und bescheidener handeln wollen … unsere Söhne, die Euch stets geliebt haben [d. h. die Mönche der antwortenden Äbte], die nun, im Haus Gottes etwas zu wirken, Seele und Leib ausgesetzt haben und Engeln und Menschen zum Schauspiel geworden sind,[450] mögt Ihr nicht verwerfen … Sondern ohne Vorurteil der Gewohnheit lobt und bestätigt, wenn wir mit dem besonderen Eifer wahrer Regeltreue die Gewohnheitsordnung überschritten haben. Aus der

Ordnung Geratene bringt in die Ordnung zurück, doch nicht in eifersüchtiger Verfolgung, sondern mit freundschaftlich väterlicher Zurechtweisung.»[451]

So erbittert dieser briefliche Streit um die Gewohnheiten mönchischen Lebens im Kloster, um die theologische Grundlegung und die Verwirklichung vorbildlichen Mönchtums auch geführt wurde, so mündete er am Ende doch wieder in eine Ehrerbietung vor den cluniacensischen Gewohnheiten mönchischen Lebens ein.

Tatsächlich sind in der Zeit, in der Petrus Venerabilis an seinen Reformstatuten arbeitete, die cluniacensischen Gewohnheitstexte in den Redaktionen der Mönche Bernard und Ulrich von Cluny von Flandern bis Sizilien verbreitet und abgeschrieben und den eigenen örtlichen Verhältnissen durch Abänderungen angepaßt worden. Das bezeugen die erhaltenen Handschriften dieser Consuetudines. Obwohl die Cistercienser und die anderen Mönchsorden des 12. Jahrhunderts das Feld zu dieser Zeit beherrschten, wurden die cluniacensischen Gewohnheiten mönchischen Lebens in cluniacensischen und in nichtcluniacensischen Häusern so rege aufgenommen und in die je eigene Tradition eingeführt. Daß damit öfters auch Streitigkeiten mit Cluny einhergingen, mag der zitierte Briefwechsel nahelegen. Kein Wunder! Ließ sich doch, wer die cluniacensischen Lebensgewohnheiten übernahm, auf einen anstrengenden Tagesablauf ein, der spätestens mit dem Älterwerden eines Mönches eine erhebliche Belastung darstellen konnte.

In der Benediktsregel war erwartet, daß die 150 Psalmen des Psalters während einer Woche gesungen wurden. Im frühen Cluny, unter Abt Odo, brachten es die Mönche am Tag auf 138 Psalmen.[452] Der Tagesablauf war ganz von der gemeinsamen Liturgie, vom Chorgesang und Meßfeiern, bestimmt.

Er begann im Winterhalbjahr bereits, nach etwa sechsstündigem Schlaf, eine Stunde nach Mitternacht. Die Mönche sangen die beiden nächtlichen Gebetszeiten, die erste und zweite Vigil oder Nokturn. Diese nahmen etwa anderthalb Stunden in Anspruch. Wie schwer sie manchem fielen, beweist der Brauch, der in Cluny und lange vorher auch schon in anderen Klöstern herrschte: Ein Mönch schritt mit einer Laterne die Reihen im Chor ab. War einer eingenickt, hielt er ihm die Laterne dreimal vors Gesicht. Widerstand der Schlaf des Mönches auch diesem dreimaligen Signal, dann ließ der Laternenträger das Licht vor dem Eingeschlafenen stehen, der es, aufgewacht, seinerseits weiterzutragen hatte.[453]

Nach den beiden Nokturnen durften die Mönche nochmals für kurze Zeit in die Betten. Mit Anbruch der Dämmerung standen sie für die Matutin oder Laudes auf. Auf diese folgte nochmals eine kurze Zeit der Ruhe. Danach nahmen die Mönche unter strengstem Schweigegebot ihre Morgentoilette vor. Um fünf Uhr, mit Sonnenaufgang, wie die Benediktsregel vorsah, rief die Glocke zur ersten der mönchischen Tagzeiten, zur Prim, die etwa eine halbe Stunde dauerte. Daran schloß sich das Primkapitel an, in dem ein Kapitel der Benediktsregel gelesen, die Heiligen, deren Fest anstand, aus dem Martyrolog und die Toten, deren Jahrgedächtnistag angebrochen war, aus dem Necrolog aufgerufen wurden und der Abt eine Ansprache an den Konvent richtete. Nach dem Primkapitel sammelten sich die Mönche zur morgendlichen Meßfeier. Als zweite der mönchischen Tagzeiten begann um 9 Uhr die Terz. Danach wurde die Konventsmesse feierlich begangen. Vor oder nach der feierlichen Konventsmesse hatten die Priestermönche Gelegenheit, still ihre Privatmesse an einem der zahlreichen Seitenaltäre zu feiern. Um 12 Uhr sang man die Sext. Auf diese folgte das Mittagessen. Zwischen 15 und 16 Uhr läutete es zur Non. Zum Sonnenuntergang, etwa 17 bis 18 Uhr, wurde die Vesper gesungen, nach der es das Abendessen gab. Mit der kurzen Complet schloß der Tageslauf in der Kirche.

Mit dieser dürren Aufzählung ist der Tagesablauf der Mönche in Cluny nur annäherungsweise skizziert, wie er alltags ausgesehen hat. Nicht berücksichtigt ist die Prozession, die sonntags vor der feierlichen Konventsmesse durch den Klosterbereich führte, nicht die Liturgie der hohen Festtage, nicht die riesigen liturgischen Leistungen für die verstorbenen Mitbrüder und die sozial-caritativen für die Armen. Die liturgischen Texte während der mönchischen Tagzeiten und Meßfeiern, neben den Psalmen die Lesungen, die Collecten, Antiphonen und Responsorien, änderten sich auch in Anzahl und Länge je nach dem Rang eines Festes, aber auch zwischen Winter und Sommer, so daß sommers gerade die Zeit für die Nokturn bis zum Sonnenaufgang knapp wurde.

Wie es in Cluny an Festtagen aussah, mögen für das Winterhalbjahr der Gründonnerstag, für das Sommerhalbjahr die Tage mit den Bittprozessionen veranschaulichen. Unter Petrus Venerabilis galt die Ordnung für diese Festtage unverändert noch so, wie sie Bernard und Ulrich unter Abt Hugo aufgezeichnet hatten.

Das ganze Jahr hindurch gab es keinen solch vielförmigen und ausgedehnten Tagesdienst wie am Gründonnerstag, hatte Ulrich niedergeschrieben.[454] In den drei Nächten vor Ostern, also auch zum Gründonnerstag, wurden, wie allgemein in den Kirchen Frankreichs damals üblich, vor den Nokturnen auf einer Pyramide so viele Kerzen, wie Psalmen zu singen waren, also fünfzehn, angezündet, damit mit dem Ende eines jeden Psalmes eine ausgelöscht werden konnte. Alle Glocken läuteten zu den Nokturnen. Und deren Psalmen, Lesungen und Responsorien wurden in dieser Nacht und in den beiden darauffolgenden wie von den Kanonikern gesungen. Drei Lesungen wurden aus Jeremias genommen, drei von Augustinus über den Psalm 62, die letzten drei aus dem 1. Korintherbrief des Paulus. Bis zum Ende der Matutin stand immer zwischen zwei Knaben (*pueri oblati*, die von ihren Eltern für das Mönchsleben bestimmten und der klösterlichen Gemeinschaft übergebenen Kinder) ihr Magister und hielt sie an den Ärmeln fest. Die Fürbitten wurden von jedem still gebetet, das *Ego dixi* mit dem Psalm *Miserere* und das Gebet *Deus a quo Judas ...* ebenso. Dann standen mit dem Gongschlag des Abtes alle auf und gingen, von den Laternen der *magistri* begleitet, in den Schlafsaal.

War die Morgendämmerung soweit heraufgekommen, daß man keines anderen Lichts mehr bedurfte, läutete das Glöckchen, und alle standen aus ihren Betten auf und eilten zur Kirche. Nach dem Gebet begann die Prim mit dem Hymnus so wie auch die folgenden drei Tagzeiten, also Terz, Sext und Non. Wie gewohnt sang man die Psalmen mit ihren Antiphonen. Am Ende stand die Allerheiligenlitanei mit all ihren Anhängen. Darauf solle nichts vom Ablauf eines gewöhnlichen Werktages in der vierzigtägigen Fastenzeit geändert werden. Wohl aber wurde der Zeitpunkt der morgendlichen Konventsmesse verschoben.

Bevor die Mönche die Kirche verließen, wurden ihnen von den Helfern des Kämmerers, an drei Stangen aufgehängt, die neuen Schuhe in den Kapitelssaal gebracht, die sie einmal im Jahr empfingen (Wäsche- und Habitwechsel nahm der Kämmerer an Weihnachten vor). An vier Pfählen im Boden wurden die Schuhe an den Stangen befestigt. Nach der Lesung aus der Regel teilten auf einen Wink des Abtes der Kämmerer und sein Helfer die Schuhe aus. Jedem Paar war der Name des empfangenden Mönches beigegeben. Die alten Schuhe wurden gut geputzt zurückgegeben – wenn einer mehr als ein Paar hatte, um sie an Arme weiterzugeben. Im Primkapitel wurden am Gründonnerstag Tag und Mondphase verkündet, nicht jedoch die Namen der Tagesheiligen aus dem Martyrolog und der an diesem Tag Verstorbenen aus dem Necrolog. Nur das Kapitel aus der Regel wurde wie immer gelesen. Im Anschluß an das Kapitel betete man die Psalmen für die Verstorbenen, deren Jahrtagsgedächtnis an der Reihe war.

Dann wurde aufgerufen, wie viele Brüder im Kloster anwesend waren, genau so viele Arme sollten zum Mandatum,[455] zur Fußwaschung und Speisung zugelassen werden. Über die Zulassung weiterer Armer zum Gedenken an große Freunde und Wohltäter des Klosters entschied der Abt. Außerdem überprüfte der Dekan des *burgus* Cluny, ob sich bei den Armen solche befanden, die Hausverbot im Kloster hatten und deshalb nicht zum Kommunionempfang angenommen wurden. Der Priester, der zur Feier der morgendlichen Konventsmesse eingeteilt war, sollte nun am Kreuzaltar eine Meßfeier für die Armen feiern, denen die Oblaten gereicht wurden, die dann für den Kommunionempfang konsekriert wurden. Nach der Meßfeier erhielten die Armen im Klosterhospital von den Helfern des Eleemosinarius mit warmem Wasser die Füße gewaschen und bekamen eine Portion Bohnen und eine Portion Hirse. Das Mandatum wurde vom Abt oder vom Prior oder, wenn beide nicht da waren, vom Bibliothekar, der zugleich der Vorsänger war, geleitet.

Nach dem Kapitel und nach der Sext durften die Mönche im Kreuzgang miteinander sprechen. Vor allem aber die feierliche Messe wurde an diesem Tag erst nach der Non gefeiert. Die Feier begann mit einer Prozession zur Weihe des neuen Feuers, wobei der Psalm 50 gesungen wurde. An der Spitze der Prozession wurden Kreuz, Weihwasser und Rauchfaß getragen, damit die Kerze mit dem neuen Feuer besprengt und beweihräuchert werden konnte. Von der Mitte der Kirche kehrte die Prozession wieder zum Chor zurück. Dabei sang man die Psalmen 53, 56, 59 und 79. Das neue Feuer wurde mit der Kerze auf einer Stange vom *custos* der Kirche (am Karfreitag vom Prior, am Karsamstag vom

Abt) getragen. Das Feuer selbst wurde aus einem kostbaren Beryllstein geschlagen, den der Sakristan aufbewahrte. Dem *praecentor*, dem Vorsänger, war diese Aufgabe vorbehalten. Am Ende der Messe wurde der Gong schon zum Gebet der Vesper geschlagen. Unterdessen trug der Priester die geweihte Hostie hinter den Altar. Christus wurde zu Grabe getragen. Die dem Messe feiernden Priester assistiert hatten, zogen die Gewänder aus. Alle folgten dem Abt in den Speisesaal. Dort erhielten die Mönche, was sie gewöhnlich schon am Morgen bekommen hätten: ein Frühstück, bestehend aus Brot, das sie von ihrer Tagesration entnahmen, und aus gewürztem Wein.

Nun ließ man alle Armen, die des Weges nach Cluny gekommen waren, im Kreuzgang Platz nehmen. Ihnen kam die Prozession der Mönche entgegen. Von dieser Seite aus wuschen und trockneten je zwei Mönche den Armen die Füße. Von der anderen Seite kamen die *pueri oblati* mit ihren Magistern und mit den Kranken. Dabei wurden eine Antiphon und der Psalm 66 gebetet und nach jedem Vers wiederholt: *Novum mandatum do vobis …* – ein neues Gebot gebe ich Euch … Es folgte der 118. Psalm und nach jedem 8. Vers: *Novum mandatum do vobis*. Während weitere Antiphonen gesungen wurden, erhielten die Armen Wasser und dann, nach Beendigung des Gesanges, gesegneten Wein. Dazu gab je ein Mönch je einem Armen zwei Denare Wegzehrung. Damit konnte ein Armer, ohne hungern zu müssen, von Cluny am nächsten Tag bis zum nächsten Kloster kommen. Der Psalm *Miserere mei Deus* schloß das Mandatum ab. Die Mönche verneigten sich nach beiden Seiten und kehrten in die Kirche zurück. Denn inzwischen läuteten ja, wie Ulrich in seinen Aufzeichnungen schon erwähnt hatte, bereits die Glocken zur Vesper. Schließlich wurden alle Altäre ihres Schmuckes und der Altartücher entkleidet. Im Speisesaal wurden außer den Lesungen die üblichen Gebete still gesprochen.

Dann kehrte der Konvent nochmals in die Kirche zurück. Denn die Fußwaschung, die er den Armen zum Zeichen der Bruderliebe der Nachfolge Christi im Kreuzgang geleistet hatte, erwiesen einander nun Abt und Mönche. Die Hebdomadare, d. h. die zur Meßfeier in der Woche bestimmten Priestermönche, wuschen den Brüdern die Füße, trockneten sie aber nicht ab. Denn es folgte der Abt, der den Mönchen die Füße wusch und abtrocknete. Drei Brüder unterstützten ihn dabei, hoben die Füße der Mönche, brachten Wasser nach und wechselten die Handtücher. Ulrich fügte hinzu: Bei einer Menge von über 200 Mönchen hätten die Tagesstunden nicht ausgereicht, wenn der Abt allen die Fußwaschung hätte durchführen wollen. Deshalb wurden auf der anderen Chorseite noch einer oder zwei der Prioren gebeten, die Fußwaschung vorzunehmen, mit der der Abt auf der einen Chorseite befaßt war. Aus den gut 200 Mönchen, von denen Ulrich hier schrieb, waren bis zu den späten Jahren des Abtes Hugo und bis zum Abbatiat des Petrus Venerabilis zwischen 300 und 400 Mönche geworden: Dem Abt wiederum und seinen Helfern wurden von dafür benannten Mönchen vor dem Kapitelssaal die Füße gewaschen. Ulrich vermerkte auch die Antiphonen und den Hymnus, die bei diesem Vorgang gesungen wurden. Am Ende kam mit dem Gongschlag des Custos ein Diakon, der, mit Albe und Stola angetan, das Evangelienbuch trug und dem ein Türhüter mit dem Lesepult vorausging. Drei in Alben gekleidete Conversen begleiteten den Diakon mit Leuchtern und Weihrauch. Dann erhob sich der ganze Konvent. Nach der Evangelienlesung folgte die ganze Prozession dem Diakon in den Speisesaal. Dort reichten die mit der Fußwaschung beauftragten Mönche ihren Mitbrüdern Wein und küßten ihnen die Hände. Dem Diakon und den Helfern, die bis dahin nicht hatten trinken können, wurde der Wein von anderen Mitbrüdern am Haupttisch des Refektoriums bereitet. Nach diesem Umtrunk blieb noch das Abendgebet, die Complet, zu beten. Dies geschah in Stille.

Wenn auch die fünf Hochfeste im Jahr – Weihnachten, Ostern, Pfingsten, Peter und Paul und Mariä Himmelfahrt – und die nicht wenigen hohen Feste mit zwölf Lesungen den Tag nicht so dicht und unablässig wie der Gründonnerstag ausfüllten, so bestimmte ihre Liturgie doch für viele Stunden des Tages die Gewohnheiten der Mönche. Werfen wir noch einen Blick auf die Bittage im Sommer des Kirchenjahres, den Markustag und die drei Tage vor Christi Himmelfahrt, also den Montag, Dienstag und Mittwoch der 5. Woche nach der Osteroktav, an denen Bittprozessionen abgehalten wurden. An diesen Tagen durften die Mönche nach den Nokturnen und nach den für die Verstorbenen gesungenen Laudes länger als sonst nochmals schlafen, nämlich bis zum Sonnenaufgang, weil sie dafür auf die gewohnte Mittagspause nach der

Mahlzeit verzichten mußten. Geweckt wurden sie nicht wie sonst mit dem Glöckchen, sondern nach Beginn der Lesung durch die *pueri*. Zur Prim hatten sie selbst die Schlafzeit zu beenden.

Nach der Prim, in der die *pueri* die Namen aus dem Totenbuch aufriefen, zwischen den darauf folgenden drei Psalmen und den sieben Psalmen, die sich anschlossen, war noch der bei der Matutin übriggebliebene Psalmengesang nachzuholen. War das Dreißigtagegedenken für einen Verstorbenen zu begehen, so hatten sie Psalm 5 zu singen. Nach den sieben Psalmen der Litanei folgte sogleich die erste morgendliche Meßfeier, die aber nicht, wie jeden Tag, für die Verstorbenen gesungen wurde, sondern mit den Texten des betreffenden Tages. Zu den gewohnten Kirchengebeten der Meßfeier trat jetzt eine weitere Collecte, zu der alle ihre Hostie zum Altar brachten, aber nur eine konsekriert wurde. Und nur von einem Mönch, nicht wie sonst von allen, wurde der Friedenskuß angenommen.

Im Kreuzgang durfte nicht wie sonst gesprochen werden. Das Frühstück mit Brot und Wein gab es, von den *pueri* gebracht, nach der Terz. Nach der Sext läutete die Glocke, und alle gingen für eine kurze Pause in den Schlafsaal. Auf ein Zeichen ließen dann alle ihre Schuhe bei den Betten stehen, gingen barfuß ins Erdgeschoß hinunter, wuschen sich Hände und Gesicht, kämmten sich und kamen in die Kirche. Nach einer Reihe von Gebeten wurden Heiligenreliquien, die von den Brüdern in kleinen Kreuzchen, Kapseln und Gürtelschnallen eingeschlossen worden waren, vom Sakristan verteilt, damit sie die Mönche sich um den Hals hängten. Bevor sie auszogen, läuteten alle Glocken.

Kreuz, Weihwasser und das Evangelienbuch wurden der Prozession vorausgetragen. Der Reihe nach zogen Conversen, *pueri, cantores* und die älteren Priestermönche aus. An der Pforte der Vorkirche standen zwei Diener mit einem doppelten Bündel Stöcken, die von den Mönchen einzeln in Empfang genommen wurden. An der Tür jener Kirche, zu der die Prozession führte, gaben sie die Stöcke wieder ab. Diese Einzelheit deutet darauf hin, daß nicht wenige Mitglieder des Konvents aus Alters- oder Gesundheitsgründen auf eine solche Stütze angewiesen waren, wollten sie mit der Prozession gehen. Die Texte, die dann in der aufgesuchten Kirche gesungen wurden, wählte man nach den Heiligen aus, deren Patrozinium diese Kirche trug. Daß die Prozession mit diesem Kirchenaufenthalt über zwei Stunden dauerte, ist daraus zu ersehen, daß nun in der Kirche die Non gesungen wurde. Gleichzeitig tat dies im Kloster der *custos* der Kirche mit den Kranken, die der Prozession hatten fernbleiben müssen.

Es folgte die zweite Meßfeier vom Tage. In dieser schränkte man die Reihe der Kirchengebete auf zwei ein, die zweite wieder dem Kirchenpatrozinium entsprechend. Nach der Lesung des Evangeliums stießen die Mönche, die zum Tischdienst eingeteilt waren, wieder zum Konvent. Zwei weitere Brüder erwarteten, feierlich gekleidet, aber barfuß, die Prozession am Kirchenportal und sangen dann im Chor abwechselnd die Litanei in der Melodie und mit den Versen, die zu diesem Zweck erfunden worden waren. Die Vesper wurde dann wieder für die Verstorbenen gesungen, die Tagzeiten wurden beibehalten.

Auch in diesem Bericht des Mönches Ulrich, wie schon in jenem zum Gründonnerstag, kam, was zu den Mahlzeiten der Mönche zu sagen war, nur allzu kurz vor. Und eine zweite Frage erhebt sich angesichts dieser Texte: Nach der Benediktsregel sollten die Mönche ihren Tag doch mit Gebet und Handarbeit verbringen. Wann aber konnten sie in Cluny welche Handarbeit leisten, wenn sie in solchem Ausmaß von der gemeinsamen Liturgie in Anspruch genommen waren?

Zum Essen der Mönche in Cluny ist in der Literatur schon der Standpunkt vertreten worden, daß es reichlicher und gepflegter gewesen sei, als es die Regel Benedikts vorgesehen habe, die freilich gerade in der Regelung solcher Dinge dem einzelnen Abt einen großen Spielraum gelassen und eingeräumt hat, daß sich Ernährung und Kleidung nach der Gegend, in der die Mönche einer Abtei lebten, zu richten hätte.[456] Aber zu wenig wurde bei dieser Beurteilung auf die zeitliche Entwicklung Clunys geachtet, zu rasch verallgemeinert, was aus den reicher fließenden Quellen des Spätmittelalters dazu zu finden ist.

An allen Tagen des Jahres, an denen kein Fasten angeordnet war, konnten die Mönche nach der Matutin ein Frühstück, bestehend aus Brot und Wein, einnehmen. Etwa 1 Pfund Brot am Tag galt als Ration für einen Mönch. Die tägliche Weinmenge, nimmt man an, entsprach dem in der Benediktsregel genannten täglichen Weinmaß, der *hemina*. Das wären etwa 0,44 Liter. Im Sommerhalbjahr, mit den längeren Tagen und mit Arbeiten, die im Winter wegfielen, gab es zwei Mahlzeiten am

Tag. Nach der Sext, zur Mittagszeit, erhielten die Mönche eine Platte mit Bohnen und eine mit Gemüsen, beides mit etwas Fett angemacht, zusätzlich ein halbes Pfund Weich- oder ein viertel Pfund Hartkäse und zwei Eier. Diese wurden aufs unterschiedlichste schmackhaft bereitet. Zwei-, dreimal die Woche wurden statt Käse und Eiern Fische aufgetischt, reichlich und schmackhaft. Zum Abendessen nach der Non, manchmal nach der Vesper, jedenfalls am Spätnachmittag, aß man Brot und rohes Obst oder ein zartes, dünnes Gebäck, von den Italienern «Nebel», in Cluny «Oblaten» genannt.[457] Im Winterhalbjahr mußten sich die Mönche, abgesehen vom Frühstück, mit einer Hauptmahlzeit begnügen. Wie diese dann zusammengesetzt war, läßt sich den Quellen nicht mit Bestimmtheit entnehmen.

Gewiß neigte man in Cluny dazu, den weiten Spielraum, den die Benediktsregel in solchen Fragen ließ, großzügig und aufs angenehmste auszuschöpfen. Aber stets waren auch Leute da, die solche Neigungen argwöhnisch beobachteten.

Die schärfsten Angriffe auf das Alltagsleben in Cluny führten die Cistercienser. Berühmt sind der Briefwechsel zwischen Bernard von Clairvaux und Petrus Venerabilis darüber, die *Apologia* Bernards, die, als Verteidigung gegen den Vorwurf aufgefaßt, er ziehe das Leben der Cluniacenser zu Boden, weniger Verteidigung als Angriff darstellt, und der *Dialogus inter Cluniacensem et Cisterciensem*. Die einzelnen Zeugnisse dieses Streites stehen auf recht unterschiedlichem Niveau.

Bei aller rhetorischen Übertreibung, ja, Theatralik in den Vorwürfen Bernards von Clairvaux gegen die Cluniacenser, angefeuert durch das Erlebnis des Übertritts seines eigenen Verwandten Robert von den Cisterciensern zu den Cluniacensern, bleibt Bernard letztlich auf der Höhe mönchisch-theologischen Argumentierens, geleitet freilich von dem Motiv, die Lebensweise der Cistercienser als die heilbringende zu erweisen. Der mit seiner Gemeinschaft angegriffene Petrus Venerabilis verliert in seiner Korrespondenz mit Bernard nie die Fassung: Während er im Innern seiner Gemeinschaft, etwa mit den Reformstatuten, durchaus Strenge gegen da und dort lau und bequem gewordenes Mönchsleben setzt, verteidigt er nach außen seine Mönche auf der Ebene grundsätzlicher Erwägungen zum Kern jeglichen mönchischen Lebens.

Bernard und Petrus Venerabilis fechten sozusagen mit den gleichen, höchst ehrenvollen Waffen.

So rügt Bernard in seiner *Apologia*, bevor er sich gegen unmönchische Essens-, Trink- und Kleidungsgewohnheiten wendet, sehr wohl Mitbrüder des eigenen Ordens höchst selbstkritisch, die den Nichtcisterciensern ihre Fettzugabe zum Gemüse übelnahmen: «Den Bauch dann mit Bohnen gefüllt, den Sinn mit Überheblichkeit, verdammen wir mit Fett angemachte Speisen, als ob es nicht besser wäre, sich mit ein wenig Fett zum Gebrauch zu ernähren, als sich mit windigem Gemüse bis zum Rülpsen zu sättigen.»[458] Und er erinnert an den Römerbrief des Paulus: «Das Reich Gottes ist nicht Speis und Trank, sondern Gerechtigkeit, Friede und Freude im Heiligen Geist» (Röm 7,22). Wohl aber verurteilt er es, wenn zwar kein Fleisch gegessen, dafür aber große, raffiniert gewürzte Fischgerichte aufgetragen werden: «Während die Augen von Farben, der Gaumen von Geschmackswerten gelockt werden, wird der unglückliche Magen, dem weder Farben leuchten, noch Geschmäcker schmeicheln, während er gezwungen wird, alles aufzunehmen, mehr druckbeladen als erquickt.»[459] (Bernard wußte, wovon er schrieb; er hatte chronische Magenbeschwerden.[460]) Den Cluniacensern wirft er die doppelte Zukost am Tag und Brot- und Weinmaß vor.

Petrus Venerabilis[461] zitiert die Benediktsregel, nach der zweierlei Zukost wegen der Gesundheitsbeschwerden verschiedener Mönche vorgesehen ist (cap. 39), so daß einer, wenn er von der einen Zukost nichts essen kann, von der zweiten ernährt werden kann. Der Abt, dem in der Benediktsregel weitestgehender Ermessensspielraum in der Zuteilung der Ernährung für die Mönche je nach Ort und Klima belassen ist, fragt Bernard von Clairvaux, ob er dem Mönch, der beide Zukostangebote nicht wahrnehmen kann, mit einer dritten, und wenn er die dritte nicht verträgt, mit einer vierten Möglichkeit dienen müsse. Müsse nicht jedem, wie er es braucht, natürlich stets Überfluß in allem ausgeschlossen, liebevoll (*caritative*) zugeteilt werden? Gegenüber Bernard, dessen Orden die eigene Verfassung *carta caritatis* genannt hat, war dieser Hinweis mehr als ein fein ironisches Wortspiel.

Beim Brot- und Weinmaß macht Petrus Venerabilis klar, wie die Anordnungen der Regel – Dreiteilung des Pfundes Brot über den Tag, Ausgabe des dritten Drittels zum Abendessen durch den Cellerar – in der alltäglichen Praxis nicht genau zu kontrollieren waren: Einer aß das erste Mal etwas mehr oder auch weniger, ein anderer übergab dem Cellerar nicht das genaue Gewicht des dritten Drittels für den Abend, und wieder andere waren für Angelegenheiten des Klosters ohne Cellerar einige Zeit auf Reisen. Wolle Bernard, daß Gott eher als Wortjäger erscheine denn als einer, der die Herzen erforscht? Rausch und Völlerei hätte Benedikt in seiner Regel ausgeschlossen, das Notwendige behalten, Lasterhaftes beschnitten und alles, was diese Dinge betrifft, in das Urteil des Abtes gestellt. Petrus Venerabilis beruft sich wieder auf die Regel Benedikts (cap. 34): «Wer weniger braucht, soll Gott danken und nicht betrübt sein. Wer aber mehr braucht, soll seiner Schwäche entsprechend demütig sein und sich nicht für die erwiesene Barmherzigkeit überheblich zeigen. Und so werden alle Glieder [der Gemeinschaft] im Frieden leben.» Petrus nennt die Regel *regula caritatis* und verweist auf Augustinus: «Vor allem ist die Liebe zu bewahren. Der Liebe wird die Ernährung, der Liebe das Reden, der Liebe Kleidung und Aussehen zugeordnet.»

Der Abt von Cluny konnte dem Abt von Clairvaux so begegnen, weil er im Innenraum seiner Gemeinschaft durchaus darauf achtete, daß nur Kranke Fleisch aßen. Das beweisen seine Reformstatuten. Auch gegen Bernards Vorwurf, die Mönche Clunys trügen Pelze, verteidigte Petrus seine Gemeinschaft und fragte, ob der Abt, der den bedürftigen Brüdern erwiese, was die Regel für diese *caritative* zuläßt, der Regelübertretung schuldig wäre.[462] Nach innen, in die eigene Gemeinschaft hinein, sorgte er aber für Einfachheit, wenn er in seinen Statuten den Mönchen im Unterschied zu weltlicher Eitelkeit den schwarzen Habit zuwies und das Tragen von Pelzen aus Katzen- oder anderem Fell verbot.

Erinnerte der Abt von Cluny seine Mönche in den Statuten an den Müßiggang vieler, während nur wenige lasen und schrieben, so nahm er seine Gemeinschaft gegen Bernard in Schutz, der ihnen fehlende Handarbeit vorgehalten hatte. Dabei verwies er nicht auf die Arbeit im Garten und in der Bäckerei, die schon die cluniacensischen Gewohnheiten des 11. Jahrhunderts kannten, sondern hob darauf ab, warum Benedikt in seiner Regel Handarbeit von den Mönchen erwartete.[463] Damit näm-

Aus der Schreibstube Clunys: Zierbuchstabe in einer Augustinus-Hand-schrift, 11./12. Jahrhundert.

lich der Müßiggang als Feind der Seele dem Mönch fremd bliebe, gab es neben der Handarbeit noch viele gute Werke, die den Tag der Mönche ausfüllten. Ja, geistliche Übungen seien solchen des Körpers vorzuzie-hen. Wie hätte sonst Jesus Maria von Bethanien, als sie zu seinen Füßen saß und auf seine Worte hörte, sagen können, sie hätte gegenüber der geschäftig arbeitenden Schwester Martha den besten Teil erwählt? So erfüllten Mönche mit Gebet, Lektüre, Psalmengesang und mit anderen guten Werken die Regel.

Die Cluniacenser wurden von Bernard angeklagt, Abt und Konvent würfen sich nicht vor allen ankommenden und abreisenden Gästen zu Boden, verneigten nicht vor allen Gästen ihr Haupt, der Abt gäbe den Gästen nicht Wasser über die Hände, Abt und Konvent wüschen nicht allen Gästen die Füße. Wer so anklagte, hielt Petrus Venerabilis für Menschen, die wie Kinder Schmetterlingen nachlaufen. «Sie kämpfen nicht gegen uns, sondern schlagen Luft (1 Kor 9,26), bauen leere Einwände auf und folgen nicht dem Pfad der Unterscheidungsgabe, der Mutter aller Tugenden» (Ben. reg. 64,19)[464].

Verfahre man in Cluny so, wie es verlangt würde, dann müßte der ganze Konvent entweder ständig im Gästehaus sein oder die Gäste in der Klausur und in den Werkstätten der Brüder beherbergt werden. Alles andere, was die Regel verlangt, müßten die Mönche dann liegen lassen, stattdessen mit Klerikern, Bewaffneten, Bauern, Leuten von der Grundherrschaft und Männern sowie Frauen, die von der Liebe der Gastlichkeit (*ab hospitali caritate*)[465] nicht ausgeschlossen würden, zusammenleben, als wären sie keine Mönche. «Denn so groß ist mit Sicherheit stets die Menge der Ankömmlinge», daß man mit dem Verlangten von Sonnenaufgang bis -untergang zu tun hätte, ja oft dazu nicht einmal die ganze Spanne eines Tages ausreiche. «Wir tun jedoch alles, was wir können.» Nur die Kranken würden von den Pflichten der Gastfreundschaft ausgeschlossen.

Daß den Cluniacensern von cisterciensischer Seite solche Vorhaltungen gemacht wurden, verwundert nach allem, was über Clunys Gastlichkeit und Armensorge bezeugt ist – um so mehr, da Bernard sich in der Apologia daran erinnerte, daß er manchmal in einigen cluniacensischen Klöstern gastlich aufgenommen worden war: «Der Herr vergelte seinen Dienern die Menschlichkeit, die sie mir, da ich krank war, über alles notwendige Maß hinaus erwiesen haben, und die Ehre, der sie mich, mehr auch, als ich es würdig gewesen wäre, gewürdigt haben.»[466]

Gegen den Vorbehalt, der Tisch des Abtes werde nicht regelgemäß mit Armen und Pilgern geteilt, erinnerte Petrus Venerabilis daran, daß in Cluny der Abt mit den Mönchen zusammen esse, wenn er nicht gerade krank sei, und daß er nicht dulde, daß Armen und Pilgern irgend etwas fehle. Denen er von der Substanz des Klosters geben lasse, wären die nicht seine Tischgenossen?[467]

Es gab noch manche Beanstandungen an der Lebensweise der Cluniacenser von cisterciensischer Seite, bis hin zu Kniebeugen, die den Cisterciensern im Chorgebet der Cluniacenser fehlten. Aber einige Angriffe der Cistercienser und Bernards zielten auch auf die Verfassung Clunys. Die Cluniacenser begäben sich gegen alle Vernunft und Autorität in unausweichliche Gefahr. Denn sie nähmen bei sich Mönche auf, die in einem anderen Kloster Beständigkeit, Umkehr des Lebenswandels und Gehorsam geschworen hätten und dies nun ein zweites Mal täten. Damit würde das erste Gelübde ungültig gemacht. Dagegen berief sich Petrus Venerabilis wieder auf die Regel, die vorsieht, daß fremden Mönchen, die ins Kloster kommen und mit dessen Lebensgewohnheiten einverstanden sind und deshalb hier auf Dauer bleiben wollen, diese Willensäußerung nicht zurückgewiesen werde.[468] Dürfte ein fremder Mönch hier aber seine Beständigkeit festmachen, sollte ihm dann nicht auch erlaubt sein, nicht nur zweimal in seinem Gelübde, sondern sogar tausendmal im Bekenntnis vor Gott und den Menschen täglich Umkehr des Lebens und dessen Besserung zu versprechen zusammen mit der Buße für vergangene Missetaten?[469] Dürfe einer aber ein zweites Mal Beständigkeit, Umkehr und Gehorsam versprechen, dann müsse ihm auch die zweite Profeß erlaubt werden. Denn nichts anderes sei deren Inhalt. Und müsse man nicht, was einem fremden Mönch (von der Regel) zugestanden werde, auch jedem, der rechtmäßig ankommt, erlauben?

Was heißt: jedem rechtmäßig Ankommenden (*omni legitime uenienti*)? Um zu vermeiden, daß ein Mönch, der es, aus welchen Gründen auch immer – etwa wegen Streitigkeiten –, in seinem Kloster nicht mehr aushielt, einfach das Kloster wechselte, hatte sich damals längst der Brauch durchgesetzt, daß man von einem Mönch, der in ein anderes Kloster einzutreten wünschte, die Vorlage eines Empfehlungsschreibens seines Abtes verlangte.

Bernards schwerster Vorwurf gegen die Cluniacenser auf diesem Feld war aber der, die Cluniacenser nähmen Mönche bekannter Klöster ohne Erlaubnisschreiben des Abtes auf und verletzten damit die Bruderliebe.[470] Selbstverständlich waren auch dem Abt von Cluny die Gepflogenheiten mit den äbtlichen Entlassungsschreiben bekannt. Doch gab es auch den Fall – und damit entgegnete Petrus Venerabilis dem Vorwurf Bernards –, daß ein Abt einen Mönch nicht ziehen lassen wollte und sich daher weigerte, diesem das erwartete Schreiben auszustellen. In einem solchen Fall dürfe, ja müsse sogar ein Mönch ohne Erlaubnis das Kloster wechseln, wenn ihm der Abt des Heimatklosters verwehrt hätte, gemäß den mönchischen Gelübden zu leben; etwa, indem er dem Mönch den notwendigen Lebensunterhalt verweigerte und ihn so in eine dessen Seelenheil gefährdende Lage brachte. Der Hinweis des Petrus Venerabilis zielte auf reformbedürftige Klöster. Ging aus einem solchen ein Mönch um strengeren Lebens willen, also um seinem Gelübde gemäß zu leben und so sein Seelenheil nicht aufs Spiel zu setzen, in ein anderes Kloster, so tat er, was er unabweisbar tun mußte. Petrus Venerabilis erinnerte Bernard daran, daß Cluny die päpstliche Erlaubnis, solche Mönche anzunehmen, keineswegs als Besonderheit besäße, dieses Recht vielmehr «allen Klöstern Christi»[471] zukäme. Tatsächlich konnte sich ja Cluny seit 931 auf ein immer wieder erneuertes Privileg des Papstes berufen, nicht nur solche Mönche aufzunehmen, sondern darüber hinaus ganze Klöster anzunehmen, wenn deren Herren zustimmten.

Ob auch Bernards Verwandter Robert, als er von den Cisterciensern zu den Cluniacensern wechselte, diesen Wechsel mit dem Willen zu strengerem Leben um seines Seelenheils willen hat begründen können? Ohne diese Erfahrung mit Robert wird man den Angriff des Abtes von Clairvaux auf Cluny nicht verstehen können. Und offenbar stand dahinter die Erfahrung, daß noch manch anderer Mönch seine zweiten Gelübde in Cluny ablegen wollte. Soviel Anziehungskraft hat Cluny unter dem Abtsstab des Petrus Venerabilis offenbar trotz des Pontianischen Schismas noch besessen. Schließlich sind im Abbatiat des Petrus sogar, wie früher, Bischöfe vor ihrem Sterben Mönche in Cluny geworden, darunter der Bischof Wilhelm von Châlons-sur-Marne, den zeitlebens eine enge Freundschaft mit Bernard von Clairvaux verband.[472]

Sogar die Exemtion Clunys aus der Gewalt des zuständigen Ortsbischofs von Mâcon hat Bernard in Frage gestellt. So gab er Petrus

Venerabilis die Möglichkeit zu antworten: «Wir haben einen eigenen Bischof. Wer wäre rechtmäßiger, wahrer und würdiger als der Bischof von Rom?»[473] Wie die – gar nicht auf Cluny beschränkte – römische Freiheit eines Klosters schon mit der Gründung Clunys grundgelegt war, gab der Abt von Cluny jenem von Clairvaux zu bedenken.

Dieser wandte sich auch gegen den Besitz von Pfarrkirchen mit deren Rechten und Einkünften in den Händen der Cluniacenser, da doch Pfarrkirchen nach kirchlichem Recht den Weltpriestern zukämen. Petrus Venerabilis verteidigte sich dagegen nicht nur, indem er alte Konzilsbeschlüsse und das Dekret des berühmten Ivo von Chartres zitierte, worin dem Bischof die Möglichkeit eingeräumt ist, Klöster mit Pfarrkirchen zu bewidmen. Daß dies recht sei, begründete er auch damit, daß niemand unablässiger als die Mönche Fürbitte für die einlegte, die mit ihren Sünden die Gaben zur Meßfeier opferten. Warum also sollten, während die Weltpriester für ihren Dienst des Sakramentendienstes und der Predigt von den Erträgen kirchlicher Güter leben wollten, nicht die Mönche für ihre Gebete, Psalmen, Tränen, Armenspeisungen und vielfältigen guten Werke, für das Heil des Volkes Gott dargebracht, kirchlichen Besitz und Schenkungen der Gläubigen gebrauchen?[474]

Bernard griff darüber hinaus den Besitz an Grund und Boden mit den darauf lebenden Unfreien bis hin zu Zolleinnahmen durch die Cluniacenser an. So fremdartig und unerhört sei dieser Vorwurf, antwortete Petrus, «daß wir zuerst staunen statt antworten müssen»[475]. Bernard hatte ja sogar gesagt, die Cluniacenser hätten unter Zurückstellung ihres regelgebundenen Lebens den Dienst von Rechtsanwälten angenommen und, indem sie als Zeugen auftraten, gegen das Wort des Apostels (Paulus) an Gerichtssitzungen teilgenommen. Dagegen nahm der Abt von Cluny bei der Hl. Schrift, dem Alten und Neuen Testament, Zuflucht. Mit deren Autorität nehme die Kirche Gottes alles, was Gott – nicht ihr – dargebracht werde, stellvertretend an und unterstütze davon liebevoll (*caritative*) diejenigen, die keinen eigenen Besitz auf der Welt haben: Kleriker, Mönche, Arme und alle Notleidenden. Und in der Regel habe Benedikt von den Novizen festgelegt, sie sollten vor ihrem Eintritt ins Kloster ihren Besitz entweder den Armen oder dem Kloster darbringen. Aus diesem Wort Besitz (*res*) sei nichts, auch nicht Bauern und Unfreie, ausgeschlossen. Ja, dazu habe der Mönchspapst Gregor d. Gr. ausdrücklich verboten, daß irgendwelche Bischöfe oder Laien von den Einkünften und Urkunden des Klosters, von den Zellen und Dörfern, die ihm gehörten, irgend etwas minderten.

Wie stets gab sich Petrus Venerabilis auch hier nicht mit der Berufung auf Autoritäten zufrieden, sondern wollte begründen, warum die Cluniacenser weltlichen Besitz zu Recht hätten. Wie sollten Leute, die von Kräutern und Gemüse lebten, wenn sie kaum etwas zum Lebensunterhalt hätten, zu Gebet, Lesung, Schweigen und Meditation und den übrigen Aufgaben der Regel dazu noch in Wind und Wetter Arbeiten leisten, die sogar für Bauern und Rinderhirten überaus hart seien? Werde den Mönchen eine Burg geschenkt, so sei sie schon keine mehr, sie würde schon zu einem Bethaus, mit dem nicht mehr leibhaftige Feinde, sondern geistige Gegnerschaft bekämpft würde.

Erinnert man sich an die Vorgänge im Schisma des Pontius, so ging es da keineswegs so ideal zu, wie es Petrus Venerabilis hier ausbreitet. Doch um so berechtigter erscheint nach allem, was über die Grundherrschaft im Mittelalter bekannt ist, der Hinweis des Abtes darauf, daß die Unfreien auf weltlichen Grundherrschaften von ihren Herren immer wieder so sehr ausgebeutet wurden, daß sie sich gezwungen sahen, die Scholle zu verlassen und zu fliehen. Und noch schlimmer: Diese Knechte und Mägde, die Christus mit seinem Blut erlöst habe, würden von den Herren verkauft. Bei den Mönchen hingegen gäbe es keine quälenden Belastungen der Unfreien. Brüderlich und schwesterlich würden diese behandelt. Ihre Abgaben dienten dem Lebensunterhalt der Mönche, die umgekehrt Knechte und Mägde, wenn diese Mangel litten, unterstützten und nicht zuließen, daß diese Beschwerden erduldeten. Tatsächlich bot von allen mittelalterlichen Grundherrschaften die klösterliche den Grundholden, die auf ihr arbeiteten, die besten Lebensbedingungen und, in Gestalt der sogenannten Wachszinser, die Möglichkeit zu sozialem Aufstieg.

Wen, außer Cluniacensern und Cisterciensern, bewegte damals dieses Streitgespräch? Petrus Venerabilis schreibt Bernard in seinem 28. Brief: «Erzeugen wir vielleicht beim Leser Überdruß, indem wir durchlaufen, was alles oben gesagt worden ist?»[476] Er selbst möchte es nicht glauben, denn nach seiner Überzeugung kämpft er für das Gesetz der brüderlichen Liebe: «Es bleibt also die Bruderliebe (*Restat igitur ca-*

ritas). Wenn Ihr mit ihr diesen Knoten lösen wollt, werdet Ihr es am schnellsten, leichtesten und sachgemäßesten können.»[477] Für andere freilich, etwa den am englischen Königshof lebenden Kleriker und satirischen Schriftsteller Walter Map, war die Auseinandersetzung zwischen Cluniacensern und Cisterciensern lächerliches Mönchsgezänk.[478] Wirksamer, weil für jeden sichtbar, dürfte Bernards von Clairvaux Angriff auf die Gestaltung der dritten Klosterkirche Clunys gewesen sein.

Nachdem er angeprangert hatte, er hätte den Abt von Cluny im Gefolge von mindestens sechzig Pferden gesehen – «Wenn Du sie vorbeiziehen siehst, möchtest Du sagen, das sind nicht die Väter von Klöstern, sondern Burgherren, nicht Seelenführer, sondern Provinzfürsten»[479] –, fuhr er in seiner Apologie fort: «Doch das sind Kleinigkeiten. Ich möchte zu größerem kommen, obwohl das ebenso als kleineres, weil hinlänglich Gewohntes, gesehen wird.»[480]

Die Ausmaße der Kirchen meint er, die zur Neugier reizenden Malereien, die den Betern den Anblick verzerren, Frömmigkeit verhindern und ihn an alten jüdischen Ritus erinnern. «Sagt, Ihr Armen, was soll das Gold im Heiligtum? Mönche seien keine Bischöfe. Und wenn das Gold nicht geistliche, unwissende Leute aus der Bevölkerung anspreche, so sind wir [die Mönche] aus dem Volk weggegangen, haben alles Kostbare und Schöne der Welt für Christus verlassen … Suchen wir die Bewunderung von Dummköpfen oder die Schenkung Einfältiger?»[481] – «Habsucht! Götzendienst!» – «Es wird die wunderschöne Gestalt eines oder einer Heiligen gezeigt und für um so heiliger angesehen, je bunter sie ist. Die Leute laufen, sie zu küssen, werden zu Schenkungen eingeladen und bewundern mehr Schönes, als daß sie Heiliges verehren. Es werden daher in der Kirche edelsteingeschmückte – nicht Kronen, sondern Räder, von Leuchten umgeben [Radleuchter] ausgestellt. Aber nicht minder strahlen sie mit ihren eingelegten Steinen. Anstelle von Kandelabern sehen wir Bäume sozusagen aufgerichtet, schwer von Erz, wunderbar künstlerisch gefertigt …[482] O Eitelkeit der Eitelkeiten! Es glänzt die Kirche mit ihren Mauern und an Armen leidet sie Not. Ihre Steine bekleidet sie mit Gold, ihre Söhne läßt sie nackt stehen. Auf Kosten der Armen wird den Augen der Reichen gedient. Es finden die Neugierigen, womit sie sich ergötzen, es finden nicht die Armen, womit sie ihren Unterhalt bestreiten.»[483]

Offenbar auf Mosaikfußböden anspielend, bemängelt Bernard: «Die Heiligenbilder, von denen der Fußboden wimmelt, über den die Füße trampeln, werden nicht verehrt. Oft wird auf ein Engelsgesicht gespuckt, oft irgendein heiliges Antlitz von den Absätzen der Darübergehenden geschlagen. Was sind dort schöne Gestalten wert, wo sie mit dauerndem Staub verschmutzt werden?

Schließlich, was soll das für Arme, Mönche, für geistlich lebende Männer? … Ich stimme zu: dulden wir auch dies in der Kirche, da es, wenn auch schädlich für Eitle und Habgierige, doch nicht schädlich ist für einfache, fromme Menschen.» – «Im übrigen, was macht in den Klöstern, vor den Brüdern, die doch lesen, jene lächerliche Ungeheuerlichkeit, eine wunderbar verformte Schönheit und schöne Verformung? Was tun dort unreine Affengesichter? Wilde Löwen? Monströse Kentauren? Halbmenschen? Gefleckte Tiger? Kämpfende Ritter? Hörnerblasende Jäger? Unter einem Kopf kannst Du viele Leiber sehen und umgekehrt auf einem Leib viele Köpfe. Man nimmt auch einen Schlangenschwanz an einem Vierfüßler wahr, an einem Fisch den Kopf eines Vierfüßlers. Da zieht eine Bestie ein Pferd nach vorn, dort zerrt sie eine halbe Ziege nach hinten. Hier trägt ein Hornvieh eine Pferdekruppe – so vielfältig und wunderlich erscheint überall die Abwechslung unterschiedlicher Gestalten, daß man lieber an Marmorsäulen als in Büchern liest und eher den ganzen Tag mit der Bewunderung dieser Einzelheiten als in der Meditation des Gesetzes Gottes zubringen möchte.»[484] Die Worte könnten unter den Kapitellen von Vézelay geschrieben worden sein.

Uns ist keine unmittelbare Antwort des Petrus Venerabilis auf die scharfe Kritik Bernards an den reich ausgestalteten Kirchen und Klöstern der Cluniacenser überliefert. Aber es scheint, als wären die beiden Äbte in ihren innersten Überzeugungen gar nicht so weit voneinander entfernt gewesen. Natürlich konnte Petrus Venerabilis nichts an der von seinem Vorgänger übernommenen und von ihm zu vollendenden gewaltigen Klosterkirche Clunys ändern. Doch wenn die Cistercienser zum Beispiel in ihren Statuten für sich in Anspruch nahmen, außer in der Meßfeier für das Altargerät kein Gold zu verwenden,[485] so wußte Petrus Venerabilis sehr wohl, daß von seinem Vorgänger, Abt Odo von Cluny, berichtet worden war, er hätte statt eines goldenen Kelches und einer goldenen Patene einen Kelch aus Glas und ein Weidengeflecht benutzt.[486] Es war zu erwähnen, daß er ein eigenes Statut der Bestimmung gewidmet hat, den sterbenden Brüdern solle nicht ein Kreuz aus Edelmetall, sondern aus Holz zum verehrenden Kuß gereicht werden, weil es besser die Liebe zum leidenden Christus erwecke.

Aber eine Erfahrung hatte der Abt von Cluny jenem von Clairvaux voraus, und er hat sie sogar in einem Brief an den Papst, Innocenz II., ausgesprochen: In allem, was die Religion angeht, ist es leichter, Neues zu gründen als Altes wiederherzustellen.[487] Auf die Auseinandersetzung zwischen Cisterciensern und Cluniacensern bezogen hieß das: Es ist leichter, neue Klöster zu gründen als alte zu reformieren. Wiederherstellung, Reform meinte nach der langen Geschichte Clunys dasselbe wie schon unter Odo von Cluny: die Rückkehr zur Urform der Urkirche in Jerusalem. Dasselbe hatte Bernard von Clairvaux immer wieder vor Augen, wenn er sich, die Apostelgeschichte zitierend, alles Mönchtum als ein Herz und eine Seele wünschte.[488]

Beiden Äbten konnte wohl in ihrer Auseinandersetzung um wahres Mönchtum nicht bewußt sein, daß die Schöpfung der Cistercienser, der Mönchsorden nämlich, ohne das Wagnis der Cluniacenser beim Aufbau der Cluniacensis ecclesia nicht möglich gewesen wäre. Die Cistercienser haben den ersten Mönchsorden der Geschichte geschaffen.[489] Kartäuser, Prämonstratenser, Grammontenser und viele andere ahmten die Cistercienser nach. Um 1200 begannen die Cluniacenser selbst, die Form des Mönchsordens anzunehmen.[490] Der Mönchsorden verwirklichte weitestgehende Freiheit und Selbstbestimmung. So wurde ein Cistercienserkloster erst gegründet, wenn der zuständige Ortsbischof, in dessen Diözese das Kloster errichtet werden sollte, die Verfassung des Cistercienserordens, die *carta caritatis*, anerkannte. Die Auseinandersetzung, die das freie Cluny und seine Klöster immer wieder mit Bischöfen auszutragen hatte, war damit weitestgehend vermieden. Da die einzelne Cisterce keinen Vogt hatte, weil der Orden insgesamt der vogteilichen Schutzherrschaft der Stauferkaiser anvertraut war, konnte auch die Unabhängigkeit von weltlichem Zugriff auf ein Kloster ähnlich wie schon vorher bei den Cluniacensern grundgelegt werden.

Cîteaux, das Mutterkloster des Ordens, hatte vier Töchtergründungen: La Ferté, Pontigny, Clairvaux, Morimond. Jede der Töchter brachte selbst wieder Töchter hervor, die meisten Clairvaux. Hatten die Cluniacenser Klöster reformiert und angenommen, die von Königen, Bischöfen und Adeligen gegründet waren, so gründeten die Cistercienser selbst Klöster und behielten sich die Voraussetzungen für jede Klostergründung vor. Der Abt des jeweiligen Mutterklosters übernahm mit der Visitation Verantwortung für seine Tochterklöster. Cîteaux selbst wurde von den Äbten seiner vier Töchter visitiert. Die stets gefährdete Existenz eines einzelnen Klosters wurde in der Geborgenheit des Ordens aufgefangen. Denn jede Cisterce war auf dem Generalkapitel vertreten, auf dem alle Entscheidungen über das Leben im gesamten Orden mehrheitlich getroffen wurden. Modern gesprochen brachte das Generalkapitel ein demokratisches Element in das Mönchtum. Dieses nahm damit an einer im 12. Jahrhundert allgemein zu beobachtenden Rationalisierung auf allen Gebieten des öffentlichen Lebens teil.

In der Benediktsregel, der auch die Cistercienser folgten, war ja eine solche Gestaltung mönchischen Lebens im Kloster nicht vorgesehen. Für Benedikt galt die lebenslange Gemeinschaft der Mönche mit ihrem Abt, den sie gewählt hatten und der ihnen als Stellvertreter Christi galt, in der Abtei. Er hatte die Möglichkeit, daß mönchisches Leben die Mauern eines Klosters überspringt und andere ansteckt, nicht geregelt. Mit dem Mönchsorden der Cistercienser, der sich im 12. Jahrhundert explosionsartig über ganz Europa und bis ins Hl. Land ausgebreitet hat, war an die Stelle eines einzelnen Benediktinerklosters eine alle sprachlichen, kulturellen und politischen Grenzen überspringende, buchstäblich internationale Größe entstanden.

Genau dies hatten freilich die Cluniacenser vorgestaltet, als Cluny zum Haupt einer immer größer werdenden, schon im 11. Jahrhundert Hunderte von Abteien und Prioraten zählenden Klöstergruppe gewachsen war. Auch sie besaßen ein Kloster im Hl. Land und eines bei Konstantinopel.[491] Ihre große Gemeinschaft verklammerten sie mit dem gemeinsamen *ordo Cluniacensis*, der Ordnung cluniacensischen Mönchslebens im Kloster, die sich in andere Klöster exportieren, von fremden Klöstern importieren ließ. Zu dieser Tradition schaffenden geistlichen Verklammerung trat die rechtliche, nach der alle Mönche, die ihre Gelübde in die Hände des Abtes von Cluny oder eines von ihm Beauftragten geschworen hatten, und alle die Klöster, die rechtlich in den Besitz Clunys gegeben worden waren und damit an der Freiheit Clunys teilhatten, die Cluniacensis ecclesia bildeten.

Das dichtestmögliche Gemeinschaftsbewußtsein, das lebende und tote Cluniacenser miteinander verband, das am Leib der Gesamtkirche ausgerichtete Bewußtsein, *corpus Cluniacensis ecclesiae* zu sein, deutet auf die Stärke und Ausstrahlungskraft dieser mönchischen Gemeinschaft.

Dabei hatte der Abt von Cluny freilich auf den jeweiligen Rechtsstand des einzelnen Cluniacenserklosters, vor allem der Abteien, die an Cluny gegeben worden waren, Rücksicht zu nehmen. Tatsächlich blieben gerade die Abteien, die nach langer eigener Tradition von ihren jeweiligen Herrn an Cluny übertragen wurden, neuralgische Punkte in der Cluniacensis ecclesia.

Bis zum Investiturstreit war diese Gestalt mönchisch-klösterlichen Lebens in Europa einzigartig gewesen. Danach wurde sie im Mönchsorden mit seiner Verfassung, seinem Generalkapitel und seinen Visitationen vervollkommnet und vollendet. *Ordo Cisterciensis* war nun nicht mehr einfach die Ordnung cisterciensischen Mönchslebens im Kloster, sondern die Gemeinschaft aller Cistercen mit Cîteaux im Orden. Hatte die Gemeinschaft aller Cluniacenserklöster mit Cluny Cluniacensis ecclesia geheißen, so meinte Cisterciensis ecclesia nur noch das Kloster Cîteaux. Der Cistercienserorden verstand sich nicht mehr wie die Cluniacenser als mönchisch-klösterliche Kirche, sondern eben als Mönchsorden.

Damit war bei aller Selbstbestimmung mönchischen Lebens, die jetzt erreicht war, ein Stück Universalität mönchischen Lebens für die ganze Christenheit, verkörpert in Cluny, aufgegeben. Der Cistercienserorden zog sich auf sich selbst zurück, betonte die Eigenheit gegenüber anderen Mönchsorden und sah diejenigen, die von einem zum anderen Orden gingen, als Fahnenflüchtige (*fugitivi*) an.

Auch von der Laiengesellschaft, welche die Cluniacenser hatten reformieren wollen, kapselte sich der Cistercienserorden ab. Der Zugang zu den frühen Klosterkirchen der Cistercienser erfolgte vom Kloster, aus der Klausur. Ein Außenportal, durch das Laien hätten eintreten können, fehlte zunächst. Erinnert man sich an die Ausmaße cluniacensischer Armensorge oder daran, daß es in Cluny sogar einen

Laienfriedhof gegeben hat (*cimiterium populare*), wird der Wandel von Cluny zu Cîteaux im Blick auf die mittelalterliche Gesellschaft deutlich. Die Cistercienser als Schöpfer des Mönchsordens und in ihrer Nachahmung die anderen Mönchsorden kapselten sich nicht allein gegeneinander ab, sondern weitgehend auch gegenüber der laikalen Umgebung.

So sehr das Aufkommen der Mönchsorden im 12. Jahrhundert von der Literatur als eine Blüte des Mönchtums verstanden wird (man spricht von den «neuen» Orden, als hätte es alte gegeben), so haben die Mönchsorden die bis dahin gegebene Einheit benediktinischen Mönchtums aufgespalten. Sie erweckten den Eindruck zänkischer Mönche, die sich mit sich selbst beschäftigten. Sie riskierten es, an Glaubwürdigkeit zu verlieren.

Hatte es bis dahin in jedem Jahrhundert Ketzer und Ketzergruppen gegeben, so tauchten um 1200 erstmals in der Geschichte des Christentums Ketzerbewegungen auf.[492] Obwohl dies seit geraumer Zeit bekannt ist, hat noch niemand, so weit zu sehen, gefragt, ob es zwischen diesem Befund und der Aufspaltung des Mönchtums in Orden einen Zusammenhang gegeben hat. Soviel steht fest: Bis ins 12. Jahrhundert mündeten alle religiösen Bewegungen in die Klöster Europas ein. Seit 1200, der Zeit, in der Europa von einer Klöster- zu einer Städtelandschaft wurde, gab es auch religiöse Bewegungen, die an den Klöstern und an der Kirche insgesamt vorbeiliefen. Odo von Cluny hatte noch die ganze Christenheit nach den Maßstäben des mönchischen Lebens der in der Apostelgeschichte beschriebenen Urkirche von Jerusalem erneuern wollen.

Bernard von Clairvaux war schon gestorben (1153), Petrus Venerabilis lebte noch (er verstarb 1156), als Idung, zuerst Schulmeister am Regensburger Dom, dann zehn Jahre Mönch in Prüfening, dem von der Hirsauer Reform erfaßten Bamberger Bischofskloster, Cistercienser wurde.[493] Weil er annahm, daß dieser Wechsel einigen seiner Vertrauten mißfiel, verfaßte er einen Dialog zweier Mönche, des *Cluniacensis* und des *Cisterciensis*. So schrieb er im Prolog des Dialogs, der an die Äbtissin Kunigunde von Niedermünster in Regensburg (1136–1177) adressiert war.[494] Weil er sich rechtfertigen wollte, verfaßte er in der Form des Dialogs eine Streitschrift des neuen Mönchtums gegen das alte, nachdem die cisterciensisch-cluniacensische Auseinandersetzung Bernards von Clairvaux und des Petrus Venerabilis längst verklungen war. Von deren hohem Niveau und den fundamentalen Leitgedanken der beiden Äbte ist Idungs Dialog weit entfernt.

Ganz und gar ungleich hat er die Rollen der beiden Dialogpartner verteilt. Wollte man die Worte auszählen, die Idung beiden zuwies, so hörte man einen beredten Cistercienser und die kurzen Fragen eines wortkargen Cluniacensers. Der von den Benediktinern zu den Cisterciensern gegangene Verfasser bezeichnete die Mönche, die aus Cistercen in Benediktinerklöster wechselten, als Apostaten.[495] Man bräuchte sich also bei diesem Streitgespräch nicht aufzuhalten, enthielte es nicht ein Zeugnis, das Neues über Cluny aussagt.

Der Cluniacenser, der hier mit dem Cistercienser so ungleich diskutiert, ist nämlich gar kein Cluniacenser. Die cluniacensische Erfahrung, auf die sich Idung beruft, der *Ordo*, die *Consuetudo Cluniacensis*, ist die der Abtei Prüfening, die zu den hirsauisch beeinflußten Klostergründungen des Bischofs Otto von Bamberg gehörte. Und unter den Vorwürfen, die Idung den *Cisterciensis* dem *Cluniacensis* entgegenhalten läßt, stehen solche, die beim besten Willen Cluny und dessen Klöster nicht treffen können, wohl aber benediktinische, besonders Bischofsklöster im deutschen Reich.

Cisterciensis: «Alle unsere Klöster sind sozusagen ein Leib (*unum corpus*), weil sie von einem Haupt mit dem alljährlich in unserem Kapitel [Generalkapitel] ausgetauschten Rat regiert werden, was die Regeltreue unseres Ordens beständig haltbar macht. Und da eure Äbte ohne Haupt sind, sie vergleichsweise kopflos keinen Lehrmeister über sich haben, macht jeder in seinem Kloster, was er will, läßt weg, was er will. Das ist der Grund, weswegen die Regeltreue in euren Klöstern nicht dauerhaft ist. Ein- und Absetzung der Äbte eures Ordens – zusammen mit bestimmten heikleren Angelegenheiten – werden von den Bischöfen sozusagen in der Öffentlichkeit gegen die Zierde mönchischer Regeltreue verhandelt, bei uns jedoch unter uns selbst, von uns selbst geheim, die Zierde mönchischer Regeltreue berücksichtigend.»[496]

Das *corpus Cluniacensis ecclesiae*, dessen Glieder in Cluny ihr Haupt sahen, brauchte sich von dieser Kritik nicht betroffen zu fühlen. Keineswegs befanden Bischöfe über Ein-und Absetzung der Äbte Clunys oder cluniacensischer Abteien, waren diese doch allein dem Papst untergeben. Und auch der Vorhalt, «weil eure Klöster nicht nur in Dörfern, sondern auch in Städten und an stadtnahen Orten stehen, unsere aber keineswegs, deshalb können wir, verglichen mit euch, zu Recht Einsiedler und kontemplativ genannt werden, obwohl Du gesagt hast: unser Orden ist kontemplativ und der eure aktiv»[497], traf Cluny und seine Klöster in den wenigsten Fällen, wohl aber die Benediktinerklöster des Deutschen Reiches. Idung hat augenscheinlich Cluny und cluniacensische Klöster nicht gekannt, allenfalls im hirsauisch beeinflußten Kloster eine Handschrift der Constitutiones Hirsaugienses und der Consuetudines Ulrichs von Cluny gesehen.

Wenn er «Cluniacenser» schrieb, so meinte er damit einen Vertreter des vorcisterciensischen benediktinischen Mönchtums. Und in diesem Sinn sah er auch sich selbst als einen «Cluniacenser», der in Prüfening nach «cluniacensischer» Gewohnheit gelebt hatte, bevor er die Gelübde nochmals, nun als Cistercienser, ablegte.

Auch der Bamberger Schulmeister und Michelsberger Mönch Herbord, dem eine Lebensbeschreibung des Bischofs Otto von Bamberg in Dialogform verdankt wird und dem Idung eine frühere, *Argumentum* genannte Schrift gewidmet hat, nannte seine und seiner Michelsberger Mitbrüder Lebensgewohnheiten *ordo noster … cloniacensis*[498]. Es war also, wie man seit langem weiß,[499] in der Mitte des 12. Jahrhunderts möglich, daß der Name Cluny für das ganze vorcisterciensische benediktinische Mönchtum stand und *Cluniacensis* gegenüber den «weißen», in hellgrauem Naturleinen gekleideten Cisterciensern einen «schwarzen» Benediktiner in schwarzer Kutte bezeichnete.

Das bedeutet nichts Geringeres, als daß während der Auseinandersetzung der Cistercienser mit den Cluniacensern, als die Mönchsorden entstanden, Cluny namengebend für das gesamte benediktinische Mönchtum geworden ist, wie es sich seit der Zeit Karls des Großen und Ludwigs des Frommen und dessen Reichsabtes Benedikt von Aniane entwickelt hatte. Zweifellos hatte das klösterliche Mönchtum mit der Cluniacensis ecclesia einen Gipfelpunkt seiner Freiheit, Ausstrahlungskraft und europäischen Geltung in Kirche und Welt erreicht, bevor es sich im 12. Jahrhundert die Form der Mönchsorden gab. Diese erlaubte ein Höchstmaß an mönchischer Selbstbestimmung, führte jedoch zugleich zu innermönchischen Rivalitäten und einer Entfernung von den Erwartungen der damaligen Gesellschaft. Die Cistercienser waren ja die letzten, die auf dem flachen Land in gemessenem Abstand Abteien errichteten und riesigen Zulauf erhielten. Im 13. Jahrhundert protestierten gegen den reich gewordenen Cistercienserorden die Minderbrüder des Franziskus. Sie bettelten und ließen sich, wenn es ihnen erlaubt wurde, in den Städten nieder, ebenso die Dominikaner, die den neuartigen Ketzerbewegungen eine kirchliche Antwort geben wollten. Beide Bewegungen haben dann die Form der Mönchsorden angenommen, hießen aber bezeichnenderweise Bettelorden.[500]

Daß Cluny, während es von den Cisterciensern umstritten wurde, für das gesamte benediktinische Mönchtum hat namengebend werden können, ist in Erinnerung an die Vorgänge des Pontianischen Schismas alles andere als selbstverständlich. Petrus Venerabilis, der seine Mönche gegenüber den Cisterciensern und Bernard von Clairvaux so unbeirrbar verteidigt und sie gleichzeitig im Innern zu Reformen geführt hat, die den Fortschritten der Cistercienser Rechnung trugen, hat offensichtlich die Wunden des Pontius-Schismas in seinem Konvent und im *corpus Cluniacensis ecclesiae* heilen können.

Dies blieb in der bisherigen Forschung unbeachtet. Dabei war es diese Befriedung seiner Mönchsgemeinschaft, die ihn überhaupt erst befähigte, Cluny nach außen in der Geduld, Großmut und mit dem Weitblick zu vertreten, die ihn und Cluny auch in der Mitte des 12. Jahrhunderts noch zu einem Zufluchtsort für schwer Geprüfte werden ließ. Die Autorität, die sich der Abt so europaweit sicherte, stützte wiederum die Gemeinschaft der Cluniacenser und ließ deren Narben vom Schisma des Pontius rascher verheilen.

Von der Hochschätzung, die sich Petrus Venerabilis erworben hat, hing für Cluny um so mehr ab, als sich mit dem Übergang der Herrschaft im Reich von den Saliern zu den Staufern Cluny nicht mehr als der Partner des Kaisers ansehen konnte, der es in ottonischer und salischer Zeit gewesen war. Friedrich Barbarossa und Friedrich II. bevorzugten den Cistercienserorden. Und auch Clunys Verbindung mit Rom mußte nach dem Schisma des Pontius neu gefestigt werden. Von 1130 an unterstützte Petrus Venerabilis ebenso wie Bernard von Clairvaux Papst Innocenz II. gegen Anaclet II. Und von 1145 bis 1153 hatte mit

Eugen III. ein Cistercienser den Stuhl Petri inne. Daß Bernard dem
Papst den Abt von Cluny empfohlen hat[501] und daß es Petrus Venerabilis gelungen ist, den Cistercienserpapst auf dessen Frankreichreise im
Jahr 1147 zu einem Besuch der Abtei Cluny zu gewinnen,[502] sagt viel
über die Freundschaft zwischen Petrus Venerabilis und Bernard von
Clairvaux aus, die deren Auseinandersetzung über das wahre Mönchtum nach der Regel Benedikts überdauerte – und noch mehr über die
Fähigkeit des Petrus Venerabilis, Streit mit der in der Benediktsregel
hervorgehobenen *Discretio* zu überwinden.

Die Reisen des Petrus Venerabilis dienten überwiegend der Interes-
senvertretung der Cluniacensis ecclesia. Das galt für seine zehn Italien-
und Romreisen. Das Schisma des Pontius hatte ihn gezwungen, 1122
auf einen Antrittsbesuch bei Calixt II. zu verzichten. Derselbe Papst hat
ihn dann aus demselben Grund zusammen mit Pontius nach Rom zitiert. Und bei jedem Wechsel auf dem Stuhl Petri ging es dem Abt
darum, Cluny die Erneuerung der bis dahin ergangenen Papstprivilegien zu sichern. 1135 nahm er am Konzil von Pisa teil – und machte
daher wieder die Erfahrung, wie sehr er unter dem italienischen Klima
litt[503] – und 1139 am 2. Laterankonzil, auf dem mit der Auseinander-
zung zwischen Stephan von England und Kaiserin Mathilde vitale Interessen Clunys berührt wurden.[504] Zwar hat Petrus im Streit zwischen
den Cluniacenserinnen von Cantù und Cernobbio vermittelt[505] und
1152 die Cluniacenserprioren aus Italien nach Cluny gerufen.[506] Doch
haben sich in seinem Abbatiat S. Benedetto di Polirone und die Cluniacenserpriorate um Pontida sicher innerhalb der Cluniacensis ecclesia ei-
nigermaßen verselbständigt.[507]

Von seinen Englandreisen in den Jahren 1130 und 1155 hatte sich Petrus Venerabilis nach seinen eigenen Worten «vergeblich erhofft, daß
mir in eurem [des Heinrich von Winchester] Westen die Sonne auf-
ginge»[508]. Ein Jahr nach seiner ersten Reise über den Kanal hatte er
Heinrich von Winchester diesen Brief geschrieben. Dieser war seit 1126,
auch noch als Bischof von Winchester, Abt des reichsten englischen
Klosters, Glastonbury. Sein Neffe, der Cluniacenserabt Heinrich von
S. Jean d'Angély, übernahm 1127 die Leitung der berühmten Abtei Pe-
terborough.[509] Und in der königlichen Gründung Reading war ein Cluniacenser Abt: der mit Matthaeus von Albano verwandte Hugo von

Amiens, 1130 Erzbischof von Rouen.[510] Unter König Heinrich I. von England (1100–1135), also in einer Zeit, in der Cluny längst in ganz Europa Priorate besaß, wurde es zur Reform der drei genannten Klöster gebeten und entsprach dieser Bitte wie in der Zeit seiner Anfänge. Petrus Venerabilis hätte sie gern in die Cluniacensis ecclesia überführt. Wenn Heinrich von Winchester dem nicht zustimmte, so wohl im Blick auf den gesamten monastischen Horizont Englands, vor dem sich mit Hilfe des Königs auch die Cistercienser, dazu auch schon Regularkanoniker, heimisch gemacht hatten.[511]

Andererseits beschenkte König Heinrich I. Cluny damals derart reich, daß Petrus Venerabilis selbst feststellen mußte: «Während seit fast 300 Jahren fast alle lateinischen Könige die Cluniacensis ecclesia hochgeschätzt und sie sowohl mit beweglichen Gaben als auch mit Immobilienschenkungen um Gottes Willen gefördert und bewidmet haben, so hat doch unter allen der englische König und Herzog der Normandie, Heinrich [I.] seligen Andenkens … Cluny mit besonderer Liebe gepflegt und verehrt. Mit vielfältigen und großen Gaben aber alle schon Genannten überragend, hat er auch die größte, vom spanischen König Alfons begonnene Klosterkirche [«Cluny III»] mit wunderbarem und einzigartigem Werk unter allen Kirchen fast des gesamten Erdkreises vollendet.»[512] Am 25. Oktober 1130 ist ja die Weihe der Kirche «Cluny III» durch Papst Innocenz II. gefeiert worden[513].

1155 war Petrus Venerabilis zu einem Zeitpunkt in England, als der große Mäzen Clunys, Heinrich von Winchester, so große Schwierigkeiten mit König Heinrich II. von England hatte, der Heinrichs von Winchester Bruder, König Stephan (1135–1154) nachgefolgt war, daß er mit Hilfe des Abtes von Cluny seinen Geldschatz heimlich außer Landes bringen ließ.[514] Wie groß dieser gewesen sein mag, läßt sich erahnen, wenn man sich an die riesige Leihsumme erinnert, die der Bischof von Winchester, wie erwähnt, zuvor den Cluniacensern zur Verfügung gestellt hatte.

Nur eine Reise des Petrus Venerabilis nach Deutschland ist gesichert: seine Teilnahme an Konrads III. Hoftag zu Frankfurt 1147, zur Vorbereitung des zweiten Kreuzzuges.[515] Ob er 1153 dann Kaiser Friedrich Barbarossa in Worms gesehen hat, bleibt fraglich.[516] Wir hören nichts von Besuchen des Petrus Venerabilis in den Cluniacenserklöstern der späteren Provinz Alemannia, also im Breisgau, im Elsaß und in der heutigen Schweiz.

Um die cluniacensischen Klöster in Spanien, rund zwanzig, zu besuchen, so Petrus Venerabilis,[517] hielt er sich im Jahr 1142 etwa acht Monate auf der Iberischen Halbinsel auf. Für diese Zeit hatte er die Aufsicht über die Klöster der Cluniacensis ecclesia in Frankreich erstaunlicherweise nicht seinem Großprior in Cluny – entweder damals Arbertus oder schon wieder der erfahrene Wilhelm, zuvor Prior in Ambierle, Charlieu, Sauxillanges, Souvigny und 1135 Abt von Moissac[518] – übertragen, sondern dem Erzbischof Gaufrid von Bordeaux anvertraut.[519]

Aus einer in diesem Brief gebrauchten Formulierung hatte man schon eine Pilgerreise nach Santiago schließen wollen, doch wird das, schon wegen des von Petrus eingeschlagenen Reiseweges, inzwischen eher als unwahrscheinlich angesehen.[520] Es war ja eine Einladung des spanischen Königs Alfons VII., der Petrus, urkundlich bezeugt,[521] mit seiner Reise folgte. In das überaus enge Verhältnis der spanischen Könige zu Cluny hatten sich Störungen eingeschlichen. Als der Abt 1142 nach Spanien reiste, waren es schon zehn Jahre, daß die seit den Zeiten Hugos von Cluny vom König versprochenen und aus Spanien fließenden jährlichen Goldstücke ausgeblieben waren – für das wirtschaftlich darbende und verschuldete Cluny eine ernsthafte Gefährdung. Auch wenn Alfons VII. die Großzügigkeit seiner Vorgänger den Klöstern gegenüber nicht teilte, wünschte er doch nicht den Anschein zu erwecken, als hielte er die von den Vorfahren zugesagten jährlichen Zinseinkünfte zurück:[522] Daher gab er die Abtei S. Pedro de Cardeña als Priorat an Cluny, dazu Immobilieneinkünfte. Petrus Venerabilis, der einen solchen neuen Außenbesitz nicht so wie Bargeld brauchte, mußte sich dafür noch bedanken, indem er sich, wie übrigens auch Bernard von Clairvaux, beim Papst für den Kandidaten des Königs bei der Besetzung des Erzbistums Santiago de Compostela einsetzte.[523] Das neue Priorat gehörte nur vier Jahre zu Cluny, und in dieser Frist war es verarmt. Die Spanienreise brachte dem Abt von Cluny jedoch eine unerwartete Begegnung, die dauerhafte Folgen in der europäischen und außereuropäischen Geschichte nach sich zog. Darauf wird zurückzukommen sein.

Petrus Venerabilis hat seine Reisetätigkeit außerhalb Frankreichs im Vergleich mit seinem Vorgänger Hugo von Semur in sparsam gesetzten Grenzen gehalten. Nach dem Investiturstreit und dem Ende der einst engen Verbindung Clunys mit dem Kaiserhof ist jetzt unter Abt Petrus die Cluniacensis ecclesia in die französische Monarchie hineingewachsen. So ist es bezeichnend, daß zehn Jahre nach dem Tod des Abtes der Chef der Verwaltung im *burgus* von Cluny, der *praepositus* von Cluny, von König Ludwig VII. von Frankreich eingesetzt und für die Zukunft festgelegt wurde, daß er vor Amtsantritt den Treueid dem Abt von Cluny und dem König abzulegen habe.[524] Wenn Petrus Venerabilis mehr im französischen Kernraum der Cluniacensis ecclesia reiste als Hugo I. von Cluny und länger als dieser in Cluny selbst anwesend war, so hat dies gewiß das Schisma des Pontius zwingend nahegelegt. Die neuralgischen Punkte in der Cluniacensis ecclesia sind zur Zeit des Abtes Petrus dieselben geblieben, die schon unter Hugo I. bestanden: die cluniacensischen Abteien wie S. Martial de Limoges, Vézelay, S. Gilles, S. Bertin oder S. Benedetto di Polirone. Sie beharrten auf ihrem Eigenleben.

Hinzu kam, daß die Auseinandersetzung zwischen Cisterciensern und Cluniacensern nicht auf Streitschriften und Briefe beschränkt blieb. Schwarze und weiße Mönche stießen auch, wo Cistercen nahe Cluniacenserklöstern gegründet wurden, in ihrer alltäglichen Nachbarschaft aufeinander, so in Baume-les-Messieurs, von wo aus Cluny gegründet worden war, und in den cisterciensischen Neugründungen von Balerne und Bellevaux. Ein Kanoniker von Autun wurde vom Cistercienserpapst Eugen III. (1145–1153) mit einer Untersuchung beauftragt. Nachdem die Mönche von Baume mit Gewalt gegen ihn vorgegangen waren, wandelte der Papst die Abtei in ein Priorat Clunys um. Trotz aller Gegenwehr aus Baume blieb es bis etwa 1200 dabei. Als dann Baume wieder einen Abt wählen durfte, der im Orden von Cluny nach dem Abt von Cluny und dem von Moissac den dritten Rang einnahm, wurde festgelegt, daß der Abt aus den Mönchen Clunys genommen werde und er seinen Abtsstab aus den Händen des Abtes von Cluny empfangen mußte. Seine Wahl war auf die Zustimmung des Abtes von Cluny angewiesen. War er vom Kloster abwesend, so hatte ihn der Großprior von Cluny zu vertreten.[525]

Noch höhere Wellen schlug der Streit zwischen Gigny, im 10. Jahrhundert Abtei in der Sechsergruppe der Klöster Bernos mit Cluny, jetzt cluniacensisches Priorat, und der Cisterce Le Miroir, nahe Gigny bei Cuiseaux gegründet.[526] Le Miroir hatte landwirtschaftlichen Besitz erworben, dessen Zehnten seit alters nach Gigny gegeben worden waren. Die Mönche von Le Miroir verweigerten denen von Gigny die Abführung des Zehnten, den anzunehmen Mönchen nicht zukäme. Der Streit wurde zum Generalkapitel des Cistercienserordens und von der anderen Seite zum päpstlichen Kanzler, ja bis zum Papst selbst getragen. Die Zeichen standen schlecht für Gigny. Denn 1132 hatte der Papst die Cistercienser allgemein von Zehntzahlungen befreit. Als sich Gigny die Zehntlieferungen mit Gewalt holte, verfiel es dem Interdikt. Leidenschaftlich verwahrte sich dagegen Petrus Venerabilis beim Papst. Damals sprach er, wie gesagt, an, daß bis dahin nur ein einziges Mal Cluny davon betroffen worden sei, nämlich beim Pontius-Schisma. Die Mönche von Gigny gingen danach mit Waffengewalt gegen Le Miroir vor und setzten dort einige Gebäude in Brand. Der Cistercienserpapst verlangte von Petrus Venerabilis volle Entschädigung.

Nun versuchten dieser und Bernard von Clairvaux den Streit zu schlichten. Als Bernard starb, war der Friede noch nicht eingekehrt. Der Nachfolger Papst Eugens III. zeigte Verständnis für die überaus angespannte Wirtschaftslage der Cluniacensis ecclesia, die für Gigny, das auf die seit eh und je erhaltenen Zehntabgaben verzichten sollte, unerträglich geworden war. Er ordnete 1154 an, der Abt von Le Miroir solle die 17 000 Schillinge Entschädigung, die Petrus Venerabilis entrichtet hatte, zurückerstatten. Auch nach dieser neuerlichen Papsturkunde dauerte es noch ein Jahr, bis ein Vergleich beider Klöster zustande kam. Maßgeblichen Anteil daran hatten der Bruder des Petrus Venerabilis, Erzbischof Heraclius von Lyon, und der große Freund Clunys, Bischof Heinrich von Winchester aus dem königlichen Haus Blois. Es wurde vereinbart, daß die Cistercienser nur 11 000 von den 17 000 Schillingen zurückzuzahlen und zur Abgeltung aller Zehntforderungen jährlich 70 Schillinge Lyoner Münze abzuführen hätten. Die Weiderechte beider Klöster auf dem Grund und Boden von Gigny und Le Miroir wurden gegenseitig anerkannt. Der Prior Wilhelm von Gigny, der für die gewaltsamen Übergriffe auf Le Miroir verantwortlich war, war abgelöst worden. Nach dem Tod Bernards von Clairvaux und des Cistercienserpapstes vermochte der Cistercienserorden seinen Anspruch, Mönche dürften keine Zehnten annehmen und bräuchten dementsprechend auch keine abzuführen, gegenüber der wirtschaftlichen Wirklichkeit der schwarzen Mönche nicht aufrechtzuerhalten.

Mönche des Petrus Venerabilis

Um wirklich verstehen zu können, wie es Petrus Venerabilis gelingen konnte, die Narben des Pontius-Schismas am Leib der Cluniacensis ecclesia zu heilen und gleichzeitig Cluny nach außen so zu vertreten, daß es in der Auseinandersetzung mit den Cisterciensern geradezu namengebend für das ganze vorcisterciensische Mönchtum geworden ist, müßte man tief in die Personalpolitik des Petrus Venerabilis hineinschauen. Davon sind wir trotz aller Fortschritte der personengeschichtlichen Forschungen in den beiden letzten Jahrzehnten noch immer ein gutes Stück entfernt. In welchem der Hunderte cluniacensischer Häuser in Europa hatte Petrus Venerabilis mit Prioren zu rechnen, die es schon vor seinem Amtsantritt gewesen waren? Wer von diesen zählte zu den Pontianern? Wo mußte einer von ihnen abgelöst werden? Wo konnte es der Abt durchsetzen, ohne auf unüberwindlichen Widerstand der betroffenen Mönche zu stoßen? In welchen Prioraten außerhalb Frankreichs lockerten sich die Kontakte mit Cluny? An welchen Orten treffen wir Prioren, die zu den bewährtesten, mit dem Abt vertrauten Mitarbeitern gehörten? Schickte er diese auf bestimmte Laufbahnen, etwa von weniger bedeutenden zu bedeutenden und zu den wichtigsten Prioraten oder als Äbte in cluniacensische Abteien? Wer von diesen Prioren gelangte auf einen Bischofsstuhl, wer gar ins Kardinalkolleg?

Eine geduldige Zusammenstellung und eingehende Untersuchung der Prioren aller cluniacensischen Häuser in der Zeit des Petrus Venerabilis, die zu den erzählenden und urkundlichen Zeugnissen hinzu auch die liturgischen Quellen und die Zeugnisse der Totenbücher, Verbrüderungsverträge und -listen mit beachtete, zu den schriftlichen auch Sachzeugnisse, wie Inschriften an Bauten, Altären, Grabmälern und an

Altargeräten, könnte den gesetzten Fragezeichen mindestens Teilantworten und damit eine Annäherung an die tatsächliche personelle Ausstattung der Cluniacensis ecclesia entgegenstellen. Und die Untersuchung der Prioren müßte fortschreiten zu einer Untersuchung der einzelnen Mönchsgemeinschaften insgesamt. So eng da für den Beobachter des 20. Jahrhunderts die Grenzen gesetzt sind, so sind diese doch bis heute keineswegs abgetastet worden. Hier dürfen wir mit wirklichen Erkenntnisfortschritten rechnen.

Einige wenige Fingerzeige sind jetzt schon möglich. So kennt man zwar längst die sechs Cluniacenser, die zur Zeit des Abtes Petrus Venerabilis ins Kardinalkolleg aufgenommen worden sind.[527] Doch so vielverheißend die Aussage, «sechs Cluniacenserkardinäle im Abbatiat des Petrus Venerabilis» klingen mag – sie gibt weniger her, als man erwartete. Petrus Pierleone aus der mächtigen römischen Adelsfamilie der Pierleoni, die das Reformpapsttum im 11. Jahrhundert unterstützt hatte, hat die Mönchsgelübde in Cluny abgelegt und wurde schon 1112 Kardinaldiakon von SS. Cosma e Damiano, 1120 Kardinalpriester von Sta. Maria in Trastevere, 1130, im selben Jahr wie Innocenz II., als Anaclet II. zum Papst gewählt. Im Schisma ist er zum Gegenpapst geworden. Gegen ihn und für Innocenz II. haben sich nicht nur Bernard von Clairvaux und der Gründer des Prämonstratenserordens, Norbert von Xanten, entschieden, sondern auch Petrus Venerabilis sah im ehemaligen Mönch von Cluny den Gegenpapst.[528]

Den Abt Adenulf von Farfa, mit Bernard befreundet, der zum Kardinaldiakon von Sta. Maria in Cosmedin erhoben wurde, darf man nicht mehr unter die cluniacensischen Kardinäle rechnen.[529] Denn die Reichsabtei in der Sabina hatte zwar die Art und Weise der Cluniacenser, klösterlich zu leben, an der Jahrtausendwende angenommen, doch nie rechtlich zur Cluniacensis ecclesia gehört. Außerdem gibt es keinen einzigen Hinweis darauf, daß der Abt Adenulf seine Mönchsgelübde einst in Cluny abgelegt hätte.

Ein herausragender Mönch Clunys, Gilo, Verfasser eines Gedichts über den Kreuzzug und einer Vita des Abtes Hugo I. von Cluny, der als Kleriker in Cluny eingetreten war, wurde schon vor Amtsantritt des Petrus Venerabilis Kardinalbischof von Frascati. Da er vor seinem Übertritt zu Innocenz II. den Gegenpapst Anaclet II. unterstützt hatte und von Innocenz II. 1139 auf dem Laterankonzil abgesetzt wurde, konnte er Cluny vergleichsweise wenig dienen.⁵³⁰

Das Gegenteil gilt freilich für den Prior Matthaeus von S. Martin-des-Champs, Kardinalbischof von Albano, den unentbehrlichen Helfer des Petrus Venerabilis im Schisma des Pontius, der mit Hugo von Amiens, Abt von Reading und Erzbischof von Rouen, verwandt war.⁵³¹

Weite Wirkung erreichte Albericus, Mönch und Subprior von Cluny, in schwieriger Zeit von Innocenz II. als Abt von Vézelay ausersehen. Er erlebte Kirchweihe und Kreuzzugspredigt in Vézelay, nahm 1132 sogar an einem Generalkapitel in Cîteaux teil, 1135 am Konzil von Pisa. Auf dem Rückweg, den er zusammen mit Petrus Venerabilis und anderen Äbten nahm, fiel er bei Pontremoli unter die Räuber. Im selben Jahr überließ er dem Abt der Cisterce Pontigny ein Unterpriorat von Véze-lay für eine cisterciensische Neugründung. Ähnlich wie in Cluny tauchten in Vézelay Schwierigkeiten zwischen Abtei und *burgenses* auf. Albericus erreichte mit einem Schiedsgericht Frieden. Seine Ernennung zum Bischof von Langres verhinderte Petrus Venerabilis, sei es, weil er dann eine Loslösung der Abtei Vézelay von Cluny befürchtete, sei es, daß er Rücksicht auf Bernard von Clairvaux nehmen wollte, da für diesen und die Cistercienser das Bistum Langres von besonderer Bedeutung war. Albericus, der aber selbst von Bernard so verehrt wurde, daß dieser die Totenmesse für ihn feierte und bei der Postcommunio anstelle des Schlußgebetes für einen Verstorbenen jenes für einen Bekenner sprach, stieg damit jedoch zum Bischof des vornehmsten Kardinal-bistums, des Bistums Ostia, auf und wurde als päpstlicher Legat in England und Frankreich tätig, also sicher ein Cluniacenser von größtem Einfluß.⁵³²

Nach dem Tod des Albericus im Jahr 1151 war Imar noch der einzige Cluniacenser im Kardinalkolleg, eine Tatsache, die man wohl zu Recht als Anzeichen für die nach dem Investiturstreit gesunkene Bedeutung Clunys gesehen hat⁵·³³ Zuvor war Gilo im Bistum Tusculum (Frascati) nachgefolgt. Imar hatte seine Laufbahn als Mönch in S. Martin-des-Champs begonnen, als dort Matthaeus Prior war. Darauf stieg er zum Prior des bedeutenden Cluniacenserpriorates La Charité-sur-Loire und schließlich zum Abt der Cluniacenserabtei Montierneuf bei Poitiers auf. Der Kardinalbischof starb am 28. Oktober 1161 in Cluny.⁵³⁴

Auch einige Bischofssitze durften während des Abbatiats des Petrus Venerabilis als cluniacensische Stützpunkte gelten, weil Cluniacensermönche sie eingenommen hatten. Stolz konnte Petrus an Bernard von Clairvaux schreiben, «daß es für uns ja weder neu noch erstaunlich ist, daß unsere Mönche zu Bischöfen werden, da, wie Du selbst weißt, soviele von jener berühmten Kirche (Cluny) als Kirchensterne geleuchtet haben und leuchten ...»[535] Schon vor dem Amtsantritt des Petrus Venerabilis wurde etwa der Bischofsstuhl von Auxerre mit dem cluniacensischen Mönch und Abt von S. Germain d'Auxerre, Hugo, einem Neffen des Abtes Hugo von Semur, besetzt.[536]

Bald nach dem Schisma des Pontius kam ein anderer Neffe des Abtes Hugo I. von Cluny, Rainald, nachdem er Mönch in Cluny und Abt in Vézelay gewesen war, auf den Erzbischofsstuhl von Lyon. Er hat, angelehnt an Gilos Lebensbeschreibung des Abtes Hugo von Cluny, zwei Viten seines Onkels hinterlassen.[537]

Nur zwei Monate war der Cluniacensermönch Wilhelm Bischof von Langres.[538]

Von dem Cluniacensermönch Hugo, einem Verwandten des Matthaeus von Albano, der seine Laufbahn in der Abtei S. Martial de Limoges begann, ins englische Cluniacenserpriorat Lewes als Prior gesandt wurde, danach der Abtei Reading vorstand und schließlich Erzbischof von Rouen wurde, war bereits die Rede. Eng mit Petrus Venerabilis befreundet, hat er Cluny zweifellos wertvolle Dienste geleistet. Im Totenbuch eines Klosters, das nicht einmal den Cluniacensern gehörte, des Paraclet-Klosters, in dem die berühmte Héloïse Äbtissin war, wurde Hugos heiligmäßiges Leben und seine Charakteristik als herausragende Persönlichkeit der Zeitgeschichte erwähnt.[539]

Der Prior des Cluniacenserordens Ste. Foi-de-Morlaas ist als Arnaldus II. Bischof von Oloron geworden.[540]

Von dem in der Zeit des Petrus Venerabilis für Cluny mit Abstand wichtigsten Bischof, dem Cluniacensermönch aus königlicher Familie, Heinrich von Blois, Bischof von Winchester, braucht hier nicht nochmals gehandelt zu werden.

Cluniacensermönch ist der anglonormannische Adelige Gilbert Foliot gewesen, Prior in Abbeville, vielleicht in Cluny selbst, dann Abt von Gloucester, der Bischof von Hereford geworden ist und sieben

Jahre nach dem Tod des Petrus Venerabilis den Bischofsstuhl von London bestiegen hat. Als Bischof von London führte er die Widerstände gegen Thomas Becket. Zweimal deswegen exkommuniziert, konnte er sich vom Vorwurf einer Mittäterschaft am Mord des Erzbischofs von Canterbury reinigen.

Ein Cluniacensermönch Johannes ist Kaplan des Papstes und als Johannes III. Bischof von Perugia geworden.[541]

Der Prior des nach Cluny stärksten cluniacensischen Konvents in S. Martin-des-Champs, Theobald, ist 1144 zum Bischof des dem König von Frankreich besonders nahen Bistums Paris aufgestiegen, damit an einem für Cluny besonders wichtigen Ort.

In der Bischofskirche von Chartres besaßen die Cluniacenser zwei Präbenden: eine aus dem Verbrüderungsvertrag zwischen Cluny und Chartres aus der Zeit des Abtes Hugo[542] und eine auf Anordnung des Papstes Innocenz II., von der Petrus Venerabilis in seinem Brief an Bischof Hatto von Troyes aus dem Jahr 1138 schrieb.[543] Von anderen Präbenden Clunys an französischen Bischofskirchen, mit denen sich Cluny im Abbatiat Hugos von Semur verbrüdert hatte, hört man aus der Zeit des Petrus Venerabilis nichts mehr. Auch die Zahl der Cluniacensermönche, die unter Abt Petrus Venerabilis auf Bischofsstühle gekommen sind, hat sich gegenüber dem Abbatiat Hugos von Semur unübersehbar verringert.

Dies gilt auch für die Bischöfe, die auf ihr Amt verzichteten, um in Cluny als Mönche einzutreten. Petrus Venerabilis hat darum, wie vor ihm Hugo von Semur, geworben. In seinen Armen starb einer der benachbarten Bischöfe, Stephan I. von Autun, der sich am Ende seiner Lebenszeit nach Cluny begeben hatte. Dessen Neffen Humbert, Archidiakon in Autun, später Erzbischof von Lyon, legte der Abt nahe, es dem bischöflichen Onkel gleichzutun.[544]

Hoch im französischen Norden war es ein bischöflicher Förderer der Cluniacenser, der auf sein Amt verzichtete und als Mönch von Cluny starb: Bischof Guarinus von Amiens.[545]

Im «Paradies der christlichen Nächstenliebe», nämlich in Cluny, begrüßte Petrus Venerabilis nach vorangegangenem Werben seinen bischöflichen Mitbruder Hatto von Troyes.[546]

Der Erzbischof Hugo von Tours war auf einer Romreise schwer erkrankt und leistete im Cluniacenserpriorat La Charité-sur-Loire die *professio in extremis*, die Mönchsgelübde im Angesicht des Todes. Doch in La Charité wurde er so gut gepflegt, daß er wieder gesund wurde. Kleriker von Tours bestürmten ihn, in sein Erzbistum zurückzukehren. Petrus Venerabilis andererseits schrieb sogar an den Papst, ob der Mönch gewordene Erzbischof im Kloster bleiben dürfe.[547] Nach der Stellungnahme des Papstes ist Hugo freilich in seine erzbischöfliche Stadt zurückgekehrt.

Die Nachrichten aus den Prioraten der Cluniacensis ecclesia zur Zeit des Abtes Petrus Venerabilis fallen gewiß unterschiedlich gesprächig aus, wenn man sie danach befragt, ob ihre Prioren damals den Wechsel von Pontius über Hugo II. zu Petrus Venerabilis überdauert haben oder erst von Petrus eingesetzt worden sind und inwieweit es diesem gelungen sei, Mönche seines Vertrauens im Priorenamt zu wissen. Im Cluny nächstgelegenen Priorat S. Marcel-lèz-Chalon muß sich der Abt seiner Sache ganz sicher gewesen sein. Der Name dieses Priorates wird uns nochmals an allgemeingeschichtlich bedeutender Stelle wiederbegegnen.

Zum Frauenkloster der Cluniacenser, zu Marcigny-sur-Loire, besaß Petrus Venerabilis denkbar enge Verbindung. Seine von ihm hochverehrte Mutter, Raingardis, lebte dort als Kellermeisterin und Mutter der Armen, nachdem sie ursprünglich dem Wanderprediger Robert von Arbrissel versprochen hatte, in dessen Klostergründung Fontevrault mitzuarbeiten.[548] Zwei ihrer Enkelinnen, Pontia und Margerita, also zwei Nichten des Petrus Venerabilis, wurden mit ihr Nonnen von Marcigny. Damals waren Prioren in Marcigny erst Gaufredus von Semur, ein Neffe des Abtes Hugo von Cluny, dann Hugo, der als Abt Hugo II. von Cluny auf Pontius folgte. Zweiter, also Prior *claustralis* der Damen von Marcigny, war zur Zeit des Petrus Venerabilis Turquillus. Er hatte dieses Amt von Abt Petrus empfangen. Diesem lag er so am Herzen, daß ihm im ersten der beiden Mirakelbücher des Petrus Venerabilis ein eigenes Kapitel gewidmet und sein vorbildliches Mönchsleben gerühmt wurde.[549]

Als im späteren Mittelalter die Cluniacensis ecclesia selbst die Form des Mönchsordens angenommen hatte, da galten – so wie die Cistercen La Ferté (36 km von Cluny entfernt), Pontigny nördlich Auxerre,

Clairvaux und Morimond als die ältesten Töchter des Mutterklosters Cîteaux angesehen wurden – als die fünf Töchter Clunys die Priorate La Charité-sur-Loire, das englische Lewes, S. Martin-des-Champs, Souvigny und Sauxillanges, das ursprünglich als Abtei gegründet worden war.[550]

Das zentral gelegene Priorat La Charité-sur-Loire, in dem der Abt von Cluny, spätestens wenn er seine Klöster in England besucht hatte, Aufenthalt nahm, gehörte zweifellos zu den sichersten Stützpunkten des Petrus Venerabilis. Dem ersten Prior von La Charité nach der Pontiuszeit, Theodard, fühlte er sich in persönlicher Freundschaft verbunden.[551]

In Lewes wirkte schon während der Pontiuskrise ein Mann als Prior, den mit Petrus Venerabilis lebenslange, vertraute Freundschaft verband und der den Abt von Cluny überlebt hat: Hugo von Amiens, Prior von S. Martial de Limoges, Prior von Lewes, Abt von Reading, Erzbischof von Rouen.

Auf das Priorat S. Martin-des-Champs konnte Petrus Venerabilis felsenfest bauen, hatte ihm doch dessen Prior Matthaeus, der spätere Kardinalbischof von Albano, bis zum Ende der Pontiuskrise unbeirrbar und auch in Rom erfolgreich beigestanden. Dabei müssen die Verhältnisse in dem mönchsreichen Pariser Priorat so geordnet gewesen sein, daß die zeitweilige Abwesenheit des Matthaeus keinen Schaden angerichtet hat.

Nach seiner Erhebung zum Kardinalbischof folgte ihm als Prior in S. Martin Odo, der schon zwei Jahre später Kanoniker der erzbischöflichen Kirche in Reims wurde und zum Abt von S. Médard de Soissons aufstieg.[552]

In S. Martin-des-Champs folgte nochmals ein Prior Matthaeus (II.), von dem 1133 Theobald das Amt übernahm. Elf Jahre später wurde Theobald zum Bischof von Paris gewählt, behielt aber gleichwohl das Amt des Priors in S. Martin noch ein Jahr bei. Deshalb konnte ihm Petrus Venerabilis auch schreiben: «ich sage Euch Dank, weil Euch weder vielfältige Sorge, noch die kalte Höhe ehrenvollen Amtes, auch nicht der Gipfel bischöflicher Würde vom Leib Clunys entfremdet hat», und den Römerbrief des Apostels Paulus zitierend: «Ich sehe, daß Ihr mit den Frohen Euch freut, mit den Weinenden weint.»[553]

Theobalds Subprior in S. Martin, Odo, kam mit Persönlichkeiten wie Abt Suger von S. Denis, Bernard von Clairvaux sowie den Bischöfen von Paris und Auxerre zusammen und wurde Abt von Marchiennes, nordöstlich Arras. Es sagt viel über S. Martin-des-Champs aus, wenn Odo nach der Erhebung des Priors Theobald zum Bischof von Paris seinen Abbatiat aufgab und als Prior Odo II. Nachfolger Theobalds wurde. An Prior Odo und die Mönche von S. Martin-des-Champs sandte Petrus Venerabilis ein Trostschreiben. Denn ein Mitbruder von S. Martin, Hugo von Crécy-en-Brie, Kämmerer von Cluny und Bote des Abtes Petrus in vertraulichen Angelegenheiten, war gestorben. «Wer hat schon von allen Menschen unter dem Himmel zwanzig Jahre und mehr so treu, so dauerhaft, so beharrlich meine ihm auferlegten Lasten um Gottes und meinetwillen ergeben übernommen, getragen, erduldet …»[554]

Als der Empfänger des Trostbriefes erkrankte, wandte sich Petrus Venerabilis an Abt Suger von S. Denis[555]. Denn nach seinen Worten nahm deswegen das Priorat in geistlichen Dingen ebenso wie im Materiellen ab, wurde von Tag zu Tag weniger. Der Abt von Cluny teilte Suger mit, daß er Odo von seinem Amt entbunden und an seine Stelle den Subprior von S. Martin-des-Champs, Simon, zum Prior eingesetzt habe. Er versicherte sich in dieser Lage der Hilfe des Abtes von S. Denis. Die Vorgänge veranschaulichen, wie Petrus Venerabilis in dem Priorat, das den größten Konvent in der Cluniacensis ecclesia besaß und im Machtzentrum des Königs von Frankreich stand, über die Jahrzehnte hinweg die äbtliche Aufsicht zu wahren verstand und sich am Ort selbst wirksame Unterstützung vom Abt des ersten Königsklosters in Frankreich besorgte.

Souvigny, die vierte der fünf Töchter Clunys, war Petrus Venerabilis im Schisma des Pontius verlorengegangen. Der Prior Eustorgius war ein Mann des Pontius gewesen und von Papst Honorius II. exkommuniziert worden.

Beim Versuch, die Verhältnisse in Souvigny nach den Pontiuswirren zu erkennen, bleibt zu berücksichtigen, daß die urkundliche Überlieferung aus Souvigny einige Unsicherheiten gerade auch im Blick auf Datierungen und damit auf die Reihe der Prioren birgt.[556]

Es scheint so, daß Petrus Venerabilis 1147, zusammen mit einem sehr großen Teil ihn beratender Mönche aus Cluny (*maxima pars concilii Cluniacensis*), in Souvigny war, als sich dort Archimbald VI., Herr von Bourbon, aus der Gründersippe des Klosters von diesem eine größere Geldsumme lieh, um mit dem König von Frankreich und vielen anderen Adeligen zum Kreuzzug nach Jerusalem aufzubrechen.[557] Mit Sicherheit jedoch hat der Abt nach Eustorgius einen Mönch Wilhelm aus Cluny zum Prior in Souvigny bestellt, dem er, weil er ein Mönch «von engelgleicher Reinheit, einzigartig in seiner Barmherzigkeit gegenüber Armen und Verzweifelten, eifrig gegen Leute, die Gott mißachteten, und am meisten gegen Leute mit schwerer Schuld ganz und gar feurig war, und wenn man das nächtliche Chorgebet und im Verborgenen gehaltene Nachtwachen beiseite läßt, jeden Tag die Hälfte der Zeit in Gebeten und Tränen stand»[558], eine Musterlaufbahn geebnet hat: als Prior in Ambierle (Loire, arr. Roanne), Charlieu (Loire, arr. Roanne) – dieser Mönch Wilhelm stammte aus Roanne[559] –, dann in Sauxillanges (Puy-de-Dôme, arr. Issoire), danach in Souvigny. Doch auch in dem Priorat mit den Gräbern der heiligen Äbte Maiolus und Odilo war Wilhelms von Roanne Laufbahn nicht zu Ende. Petrus Venerabilis holte ihn als Prior nach Cluny selbst.[560] Gegen 1135 sandte er ihn als Abt nach Moissac. Dort, so Petrus Venerabilis, habe es einen Zwischenfall gegeben, «den näher zu nennen keine Notwendigkeit zwingt»[561]. Darauf habe Wilhelm Moissac verlassen und sei nach Cluny zurückgekehrt. Hier habe er eine Zeitlang als Kämmerer für die Brüder gedient. Zuletzt sei er wieder als Prior zur Verwaltung von Charlieu ausgesandt worden. Er habe um der Gerechtigkeit willen Verfolgung gelitten (Mt 5,10). Sogar gestorben sei er um der Gerechtigkeit willen, daher würdig des Himmelreiches.

Die Laufbahn Wilhelms von Roanne könnte denjenigen in die Irre führen, der annähme, Petrus Venerabilis hätte über alle Klöster der Cluniacensis ecclesia so verfügen können, wie er es im Fall Wilhelms oder auch im Fall des schon erwähnten Hugo von Amiens getan hat. Wie unglaublich schwer es dem Abt gemacht wurde, die Cluniacensis ecclesia zu führen, macht vielleicht kein Beispiel so sichtbar wie dasjenige von Souvigny. Der leibliche Bruder des Petrus Venerabilis nämlich, Abt Pontius von Vézelay, der sich der Ansprüche des Grafen von Nevers und der Einwohner des *burgus* von Vézelay zu erwehren hatte, sah sich 1152 gezwungen, vor den *burgenses* aus Vézelay zu fliehen. Diese beschwerten sich vor Legaten des Papstes über herrisches Gehabe des Abtes. Die Legaten überließen Pontius dem Schutzgeleit des Bischofs von Nevers, und Pontius konnte sich in das Vézelay gehörende Dorf Montot zurückziehen.

Als unterdessen die *burgenses* von Vézelay gegen die Mönche von Vézelay mit Gewalt vorgingen, reiste Pontius nach Cluny. Dort kam es zu einem Treffen der Kardinäle Johannes Paparo von S. Adriano und Jordan von Sta. Susanna – Legaten des Papstes –, dem Abt Petrus Venerabilis und dessen Bruder Pontius.[562] Die päpstlichen Legaten legten dem Abt von Cluny nahe, er möge seinem vertriebenen Bruder das Priorat Souvigny anvertrauen, solange dieser nicht nach Vézelay zurückkehren könne. Warum sie gerade Souvigny nannten, erfahren wir nicht. Petrus Venerabilis hielt sich aber zurück. Er traute der gesamten päpstlichen Intervention gegen die *burgenses* von Vézelay und gegen den Grafen von Nevers keinen Erfolg zu. Vielmehr fürchtete er Gegenmaßnahmen des Grafen zuungunsten cluniacensischer Häuser. Er wollte lieber über unmittelbare Gespräche zwischen Abt Pontius, dem Grafen von Nevers und den *burgenses* von Vézelay zu einer Lösung aller Streitigkeiten kommen.

Tatsächlich kam es zu solchen Begegnungen, an denen auch die Äbte von Moissac und S. Michele della Chiusa teilnahmen, in Luzy bei Autun, in Nevers und in La Charité-sur-Loire. Dabei tauchten seitens der Mönche von Vézelay und ihres Abtes Pontius Momente des Mißtrauens gegenüber der Vermittlertätigkeit des Petrus Venerabilis auf. Dieser war nahe daran, sich aus den Verhandlungen zurückzuziehen. Aber noch vor Jahresende erreichte ihn eine Urkunde des Cistercienserpapstes Eugen III. Der packte Petrus Venerabilis bei seiner persönlichen Ehre, indem er ihm klarmachte, welche Bruderliebe Petrus nun Pontius in dessen Notlage schulde. Eugen III. beauftragte Petrus Venerabilis, dem Bruder für die Dauer von dessen Flucht das Kloster Souvigny zu übertragen.[563] Petrus Venerabilis mußte nachgeben.

Nun zeigte sich, wie auch in der Cluniacensis ecclesia Mißtrauen und Unzufriedenheit und Machenschaften gedeihen konnten. Petrus Venerabilis empfing nach dem Tod Eugens III. wieder eine Papsturkunde, diesmal von Anastasius IV. (1153–1154). Dieser gab seiner sehr großen Verwunderung darüber Ausdruck, daß er von Mönchen habe hören müssen, Petrus Venerabilis hätte Priorate und gewisse Einkünfte von Prioraten, die zum Tisch der Mönche dieser Priorate gehörten, teils treuhänderisch, teils durch Schenkung ohne Beratung mit seinen Mönchen und den betroffenen Konventen vergeben. Dann nannte er an erster Stelle die Vergabe von Souvigny an Pontius von Vézelay. Kannte er die Urkunde seines Vorgängers nicht? Streng verlangte er die Rückführung von Souvigny und der anderen genannten Priorate in den alten Zustand vor der Vergabe.[564]

An zweiter Stelle nannte die Urkunde Charlieu, ursprünglich als Abtei gegründet, das Petrus Venerabilis an den Abt von S. Michele della Chiusa gegeben habe. Das zwischen Turin und Susa auf dem Berg thronende Michaelskloster, das Priorate in der Auvergne besaß, war vom Urgroßvater des Petrus Venerabilis gegründet worden. Pontius von Vézelay war dort Abt gewesen. Und als es darum ging, Pontius in Vézelay zu helfen, war wieder der Abt von S. Michele an den Verhandlungen beteiligt.

Weiter führte die Papsturkunde das Priorat Villeret (Loire, arr. Roanne) auf, das der Abt von Cluny dem Archidiakon der Metropolitankirche Lyon gegeben habe. Sollte mit diesem Archidiakon Stephan von Charlieu gemeint sein, so hätte ihm Petrus Venerabilis und mit diesem ganz Cluny wieder viel zu verdanken.[565]

Ein Lehrer (*Magister*) W. wurde mit Einkünften aus der Kapelle im *burgus* von Cluny ausgestattet, ein Lehrer O. aus Autun mit Einkünften des kleinen Priorats Mesvres (Saône-et-Loire, arr. Autun) im Bistum Autun.

Mit dem Beispiel des Pontius von Vézelay fällt ein Schlaglicht auf die heikle Lage, in die Petrus Venerabilis durch Versorgungswünsche gestürzt wurde, die ihm Nächststehende betrafen und zum Teil von ganz oben an ihn herangetragen wurden – und dies in einer Zeit, in der die Ernährung der Cluniacensermönche nicht selbstverständlich gewährleistet war. Wir sehen auch, daß der Abt von Cluny nicht ohne Zustimmung seines Konvents und nicht ohne die Mönche eines betroffenen Priorates gefragt zu haben, Prioren in ihr Amt einsetzen konnte.

Bei der fünften der «Töchter Clunys», der ehemaligen Abtei Sauxillanges, lagen die Verhältnisse für Petrus Venerabilis deshalb günstiger, weil Sauxillanges, einst vom herzoglichen Neffen des Gründers Clunys an dieses übertragen, der Familie der Grafen von Montboissier besonders nahestand. Mauricius, der Vater des Petrus Venerabilis, war hier vor seinem Tod Mönch geworden und begraben worden.[566] Armannus, der Bruder des Petrus Venerabilis, war wahrscheinlich hier Prior gewesen, bevor er dieses Amt in Cluny übernahm.[567] Eustatius, auch leiblicher Bruder des Petrus Venerabilis, griff Sauxillanges an, weil er 300 Mark Silber, die er vom Kloster zu erhalten beanspruchte, nicht erhielt, und mußte vom Papst in seine Schranken verwiesen werden.

Petrus Venerabilis selbst hatte seine Jugendjahre in Sauxillanges erlebt und sich 1127 ein halbes Jahr lang hier von seiner Malaria («dem römischen Fieber») erholt.[568] Dafür, daß er den Mönchen von Sauxillanges das Geld gab, eine entfremdete Kirche zurückzukaufen, vereinbarten sie mit ihm ein Jahrtagsgedächtnis seiner verstorbenen Eltern zu seinen Lebzeiten und für die Zeit von seinem Todestag an das feierliche Jahrtagsgedächtnis für ihn und seine Eltern. Im Refektorium gab es dann Brot, Wein, Bohnen, eine Zukost mit Fischen, in der Krankenabteilung Fleisch. Damit die Brüder dies jeweils zum Jahrgedächtnistag aufs beste beschaffen könnten, empfingen sie nochmals eine Mark Silber.[569]

Daß er den von ihm gerühmten Wilhelm von Roanne als Prior in Sauxillanges eingesetzt hat, war schon zu erwähnen.

Schon im Blick auf die großen Priorate, die dann als die fünf Töchter Clunys galten, erscheint die Aufgabe des Abtes von Cluny, die Cluniacensis ecclesia mit Hilfe bewährter Prioren zu leiten, als eine Kunst, die sich keineswegs immer und überall ohne Widerstände und Hindernisse verwirklichen ließ. Hatte Petrus Venerabilis an entscheidender Stelle, nämlich in Paris, im Priorat S. Martin-des-Champs, eine Säule der Cluniacensis ecclesia stehen, so war es für Cluny auch wesentlich, in Poitiers, am Sitz des Herzogs von Aquitanien aus der Familie des Gründers von Cluny, gegenwärtig zu sein. Dafür bürgte die Abtei Montierneuf. Daß sie nicht wie andere cluniacensische Abteien zu einem neuralgischen Punkt in der Cluniacensis ecclesia geworden ist, hat gewiß damit zu tun, daß sie nicht wie diese auf eine lange eigene Geschichte zurückblicken konnte, als sie an Cluny übertragen wurde. Montierneuf ist vielmehr von vornherein als eine cluniacensische Abtei gegründet worden, die ihren Abt vom Abt von Cluny erhalten sollte. Und der Gründer der Abtei, der dies zu gewährleisten hatte, war niemand anderes als der Herzog von Aquitanien selbst, für den diese Klostergründung eine Sühnestiftung gewesen ist.[570] Die dritte Ehe des Herzogs Wilhelm VIII. von Aquitanien war nämlich eine Verwandtenehe gewesen, deren Aufhebung Papst Gregor VII. trotz aller Zuneigung zu dem Geschlecht, aus dem der Gründer Clunys stammte, durchgesetzt hatte.[571] Darauf hatte der Herzog 1077 in der Vorstadt von Poitiers zu Ehren der Mutter Gottes und der Apostel Johannes und Andreas ein Kloster gegründet, das er der Leitung des Abtes Hugo von Cluny und dessen Nachfolgern unterwarf und dem er die *libertas Romana* durch den Papst geben ließ. Der Großprior Guido von Cluny wurde der erste Abt. Und der Cluniacenserpapst Urban II. hat die Klosterkirche geweiht. Der Gründerherzog aber wurde nach seinem Tod im Kapitelsaal des Klosters begraben, bevor ein Jahr später das Herzogsgrab den Ehrenplatz vor dem Kreuzaltar der Klosterkirche erhielt.[572] Ein herausragendes Totengedenken mit täglicher Meßfeier und hochfestlicher jährlicher Erneuerung am Jahrgedächtnistag wurde Wilhelm VIII. im neuen Kloster zuteil.

Der Kämmerer des ersten Abtes folgte diesem auf dem Abtsstuhl nach. Dritter Abt von Montierneuf wurde ein Neffe des Abtes Hugo von Cluny. Nach seinem Tod wurde nochmals von Abt Hugo ein Mönch aus Cluny nach Poitiers geschickt, Abt Marcus, der vor der Zuspitzung des Pontius-Schismas 1124 starb. Von dessen nächstem und übernächstem Nachfolger haben wir keine Nachricht darüber, wie sie sich von 1124 bis 1130 im «cluniacensischen Bürgerkrieg» (Petrus Venerabilis) verhielten. Ob sich die Unterstützung Anaclets II. durch Herzog Wilhelm VIII. und die Unterstützung Innocenz' II. durch die Cluniacenser während des Schismas auf Montierneuf ausgewirkt und Folgen für die Beziehungen der Cluniacenser zum aquitanischen Herzog gehabt hat, bleibt bisher im dunkeln. Es folgte ein Verwandter des aquitanischen Herzogs auf dem Abtsstuhl von Montierneuf, der aber nur bis 1132 lebte. Danach leitete das Kloster zehn Jahre, von 1132 bis

1142, der spätere Cluniacenserkardinal Imar, der acht Jahre nach Petrus Venerabilis in Cluny starb.

In der Krönungsstadt der Könige von Frankreich wirkte ein von Petrus Venerabilis verehrter Freund als Prior von S. Nicaise, danach als Abt von S. Thierry de Reims, bevor er als Abt nach S. Médard de Soissons wechselte und 1131 Bischof von Châlons-sur-Marne wurde und mit dem Kardinalbischof Matthaeus von Albano als päpstlicher Legat tätig wurde. Dieser Gaufredus versicherte Petrus Venerabilis seiner Sohnesliebe und gern gewährten Gehorsams noch, als er bereits Bischof war.[573] Der Abt von Cluny wiederum bezeichnete Gaufredus «als ersten Sämann der göttlichen Ordnung cluniacensischen Mönchslebens durch ganz Frankreich hin»[574].

Diese wenigen Beispiele mögen die Richtung angeben, in die uns eine auf alle Prioren der cluniacensischen Häuser ausgedehnte Untersuchung führen könnte. Aus solchen Mosaiksteinchen erst entstünde ein Gesamtbild des Abtes Petrus Venerabilis, der seinen Konvent vom Schisma geheilt und die Cluniacensis ecclesia mit solcher Autorität nach außen vertreten hat.

Dabei ist es gar nicht so, daß er seine Aufgaben nur mit Hilfe seiner Prioren und Amtsträger wahrgenommen hätte. Ist der heutige Beobachter in der Gefahr, all die Mönche, die sich aus der Welt in die Klöster des Mittelalters zurückgezogen haben und daher nur vergleichsweise selten Erwähnungen in der Geschichtsschreibung und in den Urkunden fanden, zu übersehen, so hat Petrus Venerabilis immer wieder auch Mönche, die nicht zu Amtsträgern im Kloster aufgestiegen sind, an sich herangezogen. Für ihn mußte ja einer, der vorbildlich als Mönch lebte, Maßstab der Beurteilung sein.

So schrieb er von einem Gerard, der im großen Kloster Cluny nach seinem Lebensverdienst ein großer Mönch, ein Mönch reinen und einfachen Lebens gewesen sei.[575] Im Leben dieses Gerardus war der Übergang vom Mönch zum Amtsträger fließend. Unter Abt Hugo von Cluny von Kindheit an zum Kleriker und Mönch erzogen, habe er dessen Tugenden abgebildet. So habe er sich in der Verwaltung vieler Priorate als kostbar erwiesen. Er, Petrus selbst, habe erfahren, daß, was er anderen kaum aufzubürden gewagt hätte, Gerard mit Leichtigkeit auf sich genommen habe. Von ihm ließ er sich nach Rom begleiten. Ihn sandte er als Boten zum Papst. Unter Abt Hugo hatte er schon das Priorat S. Sauveur de Nevers geleitet. Gegen Ende seines Lebens erhielt Gerardus von Petrus Venerabilis seiner Verdienste wegen (*uelut emeritus*) die kleine cluniacensische Dependenz Aujoux (Rhône, ct., comm., Monsols) auf einem Hügel im Rhônetal, nicht weit von Cluny selbst entfernt, zugewiesen.

Den Mönch, der Petrus Venerabilis vielleicht von allen in nächster Nähe beistand, ohne je mit einem der Ämter im Kloster betraut worden zu sein, seinen gleichnamigen Sekretär Peter von Poitiers, hatte der Abt aus dem cluniacensischen S. Jean d'Angély mitgenommen.[576] Alger, wie vor ihm Hezelo, Baumeister an «Cluny III» und Verfasser einer Vita des Abtes Hugo, ehemals Kanoniker in Lüttich, blieb ungeachtet seines theologischen und kirchenrechtlichen Schreibens einfacher Mönch. Nach seinem Tod bekannte Petrus Venerabilis, er könne seiner kaum ohne Tränen gedenken.[577] Algers Werk versah der Abt mit den Bewertungen: *optime, plenissime, perfectissime*, das mönchische Leben Algers mit dem Lobpreis: *sancte*[578].

Theobald hieß ein Mönch, der Petrus Venerabilis als Bote in vertraulichen Missionen diente, so zwischen dem Abt und seinem Sekretär oder zwischen dem Abt und Héloïse, der Äbtissin des Paraclet-Klosters.[579]

Als der Papst Petrus Venerabilis um Mönche zur Besiedlung zweier stadtrömischer Klöster bat – eines war S. Saba –, entsprach der Abt der päpstlichen Bitte mit der Entsendung von 13 Mönchen, zusätzlich zweier Mönche römischer Herkunft. Einer von ihnen, Arnulf, hatte einst als Schreiber (Notar?) in Rom gedient.[580] Ein gelehrter Mediziner, Robert, und ein junger, belesener Adeliger, Gislebertus, haben Petrus Venerabilis als Mönche begleitet.[581]

Gregor, der theologische Traktate und Predigten verfaßte und als Briefautor bekannt war, fand Petrus Venerabilis als Philosoph in der Akademie erstaunlich, bewunderte ihn indes als Mönch von Cluny weitaus mehr.[582] Er widmete ihm einen Brief von hervorstechender Länge.

Aus der Familie der Herren von Toucy, die mehrere Geistliche, Mönche, Äbte und einen Bischof hervorbrachte, lebte als Mönch in Cluny Johannes, der schon in jungen Jahren starb. Petrus Venerabilis sprach dessen Bruder, dem Cistercienserabt von Les Roches, sein Beileid aus und rühmte das lautere Mönchsleben des Johannes, den ihm der Abt von Les Roches seinerzeit anvertraut hatte.[583]

Als nicht sehr hilfreich wird Petrus Venerabilis den Cluniacensermönch Petrus Vivianus empfunden haben, dessentwegen ihn der Kartäuserprior von Meyriat schriftlich mahnte, Petrus Vivianus hätte unverzüglich die beiden Bücher, die er vertragswidrig seit etwa zwanzig Jahren ausgeliehen hätte, einen Matthäus- und einen Johanneskommentar, zurückzuerstatten.[584]

Umgekehrt erwähnte Petrus Venerabilis den Spanier Petrus Engelberti, der in Estella in der Provinz Navarra die Führung der Bürger innegehabt hatte, als einen Mann, der bis ins Alter berühmt für seinen Fleiß und überaus wohlhabend ein Laienleben führte, dann aber den Mönchshabit im Cluniacenserkloster Nájera (Prov. Navarra) genommen habe. Was Petrus Engelberti dem Abt, der zwei Jahre später nach Spanien kam, über eine Vision berichtet, war Petrus Venerabilis soviel wert, daß er es «Wort für Wort» im 28. Kapitel seines ersten Wunderbuches wiedergab, bot es ihm doch den willkommenen Anlaß, daran zu erinnern, wie König Alfons VI. von den Cluniacensern aus seinen Sündenstrafen befreit worden sei. Diese widmeten ihm ja seit der Zeit Abt Hugos I. als ihrem herausragenden Freund und Wohltäter ein herausragendes Totengedenken. So ernst nahm Petrus Venerabilis die Frage der Glaubwürdigkeit des Visionärs, daß er diesen in seiner Gegenwart vor den Bischöfen Stephan von Osma und Martin von Orense berichten ließ.[585] Im übrigen entsprach die Vision des spanischen Mönchs von der Rettung des Königs nach Überzeugung des Abtes der zu erwartenden Wirkung der cluniacensischen Praxis des Totengedenkens.

Ein Mönch ganz anderer Art ist, folgen wir weiter dem Zeugnis des Petrus Venerabilis, Benedikt in Cluny.[586] Diesem, vor Eintritt ins Kloster Priester, hätte, schon bevor er Mönch wurde, kaum etwas vom Mönch gefehlt. Sein heiligmäßiger Lebenswandel wahrhaften Mönchseins könnte ein Buch füllen. Er gehörte zu denen, die Benedikt von Nursia in seiner Regel als die im Kloster herumgehenden Mönche bestellt wissen wollte, die zu überprüfen hatten, ob die Brüder sich der Regel gemäß verhielten. Dabei schonte der gleichnamige Mönch in Cluny weder groß noch klein. Die unrechten Worte, die er anstatt Prü-

Malay, ein Priorat Clunys. Ansicht der ehemaligen Klosterkirche von Nordosten.

gel bezog, ertrug er; wurden im Kapitelssaal gegen ihn falsche oder nichtssagende Anklagen vorgebracht, so warf er sich zu Boden und erklärte sich immer für schuldig. Fast immer schwieg er. Doch unermüdlich betete er Psalmen und las Tag und Nacht in der Hl. Schrift. Den Psalter trug er immer mit sich, weil er die Psalmen nicht wie viele pflichtgemäß, sondern mit innerer Anteilnahme und Frömmigkeit sang. Verstand er dabei etwas nicht, schaute er gleich in die erklärenden Glossen. Auch in den langen Winternächten schlief er nur ganz wenig. Mußte er im Rahmen des regelgemäßen Tages- und Nachtablaufs zu Bett gehen, so legte er sich nicht hin, sondern saß im Bett. Seinen Körper war er zeitlebens gewöhnt, strengstens abzuhärten. Als Mönchszelle war ihm die Michaelskapelle hoch über dem großen Haupteingang zugewiesen, die mit ihrer kleinen Apsis ins Mittelschiff der Kirche hineinragte. Petrus Venerabilis nannte sie eine überaus hohe und ganz einsame Turmkapelle. In ihr richtete sich Benedikt Tag und Nacht auf die Anschauung Gottes, darin den Engeln gleich, aus. Unermüdlich betete, weinte und kasteite er sich. Ausgezehrt der Leib, ein mageres Gesicht, die grauen Haare ungekämmt, den Blick nach unten gerichtet – wenn nicht überhaupt wie meistens die Augen geschlossen waren –, ruhelos Worte des Heiligen murmelnd, gab er das Bild eines Menschen nicht auf der Erde, sondern im Himmel. Wie viele andere Mönche in Cluny am Ende der vierzigtägigen Fastenzeit geschwächt, starb er vor Ostern. Nach dem Empfang der Sterbesakramente und der Lossprechung der Brüder sprach er den Mönch Otgerius, der für die Kranken zuständig war, auf den Konvent an, der in weißen Gewändern in die Infirmerie käme. Da es aber, wie Otgerius sah, nicht die Mönche Clunys waren, konnten es nur die Engel sein, die ihren engelgleichen Mitbruder geleiten wollten. Petrus Venerabilis schloß das Kapitel über Benedikt mit der Überzeugung, Benedikts Seele sei gewiß ohne die Strafen des Fegfeuers in den Himmel aufgenommen worden.

Mönchische Vollkommenheit blieb noch immer das Ideal, das Petrus Venerabilis seiner Gemeinschaft vorhielt. Womit er tagtäglich zu rechnen hatte, mag die Erinnerung an zwei ungleiche Mönche belichten.

Der erste war Wichard III., Herr der benachbarten Burg Beaujeu. Dieses Herrengeschlecht darf man an Bedeutung mit jenem von Uxelles-Brancion vergleichen. An Macht und Ruf habe er seine Vorfahren übertroffen und erst spät, in täglicher Krankheit erfahren, daß dies alles leerer Wahn gewesen sei. Am Sinn des Lebens zweifelnd, wurde er unter Petrus Venerabilis Mönch in Cluny. Dort habe er in Bußgesinnung und Demut, dem Gebet der Brüder anheimgegeben, noch wenige Tage zu leben gehabt.[587]

Voller Enttäuschung schrieb Petrus Venerabilis an den Mönch von Cluny, Hugo, genannt «junger Hund», der vor seiner Mönchwerdung Ritter war:[588] «Unserm ganz lieben Freund, dem Herrn Hugo Catula …» Ihn erinnerte er daran, daß Hugo aus freien Stücken, von niemandem gezwungen, Leib und Seele vor Zeugen in seine, Petrus', Hand gelegt und sich als Mönch in sein, des Abtes, Urteil überliefert hatte. Zum Zeichen dieser Übergabe habe sich Hugo das Haupthaar vom Abt scheren lassen wollen und geschworen, am festgesetzten Tag den Mönchshabit in Empfang zu nehmen.

«Und nun höre ich», schrieb Petrus Venerabilis, «daß Ihr gegen das Wort Gottes, keinen Meineid zu leisten (Mt 5,33), und gegen das Prophetenwort ‹ich will Dir mein Gelübde darbringen› (Ps 65,13–14), nach Jerusalem zu gehen plant – … Ich kann es nicht glauben … Etwas Größeres ist es, Gott immer in Demut und Armut zu dienen, als mit Hochmut und reicher Ausstattung die Jerusalemreise zu unternehmen. Wenn es gut ist, Jerusalem zu besuchen, wo die Füße des Herrn gestanden haben, so ist es weitaus besser, nach dem Himmel zu lechzen, wo er von Angesicht zu Angesicht geschaut wird. Wer also das Bessere verspricht, der kann nicht das Bessere mit dem Geringeren aufwiegen … Ich bitte also, kommt eilig mit dem Überbringer dieses Briefes, Eurem wahren Freund, damit ich Euch, was ich dem Brief nicht anvertrauen kann, in lebendiger Rede nahebringen kann.» Die spätere Chronik von Cluny fand es wichtig genug, mitzuteilen, daß Hugo auf die Jerusalemfahrt verzichtet hat und Mönch geworden ist.[589]

Als Grenzfall ist es anzusehen, wenn ein Abt seine Gemeinschaft verließ, um einfacher Mönch in einem anderen Kloster zu werden. Etwa 1141/42 entschloß sich Natalis, Abt von Rebais und Kanzler Ludwigs VII. von Frankreich, als Mönch in Cluny einzutreten.[590] Auch der Hinweis des Petrus Venerabilis, die verwaisten Mönche von Rebais dürften unter dem Weggang des Abtes nicht leiden, brachte diesen nicht

von seinem Vorhaben ab. Daraufhin erbat Petrus Venerabilis bei Inno-
cenz II. die päpstliche Erlaubnis für den Schritt des Natalis, offenbar mit
Erfolg. Denn einige Zeit später konnte Petrus Venerabilis den Mönch
Natalis von Cluny mit einer Botschaft zu Papst Innocenz II. senden.

Zum Konvent des Petrus Venerabilis gehörten nicht nur in den
Personen Algers von Lüttich und Gregors theologische Schriftsteller,
sondern mit Radulf von Sully, der die Vita des Abtes verfaßte, und
mit Richard von Poitiers, dem Chronisten, zwei Geschichtsschreiber.[591]

Stammten die genannten Mönche, soweit überhaupt etwas über ihre
gesellschaftliche Herkunft bekannt ist, aus adeligen Schichten, Königs-
familien eingeschlossen, so konnte gegen 1136 auch ein «bürgerlicher»
Bewohner des Dorfes Cluny (*burgensis de Cluniaco*) namens Girbertus
mit seinem Sohn als Mönch in Cluny aufgenommen werden. Nachdem
Girbertus seine Frau zurückgelassen und wirtschaftlich ausgestattet
hatte – er war ausgesprochen wohlhabend –, nahmen Petrus Venerabilis, dessen Prior Albertus, der Eleemosinar Jarento und Hugo, der
Mönch für die Kranken, sowie Martin, Diener des Eleemosinars, seinen
und seines Sohnes Antrag auf Aufnahme in das Kloster an.[592]

Ohne die Briefe des Petrus Venerabilis und sein literarisches Werk
wüßten wir über die meisten der bisher vorgestellten Mönche im allgemeinen nur, daß ihre Namen die Totenbücher der cluniacensischen Klöster bevölkerten. Indes bietet das bunte Bild aus den bis dahin zusam-
mengesetzten Mosaiksteinchen nur einen geradezu winzigen Aus-
schnitt des Ganzen, nämlich der 300–400 Mönche Clunys, der ebenso
vielen Brüder in S. Martin-des-Champs und der ungezählten Mönche
aus vielen Hunderten cluniacensischer Klöster von England bis in das
Cluniacenserkloster Civitat zu Konstantinopel und jenes bei Jerusalem
im Tal Josaphat und von Flandern bis Spanien und Rom. Das jetzt schon
farbige Bild könnte sich mit jeder ausweitenden Untersuchung cluniacensischer Konvente und Mönche immer mehr der lebendigen Wirklichkeit der Cluniacensis ecclesia annähern.

Der letzte der großen Äbte Clunys

Der Abt selbst, Petrus Venerabilis, gibt sich freilich in der Spiegelung
seiner Briefe und Schriften ein gutes Stück weit zu erkennen. Das zeigte

sich im Blick auf seine Aussöhnung des Konvents Cluny nach dem Schisma des Pontius und in seinen Aussagen für cluniacensische Mönche. Dabei ist der vielleicht berühmteste Mönch Clunys aus der Zeit des Petrus Venerabilis noch gar nicht erwähnt worden. Im Sommer 1140 hatte Petrus Abaelard einen schweren Gang vor sich. Als Sechzigjähriger war er nach Rom aufgebrochen, um sich an den Papst selbst zu wenden, nachdem er sich auf dem Konzil in Sens ungerecht behandelt gefühlt hatte und seine dort verurteilten Lehrsätze von Papst Innocenz II. verbrannt worden waren. Als sein schärfster Gegner galten der Abt Wilhelm von S. Thierry zu Reims und Bernard von Clairvaux.[593] Noch bevor er in Rom seine Berufung beim Papst hatte durchfechten können, erreichte ihn unterwegs die Exkommunikation und Verurteilung zur Klosterhaft. Er machte halt in Cluny.

Petrus Venerabilis und seine Mönche wußten, welchen Gast sie da beherbergten: den streitbaren und umstrittenen, vielleicht berühmtesten Lehrer der Philosophie im Europa des 12. Jahrhunderts. Zu seinen Lehrern, mit denen er sich überworfen hatte, zählte auch der Cluniacenser Wilhelm von Champeaux, Bischof von Châlons-sur-Marne und Freund Bernards von Clairvaux; zu seinen Schülern Roland, der spätere Papst Alexander III., mit dem Friedrich Barbarossa im Streit lag, der als Ketzer vom Papst und vom Kaiser Friedrich I. verfolgte Arnold von Brescia, vielleicht auch der stauferverwandte Geschichtsschreiber und Freund der Cistercienser, Bischof Otto von Freising, jedenfalls auch der Chronist und Philosoph Johannes von Salisbury, 1180–1183 Bischof von Chartres. In seiner Schülerschaft in Paris lernte er Héloïse kennen, die seine Geliebte und, in nichtöffentlicher Trauung, seine Frau wurde und mit ihm den Sohn Astrolabius hatte.

Diese Liebe, die für die beiden auch zu einer Geschichte der Unglücke (*Historia Calamitatum*) wurde, war es vor allem, die ihren Lebensweg zu einem für das 12. Jahrhundert ungewöhnlichen werden ließ. Der Onkel der Héloïse, der Kanoniker von Notre-Dame de Paris, Fulbert, brach die vereinbarte Vertraulichkeit der Ehe Abaelards mit Héloïse. Der mittellose Abaelard ließ Héloïse, die davor zurückscheute, die Gelübde im Nonnenkloster Argenteuil im Schatten der Pariser Abtei S. Denis ablegen, in der er selbst als Mönch eintrat. Zuvor hatte ihn Fulbert entmannen lassen. Gegen Fulbert wurde deshalb ein Verfahren eröffnet, die Täter erlitten selbst Entmannung und Blendung. Astrolabius wurde von Abaelards Schwester versorgt. Widerstände gegen seine auch in S. Denis, in einer Einsiedelei des Klosters, ausgeübte Lehrtätigkeit gipfelten mit der Verbrennung seines Werkes *De unitate et trinitate* auf der Synode von Soissons.

In Soissons, in der Abtei S. Médard, nahm man Abaelard in Haft. Der dortige Cluniacenserabt Gaufredus ermöglichte Abaelard, dem der Prior Goswin das Leben schwermachte, die Entlassung in sein Profeßkloster S. Denis. Als Abaelard dort Zweifel äußerte, ob der Klosterpatron Dionysius wirklich gelebt hätte, waren seine Tage in S. Denis gezählt. Abt Suger von S. Denis fand einen Kompromiß: Abaelard durfte S. Denis verlassen, mußte aber der Benediktsregel gemäß leben und sollte in kein anderes Kloster eintreten.

Es folgte die Gründung einer klösterlichen Siedlung bei Nogent-sur-Seine am Ardusson durch Abaelard, dem Patrozinium des Paraclet (des Hl. Geistes) gewidmet. Mit Hilfe Sugers von S. Denis erreichte Abaelard sogar eine Zurücknahme des Verbots, in ein anderes Kloster einzutreten. Die Mönche von S. Gildas de Rhuys nahe Vannes wählten Abaelard sogar zum Abt (er sollte allerdings bald bemerken, in welche unmönchische Gemeinschaft er geraten war). Unterdessen mußten die Nonnen, mit denen Héloïse lebte, Argenteuil aufgeben, weil S. Denis alte Eigentumsrechte daran geltend machen konnte. Abaelard nahm sie in seiner Gründung des Paraclet auf. Als er im Schisma, ebenso wie die Cluniacenser und Cistercienser, zu Papst Innocenz II. hielt, gelang es ihm auch, von diesem eine Bestätigung seiner Gründung des Nonnenklosters Paraclet unter der Leitung der Héloïse zu erhalten.

Und nun wurde dieser bewegte Lebenslauf durch den vom Papst ausgesprochenen Bann und die Androhung ewiger Haft belastet. Wie sollte man sich in Cluny einem solchen Gast gegenüber verhalten? Spätestens seit der Exkommunikation des eigenen Abtes Pontius wußte man in Cluny, daß der Umgang mit einem Gebannten ebenfalls mit dem Bann belegt und für das ganze Kloster das Interdikt verhängt würde. Höchstens wenn der Abt glaubhaft versichern könnte, der gebannte Magister habe Reue gezeigt und sei um seines Heils willen nach Cluny gekommen, wäre es möglich, daß Petrus Venerabilis kraft päpstlichen Privilegs aus der Zeit des großen Abtes Hugo Petrus Abaelard die Lossprechung erteilte und ihn in Cluny, etwa auch zum Begräbnis nach dessen Tod, aufnähme.

Doch Petrus Venerabilis hat die Bahn formalrechtlicher Argumentation gar nicht erst beschritten. Er wollte die verfahrene Sache Abaelards selbst ins reine bringen. Er brachte es zuwege, daß er mit Hilfe des Abtes Rainald von Cîteaux, der nach Cluny kam, eine Versöhnung zwischen Abaelard und Bernard von Clairvaux, wahrscheinlich in Cîteaux, erreichte. Die Aussöhnung dürfte dadurch erleichtert worden sein, daß Abaelard der Ermahnung des Abtes von Cluny folgte, «das, was katholische Ohren beleidigte, in seinen Schriften und Worten, aus seinen Reden wegzulassen und aus den Büchern zu radieren».

Schließlich hat Petrus Venerabilis dem Magister angeboten, auf immer in Cluny zu bleiben. Dem Alter, der Hinfälligkeit und der Regeltreue Abaelards, der ja Mönch war, entspräche dies Angebot, und das allbekannte Wissen Abaelards möchte der großen Menge der Cluniacenser von Nutzen sein, wenn Abaelards Willen, in Cluny einzutreten, zugestimmt würde.

Diese Zustimmung erbat Petrus Venerabilis vom Papst und teilte diesem ausdrücklich mit, daß mit ihm, Abt Petrus, der ganze Konvent Cluny in aller Ergebenheit darum bitte, der Papst möge befehlen, Abaelard solle «die restlichen Tage seines Lebens und Alters, die vielleicht nicht mehr viele wären, in Cluny, das dem Papst zugehöre, vollenden, damit er nicht etwa durch das Drängen irgendwelcher Leute aus dem Hause herausgeworfen werden könne wie ein Sperling aus dem Nest, das er wie eine Turteltaube gefunden zu haben froh sei»[594]. Der Papst hat sich wohl einverstanden erklärt und stillschweigend darauf gebaut, daß Petrus Venerabilis das päpstliche Privileg für Cluny in Anspruch genommen und Abaelard losgesprochen und in Cluny aufgenommen hat.

Was der Abt von Cluny nach Abaelards Tod an Héloïse geschrieben hat, setzt ein ungestörtes Mönchsleben Abaelards unter den Brüdern Clunys voraus. Petrus Abaelard hat es abseits aller Besucherströme in dem Cluny nahegelegenen, der Gesundheit förderlichen Priorat S. Marcel-lèz-Chalon vollendet.

Der Brief des Petrus Venerabilis an Héloïse mit dem Nachruf auf Abaelard klärt auch, daß es dem Abt von Cluny keineswegs einfach darum gegangen war, einen berühmten Magister unter seine Mönche zu zählen, sondern daß er sich Abaelard und Héloïse, deren Liebe ihm bewußt war, verbunden fühlte.[595] Er erinnerte sie daran, daß er, noch nicht ganz erwachsen, sie schon als eine Frau geschätzt habe, die mit ihrem Studium fast alle Männer übertroffen habe. Auch ihr, wie Abaelard, habe Cluny, d. h. «der süße Kerker Marcigny» – also das Haus der Cluniacenserinnen –, offengestanden, wenn sie es nur gewollt hätte. Nach der Rühmung des Lebens der Schwestern in Marcigny und dem Bedauern wegen der Absage der Héloïse sagte er, was Gottes Vorsehung im Blick auf Héloïse Cluny verweigert habe, «das hat sie im Blick auf Deinen Petrus gewährt». Das vertraute «Dein Petrus» nahm der Abt am Ende des Briefes nochmals mit anderen Worten auf: Nachdem sie mit Abaelard körperlich vereinigt gewesen sei, habe sie in noch stärkerer, besserer Bindung an ihn Gott gedient. Und er habe nun an ihrer Stelle Abaelard zu sich genommen, er bewahre ihr Abaelard zur Wiedergabe am Jüngsten Tag auf. Und ihr, die Abaelard in jeder Phase ihres Lebens unbeirrbar liebte, schrieb er die Rühmung ihres *magister Petrus* auf. Wahrhaft ein Philosoph Christi sei er gewesen. In seiner Anspruchslosigkeit verglich er ihn mit den Heiligen Germanus und Martin.

Der schwierige Abaelard muß demnach in Cluny ein anderer geworden sein. Obwohl er in der großen Gemeinschaft der Cluniacenser auf Drängen des Petrus Venerabilis einen herausragenden Platz eingenommen habe, sah man ihn, als wäre er in seiner ganz und gar ungepflegten Kleidung der letzte von allen. Oft habe er, Petrus Venerabilis, wenn bei Prozessionen Abaelard mit den anderen vor ihm gegangen sei, gestaunt, wie ein Mann mit so großem und berühmtem Namen sich selbst derart verachten und wegwerfen konnte. Auch in Essen und Trinken sei Abaelard ganz sparsam gewesen, sogar da, wo es um Lebensnotwendiges ging. Unaufhörlich habe er gelesen, oft gebetet und nur wenn ihm das freundschaftliche Gespräch mit den Brüdern oder die Predigt im Konvent aufgetragen war, nicht geschwiegen. Und als ihn dann Hautkrankheit und manche Unpäßlichkeiten beschwerten, da habe er, der Abt, ihn nach S. Marcel-lèz-Chalon geschickt, damit ihm dieser Ort, lieblicher als fast alle in Burgund, hilfreich sei. Dort hätte er, wie früher und wie es von Gregor d. Gr. zu lesen sei, gebetet, gelesen, geschrieben oder diktiert. Gott habe ihn wie die klugen Jungfrauen als

Wachenden angetroffen. Vor seinem Sterben habe Abaelard heiligmäßig seinen Glauben und seine Sünden bekannt; er habe die Wegzehrung, den Leib des Erlösers in der Ergriffenheit des sehnsüchtigen Herzens empfangen. Der ganze Konvent von S. Marcel sei Zeuge dafür. Zum Briefschluß empfahl sich Petrus Venerabilis mit allen cluniacensischen Brüdern und Schwestern Héloïse mit deren Nonnen im Kloster des Paraclet. Vielleicht hatte ja Petrus Venerabilis, als er nach dem Tod Abaelards um Héloïses Eintritt in Marcigny so beredt warb, daran gedacht, damit zugleich die Gemeinschaft des Paraclet-Klosters für die Cluniacensis ecclesia zu gewinnen.[596]

Petrus Venerabilis hat für Abaelard und Héloïse etwas getan, was als einzigartig bezeichnet werden darf. Er hat es nach seinen eigenen Worten «wie ein Dieb» (*furtim*) getan[597]. Er, der Abaelard als Mönch in Cluny aufgenommen hatte, betrachtete ihn nun nach dessen Tod weniger als Mönch Clunys denn als Héloïses Abaelard und Gründer der Gemeinschaft des Paraclet. Ihr und den Schwestern im Paracletkloster übergab er auf Héloïses Bitten den Leichnam Abaelards. Und als Héloïse noch mehr wollte, nämlich den von Petrus Venerabilis besiegelten Text der Absolution, die er Abaelard gegeben hatte, um diesen Text über Abaelards Grab aufzuhängen, da erfüllte der Abt von Cluny der Äbtissin des Paracletklosters auch diese Bitte, die der Rehabilitation des Magisters für immer dienen sollte.

Petrus Venerabilis war zum Paraclet-Kloster gereist, offenbar um den Leichnam Abaelards persönlich zu übergeben. Héloïse dankte ihm für seinen Besuch am 16. November des Jahres davor, der für sie und ihre Schwestern einer großen Rühmung gleichkam.[598] Der Abt von Cluny hatte eine hl. Messe zum Hl. Geist für die Schwestern des Paraclet gefeiert und ihnen im Kapitelssaal eine Predigt gehalten. Besonders dankte Héloïse «unserem Abt, unserem Herrn» für das «einzigartige Geschenk der Liebe und das Vorrecht aufrichtig reiner Gesinnung», das ihr Petrus Venerabilis gewährt und versprochen habe, noch schriftlich und gesiegelt zu geben – das Dreißigtagegedenken nämlich, das ihr der Konvent von Cluny nach ihrem Tod leisten würde.

So sehr vertraute Héloïse dem Abt von Cluny, daß sie ihn über dieses Geschenk hinaus darum bat, an ihren Sohn Astrolabius zu denken und ihm von einem Bischof, am ehesten jenem von Paris, eine Präbende zu besorgen. Petrus Venerabilis schickte ihr, wie er ihr den Absolutionstext für Abaelard geschickt hatte, auch das Schreiben, in dem das versprochene Dreißigtagegedenken für Héloïse festgelegt und besiegelt war. Wegen Astrolabius wolle er sich sobald als möglich um eine Präbende bemühen. Doch das sei eine schwierige Sache, oft habe er erfahren, daß sich die Bischöfe nur überaus schwer zur Vergabe von Präbenden ihrer Kirchen bereit erklärten.

Zu fragen, wie es angesichts des neuen Mönchtums der Cistercienser im Blick auf Cluny geschehen ist, ob Petrus Venerabilis den beharrenden oder den vorwärtsdrängenden Kräften im damaligen Mönchtum angehört habe, wird seiner Persönlichkeit gewiß nicht gerecht. Wie er sich für Abaelard und Héloïse eingesetzt hat, zeugt davon, wie er persönlich seiner Überzeugung folgte, daß das Gebot der *caritas* und die Disziplin der *discretio* besonders an einen Abt gerichtete Forderungen seien, und seinen persönlichen Ermessensspielraum bis an die Grenzen ausschöpfte. Dabei wußte er sich sowohl bei der Aufnahme Abaelards in Cluny als auch beim Geschenk des Dreißigtagegedenkens für Héloïse von der Gemeinschaft seiner Brüder getragen.

In seinen literarischen Werken gibt er sich ohne Zweifel als Kind seiner Zeit. Auch ihn entrüsteten die ketzerischen Predigten des Pierre de Bruis – doch nicht, um den Ketzer zu vernichten. Dieser war schon auf dem Scheiterhaufen verbrannt worden, als Petrus Venerabilis seine Abhandlung gegen die Anhänger des Pierre de Bruis südfranzösischen Bischöfen – denn in Südfrankreich besonders traf man jene an – widmete.[599] Pierre de Bruis war gegen die Kindertaufe, weil nur der eigene Glaube des Täuflings diesen retten könne. Für Petrus Venerabilis war bei der Taufe der Glaube der Kirche wirksam, der auch Kinder, die noch nicht ein eigenes Glaubensleben haben könnten, zum Heil führte und durch die Gnade Christi zu ihrem persönlichen Eigentum würde.

Die Meinung des Pierre de Bruis, die Kirche bestünde nicht aus Mauern, sondern aus ihren Gläubigen, teilte Petrus Venerabilis. Der aus Leibern bestehende Kirchbau solle zu einer geistlichen Gemeinschaft zusammenwachsen. Aber Petrus Venerabilis lehnte Pierre de Bruis mit dessen Anschauung, man bräuchte keine Kirchen und hätte bestehende zu zerstören, ab. Denn er konnte sich nicht vorstellen, wie die Gemeinschaft der Gläubigen als Gemeinschaft gedeihen könne, wenn sie keinen heiligen Ort, sich zu versammeln, besäße.

Undenkbar war Petrus Venerabilis die Ablehnung des Kreuzes als eines bloßen Werkzeuges der Rache durch Pierre de Bruis. Für ihn war das Kreuz nicht vom Gekreuzigten zu trennen. Überdies stand ihm vor Augen, wie seine Mutter im Sterben das Kreuz geküßt und sich dem Gekreuzigten in dessen und in ihrem Leid anvertraut hatte.[600]

Vollends abwegig erschien Petrus Venerabilis, daß Pierre de Bruis und seine Anhänger glaubten, Christus habe sich nur beim Abendmahl seinen Jüngern hingegeben. In der Opfergabe der hl. Messe jedoch seien Leib und Blut Christi nicht mehr gegenwärtig. Was Petrus Venerabilis dagegen geltend machte, galt noch nach der Reformation als Zeugnis kirchlicher Autorität.[601]

Glaubte Pierre de Bruis, die Lebenden könnten mit Meßfeiern, Armenspeisungen und anderen guten Werken nichts mehr für die Verstorbenen tun, denn deren Verdienste ließen sich nach deren Tod weder steigern noch mindern, so paßte das überhaupt nicht zur damals allgemein herrschenden und von Petrus Venerabilis leidenschaftlich verteidigten Überzeugung von der Gemeinschaft der Heiligen, die Lebende und Tote miteinander verband.

Das sei die Lehre der Kirche, daß alle Glieder des Leibes Christi einander jegliche Hilfe böten, für einander beteten, damit Christi Gesetz, die Liebe, erfüllt werden könnte, daß einer des anderen geistige oder leibliche Lasten mit geistiger und körperlicher Unterstützung trage.[602] Petrus Venerabilis bemühte das Alte und Neue Testament, um darzulegen, daß nach dem Zeugnis der Kirche gute Werke der Lebenden den Lebenden, gute Werke der Toten den Toten, gute Werke der Lebenden den Toten und gute Werke der Toten den Lebenden schon immer genützt hätten und stets nützen würden.[603] So könnten die Heiligen unter den Toten für die Toten eintreten, die noch nicht heilig waren. Tatsächlich hat die Erwartung, die Mönche nähmen stellvertretend fremde Schuld auf sich und tilgten sie durch die Gnade Christi, die sie mit ihren Gebeten und Opfern, mit Meßfeiern und Armenspeisungen herabriefen, noch bis tief in die Neuzeit in allen gesellschaftlichen Schichten die Hoffnung der Menschen belebt, baute man auf Meßfeiern und Totengedenken der Generationen überdauernden Mönchsgemeinschaften. Und auch in der Neuzeit lebte die Überzeugung, in den Toten Fürsprecher bei Gott zu erhalten.[604]

Mit seiner Abhandlung gegenüber der eingefleischten Härte der Juden teilte der Abt von Cluny die Auffassung der Zeitgenossen in der Kreuzzugsbewegung, daß die Juden Feinde seien. Aber er wollte nicht ihre Vernichtung, sondern ihre Bekehrung, und dies mit vernünftigen Erörterungen, deren Beweiskraft auch die Juden anerkennen könnten. Er rief sie also auf: Glaubt Eurem Gesetz, nicht einem fremden. Glaubt den Propheten, nicht fremden, sondern Euren eigenen. Glaubt nicht fremden Schriften, sondern Euren eigenen![605]

Mit seiner Schrift gegen die Sarazenen gehörte Petrus Venerabilis nicht zu den Autoren des 12. Jahrhunderts, von denen der Kreuzzug abgelehnt wurde, wie etwa dem anonymen Würzburger Jahrbuchschreiber.[606] Er hielt nicht nur eine Predigt über das Hl. Grab, sondern er schlug dem französischen König Ludwig VII. 1146 in einem Brief vor, den Kreuzzug mit einer Sondersteuer, die den Juden aufzuerlegen sei, zu finanzieren.[607] Nach dem fehlgeschlagenen zweiten Kreuzzug rief er König Roger II. von Sizilien (1105–1154) zu einem Strafzug gegen die Feinde des Volkes Gottes auf.[608] Er selbst kämpfte mit den Waffen des Geistes.

Aus dem Prolog seiner Schrift gegen die Sarazenen erfahren wir von seiner Begegnung mit Robert von Ketton, dem späteren Archidiakon von Pamplona, dem Gelehrten Hermann von Dalmatien, dem Magister Petrus von Toledo, des Arabischen und Lateinischen mächtig, sowie mit einem Mohammedaner Mohammed auf seiner Spanienreise.[609] Den Engländer Robert von Ketton und Hermann von Dalmatien kannte man wegen ihrer Arbeiten in Astronomie, Geometrie und Geographie, Petrus von Toledo vermittelte die Kenntnis des Islams ins Lateinische. Diesen dreien gab Petrus Venerabilis mit großem Einsatz Auftrag, den Koran ins Lateinische zu übersetzen, Mohammed, der vierte, sollte auf die Genauigkeit der Übersetzung achten. Das ganze Übersetzungswerk hatte Petrus von Poitiers, der Sekretär des Abtes von Cluny, zu überwachen.[610] Indem Petrus Venerabilis den Koran in Europa bekannt machte, lieferte er das Rüstzeug, sich geistig mit dem Islam auseinanderzusetzen.

Dementsprechend begann er seine Schrift gegen die Sarazenen so:

«Im Namen des Vaters und des Sohnes und des Heiligen Geistes, des einen allmächtigen und wahren Gottes, Petrus, Franzose seinem Volk nach, Christ nach seinem Glauben, von Amts wegen Abt derer, die man Mönche nennt, den Arabern, den Söhnen Ismaels, die das Gesetz dessen, der Mohammed genannt wird, befolgen. Erstaunlich erscheint es und ist es vielleicht auch, daß ein Mensch, der denkbar weit von Euch entfernt ist, der Sprache nach anders, durch sein Bekenntnis von Euch getrennt, fremd in seinen Lebensgewohnheiten, vom äußersten Westen Euch, den Menschen in den Gebieten des Ostens und Südens, schreibt, und daß ich, der ich Euch nie gesehen habe und wohl niemals sehen werde, mit meinem Sprechen angreife. Angreife, sagte ich, nicht, wie die Unsrigen es oft tun, mit Waffen, sondern mit Worten, nicht mit Gewalt, sondern mit Vernunft, nicht aus Haß, sondern aus Liebe.»[611]

Dieser Abt, der solche Streitschriften schrieb, hat nochmals die Autorität in Europa ausgestrahlt, die man seit eh und je vom Abt von Cluny erwartete. Allein schon die Briefpartner des Petrus Venerabilis bezeichnen die Reichweite seiner Wirkung. Am Morgen des Weihnachtstages 1156 starb er. Damit erfüllte sich sein geheimster Wunsch.[612] Heinrich von Winchester leitete sein Begräbnis, das Petrus Venerabilis im Chorhaupt der neuen Basilika «Cluny III» fand. Im Jahr nach seinem Tod wurde auf seinem Grab eine Inschrift angebracht, die in Versen aussprach, daß mit dem Tod dieses Abtes das Recht begraben wurde, der Friede fiel, die Ordnung mönchischen Lebens in Cluny am Boden lag und man weinen und sterben mochte.[613]

Was war nach dem Tod des Abtes geschehen? In Cluny wollte man später davon gar nichts wissen. So wüßten wir es auch heute nicht, hätte es nicht der Abt von Mont-S.-Michel, der Chronist Robert von Torigny, festgehalten. Nach seinem Zeugnis[614] entstand bei der Wahl des Nachfolgers des Petrus Venerabilis ein Tumult. Die Mönche der Abtei Cluny hätten einen halben Laien (*semilaicum*) Robertus Grossus durchgedrückt, obwohl reifere und ehrenhafte Männer, zur Hirtensorge über dieses Kloster als Helfer herangezogen – offenbar die Äbte und Prioren cluniacensischer Klöster –, laut Widerspruch einlegten. Robertus Grossus, einen Verwandten des Grafen von Flandern, hätten sie um seiner Verwandtschaft willen gewählt. Aus der Chronik Clunys erfahren wir nur, die Wahl des von der Gegenseite in Aussicht genommenen Claustralpriors von Cluny, Hugos von Frazans, sei von Weihnachten, dem Todestag des Petrus Venerabilis, bis zum Guthirtensonntag, also zum zweiten Sonntag nach Ostern – das war der 14. April 1157 –, verschoben worden.[615]

Das Wort vom halben Laien färbt die ganze Mitteilung Roberts von Torigny streitbar, parteiisch. Auch Roberts Aussage, die tumultuarische Wahl des Robertus Grossus sei um dessen Verwandtschaft willen vorgenommen worden, wirft ein Licht auf die Entscheidung der Mönche Clunys. Robertus Grossus war ein Neffe jenes Großpriors Bernardus Grossus aus den Zeiten der Äbte Hugo, Pontius und Petrus, der im Schisma des Pontius eine so zentrale Rolle gespielt hatte.[616] Er kam also aus der Sippe der Grossi von Uxelles und Brancion. Im Gegensatz zu seinem Onkel wurde er nicht von Petrus Venerabilis in die engste Umgebung geholt. In dieser erscheint er nur ein Mal, etwa 1147, in der Zeugenreihe einer Urkunde, in der sein Vater, der Kreuzfahrer Bernardus III. Grossus, Herr von Uxelles, und ein Bruder des Ioscerannus auf der Burg Brancion unrechtmäßige Ansprüche auf die Bewohner der Dekanien und Priorate um Cluny aufgeben mußten, an dritter Stelle der Mönche von Cluny.[617]

Vielleicht ein, zwei Jahre zuvor hatte ihn Petrus Venerabilis als Prior nach Abbeville geschickt, damit in eine gewisse Nähe zu Roberts Ver-

Die Kirche von Brancion: Ansicht von Südosten.

wandten, dem Grafen von Flandern, Theoderich vom Elsaß.[618] Als die
Kanoniker von Ste. Geneviève beim Besuch des Cistercienserpapstes
Eugen III. in Paris dessen Seidenmantel nach altem Brauch als Zeichen
der Verehrung für den Papst für sich behalten wollten, gedachte der

Papst, Ste. Geneviève zu reformieren. Er schrieb an Abt Suger von S. Denis, es sollten acht Mönche des Cluniacenserpriorates S. Martin-des-Champs nach Ste. Geneviève gesandt werden, dazu der Prior von Abbeville, Robertus Grossus, als Abt, frei und losgelöst (von Cluny).[619] Doch setzten sich die Kanoniker des Pariser Stifts beim Papst schließlich mit dem Vorschlag durch, Regularkanoniker nach der Regel des hl. Augustinus zu werden. Robertus Grossus wurde damals nicht Abt.

Und Roberts tumultuarische Wahl zum Abt von Cluny 1157 führte ihn auch nicht ans Ziel. Als er sich in Rom bestätigen lassen wollte, wurde er «abgesetzt» (so Robert von Torigny). Auf der Rückreise von Rom kam er mit all seinen Begleitern, vielleicht durch Räuber, ums Leben. Ganz im Gegensatz zu den Totenbuchaufzeichnungen für die Äbte von Cluny vermerkte man in den cluniacensischen Totenbüchern von S. Martin-des-Champs, Longpont und S. Saulve de Valenciennes zum 12. November lediglich in der den Mönchen vorbehaltenen Namensäule: *Robertus* bzw. *Robertus Grossus*. In S. Martin-des-Champs hielt der Schreiber des Totenbuches die in seiner Vorlage stehenden Namen Robertus[620] Grossus gar für die Namen zweier Mönche.

Als nun Hugo von Frazans zum Abt erhoben wurde, bekam er die größten Schwierigkeiten seitens der Verwandten des vom Papst abgelehnten Robertus Grossus. Überall brächten diese die Cluniacensis ecclesia in Unruhe, schrieb er hilfesuchend an Kaiser Friedrich I. Barbarossa.[621] In der späten Chronik von Cluny wurde als erstes Ereignis der Amtszeit des Abtes Hugo III. in lakonischer Kürze festgehalten: «Im zweiten Jahr seiner Einsetzung brannte der Ort (*villa*) Cluny.»[622] Als nächstes Ereignis erwähnte man in Cluny die Übertragung der Reliquien der hl. drei Könige von Mailand nach Köln.

Die Ereignisse in Cluny nach dem Tod des Petrus Venerabilis deckten schlagartig die Wunden auf, an denen Cluny bereits vor dem Schisma des Pontius und von da an immer mehr zu leiden hatte. Adelige Familieninteressen und -rivalitäten wurden über deren Mitglieder, die in Cluny als Mönche eintraten und zu Amtsträgern aufstiegen, in das Gemeinschaftsleben des Klosters hineingetragen und verlängert. So parteiisch Roberts von Torigny Urteil vom halben Laien Robertus Grossus sein mochte, seine Zuspitzung, die Wahl Roberts sei um dessen Verwandtschaft willen erfolgt, traf den Kern. Und diese Wunden waren schon so tief, daß sie trotz der Aussöhnung des Konvents von Cluny durch Petrus Venerabilis, trotz dessen Übereinkunft mit den Einwohnern des Ortes Cluny und trotz dessen Autorität in der Amtsführung, die der Cluniacensis ecclesia zugute kam, nach dessen 34jährigem Abbatiat sofort wieder aufbrachen. So wenig wie Hugo von Semur hatte Petrus Venerabilis seinen Mönchen einen bestimmten Nachfolger vorgeschlagen oder gar designiert. Und wie nach Hugos Tod unter Pontius, so spaltete sich nach dem Tod des Petrus Venerabilis wieder der Konvent Clunys bei der Abtswahl. Und wieder stand die Familie der Grossi von den Burgen Uxelles und Brancion im Mittelpunkt, indem sie die Abtei förderte und aufs höchste bedrängte.

Die Mönchsgemeinschaft von Cluny hatte offenbar ihre Abwehrkräfte gegen äußere Einwirkungen ins Kloster Cluny und in die Cluniacensis ecclesia schon weitgehend verloren. Dies war vor allem nicht mehr zu übersehen, als es 1159 in Rom zum Schisma zwischen Papst Alexander III. (1159–1181) und Viktor IV. (1159–1164) kam, den der Kaiser und mit ihm die Erzbischöfe von Arles, Vienne, Lyon (Eraclius, der Bruder des Petrus Venerabilis) und Besançon, der Graf von Mâcon und Humbert, Herr von Beaujeu, unterstützten. Die Könige von Sizilien, Frankreich und England neigten Papst Alexander III. zu. Die Legaten Alexanders III., die in Frankreich und England für den Papst werben sollten, wurden in Cluny nicht empfangen, wohl aber vom anderen Bruder des Petrus Venerabilis, dem Abt Pontius von Vézelay. Die Legaten baten daraufhin schriftlich die Cluniacenser um Unterstützung des Papstes.[623]

Ein Brief Hugos III. von Cluny an Bischof Gilbert Foliot von London deckt die überaus schwierige Lage auf, in der sich der Abt von Cluny befand. Im Grenzgebiet des Königreiches Frankreich und des Kaiserreiches stehend, müsse Cluny Schaden nehmen. Anerkennte Hugo III. den Papst Alexander III., dann drohte ihm die Exkommunikation des Metropoliten von Lyon und von dessen Suffraganbischöfen, die zu Barbarossa hielten. Hugo I. von Cluny und Petrus Venerabilis waren sogar das Risiko päpstlicher Exkommunikation eingegangen, als Hugo I. mit seinem Patensohn, Kaiser Heinrich IV., in Kontakt geblieben war und Petrus Venerabilis den Petrus Abaelard in Cluny aufgenommen hatte. Hugo III. jedoch wußte nicht, wie er sich verhalten sollte. Gleichzeitig mußte er bei einer Anerkennung Alexanders III. den Verlust der cluniacensischen Besitzungen im Reich an den Kaiser befürchten. Und vom Grafen von Mâcon schrieb er: «Er hat auf die Worte des Kaisers geschworen. Wir sind in seiner Gewalt. Er hält sein aus der Scheide gezogenes Schwert über unsere Nacken.»[624] Damit Cluny nicht in solche einseitige Abhängigkeit geriete, hatte schon der erste Reformabt Clunys, Odo, Schutz und Verantwortung für Cluny durch den Papst auf mehrere Schultern verteilen lassen. Hugo III. klagte jetzt: «Aus zwei unversehrt geschlossenen Teilen besteht der Leib der Cluniacensis ecclesia. Der eine befindet sich im Kaiserreich, der andere in den Königreichen. Weh uns, sie zu verlieren! Notvolle Einengungen bedrängen uns von allen Seiten.»[625]

In seiner Ratlosigkeit berief der Abt von Cluny seine Mönche in den Kapitelssaal, um mit ihnen über die Anerkennung Papst Alexanders III. zu beraten. «Diese jedoch haben, als sie, die seine Leitung für verhaßt ansahen, ihren Neidzahn nicht in die Person des lauteren Abtes schlagen konnten, einen gerissenen Rat gegeben: Sie sprachen ihm bestreitend ab, den katholischen oder den schismatischen Papst anzuerkennen, sonst würden sie, wie oft in solchen Dingen, den Unterlegenen begünstigen und in den Haß des Siegers laufen.»[626]

Der dies berichtet, Hugo von Poitiers, Sekretär des Abtes von Vézelay, mag in den Spannungen, die zwischen Cluny und Vézelay bestanden, den Konvent von Cluny zu negativ beurteilen. Da aber feststeht, daß Hugo III. sein Amt wieder abgegeben hat, kann jedenfalls nicht der ganze Konvent zu seinem Abt gehalten haben. Der Papst verlangte unterdessen, die Cluniacenser sollten ihn wie die anderen klösterlichen Gemeinschaften Frankreichs anerkennen. Schon wurde Heinrich, Bischof von Beauvais, der Bruder König Ludwigs VII. und spätere Erzbischof von Reims, vom Papst beauftragt, Hugo III. und seine Anhänger zu bannen und in Abstimmung mit dem französischen König einen neuen Abt in Cluny einzusetzen, Hugo III. aber dann in seinem Amt zu belassen, wenn er sich öffentlich von Viktor IV. lossagte.[627]

Dalmatius von Semur und Luzy, aus der Familie, der Hugo I. von Cluny entstammte, und andere hohe Herren der Gegend hielten den Bannfluch Heinrichs von Beauvais auf. Als Hugo III. 1161 vor den vom Papst beauftragten Bischof zitiert wurde, zeigte sich erneut, daß er von

seiten seines Konvents getäuscht worden war. Weder er noch seine Verantwortlichen erschienen, schrieb der Chronist von Vézelay, wohl aber
die Mönche, die gegen den Abt standen, der Prior Theobald von S. Martin-des-Champs, bald darauf Großprior in Cluny, und zahlreiche andere Häupter in der Cluniacensis ecclesia. Sie unterwarfen sich und die
ihnen anvertrauten Klöster bei dieser Gelegenheit Papst Alexander III.
Ihren Abt, Hugo III., stellten sie wie einen Vatermörder dar. Hugo III.
und dessen Anhänger wurden gebannt. Der Riß ging damals demnach
nicht nur durch den Konvent der Abtei Cluny, sondern durch die ganze
Cluniacensis ecclesia.

Immer offenkundiger wurde die Zerrissenheit der Cluniacensis
ecclesia. Es gab Überlegungen, den gescheiterten Hugo III. durch Pontius von Vézelay als Abt von Cluny zu ersetzen. Daß dieser so Nachfolger seines Bruders, Petrus Venerabilis, wurde, hat sein Tod vereitelt.
Danach löste der Papst Vézelay aus der Cluniacensis ecclesia heraus,
indem er zu bedenken gab, wie offensichtlich die Cluniacensis ecclesia
in der Zeit dieser Verwirrung (des Schismas) geirrt und wie sie von ihrer
alten Regeltreue und Ehrenhaftigkeit abgeglitten sei und sich der Einheit der Kirche entfremdet habe.[628]

Der vertriebene Hugo III. ging in eines der cluniacensischen Priorate
auf Reichsboden. Die späte Chronik von Cluny nennt als seinen Begräbnisort Vaux-sur-Poligny, das der Herzog Otto-Wilhelm von Burgund gegründet hatte.[629] Die alte Abtei Baume-les-Messieurs, von der
Odo, der erste Reformabt von Cluny, nach Cluny gekommen war,
stand Hugo III. nicht zur Verfügung. Seiner Bitte, sie Cluny als Priorat
zu unterstellen, hatte Barbarossa schon früher nicht stattgegeben. Er
hatte Baume den Cluniacensern als Abtei übergeben, mit der Ein-
schränkung jedoch des Rechts, in dem sie stand. Und 1162 bestätigte der
Papst des Kaisers, Viktor IV., die Loslösung der Abtei von Cluny.[630]
Hugo III. tauchte zwischen 1163 und 1166 im Gefolge des Kaisers im
Elsaß, in Italien und in Burgund auf.[631] Als Papst Alexander III. 1177 in
Venedig den Kaiser vom Bann löste und auch dessen Gefolgsleute ver-
söhnte, die ihm Treue und Gehorsam versprachen, wurde unter ihnen
auch Hugo, einstmals Abt von Cluny, genannt.[632]

Indes, die Wege des Abtes Hugo III. hatten sich von denen der Cluniacensis ecclesia getrennt. Im selben Jahr schrieb der Erzbischof Chri-

stian I. von Mainz den Mönchen von Cluny, namentlich dem Claustralprior B(ertaldus) wegen Hugos III., «der von einigen Eurer Brüder ungerecht vertrieben worden ist»[633]. Deshalb schuldete ihm Cluny vor allen Sterblichen Dankbarkeit und ehrenhafte Behandlung. Nun sei er ja auch vom Papst voll begnadigt worden. Dieser und die ganze Kurie fänden es gut, die Mönche riefen ihn wieder als Abt zurück. Der Magister Robert, Protonotar der Kurie des Mainzer Erzbischofs und Kapellan des Kaisers, überbrachte das Schreiben. Doch obwohl Hugos III. Nachfolger in Cluny, Abt Stephan, 1173 gestorben, dessen Nachfolger, Radulf von Sully, Neffe Heinrichs von Winchester und Prior von La Charité-sur-Loire, 1176 Cluny zugunsten des Priorates La Charité wieder verlassen hatte, dessen Nachfolger wiederum, Walter von Châtillon, Prior von S. Martin-des-Champs, 1177 verstarb, ging der im Schreiben des Mainzer Erzbischofs geäußerte Wunsch nicht in Erfüllung. Wieder einmal sollte einer aus dem englischen Königshaus, diesmal Abt Wilhelm von Ramsey, zuvor Prior von S. Martin-des-Champs, Cluny aus seiner katastrophalen Verschuldung retten.

Während sich Hugo III. in den Schutz des Kaisers begeben hatte – schon 1167, als auf Hugo III. der Prior Stephan von S. Marcel-lèz-Chalon auf dem Abtstuhl in Cluny gefolgt war –, hatte sich Cluny in akuter Bedrohung gesehen. Denn nach dem Tod des Erzbischofs von Lyon, des Bruders des Petrus Venerabilis, wurden in Lyon ein kaisertreuer und ein papsttreuer Kandidat gewählt. Und die deutschen Rotten der Brabanzonen verwüsteten im Auftrag des Grafen von Chalon die Besitzungen Clunys. Diesem blieb gar nichts anderes übrig, als König Ludwig VII. von Frankreich um Schutz zu bitten. Denn auch die Bewaffneten des kaisertreuen Grafen Gerard von Mâcon und des kaiserlichen Kandidaten auf den Erzstuhl von Lyon brachen in das vom französischen König beanspruchte Gebiet ein. Der König setzte sich gegen die Grafen durch, übernahm den Schutz Clunys, das er in einer Urkunde von 1169 «besonders edles Glied unseres Königreiches» (*nobilius membrum regni nostri*) nannte.[634]

Was in den Zeiten von Odo bis Hugo I. von Cluny und auch unter Petrus Venerabilis undenkbar gewesen wäre, wurde Wirklichkeit: Die Cluniacensis ecclesia, die in ihrem Reformwillen und mit ihrem Freiheitsanspruch alle politischen Grenzen überwunden hatte – und dies sogar im Investiturstreit –, wurde jetzt als Teil der französischen Monarchie angesehen. Der inneren Zerrissenheit folgte der Verlust der Internationalität dieser bis zum 12. Jahrhundert bedeutendsten Reformbewegung.

Diese Internationalität war nun im Mönchtum nur noch auf eine Art, nämlich im Mönchsorden, wiederzuerlangen. Hatte die Cluniacensis ecclesia einst den Weg zum Mönchsorden geebnet, so mußte sie jetzt den Anschluß an diese Stufe der Entwicklung des Mönchtums finden. Im Jahr 1200 erließ Abt Hugo V. von Cluny Statuten, mit denen Cluny und seine Klöster die Verfassung des Ordens erhielten.[635] Um aus dieser Ordensverfassung eine Lebensform für die Cluniacenser werden zu lassen, bedurfte es von neuem einer Reform an Haupt und Gliedern.[636] Ihr wendet sich die Forschung neuerdings verstärkt zu.[637]

Es kann kein Zweifel bestehen: Der Leib der Cluniacensis ecclesia hatte sich bis zum 12. Jahrhundert erschöpft. Unter allen Bedrohungen und Wandlungen, die ihn vom 11. und 12. Jahrhundert umgaben, wurde er innerlich krank. Das Leben der mönchischen Gemeinschaft mit ihrem Abt war gestört. Das Schisma des Pontius brachte das erste Erdbeben in der Cluniacensis ecclesia. Hatten bis dahin in gut 200 Jahren sechs Äbte, davon vier als heilig verehrte, Cluny geleitet, so folgten einander nach dem eindrucksvollen Werk der Versöhnung durch Abt Petrus Venerabilis in den 47 Jahren nach dessen Tod bis zum Beginn des 13. Jahrhunderts sieben Äbte. Schisma und Rücktritte wiederholten sich: ein Fieberthermometer für den Zustand der Cluniacensis ecclesia.

Vom Großprior Bernardus Grossus im Schisma des Pontius war die Rede und davon, daß die Familie der Grossi schon unter Abt Hugo I. in den Konvent hineingewirkt hat. Nachdem Petrus Venerabilis seinem verdienten Helfer noch einen rühmenden Nachruf gewidmet hatte,[638] stellte die tumultuarische Wahl des Robertus Grossus zum Abt von Cluny offenkundig den Versuch dar, diese Familie in der Cluniacensis ecclesia an der Macht zu halten. Hinter der Gegenpartei im Konvent standen andere Adelsfamilien. Dieses Einsickern adeliger Familien in das Leben der mönchischen Gemeinschaft durch die Einnahme wichtiger Ämter im Kloster und die damit in die Cluniacensis ecclesia hineingetragenen Rivalitäten im sechzigjährigen Abbatiat Hugos I. kamen nach dessen Ende dem Ausbruch eines lange versteckten Virus gleich.

Adeliger Lebensstil, etwa in der Ernährung, bedrohte gleichzeitig immer den Vorsatz mönchischer Einfachheit. Auch von dem Schädlichen und Überflüssigen in Speise und Trank, weswegen Petrus Venerabilis nach seinen eigenen Worten den späteren Kardinalbischof Matthaeus von Albano als Hüter der Disziplin nach Cluny gerufen hatte, war die Rede.

Um dies zu erkennen, braucht man nur das Bild, das Petrus Venerabilis von Cluny entwarf, als es sich vom Schisma des Pontius erholt hatte, mit jenem zu vergleichen, das Petrus von Celle gemalt hat. Petrus von Celle war unter der Stabführung des Petrus Venerabilis im großen Cluniacenserpriorat S. Martin-des-Champs herangewachsen, später Abt von Moutier-la-Celle, nach 1162 Abt von S. Remi de Reims und 1180, als Nachfolger Johanns von Salisbury, Bischof von Chartres geworden.[639] Er konnte ermessen, was sich seit seiner Zeit in S. Martin-des-Champs, der Zeit des Petrus Venerabilis, und dem Cluny unter Abt Hugo III., dem er mehrmals schrieb, gewandelt hatte.

In den Augen des Petrus Venerabilis war «Cluny ein Kloster, an Regeltreue, strenger Disziplin, Konventsstärke und jeglicher Befolgung mönchischer Ordnung fast in der ganzen Welt bestens bekannt, eine einzigartige und allgemeine Zuflucht für Sünder, eine Zuflucht, durch die der Hölle viel Schaden zugefügt, dem Himmel überaus viel Gewinn zusammengetragen worden ist. Ungezählte Mengen Menschen warfen dort die Lasten der Welt von ihren Schultern und beugten ihre Nacken dem süßen Joch Christi (Mt 2,28–30). Personen jeglichen Berufes, aller Ränge und Ordnungen haben dort Pracht und Reichtum der Welt in das demütige und arme Leben der Mönche verwandelt. Dort hatten die ehrwürdigen Väter von Kirchen selbst, die Lasten kirchlicher Angelegenheiten fliehend, vorgezogen, sicherer und ruhiger zu leben, eher zu dienen als zu herrschen. Dort bietet gegen geistige Nichtsnutzigkeiten ein unermüdliches und unversöhnliches Ringen den Streitern Christi tägliche Siegespalmen. Den Bewohnern dieses Ortes, die in unablässigem gemeinsamem Kampf den Leib dem Geist unterwarfen, war wirklich nach dem Wort des Apostels Christus das Leben und Sterben ein Gewinn. Daher hat sich das ganze Haus der Welt mit dem Lavendelduft der geistlichen Kräfte erfüllt, aus dem Aroma der Salböle, während die leidenschaftliche mönchische Regeltreue, die damals fast erkaltet war, durch das Beispiel und Bemühen dieser Männer von neuem zu brennen begann. Das bezeugt Gallien, Germanien, jenseits des Meeres Britannien; Spanien, Italien und ganz Europa spricht es aus, voll von Klöstern, die von ihnen entweder neu gegründet oder aus alter Verfallenheit wieder hergestellt worden sind. Da beharren die Mönchsgemeinschaften, nach Art der himmlischen Heerscharen durch ihre Ordnungen Gott zur Seite stehend, mit ihren anderen Übungen heiliger Tugendkräfte Tag und Nacht auf dem Gotteslob, so daß auch auf sie das Prophetenwort bezogen werden kann: «Selig, die in Deinem Haus wohnen, Herr, von Ewigkeit zu Ewigkeit werden sie Dich loben. Aber was zähle ich irgendwelche Teile der Welt auf, da doch von unserm äußersten Westen bis zum Osten dieser Ruf gelangt ist und keinem Winkel des christlichen Erdkreises verborgen blieb? … Was nämlich von der aus Ägypten übertragenen Synagoge der Juden und vor allem von der gegenwärtigen Kirche gesagt wird, das darf auch, dem steht nichts entgegen, von dieser Cluniacensis ecclesia so aufgefaßt werden, die nicht das geringste Glied dieser universalen Kirche ist.»[640]

Als Abt von S. Remi de Reims schrieb nach 1162 Petrus von Celle den Cluniacensern: «… muß ich nicht bis ins innerste Mark Schmerz empfinden über die Ruine der Mutter der Töchter Sions, zumal über die Ruine des Klosters Cluny? Ist denn nicht diese die Stadt unserer Stärke, von der einst tausende ausgingen durch die Bistümer und Abteien, Königs-und Fürstenhöfe, und jetzt hat sie ganz wenige Einwohner? Hat nicht dieses große Licht die Dunkelheiten einer verfinsterten Regeltreue durch die verschiedenen Gegenden hindurch erleuchtet, indem es die Ordnung mönchischen Lebens im Kloster erneuerte, Ehrenhaftigkeit lehrte, Bruderliebe eingoß und die anderen Werke frommer Zuwendung erneuerte? Stieg Cluny nicht auf den Stufen der Demut auf bis zum Apostolischen Stuhl? O meine Herren, meine Brüder, meine Söhne von Cluny! Ich selbst habe von Jugend auf in S. Martin-des-Champs in wechselhaftesten Erfahrungen gekostet, wovon ich spreche, und ich habe gesehen, wo der Ort für das Gold war, an dem geprägt wurde. O weh! So große Glut wurde lau und alt … Reinigt also die Brunnen Abrahams, Isaacs und Jakobs und das Unkraut, das nachts vom bösen Feind gesät wird, reißt aus: vor allem jenes Erbübel, aus dem die allerschlechteste Saat aufsprießt, welche die Regeltreue der Mönche erstickt.

Das ist nämlich die Gewohnheit der Gelage und Besäufnisse, die zum Abendgebet wird. Haut, ich bitte Euch, diesen schlechten Baum um im Richtspruch der Wachsamen. Es stehe Euch die Gnade des Hl. Geistes bei, in dessen Mitwirken Ihr fortsetzen mögt, was Gott willkommen, der Ecclesia Cluniacensis zum Nutzen, heilsam den Gegenwärtigen und den Nachkommenden zur Heilung.»[641]

Petrus von Celle rief zum Kampf für «Eure und unsere Mutter» auf, nachdem er sich schon in einem Brief an Hugo III. von Cluny und in einem Schreiben an die Cistercienser von Chézy im Bistum Soissons überaus bekümmert über die tumultuarische Wahl des Robertus Grossus zum Abt geäußert hatte.[642] Bei der schismatischen Wahl sei das keusche Cluny geschändet worden. Den Abt Hugo erinnerte Petrus daran, der gute Gott habe ihn zum Auge der Mönche, zum Spiegel und Vorbild dieser Ordnung mönchischen Lebens gemacht. Würde sein Auge einfach bleiben, würde «der ganze Leib der Mönche, das heißt die Gemeinschaft von Cluny, leuchten. Wäre sein Auge aber nichtsnutzig, dann würde auch der Leib verdunkelt.»[643] Was gegenüber der Vergangenheit nun verlorenzugehen drohte – das sprach Petrus von Celle damit eindeutig klar aus –, das war die Gemeinschaft von Abt und Konvent Clunys, die zusammen den Leib der Cluniacensis ecclesia zu bilden hätten.

Noch im Selbstverständnis des frühneuzeitlichen Cluny wirkte die Kraft nach, die Cluny in den Augen der Zeitgenossen des hohen Mittelalters zum Licht der Welt hat werden lassen. Jean IV., Kardinal von Lothringen und von 1529 bis 1550 Abt von Cluny, ließ einen Rotulus, eine lange Schriftrolle, durch Boten quer durch Europa in 445 Kirchen tragen, deren Namen der Rotulus trug. Die Empfänger der Rolle sollten dieser ihren Eintrag einfügen. Die möglicherweise darauf vergessenen Gemeinschaften möchten brieflich mitteilen, in welcher Weise sie mit Cluny verbrüdert seien, damit man einander dieselben Leistungen des Totengedenkens gewähre. In einem Begleitbrief zur Schriftrolle mit den verbrüderten geistlichen Gemeinschaften rief der Kardinal dazu auf, den verstorbenen Brüdern Erleichterung von der Pein des Fegfeuers zu verschaffen. «Wir sind nämlich im Herrn Glieder eines Leibes unter einem Haupt, für den hl. Benedikt und seine Regel im Herrn kämpfend. Wir sind auch, bis auf einige Weltliche unter Euch, mit dem

Band gegenseitiger, durch Eure und unsere Vorgänger vereinbarter Gemeinschaft in Liebe vertraglich verbunden. Diese gegenseitige Gemeinschaft erneuern wir mit dem Band der Liebe, bestätigen und bekräftigen sie für zukünftige Zeiten durch die vorliegenden Schreiben. Dabei rufen wir Euch auf, Ihr möchtet im Band der Liebe in gleicher Form diese Gemeinschaft durch Bestätigung bekräftigen.»[644] Der Kardinal empfahl schließlich den Empfängern seines Schreibens und des Rotulus den Boten, der diesen durch die Weite der Länder trug, zu brüderlicher Aufnahme und Unterstützung. Anschrift und Datum, zu dem der Bote die Rolle überreichte, sollten jeweils auf dieser vermerkt werden.

Wir heutigen Zeitgenossen können leicht bezweifeln, ob diese Erneuerung Hunderter Verbrüderungen durch den Kardinalabt von Cluny, seinen Konvent und dessen Verbrüderungspartner die damalige Lebenswirklichkeit noch erreichte. Den Zweifel könnte die Feststellung nähren, daß die Liste verbrüderter Gemeinschaften auf der Rolle in der Namensschreibung von Fehlern, Mißverständnissen und Verballhornungen wimmelt.[645] Nicht zu bezweifeln ist jedoch, daß wir es hier mit einem Zeugnis cluniacensischen Selbstverständnisses zu tun haben, das bewußt an die Hochzeit Clunys im 11. Jahrhundert anknüpfen wollte. Außerdem enthält die doppelt aus Abschriften des 17. Jahrhunderts überlieferte Liste im einen Fall 445, im anderen 312 geistliche Gemeinschaften. Aber so viele Unsicherheiten an dieser Überlieferung haften, so ernst ist sie in ihrem Kern zu nehmen. Sie geht mit Sicherheit auf ein Verzeichnis mit Cluny verbrüderter Gemeinschaften zurück, wie es üblicherweise unter dem Titel *Diese sind die Gemeinschaften* dem Kapitel der klösterlichen Lebensgewohnheiten angeschlossen wurde, das von den Verbrüderungen handelte,[646] und hinter alten fehlerhaften Schreibungen verbergen sich doch Klöster wie Hirsau und St. Georgen im Schwarzwald – die Schwarzwaldklöster St. Blasien und St. Peter fehlen –, von denen wir aus mittelalterlichen Zeugnissen wissen, daß sie mit Cluny verbrüdert waren. Sogar das ferne Abdinghof, die Gründung des Bischofs Meinwerk von Paderborn, erscheint zu Recht, während das thüringische Reinhardsbrunn fehlt.

Vor allem aber waren dem verlorenen Original des vom Kardinalabt versandten Rotulus vier Verspaare und fünf bildliche Darstellungen an den Anfang gestellt worden, die den bewußten Rückgriff des frühneuzeitlichen Cluny auf die Stärke der hochmittelalterlichen Gemeinschaft Clunys über allen Zweifel erhaben sichern. Der Text nennt die Namen der vier «Führer» (*duces*) Hugo, Sohn des Dalmatius (von Semur), Odilo, Maiolus, Odo. Sie hätten durch ihre Leitung der hervorragenden Herde den Himmel verdient. In ewigem Bündnis helfen sie denen, die mit Cluny verbunden sind (also in erster Linie den mit Cluny Verbrüderten – *Perpetuoque juvant Cluniaco foedere junctos*). Durch Cluny und seine Gebete, so sagten der Einsiedler und der schiffbrüchige Gast in Cluny, hätten sich die Sümpfe der Hölle geleert. «Während auf den Klippen des Meeres die Feuer um die (ihnen entgangene) Seele trauern, erfüllt die Lüfte der Dämon mit unterschiedlichem Gewimmer.»[647]

Was damit gemeint ist, veranschaulicht das erste der fünf Bilder, die im Bullarium Cluniacense von 1680 beschrieben sind. Es stellt die Klippen des Meeres dar, auf denen die Seelen der verstorbenen Christgläubigen von den Flammen des Fegfeuers gepeinigt werden. Der sizilische Einsiedler zeigt sie dem fremden Schiffbrüchigen. Und in diesen Flammen sind zwei Dämonen zu sehen, die beide Schriftstücke in Händen halten, auf denen man liest: «Nichts vermag dieser Höllensumpf, weil Cluny ihn zunichte macht.»

Die zweite bildliche Darstellung gibt die Gestalt des heiligen Odilo wieder, mit dem sich die Brüder Clunys im Kapitelssaal versammelt haben und gleichzeitig den schiffbrüchigen Pilger, der ihm den Brief des Eremiten aus Sizilien reichte. Und man erkennt die Darstellung der Toten, die mitten im Kapitelssaal aufgestellt sind und damit die Einrichtung des Gedenkens an alle verstorbenen Christen (Allerseelen) bezeichnen, die dieser heilige Odilo in allen Klöstern der Cluniacenser beschlossen hat.

Es folgt ein drittes Bild mit den drei Wiedergaben der Patrone der Cluniacensis ecclesia, der heiligen Petrus, Paulus und Stephanus.

Das vierte Bild enthält die Gestalten der vier in den Verspaaren genannten Äbte Odo, Maiolus, Odilo und Hugo. Zuletzt sieht man unter diesen Bildern zwei Engel gemalt, deren einer das Familienwappen des Kardinals von Lothringen in den Händen hält, der andere die Insignien von Cluny, also die gekreuzten Schlüssel des Apostels Petrus vor dem mit der Spitze nach oben zeigenden Schwert des Apostels Paulus.

Der Einsiedler, der dem schiffbrüchigen Pilger die Botschaft nach Cluny mitgibt, dessen Gebete der Hölle die Seelen raubten, auf welche die Dämonen warteten, lief im 11. Jahrhundert gleich in mehreren Fassungen um. Eine ist in Jotsalds Lebensbeschreibung des Abtes Odilo enthalten, eine im 5. der fünf Bücher Geschichten des Rodulf Glaber. Dieser ließ den Einsiedler an den Schiffsreisenden die Frage stellen, ob er Cluny kenne. Auf dessen Antwort: «Ich habe es gesehen, es ist mir bestens bekannt», belehrte ihn der Eremit: «Wisse, daß vor allen Klöstern des Römischen Erdkreises dieses Kloster Herausragendes in der Befreiung der Seelen von der Herrschaft der Dämonen vermag. So stark ist in ihm die häufige Darbringung des lebendig machenden Opfers, die Meßfeier, daß kaum ein Tag vergeht, an dem nicht ein solch [heiliger] Handel Seelen aus der Gewalt der bösen Geister entreißt.» Und Rodulf Glaber fügte hinzu: «Es war nämlich, wie ich selbst gesehen habe, die Gewohnheit dieses Klosters, von der ersten Morgenröte bis zur Stunde des Frühstücks wegen der großen Zahl der Brüder unaufhörlich Messen zu feiern.»[648] Davon, daß Odilo mit seinen Mönchen Allerseelen eingeführt und dabei Totengedenken und Armensorge in überwältigender Dichte miteinander vereinigt hat, war schon die Rede.

Das war es, was Große und Kleine im Mittelalter von den Mönchsgemeinschaften erwarteten und nirgends in solcher Ausprägung wie in Cluny fanden. Denn dort hatten Abt und Mönche zu einer Gemeinschaft gefunden, die sich als Gemeinschaft der Lebenden mit den Verstorbenen verstand. Es gibt kein Kloster in der Geschichte, das mit so vielen geistlichen Gemeinschaften verbrüdert war, wie Cluny, kein Kloster, das eine solch umfangreiche und dichte Überlieferung an Totenbüchern hervorgebracht hätte wie Cluny, kein Kloster, das auch nur annähernd die von Cluny geleistete Armensorge erreicht hätte. Dessen war man sich noch im 16. Jahrhundert voll bewußt. Der Rotulus des Kardinalabtes Johannes IV. von Lothringen bezeugt es. Die Forschung des 20. Jahrhunderts konnte es bestätigen. Gut zwei Jahrhunderte hat es gedauert, bis sich die von Cluny ausgegangene Antriebskraft erschöpfte. Diese cluniacensischen Jahrhunderte wirkten bis in die Neuzeit nach.

Aber nachdem im 12. Jahrhundert das Licht Cluny zu flackern begonnen hatte, erlosch es nach 1200. Nun war Cluny noch einer von zahlreichen Mönchsorden. Als sich die Cluniacenser endlich die Form des von den Cisterciensern geschaffenen Ordens gegeben hatten, da wanderten bald schon die Bettelmönche des Franziskus von Assisi und des Dominikus in die Städte. Aus einem Europa der Klöster wurde ein Europa der Städte. Diese lösten die Klöster als Kristallisationspunkte des sozialen Lebens ab. Was mit Cluny zwischen 1200 und 1790 geschah, eingebunden in die französische Geschichte, als Kommende, d. h. als Pfründe ohne die daran haftenden Verpflichtungen, an Kardinäle vergeben – Richelieu gehörte zu ihnen –, das veranschaulicht ganz am Ende, zwischen 1790 und 1812, zwischen Revolution und Restauration, nochmals geradezu sinnbildlich die einst größte Kirche des Abendlandes, «Cluny III»: Sie wurde öffentlich zum Verkauf als Steinbruch ausgeschrieben.

Anmerkungen

Die vollständigen Titel der hier abgekürzten Quelleneditionen und Literatur finden sich im Quellen- und Literaturverzeichnis. Literaturangaben ohne Seitenzahlen sind zur allgemeinen Orientierung genannt.

1 Jaffé – Löwenfeld, Regesta pontificum Romanorum, Nr. 5676; BC S. 30f.
2 Monuments de l'histoire des abbayes de Saint-Philibert; zum folgenden immer noch Sackur, Die Cluniacenser 1, Einleitung.
3 Pacaut, L'ordre de Cluny, S. 69. Weiterführend mit Fragen, die sich aus den Zeugnissen selbst stellen, R. Hiestand, Einige Gedanken zu den Anfängen Clunys. Ich danke dem Verfasser für den Einblick in das unveröffentlichte Manuskript.
4 Hallinger, Zur geistigen Welt der Anfänge Klunys, S. 437.
5 Ders., Gorze – Kluny 1, S. 579.
6 H. Atsma u. J. Vezin verdanke ich Einblick in die neue Facsimile-Edition der Gründungsurkunde Clunys in dem in Vorbereitung befindlichen Werk Monumenta Palaeographica Medii Aevi. Alter Druck: BB 112.
7 BB 53.
8 Hubert, Recueil historique de chartes intéressant le département de l'Indre, Nr. 5.
9 *Ildebrannus sacerdos*, von 928 bis 944 als Urkundenschreiber von Cluny bezeugt, unter Aufsicht des Grafschaftskanzlers von Mâcon; vgl. dazu Rück, Das öffentliche Kanzellariat, S. 212f.
10 Conant, Cluny. Les églises et la maison du chef d'ordre.
11 BB 270.
12 Sennhauser, Die Abteikirche von Payerne, mit Literaturangaben S. 22.
13 Vita Hugos von Autun, in: Acta Sanctorum April II, S. 761–769.
14 Zu diesem Grundstock der Bibliothek Clunys von Büren, Le grand catalogue de la bibliothèque de Cluny, besonders S. 259f.; vgl. auch Wischermann, Grundlagen einer cluniacensischen Bibliotheksgeschichte, S. 35f.
15 Bibliotheca Cluniacensis, Sp. 9–12.
16 BB 425 datiert 935? 21. Januar.
17 Iogna-Prat, La geste des origines.
18 Martyrologe-Obituaire de S. Julien de Tours, S. 320; vgl. auch Oury, La tradition des reliques de saint Odon à Saint Julien de Tours, S. 40–45.
19 Odonis abbatis Cluniacensis collationum libri III, II,37, Sp. 216; J. Fried, Endzeiterwartung um die Jahrtausendwende, S. 413.
20 Odonis abbatis Cluniacensis vita s. Geraldi II,10, Sp. 92.
21 Odonis abbatis Cluniacensis collationum libri III, II,38, Sp. 217.
22 Johannes, Vita Odonis I, Sp. 19 = Mt 6.
23 Ebd. Sp. 19B, 29C–E.
24 Ebd. Sp. 29B.

25 Ebd. Sp. 29A.

26 Ebd. Sp. 29B–E.

27 Odonis abbatis Cluniacensis occupatio VI, Vers 583.

28 Ebd. Verse 567–574.

29 Johannes, Vita s. Odonis I, Sp. 18D.

30 Ebd. II, Sp. 32D–33.

31 Odonis abbatis Cluniacensis vita s. Geraldi I,8, Sp. 70D.

32 Ebd. Sp. 71D.

33 Ebd. I,11, Sp. 73B.

34 Ebd. I,15, Sp. 75D.

35 Ebd. I,34, Sp. 82D.

36 Ebd. II,3, Sp. 89BC und I,16, Sp. 76CD.

37 Odonis abbatis Cluniacensis sermo in cathedra s. Petri, Sp. 129A.

38 Johannes, Vita s. Odonis II, Sp. 39E.

39 Gallia Christiana 2, Instrumenta, Sp. 495, Nr. 1.

40 Cartulaire des abbayes de Tulle et de Roc-Amadour, Nr. 15.

41 Cartulaire de Brioude, Nr. 337.

42 Histoire générale de Languedoc 5, Nr. 69.

43 Martyrologe-Obituaire de S. Julien de Tours, S. 296ff. und 320.

44 Les miracles de saint Benoît, S. 100.

45 Wollasch, Bemerkungen zur Goldenen Altartafel, S. 402.

46 Les miracles de saint Benoît, S. 275.

47 Wollasch, Bemerkungen zur Goldenen Altartafel, S. 401.

48 Johannes, Vita s. Odonis III, Sp. 52B.

49 Ebd.

50 Ebd.

51 Das Kapiteloffiziumsbuch enthielt den Text der Benediktsregel, das Martyrolog mit den jeweiligen Tagesheiligen, das Necrolog mit den Namen der Verstorbenen, deren man von Tag zu Tag gedachte, dazu noch den einen oder anderen Predigt- und Gebetstext, oft auch Verbrüderungsverträge und Listen verbrüderter Klöster. Bei der Zusammenkunft des Konvents vor der ersten mönchischen Tagzeit, beim sogenannten Primkapitel, wurde das Buch gebraucht. Ein Kapitel der Regel wurde gelesen, die Namen des Tagesheiligen und die Namen der Verstorbenen, deren Gedenken zu begehen war, aufgerufen. Und der Abt richtete eine Ansprache an den Konvent.

52 Die gelegentliche Verwunderung von Diplomatikern über das Auftreten des Titels *archiclavus* schon in der Gründungsurkunde Clunys mag sich abschwächen, wenn man darauf hinweist, daß in der ersten Hälfte des 10. Jahrhunderts ausgerechnet in Tours, woher Odo ins Kloster gekommen war, und speziell in den Urkunden von S. Julien de Tours, das der Erzbischof dem Abt Odo zur Reform übertragen hatte, der Titel *archiclavus* öfters begegnet; de Grandmaison, Fragments de chartes du Xe siècle provenant de Saint Julien de Tours, Nrn. 5, 7f., 23f., 38.

53 Hierzu und zum folgenden Odonis abbatis Cluniacensis vita s. Geraldi II,17ff., Sp. 95ff.

54 Odonis abbatis Cluniacensis de combustione basilicae beati Martini sermo, Sp. 149.

55 Pacaut, L'ordre de Cluny, S. 93: 14. Dez.! Johannes, Vita s. Odonis III, Sp. 56: *quarta-decima dies ante Decembrem, quae etiam octaua Martinianae celebritatis habetur* (Martyrolog: *XIV. Cal. Dec.*)!; Bernard, Ordo Cluniacensis II,32, S. 355; vgl. Ulrich, Consuetudines I,43, S. 664.

56 BB 393.

57 Johannes, Vita s. Odonis II, Sp. 36D.

58 Ferrari, Early Roman monasteries, S. 203, Nr. 2. Zum folgenden: Antonelli, L'opera di Odone di Cluny in Italia, S. 19–40.

59 Johannes, Vita s. Odonis I, Sp. 25.

60 Ferrari, Early Roman monasteries, S. 203, Nr. 2.

61 I diplomi di Ugo e di Lotario, di Berengario II e di Adalberto, Nrn. LXVI–LXVIII.

62 Johannes, Vita s. Odonis I, Sp. 14f. im Prolog: *Hildebrannus ... praepositus ...*

63 Ebd. Sp. 19B.

64 Ebd. II, Sp. 36E.

65 Gegen Sackur, Die Cluniacenser 1, besonders S. 206.

66 Poeck, Laienbegräbnisse in Cluny.

67 Neiske, Der Konvent des Klosters Cluny zur Zeit des Abtes Maiolus.

68 Recueil des actes de Louis IV, roi de France (936–954), Nr. XXXIII.

69 Iogna-Prat, Agni immaculati, S. 208, Anm. zu Syrus, Vita s. Maioli II 1, Zeilen 16f.

70 Recueil des actes de Louis IV, roi de France (936–954), Nr. XXVII.

71 Ebd. Nr. XXVIII.

72 Ebd. Nr. XXIX.

73 Ebd. Nr. XXXVII.

74 Die Urkunden der burgundischen Rudolfinger, Nrn. 27f.

75 Ebd. Nr. 33.

76 Winzer, Zum Einzugsbereich Clunys.

77 Die Urkunden der burgundischen Rudolfinger, Nr. 29.

78 Winzer, Cluny und Mâcon im 10. Jahrhundert; zum Abbatiat des Maiolus Iogna-Prat, Agni immaculati.

79 Syrus, Vita sancti Maioli II,1, S. 208.

80 Ebd. II,2, S. 212.

81 Nospickel, Graf Leotald von Mâcon.

82 BB 883.

83 Die Briefe des Petrus Damiani 3, Nr. 106, S. 182f.

84 Syrus, Vita s. Maioli II,7, S. 221.

85 Neiske, Der Konvent des Klosters Cluny zur Zeit des Abtes Maiolus.

86 2 Sam 22,5.

87 Syrus, Vita s. Maioli III,5, S. 253; Rodolfo il Glabro, Cronache dell'anno Mille, I, IV,9, S. 24.

88 Iogna-Prat, Agni immaculati, S. 277 Anm. zu Syrus, Vita s. Maioli III 20, Zeile 1; vgl. ebd. S. 257 Anm. zu III 8, Zeile 7 und S. 121 Anm. 208.

89 Cartulaire de S. Honorat de Lérins, Nr. 3; Poly, La Provence, S. 11 mit Anm. 31, S. 28; Iogna-Prat, Agni immaculati, S. 277 Anm. zu Syrus, Vita Maioli III 20, Zeile 1.

90 Wollasch, Zur Datierung einiger Urkunden aus Cluny; anders Iogna-Prat, Agni immaculati, S. 278 Anm. zu Syrus, Vita Maioli III 20, Zeile 1; vgl. Saint Mayeul et son temps (im Druck).

91 Syrus, Vita s. Maioli I,14, S. 201, und II,22, S. 242f.

92 Zum folgenden Wollasch, Cluny und Deutschland.

93 Syrus, Vita s. Maioli II,23, S. 243f.; vgl. Settia, Pavia nel secolo X e la presenza di Maiolo (im Druck).

94 Vita sancti ac venerabilis Maioli, Sp. 1775.

95 Odilonis Cluniacensis abbatis epitaphium domne Adalheide auguste 16, S. 41.

96 Papsturkunden 896–1046, 2, Nr. 324.

97 Syrus, Vita s. Maioli III,10, S. 261; zuletzt dazu Spinelli – Tuniz, Maiolo abate di Cluny, papa mancato. Vita di San Maiolo abate di Cluny.

98 Syrus, Vita s. Maioli III,10, S. 262.

99 Poly, La Provence, S. 190 und 182.

100 Vgl. auch Nalgod, Vita s. Maioli II,21, S. 661f.

101 Die Briefe des Petrus Damiani 3, Nr. 106, S. 184, Zeile 5.

102 Trifone, Serie dei prepositi, rettori ed abbati di S. Paolo di Roma, S. 111.

103 Vita Iohannis abbatis Gorziensis cap. 53, S. 352.

104 Wollasch, Heiligenbilder in der Liturgie Clunys, S. 453.

105 Papsturkunden 896–1046, 1, Nr. 189.

106 Die Urkunden Ottos II., Nr. 51.

107 Neiske, Les débuts du prieuré de Paray-le-Monial, und Hillebrandt, Le Prieuré de Paray-le-Monial au XIᵉ siècle.

108 BB 1947.

109 Zum folgenden Bulst, Untersuchungen zu den Klosterreformen Wilhelms von Dijon. Bulst hat auch Rodulf Glabers Vita domni Willelmi abbatis neu herausgegeben.

110 Hugo v. Flavigny, Chronicon II,15, S. 391.

111 Rodulf Glaber, Vita domni Willelmi abbatis VI, S. 470.

112 Ebd. VII, S. 472.

113 Schamper, S. Bénigne de Dijon.

114 Rodulf Glaber, Vita domni Willelmi abbatis X, S. 476; Bulst, Untersuchungen zu den Klosterreformen Wilhelms von Dijon, S. 187.

115 Consuetudines Cluniacensium antiquiores, S. 9.

116 Wollasch, Eleemosynarius, S. 984.

117 Syrus, Vita s. Maioli II,16, S. 235.

118 Ebd. III,22, S. 281.

119 Odilonis Cluniacensis abbatis vita beati Maioli abbatis, Sp. 288B.

120 Syrus, Vita s. Maioli III,22, S. 282f.

121 Sermo de beato Maiolo, S. 287–301; Electio domini Odilonis, S. 303f.; Epistola de morte sancti Maioli, S. 180f.; vgl. Iogna-Prat, Agni immaculati S. 44 u. ders., Panorama de l'hagiographie abbatiale clunisienne, S. 88.

122 Rodolfo il Glabro, Cronache dell'anno Mille II,14, S. 88.

123 Böhmer – Zimmermann, Papstregesten 911–1024, Nr. 714.

124 Papsturkunden 896–1046, 2, Nr. 351.

125 Zum Abbatiat Odilos vgl. Hourlier, Saint Odilon, abbé de Cluny.

126 BB 1957.

127 Chronologia venerabilium abbatum Cluniacensium, Sp. 1620.

128 Vgl. Oexle, Formen des Friedens in den religiösen Bewegungen des Hochmittelalters (1000–1300), S. 89.

129 Fried, Endzeiterwartung um die Jahrtausendwende.

130 Rodolfo il Glabro, Cronache dell'anno Mille IV,14, S. 222.

131 BB 2255, dazu Hoffmann, Gottesfriede und Treuga Dei, S. 45ff.

132 Rosenwein, La question de l'immunité clunisienne, S. 6f.

133 BB 2800; Newman, Catalogue des actes de Robert II, Nr. 17; Papsturkunden 896–1046, 2, Nr. 530.

134 BB 2255.

135 Liber tramitis aevi Odilonis abbatis XXVIII,174, S. 245.

136 Das Necrologium des Cluniacenser-Priorates Münchenwiler (Villars-les-Moines), S. 109.

137 The letters and poems of Fulbert of Chartres, Nr. 85, dazu S. LXXXVII.

138 Rodolfo il Glabro, Cronache dell'anno Mille II,15f., S. 90 und 92.

139 Constitutiones et acta publica imperatorum et regum 1, S. 596–598, Nr. 419, S. 596.

140 Hugo von Flavigny, Chronicon II, S. 403.

141 Duby, La société aux XIe et XIIe siècles dans la région mâconnaise; neuerdings Rosenwein, To be the neighbor of Saint Peter.

142 Poeck, Laienbegräbnisse in Cluny, S. 122ff.

143 Teske, Laien, Laienmönche und Laienbrüder in der Abtei Cluny 2, S. 321f.

144 Pacaut, La formation du second réseau monastique clunisien.

145 Leclercq, Pierre le Vénérable, S. 371–374.

146 Teske, Laien, Laienmönche und Laienbrüder in der Abtei Cluny 1, S. 262ff.

147 Duby, La société aux XIe et XIIe siècles dans la région mâconnaise, S. 112: «une aristocratie servile».

148 BB 2220; Teske, Laien, Laienmönche und Laienbrüder in der Abtei Cluny 1, S. 263 Anm. 80.

149 BB 2134; Teske, ebd. S. 275.

150 Jotsald, De Vita et virtutibus sancti Odilonis abbatis I,13, Sp. 908.

151 Hourlier, Saint Odilon, abbé de Cluny, S. 170.

152 In der Literatur, auch bei Teske, Laien, Laienmönche und Laienbrüder in der Abtei Cluny 1, S. 275ff., wurde nicht erkannt, daß Vorgänger der 18 *praebendarii* bei Bernard und Ulrich die 12 Armen im Liber tramitis, S. 55, 58, 187, 189, 285f., waren! S. auch *supervenientes pauperes* ebd. S. 186, 199.

153 BB 2112, vgl. auch BB 2109f.

154 Jotsald, De Vita et virtutibus sancti Odilonis abbatis I,9, Sp. 904.

155 D'Achéry, Spicilegium 3, S. 381.

156 Odilonis Cluniacensis abbatis epitaphium domne Adalheide auguste 20, S. 43.

157 Ulrich, Consuetudines III,11, S. 692.

158 Joh 13,34 und 35.

159 Liber tramitis aevi Odilonis abbatis I, 55,2, S. 74, Zeilen 5f.

160 Petri Damiani vita beati Odilonis abbatis cap. II, Sp. 317C.

161 Jotsald, De Vita et virtutibus sancti Odilonis abbatis II,14, Sp. 929A.

162 Gilo, Vita sancti Hugonis abbatis cap. XXIII, S. 71.

163 BC S. 219f.; vgl. Obituaires de la province de Lyon 2: Diocèses de Mâcon et de Chalon-sur-Saône, S. 464.

164 Jotsald, De Vita et virtutibus sancti Odilonis abbatis II,13, Sp. 927.

165 Rodolfo il Glabro, Cronache dell'anno Mille V,8, S. 260.

166 Abbonis abbatis Floriacensis epistolae Nr. XI, Sp. 437B.

167 Ebd. Nr. VIII, Sp. 431A.

168 Odo von Saint-Maur, Vita domni Burchardi cap. 5, S. 13.

169 Pacaut, La formation du second réseau monastique clunisien, S. 43f.; zuletzt Poeck, Cluniacensis ecclesia.

170 Pacaut und Poeck, ebd.

171 Rodolfo il Glabro, Cronache dell'anno Mille I,23, S. 48.

172 Historia, S. 160.

173 Wollasch, Kaiser Heinrich II. in Cluny.

174 Liber tramitis aevi Odilonis abbatis II,186, S. 259.

175 Jotsald, De Vita et virtutibus sancti Odilonis abbatis I,9, Sp. 904C.

176 Böhmer – Graff, Die Regesten des Kaiserreiches unter Heinrich II., Nr. 1562 g.

177 Böhmer – Appelt, Die Regesten des Kaiserreiches unter Konrad II., Nr. 72 c.

178 Jotsald, De Vita et virtutibus sancti Odilonis abbatis I,7, Sp. 902.

179 Böhmer – Graff, Die Regesten des Kaiserreiches unter Heinrich II., Nr. 1790 c.

180 Ebd. Nr. 1940. Von einer noch ausstehenden Geschichte der Kanzlei Clunys dürften noch überraschende Einsichten zu erwarten sein.

181 Zu Conant, Cluny. Les églises et la maison du chef d'ordre, neuerdings Sapin, Cluny II et l'interprétation archéologique de son plan.

182 Liber tramitis aevi Odilonis abbatis, S. 3.

183 Ebd. S. 4.

184 Newman, Catalogue des actes de Robert II, Nr. 26; RHF 10, S. 587f.

185 Ademar von Chabannes, Historia III,26, S. 148.

186 Liber tramitis aevi Odilonis abbatis II,208, S. 286.

187 Hierzu und zum folgenden Synopse der cluniacensischen Necrologien.

188 Wollasch, Totengedenken im Reformmönchtum.

189 Wollasch, Spuren Hirsauer Verbrüderungen.

190 Liber tramitis aevi Odilonis abbatis II,204, S. 283.

191 Ebd. II,197, S. 278f.

192 Hückel, Les poèmes satiriques d'Adalbéron, S. 155, dazu Oexle, Die funktionale Dreiteilung der ‹Gesellschaft› bei Adalbero von Laon, und Brunhölzl, Geschichte der lateinischen Literatur des Mittelalters 2, S. 268f.

193 Hückel, ebd., S. 155f.

194 Ebd. S. 145.

338

195 O. G. Oexle, Art. Adalbero, in: LMA 1, München – Zürich 1980, Sp. 93.

196 Teske, Laien, Laienmönche und Laienbrüder in der Abtei Cluny 2, S. 321, Nr. 5.

197 Mehne, Cluniacenserbischöfe, S. 268f.

198 Mehne, ebd. S. 255ff., und Teske, Laien, Laienmönche und Laienbrüder in der Abtei Cluny 2, S. 312.

199 Jotsald, De Vita et virtutibus sancti Odilonis abbatis I,14, Sp. 911D.

200 Ulrich, Consuetudines III,1, S. 683.

201 Gilo, Vita sancti Hugonis abbatis, S. 58 mit Anm. 4.

202 Ulrich, Consuetudines III,1, S. 683.

203 Gilo, Vita sancti Hugonis abbatis, S. 52; vgl. auch die kurze Bemerkung von Iogna-Prat, Panorama de l'hagiographie abbatiale clunisienne, S. 117.

204 Wollasch, Aus einem Regensburger Kalender des 9. Jahrhunderts, S. 70f.

205 Hausmann, Das Martyrologium von Marcigny-sur-Loire, S. 184f., Tabelle.

206 Léon le Grand, Sermons 4, Nrn. 92–96, besonders Nr. 95, S. 274 und Nr. 96, S. 282.

207 Recueil des actes de Charles II le Chauve 2, Nr. 246; Ewig, Remarques sur la stipulation de la prière dans les chartes de Charles le Chauve, besonders S. 226; Wollasch, Les moines et la mémoire des morts, S. 49.

208 Imprecatio beati Hugonis abbatis, hg. von Cowdrey, Two studies in Cluniac history, S. 172–175, Nr. 9, S. 174.

209 Hildebert, Vita sancti Hugonis abbatis, Sp. 416; Steindorff, Jahrbücher des Deutschen Reiches unter Heinrich III., 2, S. 88 Anm. 3.

210 Vgl. zuletzt dazu Cowdrey, St. Hugh and Gregory VII, S. 174f. mit Anm. 10–15.

211 Tellenbach, Die westliche Kirche vom 10. bis zum frühen 12. Jahrhundert, S. 124.

212 Wollasch, Mönchtum des Mittelalters zwischen Kirche und Welt, S. 178.

213 Hierzu und zum folgenden ebd. S. 154ff.

214 BC S. 41.

215 Die Briefe des Petrus Damiani 3, Nr. 113, S. 289.

216 Hierzu und zum folgenden Pacaut, La formation du second réseau monastique clunisien; fehlerhaft Racinet, L'expansion de Cluny sous Hugues Ier de Semur; Violante, Le monachisme clunisien en Italie pendant l'abbatiat d'Hugues de Semur; Poeck, Cluniacensis ecclesia.

217 Müßigbrod, Die Abtei Moissac 1050–1150; Sohn, Der Abbatiat Ademars von Saint-Martial de Limoges (1063–1114), S. 106.

218 Segl, Königtum und Klosterreform in Spanien.

219 Gilo, Vita sancti Hugonis abbatis VII, S. 56.

220 Mehne, Cluniacenserbischöfe, S. 270ff.

221 Ebd. S. 269ff.

222 Wollasch, St. Alban in Basel.

223 Mehne, Cluniacenserbischöfe, S. 274.

224 Ebd. S. 273.

225 Teske, Laien, Laienmönche und Laienbrüder in der Abtei Cluny 2, S. 331 und 326.

226 Wollasch, Hermann I., Markgraf von «Baden», und Schmid, Vom Werdegang des badischen Markgrafengeschlechtes, S. 64f.

227 Averkorn, Adel und Kirche in der Grafschaft Armagnac. Das cluniacensische Priorat Saint-Jean-Baptiste de Saint-Mont (1036–1130) (Europa in der Geschichte 1).

228 Kohnle, Abt Hugo von Cluny 1049–1109, S. 160.

229 Ebd. S. 152.

230 Ebd. S. 53.

231 Das Register Gregors VII., 2, VI,17, S. 423f.

232 Bernold, Chronicon ad a. 1093, S. 457, dazu Segl, Königtum und Klosterreform in Spanien, S. 48 mit Anm. 226.

233 Cowdrey, Two studies in Cluniac history, S. 153f., Brief Nr. 7.

234 Gilo, Vita sancti Hugonis abbatis I,12, S. 62.

235 Zu Marcigny Wischermann, Marcigny-sur-Loire. Gründungs- und Frühgeschichte des ersten Cluniacenserinnenpriorates (1055–1150).

236 Zum folgenden Wollasch, Parenté noble et monachisme réformateur.

237 Zum folgenden ebd.

238 Wischermann, Marcigny-sur-Loire, S. 279 Anm. 1, und Kohnle, Abt Hugo von Cluny, Itinerar Nrn. 33, 63, (92), (132), (149), 151, (152), 181, 185, 204, (206), 229, (232), (246), 285, 293.

239 Iogna-Prat, La geste des origines dans l'historiographie clunisienne des XIe–XIIe siècles, besonders S. 154.

240 Bezeichnenderweise ließ Iogna-Prat seiner Arbeit über die historiographie clunisienne – wie vorige Anm. – eine solche über das panorama de l'hagiographie abbatiale clunisienne folgen.

241 Hierzu und zum folgenden Wollasch, Verschriftlichung der klösterlichen Lebensgewohnheiten unter Abt Hugo von Cluny.

242 Epistola nuncupatoria, hg. von d'Achéry, Spicilegium 1, S. 641f.

243 Bernard, Ordo Cluniacensis I,24, S. 198.

244 Chronicon aliud Cluniacense Sp. 1645E.

245 Imprecatio beati Hugonis abbatis, hg. von Cowdrey, Two studies in Cluniac history, S. 172–175, Nr. 9, S. 174.

246 Hierzu und zum folgenden Wollasch, Hugues Ier abbé de Cluny et la mémoire des morts.

247 Die Briefe des Petrus Damiani 3, Nr. 103, S. 139f.

248 A grant of confraternity to bishop Peter of Pamplona, hg. von Cowdrey, Two studies in Cluniac history, S. 163, Nr. 4.

249 Struve, Zwei Briefe der Kaiserin Agnes, S. 423; jüngst Black-Veldtrup, Kaiserin Agnes (1043–1077), S. 274.

250 Mehne, Cluniacenserbischöfe, S. 254ff.

251 Hüls, Kardinäle, Klerus und Kirchen Roms 1049–1130, S. 100–104.

252 Ramackers, Analekten zur Geschichte des Reformpapsttums und der Cluniazenser, Nr. XI, S. 43f.

253 Sauerländer, Cluny und Speyer; Stratford, The documentary evidence for the building of Cluny III; ders., Les bâtiments de l'abbaye de Cluny à l'époque médiévale. Etat des questions.

254 Conant, Cluny. Les églises et la maison du chef d'ordre. Zu den umstrittenen Aspekten der Grabungskampagne zuletzt N. Stratford (wie vorige Anm.).

255 Sauerländer, Cluny und Speyer, S. 16.

256 Mabillon, Ouvrages posthumes 2, S. 21.

257 Sauerländer, Cluny und Speyer, S. 31.

258 Salet, Rezension zu Conant, Cluny. Les églises et la maison du chef d'ordre, in: Bulletin monumental 127, 1969, S. 182–186; vgl. auch ders., Cluny III, ebd. 126, 1968, S. 235–292 und A. Erlande-Brandenburg, Iconographie de Cluny III, ebd. 126, 1968, S. 293–332.

259 So nach der 1973 erschienenen Abweisung dieser These durch Sauerländer, Cluny und Speyer, erneut Laule – Laule –Wischermann, Kunstdenkmäler in Burgund, S. 382.

260 Wollasch, Hugues Iᵉʳ abbé de Cluny et la mémoire des morts, S. 81f.

261 Gilo, Vita sancti Hugonis abbatis II,1, S. 90.

262 Ebd. S. 91.

263 Ebd.

264 The ecclesiastical history 6, XII,30, S. 314.

265 Ebd. XIII,13, S. 424.

266 Die Urkunden Heinrichs III., Nr. 263.

267 Kohnle, Abt Hugo von Cluny, S. 73ff.

268 Ebd. S. 79ff.

269 Berthold, Annales ad a. 1077, S. 289.

270 Die Briefe Heinrichs IV., Nr. 37, S. 47 und 50.

271 Ebd. Nr. 38, S. 52.

272 Urkunde Papst Urbans II. vom 9. Januar 1097 für Cluny: Jaffé – Löwenfeld, Regesta pontificum Romanorum, Nr. 5676; BC S. 30f.

273 Das Register Gregors VII., 2, VIII,3, S. 520.

274 BC S. 21f.; The epistolae vagantes of pope Gregory VII, S. 96–99, Nr. 39; Kohnle, Abt Hugo von Cluny, S. 124f.

275 Santifaller, Quellen und Forschungen zum Urkunden- und Kanzleiwesen Papst Gregors VII., 1, Nr. 184, S. 218.

276 Becker, Papst Urban II. (1088–1099), 2 Bde.

277 Kohnle, Abt Hugo von Cluny, S. 124.

278 Ebd. S. 138.

279 Siehe Abbildung S. 189 in diesem Buch.

280 Baluze, Miscellaneorum liber sextus, S. 475f.

281 Hierzu und zum folgenden Becker, Papst Urban II. (1088–1099), 2, S. 440ff.

282 Synopse der cluniacensischen Necrologien 2, zum 13. XII., S. 694, Zeile 35; Mehne, Cluniacenserbischöfe, S. 274.

283 Becker, Papst Urban II. (1088–1099), 2, S. 442, der ebd. auch Aurillac zur *Cluniacensis ecclesia* rechnet.

284 Sohn, Der Abbatiat Ademars von Saint-Martial de Limoges (1063–1114), S. 147 mit Anm. 88; Lemaître, Mourir à Saint-Martial, S. 524f., Nr. 5.

285 Sohn, ebd. S. 180.

286 Ebd.

287 Siehe Abbildung S. 189 in diesem Buch.

288 BC S. 3of.

289 Fuhrmann, Papst Urban II. und der Stand der Regularkanoniker, besonders S. 9, 15, 23ff., und Constable, The reception-privilege of Cluny in the eleventh and twelfth century, besonders S. 61.

290 Hierzu und zum folgenden Sydow, Cluny und die Anfänge der Apostolischen Kammer; Kohnle, Abt Hugo von Cluny, S. 243.

291 Historia Compostellana II,XIV, S. 249; vgl. Cluny y el Camino de Santiago en España, en los siglos XI–XII.

292 Hierzu und zum folgenden Sydow, Cluny und die Anfänge der Apostolischen Kammer, S. 4off.

293 N. Bulst, Art. Pontius, 7. Abt von Cluny, in: LMA 7, München – Zürich 1995, Sp. 98.

294 Simonis gesta abbatum sancti Bertini Sithiensium II,89, S. 652f.

295 Torrell – Bouthillier, Pierre le Vénérable et sa vision du monde.

296 De Pontiano scismate schrieb z. B. Petrus Venerabilis an Bernard von Clairvaux (The letters of Peter the Venerable 1, Nr. 192, S. 446).

297 Gilo, Vita sancti Hugonis abbatis II,15, S. 105.

298 Anders Cowdrey, Two studies in Cluniac history, S. 105 Anm. 2 und S. 195 mit Anm. 4.

299 The ecclesiastical history 6, XI,39, S. 170.

300 Belege bei Cowdrey, Two studies in Cluniac history, S. 195 Anm. 51.

301 Epistola cuiusdam ad Domnum [Pontium] Cluniacensem abbatem, hg. von Cowdrey, Two studies in Cluniac history, S. 113–117, S. 116.

302 Zu den Reliquien vgl. Bibliotheca Cluniacensis Sp. 565–568.

303 Frutolfs und Ekkehards Chroniken und die anonyme Kaiserchronik, S. 316 und 320.

304 Ebd. S. 342.

305 Segl, Königtum und Klosterreform in Spanien, S. 74f.

306 Ordericus Vitalis, The ecclesiastical history 6, XII,21 S. 272.

307 Ebd. S. 270.

308 Zu den Hugo-Viten zuletzt Kohnle, Abt Hugo von Cluny, S. 250–265.

309 Cowdrey, Two studies in Cluniac history, S. 116.

310 Gaufrid von Vigeois, Chronica cap. XLII, S. 301; vgl. Historia Compostellana II,IX, S. 235.

311 Simonis gesta abbatum sancti Bertini Sithiensium II,89, S. 652f.

312 Ordericus Vitalis, The ecclesiastical history 6, XII,30, S. 310. Vgl. auch Gaufrid von Vigeois, Chronica cap. LXII, S. 301.

313 Petri Venerabilis de miraculis, II,12, S. 118.

314 Zerbi, Intorno allo scisma di Ponzio, abate di Cluny (1122–1126), S. 879; kommentierte Neuedition des Fragments: Ders., Ancora intorno a Ponzio e allo «scisma» cluniacense, S. 1084ff.

315 Petri Venerabilis de miraculis II,12, S. 118.

316 Ordericus Vitalis, The ecclesiastical history 6, XII,30, S. 310.

317 Petri Venerabilis de miraculis II,12, S. 117.

318 The letters of Peter the Venerable 1, Nr. 192, S. 446: *de Pontiano scismate.*

319 Ordericus Vitalis, The ecclesiastical history 6, XII,30, S. 310.

320 Gegenüber der bisherigen Forschung ist darauf hinzuweisen, daß Ordericus nicht *Inter eos inde* oder *Propterea ingens dissensio ... exorta est* formulierte, sondern *Inter eos etiam ...*

321 Ulrich, Epistola nuncupatoria, hg. von d'Achéry, Spicilegium 1, S. 642.

322 Hierzu und zum folgenden Duby, Le budget de l'abbaye de Cluny entre 1080 et 1155.

323 Petri Venerabilis de miraculis II,11, S. 115.

324 Chronologia venerabilium abbatum Cluniacensium ad a. 1122, Sp. 1623.

325 Petri Venerabilis de miraculis II,12, S. 119.

326 Gaufrid von Vigeois, Chronica cap. XLII, S. 301.

327 Ordericus Vitalis, The ecclesiastical history 6, XII,30, S. 310–312.

328 Petri Venerabilis de miraculis II,13, S. 121.

329 Hüls, Kardinäle, Klerus und Kirchen Roms 1049–1130, S. 239.

330 Petri Venerabilis de miraculis II,12, S. 117.

331 Ordericus Vitalis, The ecclesiastical history 6, XII,30, S. 312: *Bernardus Grossus eo tempore prior erat, qui ut fertur fomes et incentor seditionis erat.*

332 Petri Venerabilis de miraculis II,12, S. 120.

333 Gaufrid von Vigeois, Chronica cap. XLII, S. 301: *... quia partibus Petri fauebat.*

334 Hierzu und zum folgenden Wollasch, Das Schisma des Abtes Pontius von Cluny.

335 BB 3909.

336 Cantarella, I monaci di Cluny, S. 250.

337 BB 3685.

338 Vgl. BB 4205, dazu Constable, The abbot and townsmen of Cluny in the twelfth century, S. 165ff.

339 BB 4132.

340 Bernard, Ordo Cluniacensis I,13, S. 159; Ulrich, Consuetudines III,25, S. 690.

341 BB 3685, dazu Constable, The abbot and townsmen of Cluny in the twelfth century, S. 153.

342 BB 3929, vgl. BB 3926.

343 BB 4410.

344 BB 3440.

345 BB 3754, vgl. auch BB 3896 und BB 3913.

346 Vgl. die zitierten Urkunden.

347 Honorii II. pontificis Romani epistolae et privilegia Nrn. VI und VII, Sp. 1225–1228.

348 Ebd. Nr. VIII, Sp. 1228.

349 Ebd. Nr. IX, Sp. 1229.

350 Ebd. Nr. X, Sp. 1229f.

351 Ebd. Nr. XLVI, Sp. 1260.

352 Von Fresco, L'«affaire» Pons de Melgueil 1122–1126, 1, S. 147 Anm. 80 irrtümlich als Lézat identifiziert.

353 BB 4132.

354 Kohnle, Abt Hugo von Cluny, Itinerar Nr. 184.

355 Ebd. Nr. 238.

356 BB 4132.

357 BB 3177.

358 Gaufrid von Vigeois, Chronica cap. XLII, S. 301; zu Bernard vgl. Sohn, Der Abbatiat Ademars von Saint-Martial de Limoges (1063–1114), Register.

359 Gaufrid von Vigeois, Chronica cap. XLII, S. 301.

360 Simonis gesta abbatum sancti Bertini Sithiensium II,87–89, S. 652f.; dazu Cowdrey, Two studies in Cluniac history, S. 208.

361 Dazu Cowdrey, ebd. Anm. 110.

362 Die Chronik von Monte Cassino IV,75, S. 541.

363 Ordericus Vitalis, The ecclesiastical history 6, XII,30, S. 312.

364 Petri Venerabilis de miraculis II,12, S. 120.

365 Ordericus Vitalis, The ecclesiastical history 6, XII,30, S. 314.

366 Petri Venerabilis de miraculis II,12, S. 121.

367 Gaufrid von Vigeois, Chronica cap. XLII, S. 301.

368 Ordericus Vitalis, The ecclesiastical history 6, XII,30, S. 314.

369 Gaufrid von Vigeois, Chronica cap. XLII, S. 301.

370 Le liber pontificalis 2, S. 327.

371 Vgl. Tellenbach, Der Sturz des Abtes Pontius von Cluny und seine geschichtliche Bedeutung, S. 16f.

372 Petri Venerabilis de miraculis II,13, S. 122, und Honorii II. pontificis Romani epistolae et privilegia, Nr. LV, Sp. 1272A–B.

373 Synopse der cluniacensischen Necrologien 2, S. 726f., Zeile 47 zum 29. Dezember und Anm. 3, 8, 9. Auch im Necrolog der Abtei S. Gilles, deren Zugehörigkeit zu Cluny umstritten blieb, erhielt Pontius einen Eintrag, vgl. Winzer, S. Gilles, S. 333. Im Necrolog von Souvigny fehlt das Stück mit dem Dezemberende.

374 Radulf von Sully, Vita Petri Venerabilis cap. 4, Sp. 20C.

375 Ordericus Vitalis, The ecclesiastical history 6, XIII,11, S. 418 und 420.

376 Ebd. XIII,13, S. 424 und 426.

377 Ebd. XIII,13, S. 426.

378 Statuta Petri Venerabilis abbatis, S. 39.

379 Ebd.

380 Ebd. S. 40.

381 Radulf von Sully, Vita Petri Venerabilis cap. 1, Sp. 18A: *omnes unanimiter in eum conveniunt. Fit una vox omnium pariter clamantium Petrum esse dignum tanto honore …*

382 Ebd. Sp. 17: *quibusdam simultatibus exortis.*

383 Ebd. cap. 2, Sp. 18f.

384 Ebd. cap. 3, Sp. 19.

385 Petri Pictaviensis monachi panegyricus, Sp. 609A.

386 The letters of Peter the Venerable 1, Nr. 192, S. 445.

387 Text der Urkunde bei Leclercq, Pierre le Vénérable, S. 372ff.

388 Constable, The abbot and townsmen of Cluny in the twelfth century, besonders S. 162ff.

389 Wollasch, Das Schisma des Abtes Pontius von Cluny.

390 Ebd.

391 Dispositio rei familiaris Cluniacensis (BB 4132, S. 475–482): *... habito cum sapientibus fratribus qui tunc vivebant consilio ...* (ebd. S. 475f).

392 *... ut quia prima ordinatio ... sic variata vel immutata fuerat, nova rursus ordinatio fieret ...* (ebd. S. 476); *... sicut successit prime ordinationi secunda melior, ita secunde meliori successit tertia ...* (ebd. S. 477).

393 *... ut semper annuatim hec constitutio servaretur, universorum fratrum assensu et voluntate in capitulo precepi, et scripto firmavi* (ebd. S. 476).

394 *... nescio enim quo casu, quando ad hoc pastorale offitium accitus sum, nichil de his, sicut nec de reliquis pene omnibus exterioribus, ordinatum inveni* (ebd. S. 481f.).

395 *Feci hoc ego in quibusdam tantum spiritalibus ...* (ebd. S. 475).

396 *... facio nunc in quibusdam ad commodum corporale simul et spirituale pertinentibus causis* (ebd.).

397 Ebd.

398 Ebd. S. 478.

399 Ebd. S. 478f.

400 Statuta Petri Venerabilis abbatis 32, S. 66f.

401 Zum folgenden Wollasch, Konventsstärke und Armensorge in mittelalterlichen Klöstern.

402 Guerreau, Douze doyennés clunisiens au milieu du XIIe siècle, S. 95, Anm. 14.

403 Wollasch, Konventsstärke und Armensorge in mittelalterlichen Klöstern, S. 192f.

404 Ennen, Die europäische Stadt, S. 227.

405 Wollasch, Totengedenken im Reformmönchtum.

406 Lemaître, Mourir à Saint-Martial, S. 389ff.

407 Wollasch, Gemeinschaftsbewußtsein und soziale Leistung im Mittelalter, S. 282.

408 Ebd.

409 Wollasch, Hugues Ier abbé de Cluny et la mémoire des morts, S. 81f.

410 Wollasch, Konventsstärke und Armensorge in mittelalterlichen Klöstern, S. 198.

411 *Commemoratio omnium fratrum defunctorum ordinis nostri*; hierzu und zum folgenden Wollasch, Neue Quellen zur Geschichte der Cistercienser.

412 *... quosdam clericellos nobiles ...* (BB 4132, S. 479).

413 *In hac vero nova et ultima ordinatione ...* (ebd.).

414 *... panis ... qualis inferiori familie dari solet ... hoc est de vassallorum* (ebd. S. 480).

415 *... rapiente ...* (ebd. S. 481).

416 Hierzu und zum folgenden ebd. S. 482.

417 Wollasch, Hugues Ier abbé de Cluny et la mémoire des morts, S. 86.

418 BB 4142: Jährlich hätten ihm die Cluniacenser hundert Unzen zurückzuzahlen. Stürbe er jedoch unterdessen, so bliebe die Restschuld der Cluniacenser an ihn sein Geschenk für diese.

419 BB 4143.

420 Petri Venerabilis de miraculis II,11, S. 116.

421 Statuta Petri Venerabilis abbatis, S. 39.

422 Ebd. S. 45f.

423 Ebd. S. 47f.

424 Ebd. S. 46.

425 Ebd. S. 42f.

426 Ebd. S. 51.

427 Ebd. S. 54ff.

428 Ebd. S. 57–60.

429 Ebd. S. 60.

430 Ebd. S. 61.

431 Ebd. S. 70f.

432 Ebd. S. 71.

433 Ebd. S. 72f. und S. 76.

434 Ebd. S. 93f.

435 Ebd. S. 95.

436 Ebd. S. 96.

437 Ebd. S. 97.

438 Ebd. S. 106.

439 The letters of Peter the Venerable 1, Nr. 28, S. 52–101.

440 Statuta Petri Venerabilis abbatis, S. 39.

441 Ebd. S. 40.

442 Berlière, Documents inédits pour servir à l'histoire ecclésiastique de la Belgique 1, S. 91ff.

443 Ebd. S. 93–110.

444 Ebd. S. 100f.

445 Ebd. S. 98.

446 Ebd. S. 103.

447 Ebd.

448 Ebd. S. 107.

449 Ebd.

450 Anlehnung an 1 Kor 4,9.

451 Berlière, Documents inédits pour servir à l'histoire ecclésiastique de la Belgique 1, S. 110.

452 Benedicti regula cap. XVIII,23, S. 80; Johannes, Vita s. Odonis I, Sp. 27C.

453 Ulrich, Consuetudines II,8, S. 671f.

454 Ebd. I,12, S. 650.

455 *mandatum* = «Gebot»; gemeint ist Jesu Wort nach dem Abendmahl: «Ein neues Gebot gebe ich Euch, daß Ihr einander liebt wie ich Euch geliebt habe» (Joh 13,34).

456 Besonders de Valous, Le monachisme clunisien des origines au XVᵉ siècle 1, chap. II, S. 251ff.

457 Ulrich, Consuetudines I,49, S. 667.

458 Apologia ad Guillelmum abbatem VI,12, S. 92.

459 Ebd. VI,20, S. 98.

460 Guillelmus, Vita sancti Bernardi liber primus IV,22, Sp. 239f., VIII,39, Sp. 250.

461 The letters of Peter the Venerable 1, Nr. 28, S. 65ff.

462 Ebd. S. 64.

463 Ebd. S. 70f.

464 Ebd. S. 71f.

465 Ebd. S. 72.

466 Bernard von Clairvaux, Apologia ad Guillelmum abbatem II,4, S. 84.

467 The letters of Peter the Venerable 1, Nr. 28, S. 74.

468 Benedicti regula cap. LXI,5, S. 156.

469 The letters of Peter the Venerable 1, Nr. 28, S. 77.

470 Ebd. S. 78.

471 Ebd. S. 79.

472 Mehne, Cluniacenserbischöfe, S. 275f.

473 The letters of Peter the Venerable 1, Nr. 28, S. 79.

474 Ebd. S. 82.

475 Ebd. S. 83f.

476 Ebd. S. 92.

477 Ebd. S. 96.

478 The latin poems commonly attributed to Walter Mapes, S. 237f.: *De Clarevallensibus et Cluniacensibus*. Mit dieser Formulierung, welche die Cistercienser unter dem Namen Mönche von Clairvaux faßt, betont er unwillkürlich die beherrschende Stellung des Abtes Bernard von Clairvaux im Cistercienserorden.

479 Bernard von Clairvaux, Apologia ad Guillelmum abbatem XI,27, S. 103f.

480 Ebd. XII,28, S. 104.

481 Ebd. S. 104f.

482 Ein solcher baumstarker Leuchter, aus dem Cluny nahestehenden S. Benedetto di Polirone, ist im Mailänder Dom zu sehen: Cantarella, I monaci di Cluny, S. 260.

483 Bernard von Clairvaux, Apologia ad Guillelmum abbatem XII,28, S. 106.

484 Ebd. XII,29, S. 106.

485 Statuta Capitulorum Generalium Ordinis Cisterciensis 1, 1134, X, S. 15.

486 Vgl. Hallinger, Zur geistigen Welt der Anfänge Klunys, S. 434.

487 The letters of Peter the Venerable 1, Nr. 23, S. 43.

488 Z. B. Bernard von Clairvaux, Apologia ad Guillelmum abbatem X,24, S. 101.

489 Wollasch, Mönchtum des Mittelalters zwischen Kirche und Welt, S. 172ff., und Elm, Die Stellung des Zisterzienserordens in der Geschichte des Ordenswesens.

490 Melville, Cluny après «Cluny».

491 Poeck, Cluniacensis ecclesia.

492 A. Patschovsky, Art. Häresie, in: LMA 4, München – Zürich 1989, Sp. 1933–1937, mit reichen Literaturangaben.

493 G. Bernt, Art. Idung, in: LMA 5, München – Zürich 1991, Sp. 327.

494 Huygens, Le moine Idung et ses deux ouvrages: «Argumentum super quatuor questionibus» et «Dialogus duorum monachorum», S. 91.

495 Idung, Dialogus duorum monachorum II,54, ebd. S. 149.

496 Ebd. III,31, S. 167f.

497 Ebd. S. 168.

498 Herbordi dialogus de vita s. Ottonis episcopi Babenbergensis cap. 19, S. 22.

499 Hallinger, Gorze – Kluny 1, S. 183, Anm. 14; dazu Wollasch, Mönchtum des Mittelalters zwischen Kirche und Welt, S. 183.

500 Neuerdings Feld, Franziskus und seine Bewegung.

501 The letters of Peter the Venerable 2, S. 226f., und Teubner-Schoebel, Bernhard von
Clairvaux als Vermittler an der Kurie, S. 68f.

502 The letters of Peter the Venerable 1, Nr. 192, S. 445; Jaffé – Löwenfeld, Regesta pontificum Romanorum, Nrn. 9011f.

503 The Letters of Peter the Venerable 2, S. 247f. und 260.

504 Ebd. S. 252–256 und 261.

505 Torrell – Bouthillier, Pierre le Vénérable et sa vision du monde, S. 52 Anm. 15.

506 The letters of Peter the Venerable 2, S. 266.

507 Torrell – Bouthillier, Pierre le Vénérable et sa vision du monde, S. 52 zu den Forschungen Cantarellas.

508 The letters of Peter the Venerable 1, Nr. 49, S. 149.

509 Literaturhinweise bei Torrell – Bouthillier, Pierre le Vénérable et sa vision du monde,
S. 55.

510 Wischermann, Marcigny-sur-Loire. Gründungs- und Frühgeschichte des ersten Cluniacenserinnenpriorates, S. 333.

511 Lohrmann, Pierre le Vénérable et Henri I[ier], roi d'Angleterre.

512 BB 4183, S. 532f.

513 The letters of Peter the Venerable 2, S. 124.

514 Ebd. S. 268.

515 Torrell – Bouthillier, Pierre le Vénérable et sa vision du monde, S. 67.

516 The letters of Peter the Venerable 2, S. 267.

517 Kritzeck, Peter the Venerable and Islam, S. 210.

518 Chaume, Les grands prieurs de Cluny, S. 152.

519 The letters of Peter the Venerable 1, Nr. 106, S. 269f.

520 Torrell – Bouthillier, Pierre le Vénérable et sa vision du monde, S. 59.

521 BB 4072, S. 423.

522 Ebd. S. 425.

523 Torrell – Bouthillier, Pierre le Vénérable et sa vision du monde, S. 62.

524 BB 4223.

525 Pacaut, L'ordre de Cluny (909–1789), S. 218; Bredero, Cluny et Cîteaux au douzième
siècle, S. 151f.

526 Zum folgenden Constable, Monastic tithes and the controversy between Gigny and
Le Miroir.

527 The letters of Peter the Venerable 2, S. 293–295: Cluniac cardinals during the abbacy
of Peter the Venerable.

528 H. Dittmann, Art. Anaklet II., in: LMA 1, München – Zürich 1980, Sp. 568f.

529 Zu Adenulf: Ganzer, Die Entwicklung des auswärtigen Kardinalats im hohen Mittel-

alter, S. 81ff.; Brixius, Die Mitglieder des Kardinalkollegiums von 1130–1181, S. 40. Beide Autoren bezeichneten Adenulf nicht als Cluniacenser.

530 Zu Gilo: Kohnle, Abt Hugo von Cluny, S. 253.

531 Zu Matthaeus: Petri Venerabilis de miraculis II,4, S. 103.

532 Zu Albericus: Monumenta Vizeliacensia, S. 148–151.

533 The letters of Peter the Venerable 2, S. 294.

534 Zu Imar: Mehne, Cluniacenserbischöfe, S. 264.

535 The letters of Peter the Venerable 1, Nr. 29, S. 103.

536 Mehne, Cluniacenserbischöfe, S. 265.

537 Monumenta Vizeliacensia, S. 144–147.

538 Mehne, Cluniacenserbischöfe, S. 265.

539 Ebd. S. 265f.

540 Ebd. S. 266.

541 Petri Venerabilis de miraculis II,21, S. 135.

542 Wollasch, Hugues Ier abbé de Cluny et la mémoire des morts, S. 80.

543 The letters of Peter the Venerable 2, S. 98.

544 Ebd. 1, Nr. 143, S. 352f.

545 Mehne, Cluniacenserbischöfe, S. 276.

546 The letters of Peter the Venerable 1, Nr. 86, S. 227.

547 Ebd., Nr. 104, S. 266f.

548 Wischermann, Marcigny-sur-Loire. Gründungs- und Frühgeschichte des ersten Cluniacenserinnenpriorates, S. 405ff.

549 Petri Venerabilis de miraculis I,21, S. 63f.

550 De Valous, Le monachisme clunisien des origines au XVe siècle 2, S. 65f.

551 The letters of Peter the Venerable 1, Nr. 30, S. 104f.

552 Liber testamentorum Sancti Martini de Campis, S. X.

553 The letters of Peter the Venerable 1, Nr. 134, S. 339.

554 Ebd. Nr. 135, S. 339–341.

555 Bibliotheca Cluniacensis, Sp. 960, Epistola III.

556 Côte, Contributions à l'histoire du prieuré clunisien de Souvigny, S. 128f.

557 Itinerar des Petrus in: The letters of Peter the Venerable 2, S. 263f.

558 Petri Venerabilis de miraculis II,25, S. 143.

559 Ebd. S. 143 Anm. 15.

560 Ebd.

561 Ebd. S. 144.

562 The letters of Peter the Venerable 2, S. 266f.

563 Monumenta Vizeliacensia, Cartulaire Nr. 50, S. 354f.

564 BC S. 65f.

565 The letters of Peter the Venerable 1, Nr. 32, S. 106f.

566 Ebd. 2, S. 238.

567 Ebd. S. 240.

568 Ebd. S. 244 und 247ff.

569 Cartulaire de Sauxillanges, Nr. 932, S. 623.

570 Recueil des documents relatifs à l'abbaye de Montierneuf de Poitiers (1076–1319), Nrn. 5f.

571 Das Register Gregors VII., II,1, II,2 und II,3.

572 *De constructione monasterii novi Pictavis (a Martino monacho)*, in: Recueil des documents relatifs à l'abbaye de Montierneuf de Poitiers (1076–1319), S. 424ff.

573 The letters of Peter the Venerable 1, Nr. 78, S. 212f.

574 Ebd. Nr. 79, S. 213f.

575 Petri Venerabilis de miraculis I,8, S. 23–34.

576 Ebd. I,4, S. 14f., dazu The letters of Peter the Venerable 2, S. 331–343.

577 The letters of Peter the Venerable 1, Nr. 89, S. 228–230.

578 Ebd. S. 229f.; Petri Venerabilis contra Petrobrusianos hereticos 153, S. 88, Zeilen 10–18.

579 The letters of Peter the Venerable 1, Nrn. 115 und 123, S. 303–308, 317.

580 Ebd. 2, S. 179.

581 Ebd. 1, Nrn. 126f., S. 322–324.

582 Ebd. Nr. 94, S. 234–255.

583 Ebd. Nr. 136, S. 341–343.

584 Ebd. Nrn. 169f., S. 402–404.

585 Petri Venerabilis de miraculis I,28, S. 88.

586 Ebd. I,20, S. 58–63.

587 Ebd. I,27, S. 82f.

588 The letters of Peter the Venerable 1, Nr. 51, S. 151f.

589 Chronicon aliud Cluniacense Sp. 594D.

590 The letters of Peter the Venerable 1, Nrn. 92 und 103, S. 233f., 265f.

591 Chronicon aliud Cluniacense Sp. 1652 und 1658.

592 BB 4056.

593 Über Abaelard und Héloïse jüngst Schmid, Bemerkungen zur Personen- und Memorialforschung nach dem Zeugnis von Abaelard und Héloïse.

594 The letters of Peter the Venerable 1, Nr. 98, S. 258f.

595 Ebd. Nr. 115, S. 303–308.

596 So Schmid, Bemerkungen zur Personen- und Memorialforschung nach dem Zeugnis von Abaelard und Héloïse, S. 116.

597 Totenbuch des Paraclet-Klosters, zitiert in Bibliotheca Cluniacensis, Notae, Sp. [153] 155.

598 The letters of Peter the Venerable 1, Nr. 167, S. 400f.

599 Torrell – Bouthillier, Pièrre le Vénérable et sa vision du monde, S. 164f.

600 Ebd. S. 167.

601 Bouthillier – Torrell, «Miraculum». Une catégorie fondamentale chez Pierre le Vénérable, S. 372f. Anm. 44.

602 Petri Venerabilis contra Petrobrusianos hereticos 223, S. 133.

603 Ebd. 216, S. 129.

604 Wollasch, Toten- und Armensorge, S. 26.

605 Petri Venerabilis adversus Iudeorum inveteratam duritiem, Prologus, S. 2.

606 Mayer, Geschichte der Kreuzzüge, S. 98.

607 The letters of Peter the Venerable 1, Nr. 130, S. 327–330.

608 Ebd. Nr. 162, S. 394f.

609 Petri Venerabilis liber contra sectam siue haeresim Sarracenorum, Prologus S. 229.

610 The letters of Peter the Venerable 2, S. 342.

611 Petri Venerabilis liber contra sectam siue haeresim Sarracenorum I, S. 231.

612 Radulf von Sully, Vita Petri Venerabilis abbatis 17, Sp. 28B–C.

613 Das Chronicon aliud Cluniacense, Sp. 602, gibt den genauen Grabort in der Kirche und den Wortlaut des Epitaphs an.

614 Robert von Torigny, Cronica, S. 506.

615 Chronologia venerabilium abbatum Cluniacensium, Sp. 1624, und Chronicon aliud Cluniacense Sp. 1660.

616 Über diesen Robertus Grossus und seine Verwandtschaft Huyghebaert, Une crise à Cluny en 1157: L'élection de Robert Gros successeur de Pierre le Vénérable.

617 BB 4131.

618 Racinet, Un prieuré clunisien au moyen-âge (XIIe–XVe siècles): Saint-Pierre-et-Saint-Paul d'Abbeville, S. 41; anders Parisse, La noblesse lorraine 2, S. 863.

619 Huyghebaert, Une crise à Cluny en 1157: L'élection de Robert Gros successeur de Pierre le Vénérable, S. 345f.

620 Synopse der cluniacensischen Necrologien 2, zum 12. November, S. 632, Zeilen 91f.

621 BB 4193.

622 Chronicon aliud Cluniacense, Sp. 1660.

623 Zum Schisma von 1159 und den Folgen für Cluny: Hägermann, Ein Brief Erzbischof Christians von Mainz an die Mönche von Cluny. Cluny und das Papstschisma von 1159, und Constable, The abbots and anti-abbots of Cluny during the papal schisma at 1159.

624 Materials for the history of Thomas Becket 5, S. 30f.

625 Ebd.

626 Monumenta Vizeliacensia S. 513f.

627 BB 4203f.

628 BB 4207.

629 Chronicon aliud Cluniacense, Sp. 1660.

630 BB 4210.

631 Hägermann, Ein Brief Erzbischof Christians von Mainz an die Mönche von Cluny. Cluny und das Papstschisma von 1159, S. 245.

632 Le liber pontificalis 2, S. 441.

633 Hägermann, Ein Brief Erzbischof Christians von Mainz an die Mönche von Cluny. Cluny und das Papstschisma von 1159, S. 250.

634 Luchaire, Etudes sur les actes de Louis VII, Nr. 564.

635 Oberste, Ut domorum status certior habeatur … Cluniazensischer Reformalltag und administratives Schriftgut im 13. und frühen 14. Jahrhundert, S. 53.

636 Melville, Die cluniazensische «Reformatio tam in capite quam in membris». Institutioneller Wandel zwischen Anpassung und Bewahrung.

637 Ders., Cluny après «Cluny». Le treizième siècle: un champ de recherches.

638 Chronicon aliud Cluniacense, Sp. 1657f.

639 J. Leclercq, Art. P. v. Celle (Pierre de Celle), in: LMA 6, München – Zürich 1993, Sp. 1967.

640 Petri Venerabilis de miraculis I,9, S. 35f.

641 Petri Cellensis epistolae II, Nr. 159, Sp. 603.

642 Ebd. I, Nrn. 26 und 39, Sp. 431–433, 452f.

643 Ebd. Nr. 26, Sp. 433.

644 BC S. 223.

645 Rouleau des églises associées, mis en circulation au temps de Jean IV, cardinal de Lorraine, in: Obituaires de la province de Lyon 2: Diocèses de Mâcon et de Chalon-sur-Saône, S. 472–481.

646 Ebd. S. 464, und Wollasch, Spuren Hirsauer Verbrüderungen.

647 BC S. 219.

648 Rodolfo il Glabro, Cronache dell'anno Mille, V,13, S. 270.

Quellen- und Literaturverzeichnis

Abkürzungen

BB   Recueil des chartes de l'abbaye de Cluny, Nr.
BC   Bullarium sacri ordinis Cluniacensis
CCCM   Corpus Christianorum. Continuatio Mediaevalis
CCM   Corpus Consuetudinum Monasticarum
CSEL   Corpus Scriptorum Ecclesiasticorum Latinorum
DA   Deutsches Archiv für Erforschung des Mittelalters
FMST   Frühmittelalterliche Studien
LMA   Lexikon des Mittelalters
MGH   Monumenta Germaniae Historica
– Const.   – Constitutiones
– DD   – Diplomata
– Epp.   – Epistolae
– SS   – Scriptores
MIÖG   Mitteilungen des Instituts für Österreichische Geschichtsforschung
MPL   Migne, Patrologia Latina
ND   Nachdruck
QFIAB   Quellen und Forschungen aus italienischen Archiven und Bibliotheken
RHF   Recueil des historiens des Gaules et de la France
STMBO   Studien und Mitteilungen zur Geschichte des Benediktinerordens
           und seiner Zweige

Quellen

Abbonis abbatis Floriacensis epistolae, in: MPL 139, ND Turnhout o. J., Sp. 419–462.
Achéry, L. d', Spicilegium sive collectio veterum aliquot scriptorum qui in Galliae bibliothecis delituerant, neu hg. von E. Baluze – E. Martène – L.-F.-J. de la Barre, 3 Bde., Paris 1723, ND Farnborough 1967–1968.
Ademar von Chabannes, Historia = Adémar de Chabannes, Chronique, hg. von J. Chavanon (Collection de textes pour servir à l'étude et à l'enseignement de l'histoire 20) Paris 1897.
Baluze, St., Miscellaneorum liber sextus. Hoc est collectio veterum monumentorum quae hactenus latuerant in variis codicibus ac bibliothecis, Paris 1713.
Benedicti regula, hg. v. R. Hanslik (CSEL 75) Wien ²1977.
Berlière, U., Documents inédits pour servir à l'histoire ecclésiastique de la Belgique 1, Maredsous 1894.

Bernard, Ordo Cluniacensis, in: M. Herrgott, Vetus disciplina monastica, Paris 1726, S. 133–364.

Bernard von Clairvaux, Apologia ad Guillelmum abbatem, in: S. Bernardi opera, hg. v. J. Leclercq – H. M. Rochais, Bd. 3, Rom 1963, S. 80–108.

Bernold, Chronicon, hg. von G. H. Pertz, in: MGH SS 5, Hannover 1844, ND Stuttgart – New York 1963, S. 385–467.

Berthold, Annales, hg. von G. H. Pertz, in: MGH SS 5, Hannover 1844, ND Stuttgart – New York 1963, S. 264–326.

Bibliotheca Cluniacensis, hg. von M. Marrier – A. Duchesne, Paris 1614, ND Mâcon 1915.

Die Briefe Heinrichs IV., hg. von C. Erdmann (MGH Deutsches Mittelalter 1) Leipzig 1937.

Die Briefe des Petrus Damiani 3, hg. von K. Reindel (MGH Die Briefe der deutschen Kaiserzeit IV,3) München 1989.

Bullarium sacri ordinis Cluniacensis, hg. von P. Simon, Lyon 1680.

Bulst, N., Rodulfus Glabers Vita domni Willelmi abbatis. Neue Edition nach einer Handschrift des 11. Jahrhunderts (Paris, Bibl. nat., lat. 5390), in: DA 30, 1974, S. 450–487.

Cartulaire des abbayes de Tulle et de Roc-Amadour, hg. von J. B. Champeval, Brive 1903.

Cartulaire de Brioude, hg. v. H. Doniol, Clermont-Ferrand – Paris 1863.

Cartulaire de S. Honorat de Lérins, hg. von E. de Flammare, Nice 1883 und 1888.

Cartulaire de Sauxillanges – Cartularium Celsiniacense, hg. von H. Doniol, Clermont-Ferrand – Paris 1864.

Chronicon aliud Cluniacense, reverendissimi patris, domni Iacobi de Ambasia, Cluniacensis abbatis conscriptum, in: Bibliotheca Cluniacensis, Sp. 589–602, 1627–1685.

Die Chronik von Monte Cassino, hg. v. H. Hoffmann (MGH SS 34), Hannover 1980.

Chronologia venerabilium abbatum Cluniacensium, in: Bibliotheca Cluniacensis, Sp. 1617–1628.

Constitutiones et acta publica imperatorum et regum 1, hg. von L. Weiland (MGH Legum sectio IV, Const. I) Hannover ²1963.

Consuetudines Cluniacensium antiquiores cum redactionibus derivatis, hg. von K. Hallinger (CCM VII,2) Siegburg 1983.

I diplomi di Ugo e di Lotario, di Berengario II e di Adalberto, hg. v. L. Schiaparelli (Fonti per la storia d'Italia 38) Rom 1924.

Electio domini Odilonis, hg. v. D. Iogna-Prat, Agni immaculati, S. 303f.

Epistola de morte sancti Maioli, hg. v. E. Sackur, Ein Schreiben über den Tod des Majolus von Cluny, in: Neues Archiv 16, 1891, S. 180f.

The epistolae vagantes of pope Gregory VII, hg. von H. E. J. Cowdrey (Oxford medieval texts) Oxford 1972.

Frutolfs und Ekkehards Chroniken und die anonyme Kaiserchronik, hg. von F.-J. Schmale – I. Schmale-Ott (Ausgewählte Quellen zur deutschen Geschichte des Mittelalters, Freiherr vom Stein-Gedächtnisausgabe 15) Darmstadt 1972.

Gallia Christiana 2, hg. von D. Sammarthan, Paris 1720, ND Farnborough 1970.

Gaufrid von Vigeois, Chronica, cap. XLII, hg. von Ph. Labbé, Nova Bibliotheca 2, Paris 1657, S. 279–343.

Gilo, Vita sancti Hugonis abbatis, hg. von H. E. J. Cowdrey, Two studies in Cluniac history, S. 43–109.

Grandmaison, Ch. de, Fragments de chartes du X^c siècle provenant de Saint Julien de Tours, Paris 1886.

Guillelmus, Vita sancti Bernardi liber primus, in: MPL 185, Paris 1855, Sp. 225–268.

Herbordi dialogus de vita s. Ottonis episcopi Babenbergensis, hg. v. J. Wikarjak – K. Liman (Monumenta Poloniae Historica Series Nova 7,3) Warschau 1974.

Hildebert, Vita sancti Hugonis abbatis Cluniacensis, in: Bibliotheca Cluniacensis, Sp. 413–438.

Histoire générale de Languedoc 5: Preuves de l'histoire de Languedoc, hg. von Cl. Devic – J. Vaissete, neu bearb. von E. Roschach – A. Molinier, Toulouse 1875, ND Osnabrück 1973.

Historia Compostellana, hg. von E. F. Rey (CCCM 70) Turnhout 1988.

Honorii II. pontificis Romani epistolae et privilegia, in: MPL 166, Paris 1894, Sp. 1217–1316.

Hubert, E., Recueil historique de chartes intéressant le département de l'Indre, in: Revue archéologique du Berry 1899, S. 81–268.

Hückel, G.-A., Les poèmes satiriques d'Adalbéron, in: Université de Paris. Bibliothèque de la Faculté des Lettres 13, Paris 1901, S. 49–184.

Hugonis monachi Virdunensis et Divionensis, abbatis Flaviniacensis chronicon, hg. von G. H. Pertz, in: MGH SS 8, Hannover 1848, ND Stuttgart – New York 1963, S. 280–503.

Huygens, R. B. C., Le moine Idung et ses deux ouvrages: «Argumentum super quatuor questionibus» et «Dialogus duorum monachorum» (Biblioteca degli studi medievali 11) Spoleto 1980; zuerst in: Studi medievali s. terza 13, 1972/1, S. 291–470.

Idung, Dialogus duorum monachorum s. Huygens, R. B. C., Le moine Idung et ses deux ouvrages.

Johannes, Vita s. Odonis, in: Bibliotheca Cluniacensis, Sp. 13–56.

Jotsald, De vita et virtutibus sancti Odilonis abbatis, in: MPL 142, Paris 1880, Sp. 897–940.

The latin poems commonly attributed to Walter Mapes, hg. von Th. Wright, London 1841, ND New York – London 1968.

Léon le Grand, Sermons 4, hg. von R. Dolle (Sources chrétiennes 200) Paris 1973.

The letters and poems of Fulbert of Chartres, hg. von F. Behrends, Oxford 1976.

The letters of Peter the Venerable, 2 Bde., hg. von G. Constable (Harvard Historical Studies 78, 1–2) Cambridge, Massachusetts 1967.

Le liber pontificalis 2, hg. von L. Duchesne (Bibliothèque des écoles françaises d'Athènes et de Rome) Paris ^{2}1955.

Liber testamentorum Sancti Martini de Campis, hg. von M. Couard – J. Depoin (Publications de la conférence des Sociétes historiques du département de Seine-et-Oise) Paris 1905.

Liber tramitis aevi Odilonis abbatis, hg. von P. Dinter (CCM 10) Siegburg 1980.

Luchaire, A., Etudes sur les actes de Louis VII (Histoire des institutions monarchiques de la France sous les prémiers Capétiens. Mémoires et documents) Paris 1885.

Martyrologe-Obituaire de S. Julien de Tours, hg. v. Abbé Quincarlet (Mémoires de la Société archéologique de Touraine 23) Tours 1873.

Materials for the history of Thomas Becket 5, hg. v. J. C. Robertson (Rolls Series 67) London 1881.

Les miracles de saint Benoît, hg. von E. de Certain, Paris 1858.

Monumenta Vizeliacensia. Textes relatifs à l'histoire de l'abbaye de Vézelay, hg. von R. B. C. Huygens (CCCM 42) Turnhout 1976.

Monuments de l'histoire des abbayes de Saint-Philibert (Noirmoutier, Grandlieu, Tournus), hg. v. R. Poupardin (Collection de textes pour servir à l'étude et à l'enseignement de l'histoire 38) Paris 1905.

Nalgod, Vita s. Maioli, in: Acta Sanctorum Mai II, hg. von G. Henschen – D. Papebroch – J. Carnandet, Paris – Rom ³1866, S. 657–667.

Das Necrologium des Cluniacenser-Priorates Münchenwiler (Villars-les-Moines), hg. von G. Schnürer, Freiburg (Schweiz) 1909.

Newman, W. M., Catalogue des actes de Robert II, roi de France, Paris 1937.

Obituaires de la province de Lyon 2: Diocèses de Mâcon et de Chalon-sur-Saône, hg. von J. Laurent – P. Gras (RHF Obituaires VI,2) Paris 1965.

Odilonis Cluniacensis abbatis epitaphium domne Adalheide auguste, hg. von H. Paulhart, Die Lebensbeschreibung der Kaiserin Adelheid von Abt Odilo von Cluny (MIÖG Ergänzungsbd. 20,2 = Festschrift zur Jahrtausendfeier der Kaiserkrönung Ottos des Großen 2. Teil) Graz – Köln 1962, S. 28–45.

Odilonis Cluniacensis abbatis vita beati Maioli abbatis, in: Bibliotheca Cluniacensis, Sp. 279–290.

Odonis abbatis Cluniacensis collationum libri III, in: Bibliotheca Cluniacensis, Sp. 159–262.

Odonis abbatis Cluniacensis de combustione basilicæ beati Martini sermo, in: Bibliotheca Cluniacensis, Sp. 145–160.

Odonis abbatis Cluniacensis occupatio, hg. von A. Swoboda, Leipzig 1900.

Odonis abbatis Cluniacensis sermo in cathedra s. Petri, in: Bibliotheca Cluniacensis, Sp. 127–131.

Odonis abbatis Cluniacensis vita s. Geraldi, in: Bibliotheca Cluniacensis, Sp. 67–114.

Odo von Saint-Maur, Vita domni Burchardi = Vie de Bouchard le Vénérable, comte de Vendôme, de Corbeil, de Melun et de Paris (Xᵉ et XIᵉ siècles), par Eudes de Saint-Maur, hg. von Ch. Bourel de la Roncière (Collection de textes pour servir à l'étude et l'enseignement de l'histoire 13) Paris 1892.

Ordericus Vitalis, The ecclesiastical history of Orderic Vitalis, hg. von M. Chibnall (Oxford medieval texts), Bd. 6, Bücher XI–XIII, Oxford 1978.

Papsturkunden 896–1046, hg. von H. Zimmermann, 3 Bde. (Österreichische Akademie der Wissenschaften, Denkschriften 174, 177, 198 = Veröffentlichungen der Historischen Kommission 3–5) Wien 1984–1989.

Petri Cellensis epistolae, in: MPL 202, Paris 1855, Sp. 405–636.

Petri Damiani vita beati Odilonis abbatis Cluniacensis, in: Bibliotheca Cluniacensis, Sp. 315–328.

Petri Pictaviensis monachi panegyricus Petro Venerabili abbati Cluniacensi IX. dictus, in: Bibliotheca Cluniacensis, Sp. [607] 604–618.

Petri Venerabilis adversus Iudeorum inveteratam duritiem, hg. v. Y. Friedman (CCCM 58) Turnhout 1985.

Petri Venerabilis contra Petrobrusianos hereticos, hg. von J. Fearns (CCCM 10) Turnhout 1968.

Petri Venerabilis (Cluniacensis abbatis) de miraculis libri duo, hg. von D. Bouthillier (CCCM 83) Turnhout 1988.

Petri Venerabilis liber contra sectam siue haeresim Sarracenorum, hg. v. J. Kritzeck, Peter the Venerable and Islam, S. 220–291.

Radulf von Sully, Vita Petri Venerabilis abbatis Cluniacensis, in: MPL 189, Paris 1890, Sp. 15–28.

Ramackers, J., Analekten zur Geschichte des Reformpapsttums und der Cluniazenser, in: QFIAB 23, 1931/32, S. 22–52.

Recueil des actes de Charles II le Chauve, roi de France (840–877) 2, hg. von A. Giry – M. Prou – G. Tessier (Chartes et diplômes relatifs à l'histoire de France) Paris 1952.

Recueil des actes de Louis IV, roi de France (936–954), hg. von Ph. Lauer (Chartes et diplômes relatifs à l'histoire de France) Paris 1914.

Recueil des chartes de l'abbaye de Cluny (802–1310), hg. von A. Bernard – A. Bruel, 6 Bde., Paris 1876–1903, ND Frankfurt a. M. 1974.

Recueil des documents relatifs à l'abbaye de Montierneuf de Poitiers (1076–1319), hg. von F. Villard (Archives historiques du Poitou 59) Poitiers 1973.

Recueil des historiens des Gaules et de la France 10, hg. von M. Bouquet – L. Delisle, Paris ²1874.

Das Register Gregors VII., 2 Bde., hg. von E. Caspar (MGH Epp. selectae 2, 1–2) Berlin 1920–1923, ND Berlin – Dublin – Zürich ³1967.

Robert von Torigny, Cronica = Roberti de Monte cronica, hg. von L. C. Bethmann, in: MGH SS 6, Hannover 1844, ND Stuttgart – New York 1980, S. 475–535.

Rodolfo il Glabro, Cronache dell'anno Mille, hg. v. G. Cavallo – G. Orlandi, Milano ³1991.

Rodulf Glaber, Vita domni Willelmi abbatis s. Bulst, N., Rodulfus Glabers Vita domni Willelmi abbatis.

Santifaller, L., unter Mitwirkung von H. Feigl u. a., Quellen und Forschungen zum Urkunden- und Kanzleiwesen Papst Gregors VII. 1. Teil: Quellen, Urkunden, Regesten, Facsimilia (Studi e Testi 190) Città del Vaticano 1957.

Sermo de beato Maiolo, hg. v. D. Iogna-Prat, Agni immaculati, S. 287–301.

Simonis gesta abbatum sancti Bertini Sithiensium, hg. von O. Holder-Egger, in: MGH SS 13, Hannover 1881, ND Stuttgart – New York 1963, S. 635–663.

Statuta Capitulorum Generalium Ordinis Cisterciensis ab anno 1116 ad annum 1786, 1, hg. von J.-M. Canivez (Bibliothèque de la Revue d'Histoire Ecclésiastique 9) Louvain 1933.

Statuta Petri Venerabilis abbatis Cluniacensis IX (1146/7), in: Consuetudines Benedictinae variae, hg. von G. Constable (CCM 6) Siegburg 1975, S. 19–106.

Synopse der cluniacensischen Necrologien, unter Mitwirkung von W.-D. Heim – J. Mehne – F. Neiske – D. Poeck hg. von J. Wollasch, 2 Bde. (Münstersche Mittelalter-Schriften 39,1–2) München 1982.

Syrus, Vita sancti Maioli, B.H.L. 5179, hg. von D. Iogna-Prat, Agni immaculati, S. 163–285.

Ulrich, Consuetudines, hg. von L. d'Achéry, Spicilegium 1, S. 641–703.

Die Urkunden der burgundischen Rudolfinger, bearb. von Th. Schieffer unter Mitwirkung von H. E. Mayer (MGH regum Burgundiae e stirpe Rudolfina diplomata et acta) München 1977.

Die Urkunden Heinrichs III., hg. von H. Bresslau – P. Kehr (MGH DD regum et imperatorum Germaniae V) Berlin ²1957.

Die Urkunden Ottos II., bearb. von Th. Sickel (MGH DD regum et imperatorum Germaniae II 1) Berlin ²1956.

Vita Hugos von Autun, in: Acta Sanctorum April II, hg. von G. Henschen – D. Papebroch – J. Carnandet, Paris – Rom ³1866, S. 761–769.

Vita Iohannis abbatis Gorziensis auctore Iohanne abbate s. Arnulfi, hg. von G. H. Pertz, in: MGH SS 4, Hannover 1841, ND Stuttgart – New York 1963, S. 335–377.

Vita sancti ac venerabilis Maioli, abbatis Cluniacensis quarti. Authore quodam, ut videtur, Monacho Siluiniacensi, in: Bibliotheca Cluniacensis, Sp. 1763–1786.

Literatur

Nicht aufgenommen sind Lexikonartikel.

Antonelli, G., L'opera di Odone di Cluny in Italia, in: Benedictina 4, 1950, S. 19–40.

Averkorn, R., Adel und Kirche in der Grafschaft Armagnac. Das cluniacensische Priorat Saint-Jean-Baptiste de Saint-Mont (1036–1130) (Europa in der Geschichte 1) Bochum 1996.

Becker, A., Papst Urban II. (1088–1099), 2 Bde. (Schriften der MGH 19) Stuttgart 1964–1988.

Black-Veldtrup, M., Kaiserin Agnes (1043–1077). Quellenkritische Studien (Münstersche Historische Forschungen 7) Köln – Weimar – Wien 1995.

Böhmer, J. F. – Appelt, H., Die Regesten des Kaiserreiches unter Konrad II. 1024–1039 (Regesta Imperii III 1) Graz 1951.

Böhmer, J. F. – Graff, Th., Die Regesten des Kaiserreiches unter Heinrich II. 1002–1024 (Regesta Imperii II 4) Wien – Köln – Graz 1971.

Böhmer, J. F. – Zimmermann, H., Papstregesten 911–1024 (Regesta Imperii II 5) Wien – Köln – Graz 1969.

Bouthillier, D. – Torrell, J.-P., «Miraculum». Une catégorie fondamentale chez Pierre le Vénérable, in: Revue thomiste 80, 1980, S. 357–386.

Bredero, A. H., Cluny et Cîteaux au douzième siècle. L'histoire d'une controverse monastique, Amsterdam – Maarssen 1985.

Brixius, J. M., Die Mitglieder des Kardinalkollegiums von 1130–1181, Berlin 1912.

Brunhölzl, F., Geschichte der lateinischen Literatur des Mittelalters 2: Die Zwischenzeit vom Ausgang des karolingischen Zeitalters bis zur Mitte des 11. Jahrhunderts, München 1992.

Büren, V. von, Le grand catalogue de la bibliothèque de Cluny, in: Le gouvernement d'Hugues de Semur à Cluny, S. 245–263.

Bulst, N., Untersuchungen zu den Klosterreformen Wilhelms von Dijon (962–1031) (Pariser Historische Studien 11) Bonn 1973.

Cantarella, G. M., I monaci di Cluny (Biblioteca di cultura storica 195) Turin 1993.

Chaume, M., Les grands prieurs de Cluny. Compléments et rectifications à la liste de la Gallia Christiana, in: Revue Mabillon 28, 1938, S. 147–152.

Cluny y el Camino de Santiago en España, en los siglos XI–XII. Congreso Internacional, Sahagún (León) 27–29 de mayo de 1993 (im Druck).

Conant, K. J., Cluny. Les églises et la maison du chef d'ordre (The Mediaeval Academy of America publication 77) Mâcon 1968.

Constable, G., The abbot and townsmen of Cluny in the twelfth century, in: Church and city 1000–1500. Essays in honour of Ch. Brooke, hg. von D. Abulafia – M. Franklin – M. Rubin, Cambridge 1992, S. 151–171.

Ders., The abbots and anti-abbots of Cluny during the papal schisma at 1159, in: Revue Bénédictine 94, 1984, S. 370–400.

Ders., Monastic tithes and the controversy between Gigny and Le Miroir, in: Ders., Cluniac Studies, London 1980, VIII, S. 591–624.

Ders., The reception-privilege of Cluny in the eleventh and twelfth centuries, in: Le gouvernement d'Hugues de Semur à Cluny, S. 59–74.

Côte, L., Contributions à l'histoire du prieuré clunisien de Souvigny, Moulins 1942.

Cowdrey, H. E. J., Two studies in Cluniac history (1049–1126), in: Studi Gregoriani 11, 1978, S. 13–298.

Ders., St. Hugh and Gregory VII, in: Le gouvernement d'Hugues de Semur à Cluny, S. 173–190.

Duby, G., Le budget de l'abbaye de Cluny entre 1080 et 1155. Economie domaniale et économie monétaire, in: Ders., Hommes et structures du moyen âge. Recueil d'articles (Le savoir historique 1) Paris – Den Haag 1973, S. 61–86; zuvor in: Annales, Economies – Sociétés – Civilisations 7/2, 1952, S. 155–171.

Ders., La société aux XIᵉ et XIIᵉ siècles dans la région mâconnaise (Bibliothèque générale de l'Ecole Pratique des Hautes Etudes, VIᵉ section) Paris 1953, ²1971, ND Paris 1988.

Elm, K., Die Stellung des Zisterzienserordens in der Geschichte des Ordenswesens, in: Die Zisterzienser. Ordensleben zwischen Ideal und Wirklichkeit. Eine Ausstellung des Landschaftsverbandes Rheinland, Rheinisches Museumsamt, Brauweiler. Aachen, Krönungssaal des Rathauses 3. Juli – 28. September 1980, Bd. 1, hg. von K. Elm, Bonn 1980, S. 31–40.

Ennen, E., Die europäische Stadt, Göttingen ⁴1987.

Erlande-Brandenburg, A., Iconographie de Cluny III, in: Bulletin monumental 126, 1968, S. 293–332.

Ewig, E., Remarques sur la stipulation de la prière dans les chartes de Charles le Chauve, in: Clio et son regard. Mélanges d'histoire, d'histoire d'art et d'archéologie offerts à Jacques Stiennon à l'occasion de ses vingt-cinq ans d'enseignement à l'Université de Liège, hg. von R. Lejeune – J. Deckers, Liège 1982, S. 221–233.

Feld, H., Franziskus und seine Bewegung, Darmstadt 1994.

Ferrari, G., Early Roman monasteries (Studi di antichità cristiana XXIII) Città del Vaticano 1957.

Fresco, N., L'«affaire» Pons de Melgueil 1122–1126. De l'ordre à l'inquiétude dans le monachisme clunisien, 1, thèse de 3e cycle, Paris, octobre 1973.

Fried, J., Endzeiterwartung um die Jahrtausendwende, in: DA 45, 1989, S. 381–473, S. 413.

Fuhrmann, H., Papst Urban II. und der Stand der Regularkanoniker (Sitzungsberichte der bayerischen Akademie der Wissenschaften, philosophisch-historische Klasse 1984/2) München 1984.

Ders., Neues zur Biographie des Ulrich von Zell († 1093), in: Person und Gemeinschaft im Mittelalter. Karl Schmid zum fünfundsechzigsten Geburtstag, hg. von G. Althoff u. a., Sigmaringen 1988, S. 369–378.

Ganzer, K., Die Entwicklung des auswärtigen Kardinalats im hohen Mittelalter (Bibliothek des Deutschen Historischen Instituts in Rom 26) Tübingen 1963.

Le gouvernement d'Hugues de Semur à Cluny. Actes du colloque scientifique international, Cluny, septembre 1988, Cluny (1990).

Grundmann, H., Religiöse Bewegungen im Mittelalter. Untersuchungen über die geschichtlichen Zusammenhänge zwischen der Ketzerei, den Bettelorden und der religiösen Frauenbewegung im 12. und 13. Jahrhundert und über die geschichtlichen Grundlagen der deutschen Mystik (Historische Studien 267) Berlin 1935, ND Darmstadt 1961.

Guerreau, A., Douze doyennés clunisiens au milieu du XIIe siècle, in: Annales de Bourgogne 52, 1980, S. 81–128.

Hägermann, D., Ein Brief Erzbischof Christians von Mainz an die Mönche von Cluny. Cluny und das Papstschisma von 1159, in: Archiv für Diplomatik 15, 1969, S. 237–250.

Hallinger, K., Gorze – Kluny. Studien zu den monastischen Lebensformen und Gegensätzen im Hochmittelalter, 2 Bde. (Studia Anselmiana 22–25) Rom 1950–1951.

Ders., Zur geistigen Welt der Anfänge Klunys, in: DA 10, 1954, S. 417–445.

Hausmann, R., Das Martyrologium von Marcigny-sur-Loire. Edition einer Quelle zur cluniacensischen Heiligenverehrung am Ende des elften Jahrhunderts (Hochschulsammlung Philosophie, Geschichte 7) Freiburg i. Br. 1984.

Hiestand, R., Einige Gedanken zu den Anfängen Clunys, in: Herrschaft – Kirche – Mönchtum 750–1050, hg. von D. R. Bauer u. a., Sigmaringen 1996 (im Druck).

Hillebrandt, M., Le prieuré de Paray-le-Monial au XIe siècle. Ses rapports avec le monde laïque et l'abbaye de Cluny, in: Paray-le-Monial, 28 – 29 – 30 Mai 1992. Actes du colloque (Association du IXème centenaire de la basilique) Paray-le-Monial 1994, S. 106–124.

Hoffmann, H., Gottesfriede und Treuga Dei (Schriften der MGH 20) Stuttgart 1964.

Hourlier, J., Saint Odilon, abbé de Cluny (Bibliothèque de la Revue d'Histoire Ecclésiastique 40) Louvain 1964.

Hüls, R., Kardinäle, Klerus und Kirchen Roms 1049–1130 (Bibliothek des Deutschen Historischen Instituts in Rom 48) Tübingen 1977.

Huyghebaert, N., Une crise à Cluny en 1157: L'élection de Robert Gros successeur de Pierre le Vénérable, in: Revue Bénédictine 93, 1983, S. 337–353.

Iogna-Prat, D., Agni immaculati. Recherches sur les sources hagiographiques relatives à saint Maieul de Cluny (954–994) Paris 1988.

Ders., La geste des origines dans l'historiographie clunisienne des XIᵉ–XIIᵉ siècles, in: Revue Bénédictine 102, 1992, S. 135–191.

Ders., Panorama de l'hagiographie abbatiale clunisienne (v. 940 – v. 1140), in: Manuscrits hagiographiques et travail des hagiographes, hg. von M. Heinzelmann (Beihefte der Francia 24) Sigmaringen 1992, S. 77–118.

Jaffé, Ph. – Löwenfeld, S. – Kaltenbrunner, F. – Ewald, P., Regesta pontificum Romanorum ab condita ecclesia ad annum post Christum natum 1198, 2 Bde, Leipzig 21885–88, ND Graz 1956.

Kohnle, A., Abt Hugo von Cluny 1049–1109 (Beihefte der Francia 32) Sigmaringen 1993.

Kritzeck, J., Peter the Venerable and Islam (Princeton Oriental Studies 23) Princeton, New Jersey 1964.

Laule, B. – Laule, U. – Wischermann, H., Kunstdenkmäler in Burgund (Kunstdenkmäler in Frankreich) Darmstadt 1991.

Leclercq, J., Pierre le Vénérable, Saint-Wandrille 1946.

Lemaître, J.-L., Mourir à Saint-Martial. La commémoration des morts et les obituaires à Saint-Martial de Limoges du XIᵉ au XIIIᵉ siècle, Paris 1989.

Lohrmann, D., Pierre le Vénérable et Henri Iᵉʳ, roi d'Angleterre, in: Pierre Abélard – Pierre le Vénérable. Colloquium international du CNRS 546, Paris 1975, S. 191–203.

Mabillon, Dom J., Ouvrages posthumes, hg. von Dom V. Thuillier, 2, Paris 1724.

Mayer, H. E., Geschichte der Kreuzzüge (Urban Taschenbücher 86) Stuttgart ⁸1995.

Mehne, J., Cluniacenserbischöfe, in: FMST 11, 1977, S. 241–287.

Melville, G., Die cluniazensische «Reformatio tam in capite quam in membris». Institutioneller Wandel zwischen Anpassung und Bewahrung, in: Sozialer Wandel im Mittelalter, hg. von J. Miethke – K. Schreiner, Sigmaringen 1994, S. 249–297.

Ders., Cluny après «Cluny». Le treizième siècle: un champ de recherches, in: Francia 17, 1990, S. 91–124.

Müßigbrod, A., Die Abtei Moissac 1050–1150. Zu einem Zentrum cluniacensischen Mönchtums in Südwestfrankreich (Münstersche Mittelalter-Schriften 58) München 1988.

Neiske, F., Les débuts du prieuré de Paray-le-Monial, in: Paray-le-Monial, 28 – 29 – 30 Mai 1992. Actes du colloque (Association du IXᵉᵐᵉ centenaire de la basilique) Paray-le-Monial 1994, S. 134–144.

Ders., Der Konvent des Klosters Cluny zur Zeit des Abtes Maiolus. Die Namen der Mönche in Urkunden und Necrologien, in: Vinculum Societatis, S. 118–156.

Nospickel, J., Graf Leotald von Mâcon als Förderer des Klosters Cluny, in: Vinculum Societatis, S. 157–174.

Oberste, J., Ut domorum status certior habeatur ... Cluniazensischer Reformalltag und administratives Schriftgut im 13. und frühen 14. Jahrhundert, in: Archiv für Kulturgeschichte 76, 1994, S. 51–76.

Oexle, O. G., Formen des Friedens in den religiösen Bewegungen des Hochmittelalters (1000–1300), in: Mittelalter. Annäherungen an eine fremde Zeit, hg. von W. Hartmann (Schriftenreihe der Universität Regensburg Neue Folge 19) Regensburg 1993, S. 87–109.

Ders., Die funktionale Dreiteilung der ‹Gesellschaft› bei Adalbero von Laon. Deutungsschemata der sozialen Wirklichkeit im früheren Mittelalter, in: FMST 12, 1978, S. 1–54; leicht überarbeitete Fassung in: Ideologie und Herrschaft, hg. von Max Kerner (Wege der Forschung 530) Darmstadt 1982, S. 421–474.

Oury, G., La tradition des reliques de saint Odon à Saint Julien de Tours, in: Bulletin trimestriel de la Société archéologique de Touraine 35, Tours 1967/69, S. 40–45.

Pacaut, M., La formation du second réseau monastique clunisien (v. 1030 – v. 1080), in: Naissance et fonctionnement des réseaux monastiques et canoniaux. Actes du premier colloque international du C.E.R.C.O.M., Saint-Etienne 16–18 septembre 1985 (Travaux et recherches 1) Saint-Etienne 1991, S. 43–51.

Ders., L'ordre de Cluny (909–1789), Paris 1986.

Parisse, M., La noblesse lorraine (XIᵉ–XIIIᵉ siècles), 2 Bde., Thèse Université Nancy II 1975, Lille – Paris 1976.

Poeck, D. W., Cluniacensis ecclesia. Untersuchungen zur Geschichte des cluniacensischen Klösterverbandes im Hochmittelalter (Münstersche Mittelalter-Schriften) München 1996 (im Druck).

Ders., Laienbegräbnisse in Cluny, in: FMST 15, 1981, S. 68–179.

Poly, J.-P., La Provence et la société féodale (879–1166). Contribution à l'étude des structures dites féodales dans le Midi, Paris 1976.

Racinet, Ph., L'expansion de Cluny sous Hugues Iᵉʳ de Semur, in: Le gouvernement d'Hugues de Semur à Cluny, S. 93–131.

Ders., Un prieuré clunisien au moyen âge (XIIᵉ–XVᵉ siècles): Saint-Pierre-et-Saint-Paul d'Abbeville (Etudes Picardes 5) Abbeville 1979.

Religion et culture autour de l'an Mil. Royaume capétien et Lotharingie. Actes du colloque Hugues Capet 987–1987. La France de l'an Mil. Auxerre, 26 et 27 juin 1987 – Metz, 11 et 12 septembre 1987, hg. von D. Iogna-Prat – J.-Ch. Picard, (Paris) 1990.

Rosenwein, B., La question de l'immunité clunisienne, in: Bulletin de la Société des Fouilles archéologiques et des Monuments historiques de l'Yonne 1994, S. 1–11.

Dies., To be the neighbor of Saint Peter. The social meaning of Cluny's property 909–1049, Ithaca – London 1989.

Rück, P., Das öffentliche Kanzellariat in der Westschweiz (8.–14. Jh.), in: Landesherrliche Kanzleien im Spätmittelalter. Referate zum VI. Internationalen Kongreß für Diplomatik, München 1983, Teilband 1 (Münchener Beiträge zur Mediävistik und Renaissance-Forschung, hg. von G. Silagi, 35,1) München 1984, S. 203–271.

Sackur, E., Die Cluniacenser in ihrer kirchlichen und allgemeingeschichtlichen Wirksamkeit bis zur Mitte des elften Jahrhunderts, 2 Bde., Halle 1892–1894, ND Darmstadt 1965.

Saint Mayeul et son temps. Actes du colloque international, Valensole, 12–14 Mai 1994, hg. von G. Tardivy, Valensole (im Druck).

Salet, F., Rezension zu K. J. Conant, Cluny. Les églises et la maison du chef d'ordre (The Medieval Academy of America publication 77) Mâcon 1968, in: Bulletin monumental 127, 1969, S. 182–186.

Ders., Cluny III, in: Bulletin monumental 126, 1968, S. 235–292.

Sapin, Ch., Cluny II et l'interprétation archéologique de son plan, in: Religion et culture autour de l'an Mil, S. 85–89.

Sauerländer, W., Cluny und Speyer, in: Investiturstreit und Reichsverfassung, hg. von J. Fleckenstein (Vorträge und Forschungen 17) Sigmaringen 1973, S. 9–32.

Schamper, Barbara, S. Bénigne de Dijon. Untersuchungen zum Necrolog der Handschrift Bibl. mun. de Dijon, ms. 634 (Münstersche Mittelalter-Schriften 63) München 1989.

Schmid, K., Bemerkungen zur Personen- und Memorialforschung nach dem Zeugnis von Abaelard und Héloïse, in: Memoria in der Gesellschaft des Mittelalters, hg. von D. Geuenich – O. G. Oexle (Veröffentlichungen des Max-Planck-Instituts für Geschichte 111) Göttingen 1994, S. 74–127.

Ders., Vom Werdegang des badischen Markgrafengeschlechtes, in: Zeitschrift für die Geschichte des Oberrheins 139, Neue Folge 100, 1991, S. 45–77.

Segl, P., Königtum und Klosterreform in Spanien. Untersuchungen über die Cluniacenserklöster in Kastilien-Léon vom Beginn des 11. bis zur Mitte des 12. Jahrhunderts, Kallmünz 1974.

Sennhauser, H. R., Die Abteikirche von Payerne (Schweizerische Kunstführer Serie 50, Nr. 495) Bern 1991.

Settia, A. A., Pavia nel secolo X e la presenza di Maiolo, in: Nel millenario di Maiolo. Influenze cluniacensi nell'Italia del Nord, hg. v. dems. (im Druck).

Sohn, A., Der Abbatiat Ademars von Saint-Martial de Limoges (1063–1114). Ein Beitrag zur Geschichte des cluniacensischen Klösterverbandes (Beiträge zur Geschichte des alten Mönchtums und des Benediktinertums 37) Münster 1989.

Spinelli, G. – Tuniz, D., Maiolo abate di Cluny, papa mancato. Vita di San Maiolo abate di Cluny, Novara 1994.

Steindorff, E., Jahrbücher des Deutschen Reiches unter Heinrich III., 2 Bde. (Jahrbücher der Deutschen Geschichte 13) Leipzig 1884–81, ND Darmstadt 1963.

Stratford, N., Les bâtiments de l'abbaye de Cluny à l'époque médiévale. Etat des questions, in: Bulletin Monumental 150, 1992, S. 383–411.

Ders., The documentary evidence for the building of Cluny III, in: Le gouvernement d'Hugues de Semur à Cluny, S. 283–312.

Struve, T., Zwei Briefe der Kaiserin Agnes, in: Historisches Jahrbuch 104, 1984, S. 411–424.

Sydow, J., Cluny und die Anfänge der Apostolischen Kammer. Studien zur Geschichte der päpstlichen Finanzverwaltung im 11. und 12. Jahrhundert, in: STMBO 63, 1951,

S. 45–66; ND in: J. Sydow, Cum omni mensura et ratione. Ausgewählte Aufsätze. Festgabe zu seinem 70. Geburtstag, hg. von H. Maurer, Sigmaringen 1991, S. 31–52.

Tellenbach, G., Der Sturz des Abtes Pontius von Cluny und seine geschichtliche Bedeutung, in: QFIAB 42/43, 1963, S. 13–55.

Ders., Die westliche Kirche vom 10. bis zum frühen 12. Jahrhundert (Die Kirche in ihrer Geschichte. Ein Handbuch, hg. von B. Moeller, Bd. 2, Lieferung F 1) Göttingen 1988.

Teske, W., Laien, Laienmönche und Laienbrüder in der Abtei Cluny. Ein Beitrag zum ‹Konversen-Problem› 1, in: FMST 10, 1976, S. 248–322; 2, in: ebd. 11, 1977, S. 288–339.

Teubner-Schoebel, S., Bernhard von Clairvaux als Vermittler an der Kurie: eine Auswertung seiner Briefsammlung (Studien und Dokumente zur Gallia Pontificia 3) Bonn 1993.

Torrell, J.-P. – Bouthillier, D., Pierre le Vénérable et sa vision du monde. Sa vie – son œuvre. L'homme et le démon (Spicilegium Sacrum Lovaniense. Etudes et Documents 42) Leuven 1986.

Trifone, B., Serie dei prepositi, rettori ed abbati di S. Paolo di Roma, in: Rivista storica Benedettina 28, 1909, S. 101–113, 246–264.

Valous, G. de, Le monachisme clunisien des origines au XVᵉ siècle. Vie intérieure des monastères et organisation de l'ordre, 2 Bde., Ligugé-Paris 1935, ²1970.

Vinculum Societatis. J. Wollasch zum 60. Geburtstag, hg. von F. Neiske – D. Poeck – M. Sandmann, Sigmaringendorf 1991.

Violante, C., Le monachisme clunisien en Italie pendant l'abbatiat d'Hugues de Semur, in: Le gouvernement d'Hugues de Semur à Cluny, S. 133–148.

Winzer, U., Cluny und Mâcon im 10. Jahrhundert, in: FMST 23, 1989, S. 154–202.

Ders., S. Gilles. Studien zum Rechtsstatus und Beziehungsnetz einer Abtei im Spiegel ihrer Memorialüberlieferung (Münstersche Mittelalter-Schriften 59) München 1988.

Ders., Zum Einzugsbereich Clunys im 10. Jahrhundert. Eine Fallstudie, in: FMST 22, 1988, S. 241–265.

Wischermann, E. M., Grundlagen einer cluniacensischen Bibliotheksgeschichte (Münstersche Mittelalter-Schriften 62) München 1988.

Dies., Marcigny-sur-Loire. Gründungs- und Frühgeschichte des ersten Cluniacenserinnenpriorates (1055–1150) (Münstersche Mittelalter-Schriften 42) München 1986.

Wollasch, J., Aus einem Regensburger Kalendar des 9. Jahrhunderts, in: Historiographia mediaevalis. Studien zur Geschichtsschreibung und Quellenkunde des Mittelalters. Festschrift für F.-J. Schmale zum 65. Geburtstag, hg. von D. Berg – H.-W. Goetz, Darmstadt 1988, S. 60–76.

Ders., Bemerkungen zur Goldenen Altartafel von Basel, in: Text und Bild. Aspekte des Zusammenwirkens zweier Künste in Mittelalter und früher Neuzeit, hg. von Ch. Meier-Staubach – U. Ruberg, Wiesbaden 1980, S. 383–407.

Ders., Cluny und Deutschland, in: STMBO 103, 1992, S. 7–32.

Ders., Eleemosynarius. Eine Skizze, in: Sprache und Recht. Beiträge zur Kulturgeschichte des Mittelalters. Festschrift für R. Schmidt-Wiegand, hg. von K. Hauck – St. Sonderegger – D. Hüpper – G. von Olberg, 2, Berlin – New York 1986, S. 972–995.

Ders., Frauen in der Cluniacensis ecclesia, in: Doppelklöster und andere Formen der Symbiose männlicher und weiblicher Religiosen im Mittelalter, hg. von K. Elm – M. Parisse (Berliner Historische Studien 18 = Ordensstudien 8) Berlin 1992, S. 97–113.

Ders., Gemeinschaftsbewußtsein und soziale Leistung im Mittelalter, in: FMST 9, 1975, S. 268–286.

Ders., Heiligenbilder in der Liturgie Clunys. Kritische Randbemerkungen, in: Iconologia sacra. Mythos, Bildkunst und Dichtung in der Religions- und Sozialgeschichte Alteuropas. Festschrift für K. Hauck zum 75. Geburtstag, hg. von Hagen Keller – Nikolaus Staubach (Arbeiten zur Frühmittelalterforschung 23) Berlin – New York 1994, S. 451–460.

Ders., Hermann I., Markgraf von «Baden», in: Die Zähringer 2: Anstoß und Wirkung. Katalog zur Ausstellung der Stadt und der Universität Freiburg i. Br. vom 31. Mai bis 31. August 1986, hg. von H. Schadek – K. Schmid (Veröffentlichungen zur Zähringer-Ausstellung 2) Sigmaringen 1986, S. 184f.

Ders., Hugues Ier abbé de Cluny et la mémoire des morts, in: Le gouvernement d'Hugues de Semur à Cluny, S. 75–92.

Ders., Kaiser Heinrich II. in Cluny, in: FMST 3, 1969, S. 327–342.

Ders., Konventsstärke und Armensorge in mittelalterlichen Klöstern. Zeugnisse und Fragen, in: Saeculum 39, 1988, S. 184–199.

Ders., Wer waren die Mönche von Cluny vom 10. bis zum 12. Jahrhundert?, in: Clio et son regard. Mélanges d'histoire de l'art et d'archéologie offerts à Jacques Stiennon, hg. von R. Lejeune – J. Deckers, Liège 1982, S. 663–678.

Ders., Mönchtum des Mittelalters zwischen Kirche und Welt (Münstersche Mittelalter-Schriften 7) München 1973.

Ders., Les moines et la mémoire des morts, in: Religion et culture autour de l'an Mil, S. 47–54.

Ders., Neue Quellen zur Geschichte der Cistercienser, in: Zeitschrift für Kirchengeschichte 84, 1973, S. 188–232.

Ders., Parenté noble et monachisme réformateur. Observations sur les ‹conversions› à la vie monastique aux XIe et XIIe siècles, in: Revue historique 264, 1980, S. 3–24.

Ders., Zur frühesten Schicht des cluniacensischen Totengedächtnisses, in: Geschichtsschreibung und geistiges Leben im Mittelalter. Festschrift für Heinz Löwe zum 65. Geburtstag, hg. von K. Hanck – H. Mordek, Köln – Wien 1978, S. 247–280.

Ders., Das Schisma des Abtes Pontius von Cluny, in: Francia 22, 1995, im Druck.

Ders., Spuren Hirsauer Verbrüderungen, in: Hirsau. St. Peter und Paul 1091–1991. Geschichte, Lebens- und Verfassungsformen eines Reformklosters 2, hg. vom Landesdenkmalamt Baden-Württemberg, bearb. von Klaus Schreiner (Forschungen und Berichte der Archäologie des Mittelalters in Baden-Württemberg 10/2) Stuttgart 1991, S. 173–193.

Ders., St. Alban in Basel. Zur Klostergründung eines exkommunizierten Bischofs im Investiturstreit, in: Institutionen, Kultur und Gesellschaft im Mittelalter. Festschrift für J. Fleckenstein zu seinem 65. Geburtstag, hg. von L. Fenske – W. Rösener – Th. Zotz, Sigmaringen 1984, S. 285–303.

Ders., Totengedenken im Reformmönchtum, in: Monastische Reformen im 9. und 10. Jahrhundert, hg. von R. Kottje – H. Maurer (Vorträge und Forschungen 38) Sigmaringen 1989, S. 147–166.

Ders., Toten- und Armensorge, in: Gedächtnis, das Gemeinschaft stiftet, hg. von K. Schmid (Schriftenreihe der Katholischen Akademie der Erzdiözese Freiburg) München – Zürich 1985, S. 9–38.

Ders., Zur Datierung einiger Urkunden aus Cluny, in: Revue Mabillon 64, 1992, S. 49–57.

Ders., Zur Verschriftlichung der klösterlichen Lebensgewohnheiten unter Abt Hugo von Cluny, in: FMST 27, 1993, S. 317–349.

Zerbi, P., Ancora intorno a Ponzio e allo «scisma» cluniacense. La «svolta» del 1124–25, in: Società, istituzioni, spiritualità. Studi in onore di Cinzio Violante 2, Spoleto (1994), S. 1081–1091.

Ders., Intorno allo scisma di Ponzio, abate di Cluny (1122–1126), in: Studi storici in onore di Ottorino Bertolini 1, Pisa 1972, S. 835–891.

Zeittafel

909 oder 910	Gründung Clunys durch Herzog Wilhelm III. den Frommen von Aquitanien
910–927	**1. Abt Berno**
926	Testament Bernos
927–942	**2. Abt Odo**
931	Reformlizenz Papst Johannes' XI.
ca. 942–ca. 954	**3. Abt Aymard** († 5./6. Oktober ca. 965)
ca. 954–994	**4. Abt Maiolus**
989	Wilhelm von Volpiano erneuert S. Benigne de Dijon und beginnt als Abt von S. Benigne sein Reformwerk in zahlreichen Klöstern
994–1049	**5. Abt Odilo**
998	Exemtionsprivileg Papst Gregors V.
999	16./17. 12. Tod der Kaiserin Adelheid
ca. 1000	Lebensbeschreibung der Kaiserin Adelheid durch Odilo
1022	Kaiser Heinrich II. empfängt von Abt und Mönchen Clunys die Verbrüderung
ca. 1030	Einführung des Allerseelentages
1049–1109	**6. Abt Hugo I. von Semur**
1051	Abt Hugo ist Pate bei der Taufe Kaiser Heinrichs IV.
1055	Kirchweihe des ersten Frauenklosters der Cluniacenser Marcigny-sur-Loire
1058	Papst Stephan IX. stirbt in Florenz in den Armen des Abtes Hugo von Cluny
1063	Petrus Damiani, Kardinalbischof von Ostia, in Cluny und Souvigny, wo er einen Altar zu Ehren des hl. Abtes Odilo von Cluny weiht
1077	Abt Hugo vermittelt auf der Burg Canossa zwischen Kaiser Heinrich IV. und Papst Gregor VII.
1079–1084	Ulrich von Regensburg verfaßt im Auftrag des Abtes Hugo für seinen Jugendfreund Abt Wilhelm von Hirsau die cluniacensischen Lebensgewohnheiten
1084	Ulrich nimmt mit Abt Wilhelm von Hirsau wesentlichen Anteil an der Wahl des Zähringers Gebhard zum Bischof von Konstanz und wirkt bis 1093 als cluniacensischer Prior im Breisgau
1093	Odo, Großprior von Cluny, Kardinalbischof von Ostia, wird Papst Urban II.
1095	Papst Urban II. weiht den Hochaltar der neuen Klosterkirche von Cluny, Abt Hugo auf dem Konzil von Clermont-Ferrand, wo Papst Urban II. zum 1. Kreuzzug aufruft

Personenregister

Abbo, Abt v. S. Benoît-sur-Loire 123f.
Acfred v. Aquitanien, Herzog 65
Adacius, Mönch 43
Adalbero, Bischof v. Laon 133f., 136f.
Adalbero, Erzbischof v. Reims 136
Adalbero II., Bischof v. Metz 90
Adela, Gräfin v. Blois, Tochter Wilhelms
   d. Eroberers 156, 246
Adelard, Abt v. Melun 227
Adelgis, Priester 78
Adelheid, Gräfin, Schwester Rudolfs I. v.
   Hochburgund 27, 42, 49
Adelheid, Kaiserin 29, 77–79, 81, 87, 117,
   157, 165, 188
Adelheid, Schwiegertochter d. Markgräfin
   Mathilde v. Canossa 179
Ademar v. Chabannes 125, 128
Ademar, Abt v. S. Martial de Limoges
   192, 198, 212
Ademar, Abt v. Vigeois 220
Adenulf, Abt v. Farfa, Kardinaldiakon v.
   S. Maria in Cosmedin 289, Anm. 529
Adhegrinus, Einsiedler 32
Ado, Bischof v. Mâcon 84
Adraldus, Abt v. Breme 117
Aegidius, Kardinalbischof v. Tusculum
   226
Agano, Bischof v. Autun 110
Agapit II., Papst 65, 83
Agnes, Kaiserin 92, 165, 176–178
Agnes, Priorin v. Santa Maria in Cantù
   156
Aimo, Abt v. S. Martial de Limoges 43, 47
Aimoin, Mönch v. S. Benoît-sur-Loire 44
Alberich, *princeps Romanorum* 58–60, 77
Albericus, Abt v. Vézelay 227
Albericus, Kardinalbischof v. Ostia 290,
   Anm. 532

Albert v. Prezzate, Prior v. Pontida 148,
   150
Albertus, Prior in Cluny 307
Aldebald v. S. Germain d'Auxerre 99
Alemannus, Claustralprior v. Cluny 141f.
Alexander v. Canterbury 145
Alexander II., Papst 177, 178
Alexander III., Papst 308, 320–322
Alfons VI., König v. Kastilien-León 151,
   171, 183, 203, 284
Alfons VII., König v. Kastilien-León 285
Alger v. Lüttich, Mönch in Cluny, Bau-
   meister in Cluny III 302, 307
Amblardus, Abt v. S. Martial de Limoges
   213, 220
Ambrosius, Bischof v. Mailand 117
Anaclet II., Papst 226, 282, 289, 300
Anastasius IV., Papst 298
Andraldus, Prior v. Paray-le-Monial 85
Andreas, Abt v. S. Salvatore di Pavia 77f.
Andreas, Mönch v. Gorze 83
Andreas, Mönch v. S. Benoît-sur-Loire 44
Andreas I., König v. Ungarn 176
Anno II., Erzbischof v. Köln 92
Anselm, Erzbischof v. Canterbury 145,
   156, 178
Anselm II., Bischof v. Lucca 150
Arbertus, Großprior v. Cluny 285
Archembald V., Herr v. Bourbon 190
Archembald VI., Herr v. Bourbon 296
Arduin, König v. Ivrea 92
Aremburgis, Mutter v. Abt Hugo I. v.
   Cluny 153
Armannus, Abt v. Manglieu 199, 299
Arnaldus II., Bischof v. Oloron 291
Arnold v. Brescia 308
Arnulf, Abt v. Aurillac 43
Arnulf, Erzbischof v. Reims 136

Ortsregister

378

Bildnachweis

Aus: K. J. Conant, Cluny, Mâcon 1968: S. 11, 127, 159, 168, 173.
Photo Juriens, Payerne: S. 12.
Werner Neumeister, München: S. 13.
Académie de Mâcon: S. 102, 242.
Bernhard Laule, Freiburg i. Br.: S. 154, 216, 304.
Bibliotheca Vaticana, Rom: S. 180 (Cod. Vat. lat. 4922, fol. 49^r).
Bibliothèque Nationale, Paris: S. 189 (Ms. lat. 17716, fol. 91^r), 239 (Nouv. acq. lat. 348,
    fol. 134^v), 268 (Nouv. acq. lat. 2247, fol. 187^v).
Hermann Hessler, Kaiserslautern: S. 318.

Es war nicht in allen Fällen möglich, die Rechteinhaber der Bilder schlüssig zu ermitteln.
Inhaber allenfalls verletzter Urheberrechte werden gebeten, sich mit dem Verlag in Verbindung zu setzen.